A WORLD HISTORY of PHILOSOPHY and RELIGION

哲学と宗教全史

出口治明
立命館アジア太平洋大学 学長

ダイヤモンド社

哲学と宗教全史

はじめに

なぜ、今、
哲学と宗教なのか？

1 今、哲学と宗教を学ぶ理由

岩のようなところに腰かけ、右ひじを左の太股に乗せ、うつむき加減になって顎《あご》を右手で支えている男。オーギュスト・ロダン（１８４０－１９１７）の有名な彫刻、『考える人』はそんなスタイルで、もの思いに耽《ふけ》っています。

何を考えているのか。作者のロダンは、この作品に「詩人」と名づけたそうです。けれど彼の死後、この作品は『考える人』と呼ばれるようになりました。

『考える人』と改名したのは、この彫刻を鋳造した職人、リュディエ（１８７５－１９５２）であると言い伝えられています。

「人間は考える葦《あし》である」と述べたフランスの哲学者（パスカル）もいました。

動物として人間を眺めてみると、人間はそれほど大きくもなく、牙や鋭い爪を持つわけでも、木登りが得意なわけでも、早く走れるわけでも、水中で生活できるわけでもありません。それでも人間が地球の覇者になれたのは、脳がもたらした「考える」能力が最大の武器になったからでした。

考えて考えて、人間は自然を征服し文明をつくり文化を生み出してきました。同時に幸福や不幸もつくってきました。いつの時代にも、人間は考えてきた。と

オーギュスト・ロダン
(1840－1917)

『考える人』

りわけ、少数の卓抜した頭脳を有する人々が、世界や人生や死後の世界について抽象的な概念や思弁を創造し、人生の生きる寄す処《よすが》としてきました。それが哲学や宗教の形になっていった。おおまかに述べれば、そういうことだと思います。

「でも、人間が月面を歩くようになり、人工知能（ＡＩ）も発達した時代なのだから、もういいんじゃないかな。世界や人生や死後の世界などについて考えることは。第一、めんどうでしょう?」

そう考えてハッピーなまま、人生を生きている人も大勢いると思います。

しかし人間に夢や希望や理想を紡ぐ理性（思考力）があり、愛や憎しみなどの感情がある限り、悩みや煩悩が尽きることはありません。そうであれば、いつの時代にも哲学や宗教は求められていたのではないか。そう考えると、「なぜ、今、哲学や宗教なのか」と問いかけることは、実はかなり昔から人間が繰り返してきた問いなのです。現在はテロが横行し、難民問題が世界に拡がり、さらにインターネット社会の到来がもたらした、匿名による他者への誹謗や中傷が人間に対する偏見と憎悪を増幅しています。

このような時代に、哲学や宗教は力になってくれるのでしょうか。新しい令和の時代を迎えた今、そのことについて原点に立ち戻って考えてみたいと思います。

あるとき、哲学者になった僕の友人に、「なぜ哲学を専攻したのか」と尋ねたところ、彼は「世界のすべてを考える学問という点に惹かれた」と答えました。

現代の学問は微に入り細を穿《うが》ち、あまりにもタコツボ化しているように思われます。世界をトータルに理解する必要性はますます高まっています。僕は歴史が大好きですが、人類の悠久の歴史を紐解いてみると、世界を丸ごと理解しようとチャレンジした無数の哲学者がいたことに気づかされます。同じような意味で、病《やまい》や老い、死などについて恐れ戦《おのの》く人々を丸ごと救おうとした宗教家もたくさんいました。この本では、世界を丸ごと把握し、苦しんでいる世界中の人々を丸ごと救おうとした偉大な先達たちの思想や事績を、丸ごと皆さんに紹介したいと思っています。皆さんが世界を丸ごと理解しようとするときの参考になれば、著者としてこれほど嬉しいことはありません。

一方において、次のようにも考えました。

さまざまなビジネスの世界で、仕事のヒントを与えてくれたり、仕事が行き詰まったときに新鮮な発想をもたらしてくれるのは、専門分野の知識やデータよりも、異質な世界の歴史や出来事であることが多いという事実を。この観点に立てば、人類の知の葛藤から生み出された哲学や宗教を学ぶことは、日常のビジネスの世界にとっても、有益となるのではないかと思うのです。本書を執筆した目的の一つには、そのことも含まれています。哲学や宗教は、まだまだ人間の知の泉の一つであると思うのです。

皆さんは、「哲学と宗教はかなり異なるのではないか」あるいは「哲学だけでいいのではないか」などと思われるかもしれません。

この問いに対する答えは簡単です。イブン・スィーナー、トマス・アクィナス、カントなどの偉大な哲学者はすべて哲学と宗教の関係を紐解くことに多大の精力を注いできました。歴史的事実として、哲学と宗教は不即不離の関係にあるのです。

僕はいくつかの偶然が重なって、還暦でライフネット生命というベンチャー企業を開業しました。個人がゼロから立ち上げた独立系の生命保険会社は戦後初めてのことでした。

そのときに一番深く考えたのは、そもそも人の生死に関わる生命保険とは何かという根源的な問題でした。たどり着いた結論は「生命保険料を半分にして、安心して赤ちゃんを産み育てることができる社会を創りたい」というものでした。そして、生命保険料を半分にするためには、インターネットを使うしかないということになり、世界初のインターネット生保が誕生したのです。生命保険に関わる知見や技術的なノウハウなどではなく、人間の生死や種としての存続に関わる哲学的、宗教的な考察がむしろ役に立ったのです。

古希を迎えた僕は、また不思議なことにいくつかの偶然が重なって、日本では初の学長国際公募により推挙されてAPU（立命館アジア太平洋大学）の学長に就任しました。APUは学生6000名のうち、半数が92の国や地域からきている留学生で、いわば「若者の国連」であり「小さな地球」のような場所です。

もちろん、宗教もさまざまです。APUで仕事をしていると、世界の多様性（ダイバーシティ）を身に沁みて感じます。生まれ育った社会環境が人の意識を形づくるという意味で、クロード・レヴィ＝ストロースの考えたことが本当によくわかります。振り返ってみれば、僕は人生の節目節目において哲学や宗教に関わる知見にずいぶんと助けられてきた感じがします。

そうであれば、哲学や宗教の大きな流れを理解することは、間違いなくビジネスに役立つと思うのです。

神という概念が生まれたのは、約1万2000年前のドメスティケーションの時代（狩猟・採集社会から定住農耕・牧畜社会への転換）だと考えられています。それ以来、人間の脳の進化はないようです。そしてBC1000年前後にはペルシャの地に最古の宗教家ゾロアスターが生まれ、BC624年頃にはギリシャの地に最古の哲学者タレスが生まれました。それから2500年を超える長い年月の間に数多の宗教家や哲学者が登場しました。本書では、可能な限りそれらの宗教家や哲学者の肖像を載せるように努めました。それは彼らの肖像を通して、それぞれの時代環境の中で彼らがどのように思い悩み、どのように生きぬいたかを読者の皆さんに感じ取ってほしいと考えたからに他なりません。ソクラテスもプラトンもデカルトも、ブッダや孔子も皆さんの隣人なのです。同じように血の通った人間なのです。ぜひ、彼らの生き様を皆さんのビジネスに活かしてほしいと思います。

2 ところで、哲学とは？ 宗教とは？

その1 原初から人間が抱いていた2つの問い

哲学と宗教について、改めて「それって何ですか？」と問われると、その定義づけはなかなか難しい問題となります。

ここで大切なことは、はるか昔から人間が抱いてきた問いかけとは何か、ということです。それは次の2つに要約されます。

- **世界はどうしてできたのか、また世界は何でできているのか？**
- **人間はどこからきてどこへ行くのか、何のために生きているのか？**

夜の森には真の闇が拡がり、晴れた夜にはすべての星が見え、季節を問わず自然の変遷を肌に感じて生き替わり死に替わりしてきた人間は、こういう素朴な問いを終生にわたって抱き続けてきたのではないかと思われます。ポール・ゴーギャン（1848－1903）というフランスの画家は19世紀の終わり頃、フランス領タヒチで絵を描いていました。その彼が、タヒチでの生活が破滅しそうになったときに描いた『我々はどこから来たのか 我々は何者か 我々はどこへ行くのか』という、長いタイトルの作品があります。

『我々はどこから来たのか 我々は何者か 我々はどこへ行くのか』

ポール・ゴーギャン
(1848－1903)

ゴーギャンは、この絵を自ら畢生《ひっせい》の傑作と認めていました。人間の素朴な問いかけは、時代を超えて存在しているのでしょう。

世界はどうしてできたのか？　人間はどこからきてどこへ行くのか？

この根源的な問いかけに、試行錯誤を繰り返しながら答えてきたのが哲学と宗教である、と半ば強引に割り切ってしまいたいところですが、その前に一度、哲学と宗教についてわが国ではどのように定義づけされているかについて見ておきたいと思います。

その2
哲学と宗教、その定義づけについて

〈てつ・がく〔哲学〕①（philosophy）（philosophiaは愛智の意。西周《にしあまね》は賢哲の明智を希求する意味で、周敦頤《しゅうとんい》の「士希賢」ということばに基づき希哲学と訳し、それが哲学という訳語に定着した）物事を根本原理から統一的に把握・理解しようとする学問。古代ギリシアでは学問一般を意味し、近代における諸科学の分化・独立以降、諸科学の批判的吟味や基礎づけを目ざす学問、世界・社会関係・人生などの原理を追求する学問となる。認識論・倫理学・存在論・美学などを部門として含む。②俗に、経験などから築き上げた人生観・世界観。また、全体を貫く基本的な考え方・思想〉

右の文章は『広辞苑〈第七版〉』から引用したものです。少し説明すると、西周《にしあまね》

西周（1829－1897）

（1829ー1897）という明治時代の啓蒙思想家が、philosophy というピュタゴラスが初めて使ったとされるギリシャ語を、哲学と翻訳した経緯が書かれています。

フィロソフィーという言葉は、「知（sophy）を愛する（philo）」の意味です。「愛知学」でもよさそうですが、それではあまりありがたみがないと考えたのか、朱熹《しゅき》によって朱子学の祖とみなされた宋の学者、周敦《しゅうとん》頤《い》の言葉「士希賢」を応用し、希哲学と訳しました。希には「こい願う」という意味があり、哲には「あきらか」という意味があります。希哲学すなわち「あきらかにすることをこい願う学問」、という意味の造語になった。そのうち、いいやすい「哲学」となって定着したようです。

次に宗教についても『広辞苑』を引用してみましょう。

〈しゅう・きょう〔宗教〕（religion）神または何らかの超越的絶対者、あるいは卑俗なものから分離され禁忌された神聖なものに関する信仰・行事・制度。また、それらの体系。帰依者は精神的共同社会（教団）を営む。アニミズム・自然崇拝・トーテミズムなどの自然宗教、特定の民族が信仰する民族宗教、世界的宗教すなわち仏教・キリスト教・イスラム教など。多くは経典・教義・典礼などを何らかの形でもつ。教祖がいる場合は創唱宗教と呼び、自然宗教と区別する〉

この宗教という言葉も、幕末の頃に流入してきた religion の訳語が必要となって採用されたものでした。なお religion は英語です。ラテン語の religio から派生しました。この言葉は「再び」という意味の接頭語 re と、「結びつける」という意味の ligare を組み合せて成立した語といわれています。「神と人を再び結びつけるもの」というニュアンスなのでしょう。この語をいかに翻訳するかについては、幕末から明治初期にかけて意見が分かれました。「宗門」、「法教」、「教門」、「神道」、「聖道」などがあったといわれています。現在のように「宗教」がreligionの訳語として定着したのは、１８８４年に出版された改訂増補の『哲学字彙《じい》』に掲載されたのが、契機となったとされています。

さて、哲学と宗教についての定義を、『広辞苑』を中心に説明しましたが、どちらもたいへんに難解な内容です。そこで、もう一度回り道をして philosophy と religion を、英英辞典で検索してみました。使ったのは『新英英大辞典』〈縮刷版〉IDIOMATIC AND SYNTACTIC ENGLISH DICTIONARY（１９４２年初版第１刷。１９７２年第１１３刷発行の版より引用）です。

この辞書は１９４２年に連合王国の Oxford University Press から発行されたものの写真版が、そのまま世界各地に行きわたり、日本にも輸入されたものです。なお、本書では日本独自の呼称であるイギリスではなく、「連合王国」と記します。

「phi-los-o-phy n. ① love of wisdom and the search after knowledge, esp, of the cause of natural phenomena, the facts or truth of the universe, and the meaning of existence.」

「叡知への愛。そして知識の探求、特に自然現象の原因、宇宙の事実と真実、さらに存在することの意味などに関わる知識の追求を愛すること」

「re-li-gion n. ① belief in the existence of a supernatural ruling power, the creator and controller of the universe, who has given to man a spiritual nature which continues to exist after the death of the body.」

「超自然的な支配力、すなわち宇宙の創造者や支配者（神）の存在を信じること。それらは人間が死んで肉体が滅びても、滅びることなく存在し続ける霊的な本性（霊魂）を、人間に与えてくれる」

どちらも僕が翻訳したものです。「宗教」の訳文中の「（神）、（霊魂）」は、僕が挿入しました。

この英英辞典を読むと、哲学や宗教についての、「それは何ですか?」という素朴な問いに、より明快に答えてもらったように感じませんか? 象牙の塔ではなく僕らの住む日常の世界では、哲学や宗教についての定義づけはこれで十分であると考えます。本書は学術書ではないので、定義づけの厳密さなどよりも、どのような人物が、どのような時代に、どんな哲学や宗教を生み出してきたのか、その事実を知ることのほうが大切だと考えました。

それでは次項で、人間の抱いてきた問いについて話を進めたいと思います。

3 人間の問いに、宗教と哲学と自然科学が解き明かしてきたこと

人間が抱き続けてきた、2つの素朴な問い。「世界はどうしてできたのか、また世界は何でできているのか?」、「人間はどこからきてどこへ行くのか、何のために生きているのか?」この問いに対して答えてきたのが、宗教であり哲学であり、さらに哲学から派生した自然科学でした。

順番としては最初に宗教があり、次に哲学があり、最後に自然科学が回答してきました。そして特に自然科学の中の宇宙物理学や脳科学などが、2つの問いに対して、大枠では、ほぼ最終的な解答を導き出しています。

世界はどうしてできたのか、という問いを宇宙はどうしてできたのか、と置き換えてみると、宇宙の誕生はビッグバンで理論づけされ、答えが出ています。ビッグバン big bang によって宇宙の膨張が始まり、やがてさまざまな物質やエネルギーが集まって星が誕生しました。星が一生を終えると超新星爆発が起こります。星のかけらが四方八方に飛び散ります。そしてその星のかけらから地球が生まれやがて生命が誕生し、人間が生まれたのです。僕らは星のかけらからできているのです。

次に人間はどこからきてどこへ行くのか、何のために生きているのか？　という問いにも答えは出ています。

どこからきたのか。現生人類の祖先「ホモ・サピエンス・サピエンス」は、通説では、今から約20万年前に東アフリカの大地溝帯《だいちこうたい》で誕生しました。どこに行くのか。今から10億年ぐらいしたら、太陽が膨張し、地球の水はなくなって全生物が死滅することがわかっています。何のために生きているのか。人間も動物ですから、次の世代を残すために生きています。さらに一歩進めて、人間とは何か？　と問えば、すべての行動や思考を脳の働きに依存している動物、ということも、わかってきています。

4 自然科学の発達は宗教や哲学を無用にするだろうか？ そうでもなさそうだ

人間は星のかけらから生まれ、動物であるがゆえに次の世代を残すために生きている。自然科学は、そこまでの道筋を明らかにしました。

皆さんはこの結論で、自分が生きている意味や世界の存在について納得しますか？

自然科学の世界もこの結論で止まっているわけではないのです。最新の自然科学は、宇宙や人間の脳について、次のような研究成果をあげています。

宇宙を構成する物質の組成については、数式の形で解明されています。約5パーセントが僕たちの知っている水素や炭素や酸素といった元素、約70パーセントがダークエネルギー、約25パーセントがダークマターです。そういうエネルギーや物質がなければ、宇宙が成立しないことが解明されているのですが、それらがなんであるかは未《いま》だに不明なのです。正体不明のエネルギーと物質が存在するのです。

人間の脳の働きについては、次のようなことが判明しています。

喉が渇いたとき人が水の入ったコップに手を伸ばし、それを飲むという行為は、昔から喉が渇いたから自分の意志で手を伸ばし、コップを取って水を飲んだ、と理解されてきました。しかし、最近の脳科学は、そのことを否定しています。「水を飲みたい」という意志決定は、人間の無意識の部分でなされて、そこから

2方向に信号が伝達される。そしてわかりやすく述べると、0・1秒ぐらいで「水を飲みたい」という意識が生まれ、0・3秒ぐらいで手が動く。この0・2秒のタイムラグがあるために、人間は自分の意志で水を飲みたいと決定して手を伸ばした、と錯覚しているのであり、実は無意識の部分が意志決定のほとんどを担っていることが、明らかになってきています。

人間の脳の働きについて、人間が意識できる部分は、せいぜい1割ぐらいだろうと僕は思っていたのです。しかし、脳研究の第一人者である池谷裕二東京大学薬学部教授と対談したとき、先生は即座におっしゃいました。

「とてもそんなにありません。数パーセントぐらいじゃないですか」

人間の意志決定や行動のほとんどは、脳の無意識の部分がコントロールしている。宇宙の構成要素におけるダークエネルギーやダークマターのような存在が、無意識の領域、といえるかもしれません。

結局、脳と宇宙は、未だにわかったようでわからないことが多くある点で、とてもよく似ているのです。

次のような研究成果があります。人間の個性や能力は遺伝子によって決定されるという学説が、支配的でした。しかし、実際には遺伝子どおりにはいかず、脳にある種の「ゆらぎ」が起こることによって、個性や能力が生じていくことがわかってきました。

「ゆらぎ」とは物理学の用語です。次のように理解してください。「エネルギー・密度・電圧など、広がりや強度を持つ量の、空間的または時間的な平均値からの変動」。あるいは「統計平均からのずれ。巨視的には一定であるが、微視的には平均値のまわりで絶えず変動している現象」。脳に「ゆらぎ」が起きるとは、遺伝子以外の他の要素、いってみればノイズとでも呼ぶべき要素が、脳に変化を加えることを意味します。すなわち、親から子へ、遺伝子はそのまま理屈どおりに遺伝していくわけではないのです。

一方宇宙については、宇宙物理学者の吉田直紀さんの著書『宇宙１３７億年解読』に次のようなことが書かれています。

吉田さんが宇宙の構成を表す数式を使用して、コンピュータシミュレーションをやってみたところ、どうしても今の宇宙の形にはならなかったそうです。そこでアトランダムに、いくつかの「ゆらぎ」を入れてみると、今の宇宙に近い形が出てきたそうです。複雑で難解な理論ですが、ビッグバンによって誕生した宇宙は、現在もなお、変化を続けていることを指摘しています。

遺伝子は人間の個性や能力の継承をすべて保証するものではなく、宇宙はビッグバンのときから、同質のままで存在するのではない。現代の自然科学は、その段階にまで到達しています。宇宙についても人間の脳についても、解明できそうで解明できないことがたくさんあることがはっきりしてきたということは、まだ、宗教や哲学がこの先も生き残っていくことを示唆しているのではないでしょうか。ウェイト的に見れば、人間の問いに答えてきたのは、昔は宗教がほとんどでした。それから哲学が台頭してきて、やがて自然科学が生まれ、生物としての人間についてほとんどすべてを説明できるようになりました。それでもまだ自然科学は万能ではなさそうです。哲学や宗教は、今、そのような地平に到達しています。

以上のような自然科学がもたらした成果は、それはそれとして置いておき、過去から現在まで、人間はどのような哲学や宗教で世界を理解し、人間が生きる意味を考えてきたのか、時代を追って順に見ていきたいと思います。

最後に、宇宙や脳について、深く知りたい人は、次の5冊を読むことをお薦めします。きっと新鮮な驚きがありますよ。

- 『脳はなにげに不公平――パテカトルの万脳薬』（池谷裕二著、朝日新聞出版）
- 『パパは脳研究者――子どもを育てる脳科学』（池谷裕二著、クレヨンハウス）
- 『社会心理学講義――〈閉ざされた社会〉と〈開かれた社会〉』（小坂井敏晶著、筑摩選書）
- 『宇宙137億年解読――コンピューターで探る歴史と進化』（吉田直紀著、東京大学出版会）
- 『宇宙論と神』（池内了著、集英社新書）

哲学と宗教全史　もくじ

第6章（1） ヘレニズム時代にギリシャの哲学や宗教はどのような変化を遂げたか 133

第6章（2）ヘレニズム時代に中国では諸子百家の全盛期が訪れた 151

第6章（3）ヘレニズム時代に旧約聖書が完成して、ユダヤ教が始まった 177

第6章（4）

ギリシャ王が仏教徒になった？ヘレニズム時代を象徴する『ミリンダ王の問い』

第7章

キリスト教と大乗仏教の誕生とその展開

第8章（1） イスラーム教とは？ その誕生・発展・挫折の歴史 223

第9章 ルネサンスと宗教改革を経て哲学は近代の合理性の世界へ 287

第10章　近代から現代へ。世界史の大きな転換期に登場した哲学者たち　343

第11章 19世紀の終わり、哲学の新潮流をヘーゲルの「3人の子ども」が形成した 387

第12章 20世紀の思想界に波紋の石を投げ込んだ5人 419

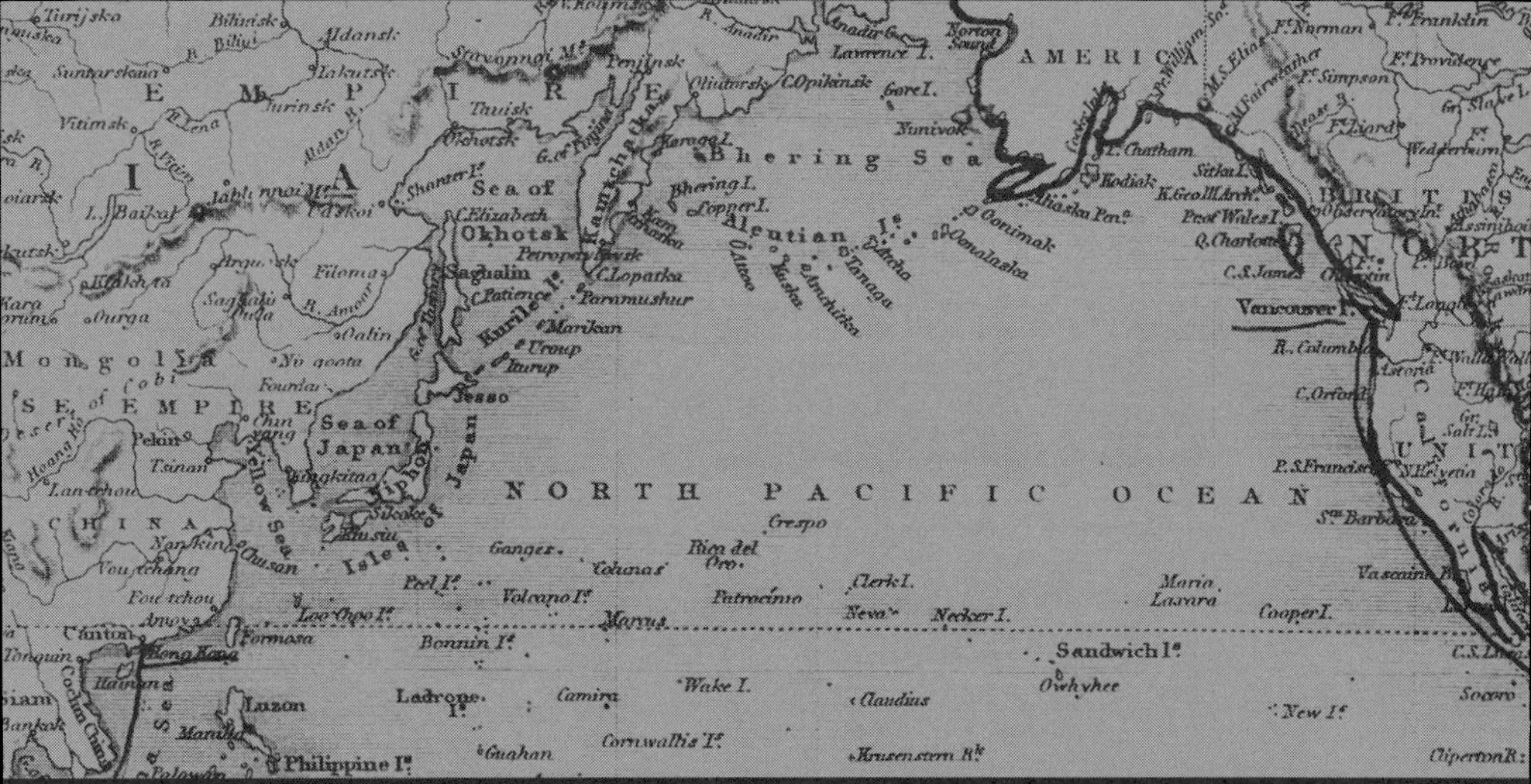

第1章

宗教が誕生するまで

1 人間は考えるために言葉を身につけた

「はじめに」で述べたように、通説によると、現生人類の祖先ホモ・サピエンス・サピエンスは、今から約20万年前に東アフリカの大地溝帯で生まれました。

そしてそれから約10万年後、我々の祖先は世界に旅立って行きました。出アフリカです。

その理由は、主たる食糧であった大型の草食哺乳類（メガファウナ）が、少なくなったからだと考えられています。

そしてこの人類の大冒険、グレートジャーニーによって、ヨーロッパ、アジア、アメリカと世界各地に拡散した人類は、それぞれの土地の気候の影響を受けて、外見には多少の変化が生まれましたが、遺伝子的には源は一つであったことが解明されています。

ところで最近の研究によると、人にはＦＯＸＰ２（フォックスピーツー）という遺伝子があって、これが言語中枢に関わっていることが、明らかになってきています。そしてこのＦＯＸＰ２が、10万年前、人類の出アフリカの前後に少し変化をして、言語をもたらしたという学説が有力になっています。さらに、なぜ言語が必要になったのか、といえば、脳が進化して思考するツールを求めたからだと考えられています。

言語がなぜ生まれたかについては、以前は次のような学説が有力でした。

たとえば、南アメリカに住むある種のサルには3つの天敵がいます。コンドルと蛇とピューマです。これらの天敵が近づいてくると、サルたちは警戒の鳴き声を発します。これを観察していた学者は、その警戒の鳴き声が天敵によって異なることに気づきました。人間の耳では判別できないのですが、サルたちにコンドルを警戒するときの「ギャー」という鳴き声を録音しておいて聞かせると、サルたちは空を見上げるのです。蛇が近づいてくるときの「ギャー」を聞かせると一斉に木の下のほうを見る。蛇は木を登ってきますから。ピューマを警戒する「ギャー」を聞かせると、周囲の木々をキョロキョロと見回す。ピューマは木々の上で敏捷に獲物を狙っているからです。

サルたちは明らかに、3つの鳴き声を聞き分けている。コンドルだよ、蛇だよ、ピューマだよと。これが言語のスタートではないか？　要するにコミュニケーションのツールとして言語が生まれたんじゃないか、という説が今までは有力だったのです。でも、3つの「ギャー」は具体的な危険信号を発しているだけで、その機能はとてもシンプルです。この「ギャー」から、どうして抽象的な思考を紡ぐ言語へと発展していくのか。「ギャー1、ギャー2、ギャー3」でおしまいです。

さらにいえば、たとえば求愛の場面を考えてみても、「ギャー」と叫んで食物を渡すとか、毛繕いをしてあげたり、ハグするだけでも好意は伝わります。こういうコミュニケーションのために、言語は生まれてきたと結論づけていいのか、という批判も出てきました。そして、人間の脳が発達して考えることが可能になっても、それをどのようにまとめるのか、言語がなければ思考はまとまらないではないか、という考え方が支配的になってきました。その考え方の裏づけとなったのが、ＦＯＸＰ２という遺伝子の存在が明らかになったことでした。

考えるツールとしての言語を獲得したことで、人間は世界や自らの存在について、根源的な問いを持つようになったのです。

2 人間は時間について、どのように考えてきたのか

この空間、自分たちが生きている世界は、どうしてできたのだろうと考え始めた人間は、次に時間の存在について思索を開始しました。太陽の動きと月の満ち欠け、そして一日の始まりと終わり。人間にとって時間との関係は、まず、時間をいかに管理するかという問題でした。その結果として生まれてきたのが暦《こよみ》です。最古の太陽暦の一つはエジプトで、ナイル川の氾濫を予知する目的でつくられました。

ナイル川は一定の時期に増水して氾濫し、そのときに上流から大量の土砂を運んできます。そして水が引いた後に肥沃な大地を残していきます。この豊かな大地が農作物の豊穣をもたらしてくれるのです。生きるためには農業がすべてであった時代のことです。人々は、ナイルの氾濫を待ち望みました。そしてそのときが訪れる頃には、日の出直前の空におおいぬ座のシリウスが出現することを、長い歳月をかけて知りました。その日がいつ訪れるか？　そのことを知るためにエジプト人は、夜空を見つめ、太陽の動きを観察し続けた

のでしょう。

太陽が一番長時間、空に輝く日（夏至）を頂点として、一番昼間が短い日（冬至）に向かって衰えていく。それからまた、日射しを伸ばしていく。そういうサイクルであることを、古代のエジプト人は学んだのです。こうして彼らは、一年という周期を意識するようになった。すなわち地球が太陽を回る周期（約365・24日）を知り、その知識をもとにして太陽暦をつくったのです。

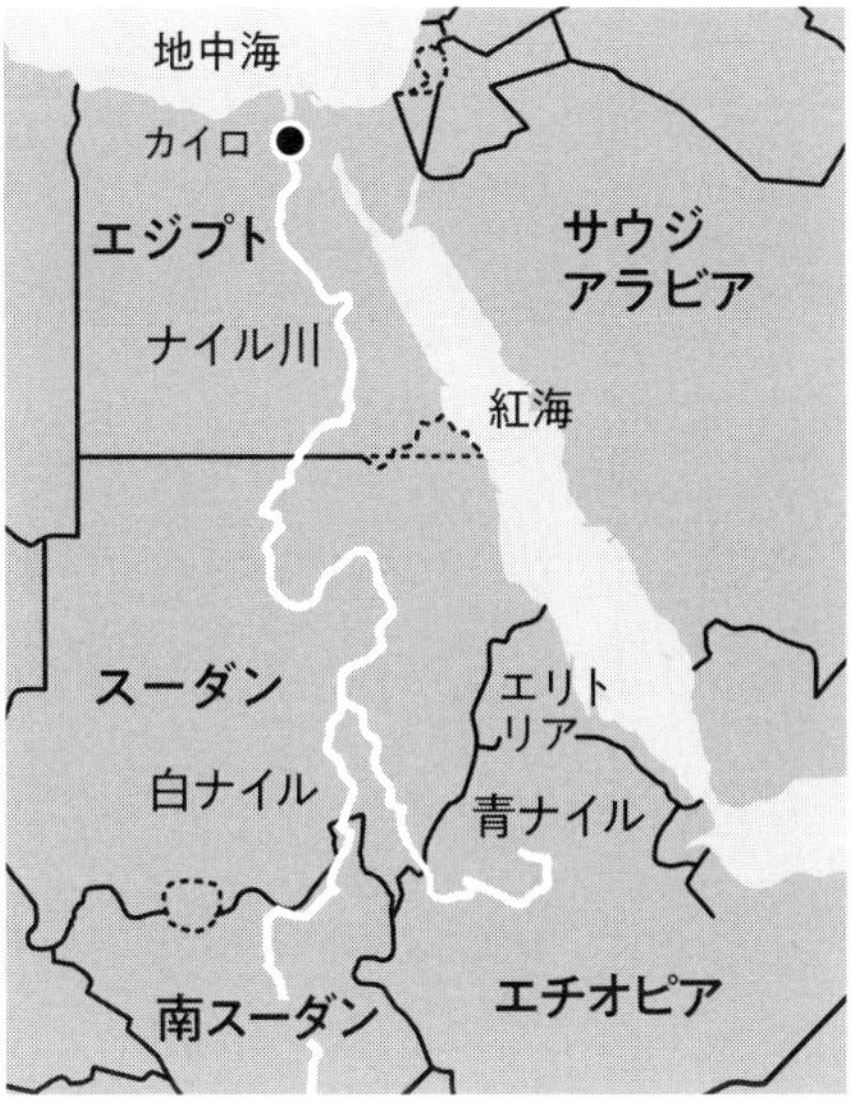

ナイル川

一年という概念に比べれば、一日の変化の意味はより理解しやすかったことでしょう。朝に東から太陽が昇り、夜になると西に沈み、また朝になると太陽が昇る。この一日を小回転と考えれば、一年は大回転であるなと。しかし、一日を何回も何回も繰り返さないと、一年という大回転にはなりません。一日と一年の時間差が大きすぎて、時の流れを十分に把握しきれなかった。そのときに注目したのが、夜空の月です。月は見えない夜（新月、朔《ついたち》）から始まって、丸くなる夜（満月）となり、また細く欠けていく。この月が地球を一回転する周期に、およそ29

回（約29・53日）の夜を重ねることを学びました。こうして人は一日と一年、一月という概念を身につけたのです。
なお、一週間の起源については、七曜（太陽、月、火星、水星、木星、金星、土星。肉眼で見える大きな星のことで、中国の五行説と結ばれました）に由来する、あるいは太陰暦の一か月を4等分したものであるなどといわれています。一週間はメソポタミアが起源です。

この月の満ち欠けは日数を知るのに便利でしたので、これを利用してつくられた暦が太陰暦です。実は、歴史的には太陰暦のほうが早くからメソポタミアで使われていました。暦についての詳述は避けますが、太陰暦で一年を構成すると約354・36日となります。エジプトで最初に太陽暦がつくられた理由は、太陰暦だと、太陽の大回転する日数（約365・24日）に約11日ほど足らなくなります。それでは、農作の恵みをもたらす大氾濫の訪れを、規則的に把握できないことを知り、太陽暦を考えついたのです。
なお、太陽暦の365日に合わせて、日数を調節してつくられたのが太陰太陽暦（太陰暦に閏月《うるうづき》を入れて約11日の短さを補った暦）です。メソポタミアではBC2000年紀には、すでに太陰太陽暦が使用されていました。現代ではイスラーム社会の太陰暦を除いて、ほとんどの国が太陽暦を使用しています。日本は1872（明治5）年に太陽暦へ切り替えるまで、太陰太陽暦を使用していました。

明けない夜はなく、春はまた巡ってくる。暦を考え出したことで人間は円環する時間を管理するようになりました。けれど、その円環する時間の中で生きている人間の一生は回転して再生しないことにも気づきました。誕生して歩き始め、大人になり、やがて老いて死んでいく。人間の一生は直線なのです。青春は戻ってはこない。

自然を司《つかさど》る円環する時間と人生を支配する直線の時間、2つの時間があるという概念を知った人間には、次のような思いが浮かんできたのではないでしょうか。人生の直線が終わった後はどうなるのか、どこかに行く世界はあるのだろうかと。あるいは人生が始まる前は、一体どこにいたのだろうかと。

3 人間の突然の変化、ドメスティケーションと宗教の関係

ドメスティケーションdomesticationという言葉を聞いたことはありませんか?

ドメスティケーションには飼育、順応、教化などの意味があります。学術用語としては、次のように説明されています。

「『人間が野生の動植物から、それまでには存在しなかった家畜や栽培植物を作り出す』こと。動物については家畜化、植物については栽培化(植物化)。(中略)ドメスティケーションの起源の問題は、考古学、地理学、人類学、栽培植物学、遺伝学などの幅広い分野において関心を集めている」(『ブリタニカ国際大百科事典・小項目辞典』より)

人間が植物を栽培したり、動物を家畜化したりするために、欠かせない条件があります。それは人間が定住生活を営むことです。東アフリカから、より多くの獲物を求めてグレートジャーニーに旅立った人類は、世界中へ移動して行きました。人類の立場から定住生活を考えてみると、それは必ずしもいいことばかりではありません。一か所にずっとみんなで住んでいると、排泄物の処理だけでもたいへんです。狭い場所に寄り集まって寝るわけで、病気が発生したらすぐに全員に感染してしまいます。そんな生活を営むより、よりおいしいビフテキを求めて、新しい土地へ移動しながら生きるほうが、ずっと楽しいのではないでしょうか。

それなのになぜ、人類は定住生活を始めたのか。人間の意識が「世界を回っておいしいビフテキを食べながら生きようぜ」から、「自分はもう動かない。まわりの世界を支配して生きる」へと変化したからではないでしょうか。なぜ、意識が変わったのかについては定説はありません（もっとも、移動が自由にできなくなったので、定住せざるをえなかったという説があるようですが）。

人間が定住生活をし始めたドメスティケーションのときに、人間の脳みそは最後の進化が終わり、それから今日まで進化していないといわれています。

こうして人間は定住し、世界を支配し始めました。植物を支配する農耕に始まり、動物を支配する牧畜、さらには金属を支配する冶金《やきん》と、植物、動物、金属、すべてを人間が支配するようになりました。ドメスティケーションは、狩猟採集生活から農耕牧畜生活への転換であったのです。

ドメスティケーションは、今から約1万2000年前にメソポタミア地方で起きたと推測されています。周囲に存在するものを順次、支配していった人間は、次にこの自然界を動かしている原理をも支配したいと

ギョベクリ・テペ遺跡

考え始めたのです。誰が太陽を昇らせるのか、誰が人の生死を定めているのか、神という言葉も概念も当初はなかったでしょうが、何者かが自然界のルールをつくっていると考え始めたようです。この推論を有力にした理由の一つが、メソポタミアの古代遺跡から、女性を象《かたど》ったとしか思われない土偶が発掘されたことでした。その用途に、具体的な目的は考えにくく、それに何か特別な意味を込めていたとか、拝んでいたという以外には、考えられないのです。世界最古の神殿と目されるトルコのギョベクリ・テペ遺跡は約1万2000年前のものです。この時代に、人類は間違いなく大きな転機を迎えたのです。

以上のような検証から、ドメスティケーションを経て人間は、宗教という概念を考え出したと推論されています。付言すれば、古代エジプト人が太陽暦を開発したプロセスも、時間を支配するという意味でドメスティケーションの一形態でした。

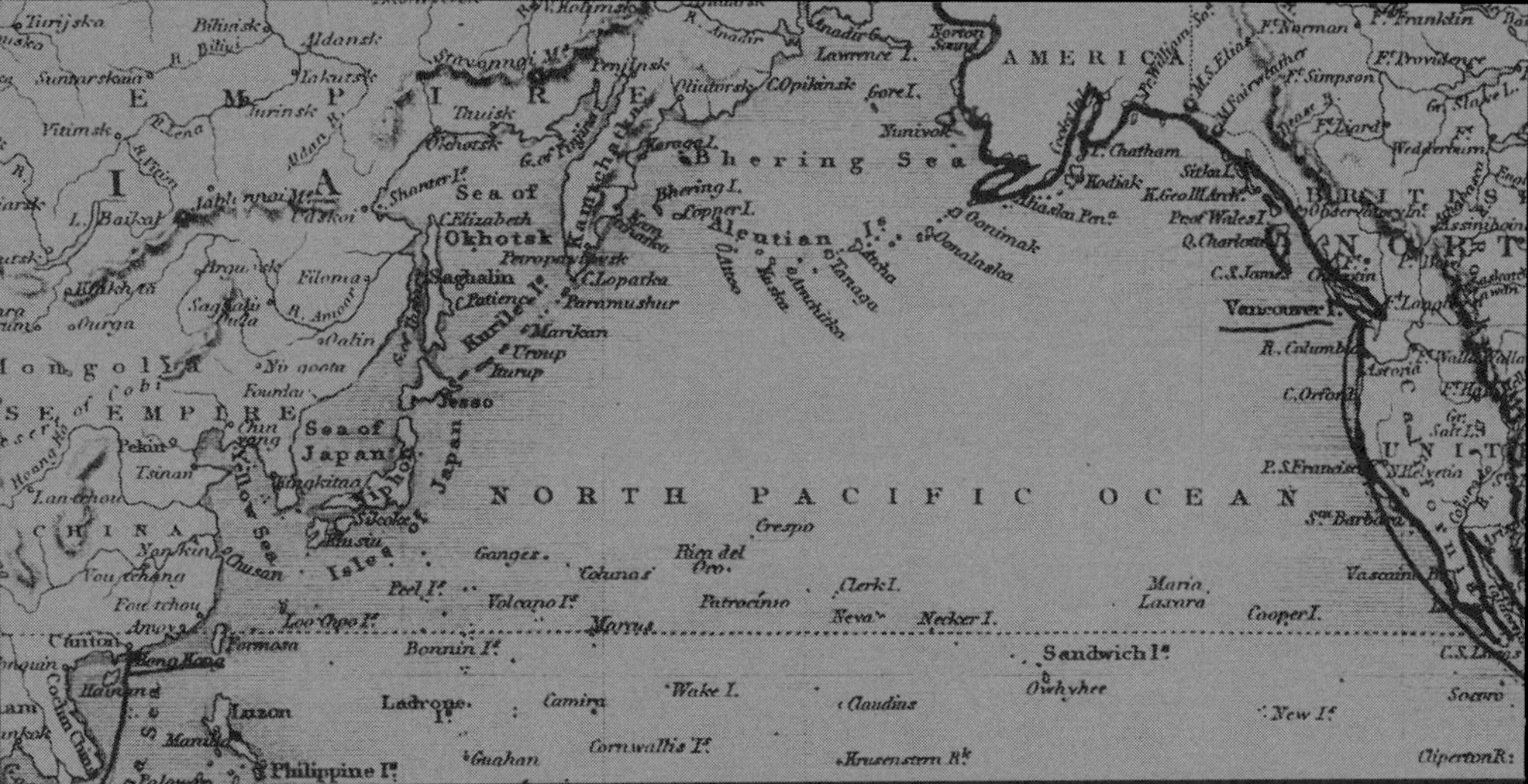

第2章

世界最古の宗教ゾロアスター教がその後の宗教に

超自然的な神の存在を意識し始めた人間は、素朴な太陽神や大地母神信仰を経て、自然の万物に神の存在を意識するようになり、原始的な多神教の時代へと進みます。その後、後世の宗教に多大な影響を与えた人類初の世界宗教が生まれました。ゾロアスター教です。

ＢＣ１０００年（プラスマイナス３００年）頃、古代のペルシャ、現代のイラン高原の北東部に、ザラスシュトラという宗教家が生まれました。ザラスシュトラの英語読みがゾロアスターです。

ザラスシュトラは古代社会には珍しく具象的な思考能力を有した人物であったらしく、ゾロアスター教の教義はまことに論理的で、しかも明快でした。

その内容はペルシャの地に移住したアーリア人の民族的な信仰を基本において、ザラスシュトラが創始したと考えられています。ペルシャの古代王朝といえば、世界帝国となったアカイメネス朝が有名ですが（ＢＣ５５０－ＢＣ３３０）、この王朝の創始者キュロス２世（在位ＢＣ５５０－ＢＣ５３０）の時代には、すでにゾロアスター教が広く信仰されていました。

ゾロアスター教はペルシャを中心に、中央アジアを経て唐の時代には中国にまで広まりました。中国では祆教《けんきょう》と呼ばれました。ペルシャの王

ザラスシュトラ（BC13世紀頃からBC7世紀頃）
『アテナイの学堂』（ラファエッロ画）より

朝はアカイメネス朝がアレクサンドロス大王に滅ぼされた後、セレウコス朝、パルティア王国と支配者が変わります。そしてパルティア王国を倒したサーサーン朝（226－651）の時代に、ゾロアスター教は国教となりました。またサーサーン朝の初期には、ゾロアスター教の経典も整備されました。

1

〝踊る宗教家〟マニの登場とゾロアスター教との関係

ザラスシュトラの没後、およそ千数百年後の3世紀に入って、ゾロアスター教の教典が編纂・整備されました。経典の名前は『アヴェスター』です。ザラスシュトラの言葉と彼の死後につけ加えられた部分によって構成され、全部で21巻あったといわれています。現在はその約4分の1が残存しています。

ゾロアスター教は、サーサーン朝4代バハラーム1世の時代（在位273－276）に国教に近いレベルまで引き上げられました。時のゾロアスター教の大神官カルティール（キルデール）が、バハラーム1世を強引に説得したようです。そこには次のような事情がありました。

名君、シャープール1世（在位241－272）の時代に、バビロニア地方からマニ（216－276または277）という宗教家が登場します。

マニ（216－276または277）

マニはゾロアスター教の善悪二元論をさらに徹底させ、壮大な二元論の教えを創造しました。またマニはユニークな宗教家で、自分の教えを舞踏にして伝道しました。踊る宗教の元祖のような人だったのです。寛容なシャープール1世の下でマニの教えは、またたくまにペルシャに広まります。さらに東方では中央アジアを経て中国へ（明教《みんきょう》）、西方は北アフリカにまで広まりました。北アフリカが生んだ古代キリスト教の最高の神学者、アウグスティヌス（354－430）も元はマニ教の信者でした。

けれどもマニ教は、シャープール1世の死後、カルティールの攻撃によって衰え、マニ自身も刑死させられます。そしてゾロアスター教が引き上げられたのです。新興宗教に対する既成宗教の弾圧は、昔も今も同じように存在していたようです。

サーサーン朝は651年にイスラーム帝国によって滅ぼされ、それ以後ペルシャの地はイスラーム教が支配的となり、今日のイランに至っています。

ゾロアスター教は、今日ではインドや中東に少数の信者を抱える小さな規模の宗教になっていますが、世界の宗教に残した影響には多大なものがあります。その教義について見ていきましょう。

アウグスティヌス（354－430）

2
ゾロアスター教が考えたこと①
善悪二元論と最後の審判

ゾロアスター教の最高神はアフラ・マズダーです。彼が世界を創造したのですが、世界には、善い神のグループと悪い神のグループが存在します。そしていつも争っていると、ゾロアスター教は教えます。

善い神のグループは、人類の守護神であるスプンタ・マンユを筆頭にして七神。悪い神はすべての邪悪と害毒を司《つかさど》る大魔王アンラ・マンユ（別名アフリマン）を筆頭にして、こちらも七神。どちらのグループにも個性豊かな神々が揃っています。7は「聖数」で一週間のサイクルにも合致します。

ゾロアスター教では宇宙の始まりから終わりまでを1万2000年と数えます。それを3000年ずつ4期に分けました。そしてザラスシュトラは、「今の時代は善い七神と悪い七神が激しく争っている時代なのだ」と説くのです。苦しい日々が続くのは悪い神の親分アンラ・マンユが優勢なとき、楽しい日々が続くのは善い神の統領スプンタ・マンユが勝利を続けているときなのだと教えたのです。

やがて善悪の神が戦う混乱の時代が終わる1万2000年後の未来、世界の終末にアフラ・マズダーが行う最後の審判によって、生者も死者も含めて全人類の善悪が審判・選別され、悪人は地獄に落ち、すべて滅び去ります。そして善人は

アフラ・マズダー

永遠の生命を授けられ、天国（楽園）に生きる日がくるのだと、ザラスシュトラは説いたのです。だからこそ、現世では三徳（善思、善語、善行）を積む必要があるのです。

このようにザラスシュトラは時間を直線的に把《とら》える（天地創造から最後の審判まで）、劇的な善悪二元論を展開しました。宗教の世界における善悪二元論は、この世を説明するときに、強い説得力を有します。

仮にこの世を、一人の正義の神がつくったとすると、正義が世界中にあふれていることになります。悪い君主も殺人鬼も存在しない理屈になります。清く正しく生きていれば、誰もが幸福になれるはずです。それなのになぜ、人生には苦しみがあるのか。神がいるのなら救ってくれてもいいじゃないか。そう考えて悩むことになります。

作家、遠藤周作の小説『沈黙』（新潮文庫）は、キリシタン禁制下の日本に潜伏したポルトガル人の司祭が、日本人信徒に加えられる拷問を見て心を痛め、ついに自分も背教の瀬戸際に追い込まれていく物語です。なぜ神は自分を救ってくれないのか、一神教を信じる人間は、現世に生きる苦しみをどのように考えればよいのか。『沈黙』はこの問題に真正面から取り組んでいます。逆に一神教が持つ矛盾（全能の神がなぜ現世の苦しみを解決できないのか）が、人間の思考を深くするという側面があるのかもしれません。その証拠に、アウグスティヌスをはじめとする後世の哲学者がこの問題に真剣に取り組んでいます。しかし宗教の教義という点から考えれば、善悪二元論は現世で生きる苦しみと来世との関係を、時間軸を挿入することでわかりやすく説明できるのです。

3

ゾロアスター教が考えたこと②
守護霊と洗礼

ゾロアスター教は精霊の存在を信じます。精霊とは、この世の森羅万象に宿る霊的存在のことで、当然のこととして人間にも宿っています。精霊をフラワシと呼びます。そして祖先のフラワシは、生きる人々の守護霊になると信じられました。祖霊信仰の始まりです。

死んだ祖先は、自分と縁がある生きている人たちに、自分の霊を守ってもらいたいと望んでいます。守ってもらいたいので、その人たちの守護霊となるのだと、ゾロアスター教は説きました。だからこの世に生きている人はご先祖様を、きちんと拝み、祖霊を大切に祀《まつ》りなさいと。この祖先を祀る教えも、広く伝わっていきました。たとえば、日本で旧暦の7月15日前後に行われる先祖を祀る盂蘭盆《うらぼん》は、仏教の行事と思われていますが、根源をさかのぼれば、フラワシ信仰に行き着くのではないかと一部では考えられています。

また、ゾロアスター教にはナオジョテと呼ばれる儀式があります。入信の儀式です。やがてキリスト教に取り入れられ、洗礼となる儀式です。ただ、

ナオジョテ

ゾロアスター教では、ローマ教会のような幼児洗礼はありませんでした。7歳頃から15歳までが入信の期間で、人間らしい判断力が身につき始めた頃にナオジョテは行われました。

世の中のことがまだよくわからない子どもに、宗教がわかるはずはないという考え方を、ゾロアスター教は有していました。このあたり、とても理にかなう考え方をする宗教だったのです。ナオジョテの儀式の日、受信者は清潔な肌着を身につけ、新しい白い衣服を身につけました。ゾロアスター教は、清浄の象徴である白色を大切にする宗教でした。

4 ゾロアスター教が考えたこと③ 火を祀ること

ゾロアスター教には、偶像崇拝はなく、その代わりに火を信仰しました。そのために拝火教とも呼ばれます。

ザラスシュトラはアーリア人です。彼らはカスピ海の北方に住んでいましたが、BC1500年前後にインドに入り、さらにBC1200年頃にはイランにも入って行きました。

彼らは、この民族大移動の過程で、カスピ海沿岸を南下しました。その途上、彼らはアゼルバイジャンのバクー地方を通ったものと思われます。あの地方は石油の大産地で、今でも自然発火が見られます。どんな天候でも燃え続ける火に、アーリア人たちは神に対するような敬虔な気持ちを抱いたのでしょう。その気持ちがインドへ渡ったアーリア人たちに、バラモン教の火の神アグニを誕生させ、イランではザラスシュトラに新しい宗教を創造させる、大きな契機となったのでしょう。

イランのヤズドの地にはザラスシュトラが点火したと伝えられる「永遠の火」が、今も燃え続けています。バクーにもゾロアスター教の「永遠の火」を祀る聖地が残されています。また、インドでは火の神アグニが仏教に大きな影響を与えました。そして「永遠の火」を信じる教えは中国にも伝わり、さらに日本にも伝わったと考えられています。その象徴的な存在が、比叡山延暦寺で今も燃え続ける不滅の法灯《ほうとう》です。唐から帰朝した最澄が延暦寺に灯《とも》してから、一度も消えることなく今日まで燃え続けていると伝えられています。

5 ユダヤ教、キリスト教、イスラーム教は、ゾロアスター教から多くのことを学んだ

ゾロアスター教は、最高神としてアフラ・マズダーが存在しますので、一神教のようにも見えますが、善神と悪神と多彩な神々が存在している点では多神教のようでもあります。

このペルシャで生まれた世界最古の宗教に、一番多くを学んだのがセム的一神教でした。ノアの3人の息子（セム、ハム、ヤペテ）の中でセムを祖先とすると伝えられる人々をセム族と呼びます。セム族は、西南アジア（メソポタミア、パレスティナ、アラビア）の歴史に登場してきた人々ですが、彼らの中から誕生してきた一神教のことです。具体的には、ユダヤ教、キリスト教、イスラーム教を指します。

セム族の一部が信じる唯一神ＹＨＷＨ（ヤハウェ）が人類救済のための預言者として選んだ人物がアブラハムです。彼はユダヤ人の祖と目され、ユダヤ教やキリスト教そしてイスラーム教の世界でも「信仰の父」として篤《あつ》く尊敬されています。そのために、セム的一神教は「アブラハムの宗教」とも呼ばれます。セム的一神教は、天地創造や最後の審判も天国も地獄も洗礼の儀式も、すべてゾロアスター教から学んだのです。

現代社会に影響を与えている宗教は、３つに大別できます。セム的一神教、インドの宗教そして東アジアの宗教です。インド生まれの宗教の代表的なものはヒンドゥー教や仏教で、東アジアの宗教としては儒教や道教、そして日本の神道などがあります。中国で完成した禅や浄土教は、必ずしもインド仏教とはいいがたい側面もあり、区別が難しい宗教です。

この３つに大別された宗教以外に、今も生き残って世界の人々に大きな影響を与えている宗教はありません。なお、セム的一神教の３つの宗教を合わせた信者の数は、21世紀の今日、世界で50パーセントを超えています。

6 ニーチェの『ツァラトゥストラはこう言った』とゾロアスター教との関係

19世紀後半のドイツの哲学者ニーチェに、『ツァラトゥストラはこう言った』という著書があります。ニーチェの哲学の重大な命題である「永劫回帰」の思想が語られています。ツァラトゥストラとは、ザラスシュトラのドイツ語読みです。

しかし、この本に語られている内容は、ザラスシュトラの言葉とはほとんど関係がありません。ニーチェは善悪二元論の元祖ともいうべき高名なザラスシュトラの名前を借りて自分の考えを語ったものと考えられています。もちろん、ニーチェがゾロアスター教の教典である『アヴェスター』についても学び、霊感に近いものを感じ取ったことがあったのかもしれません。

しかし、彼の説く「永劫回帰」の哲学は、むしろインドのバラモン教の聖典、『リグ・ヴェーダ（神への讃歌）』などを参考にしているのではないでしょうか。そこにはインドの先住民が持っていた、輪廻転生《りんねてんしょう》の思想が含まれているからです。それは円環する時間の発想で、時間も人の命も永遠に回り続けていると考える信仰です。まさに「永劫回帰」です。

以上のことから、『ツァラトゥストラはこう言った』とゾロアスター教は無関係と考えてもいいのではないかと思うのです。

フリードリヒ・ヴィルヘルム・ニーチェ（1844－1900）

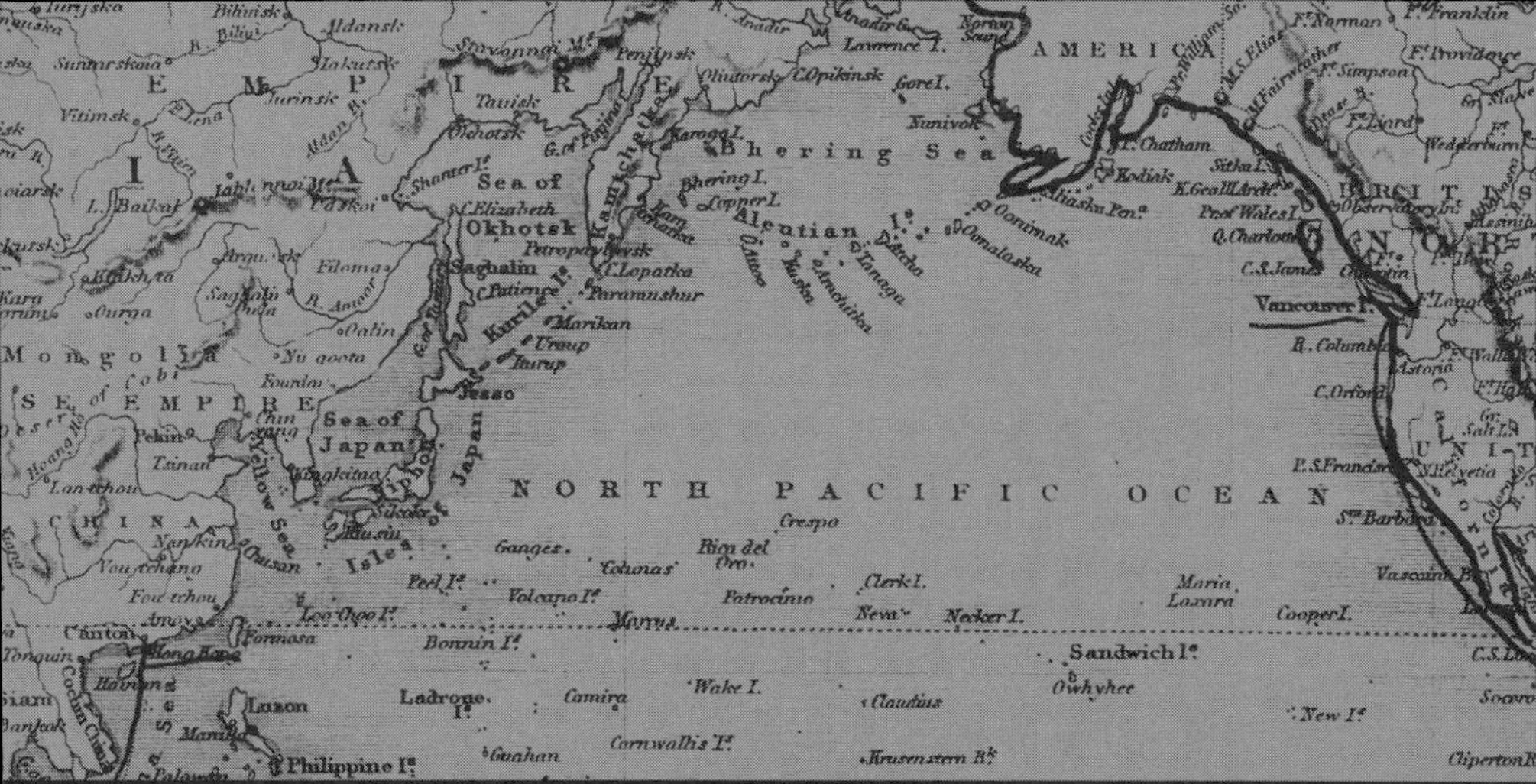

哲学の誕生、それは"知の爆発"から

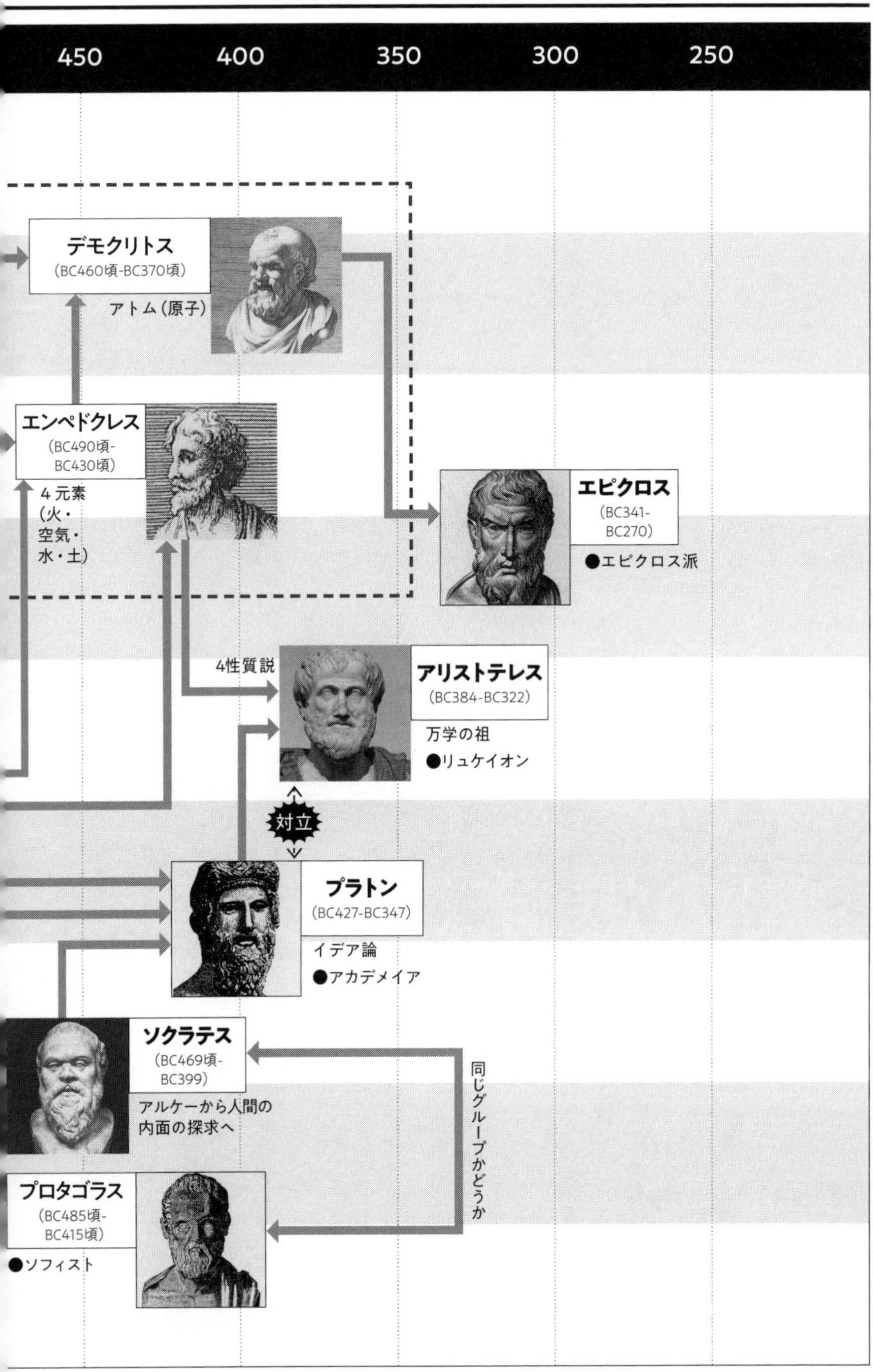

450
400
350
300
250
デモクリトス
（BC460頃-BC370頃）
アトム（原子）
エンペドクレス
（BC490頃-BC430頃）
４元素（火・空気・水・土）
エピクロス
（BC341-BC270）
●エピクロス派
4性質説
アリストテレス
（BC384-BC322）
万学の祖
●リュケイオン
対立
プラトン
（BC427-BC347）
イデア論
●アカデメイア
ソクラテス
（BC469頃-BC399）
アルケーから人間の内面の探求へ
同じグループかどうか
プロタゴラス
（BC485頃-BC415頃）
●ソフィスト

古代ギリシャの哲学の流れ

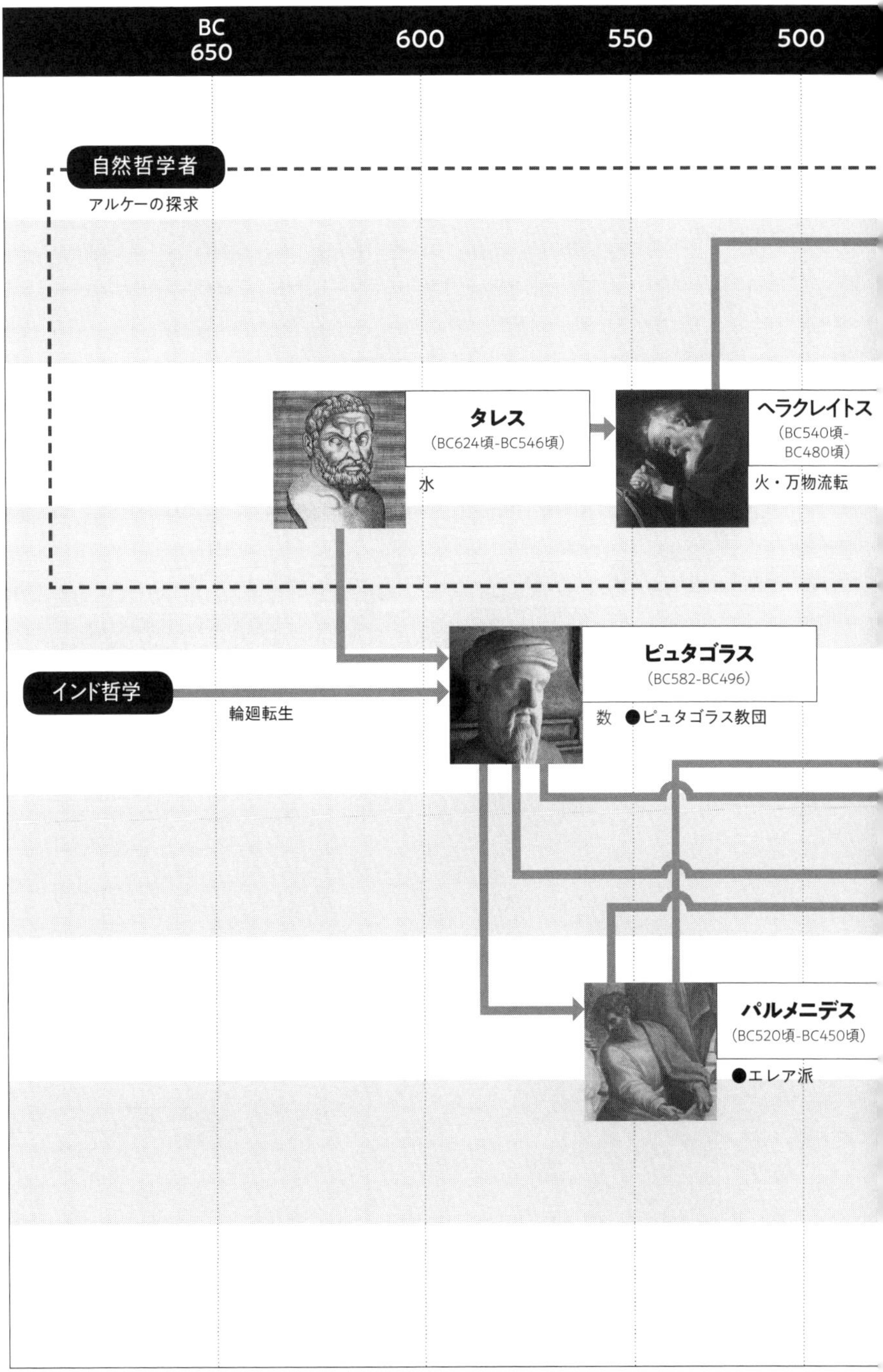
BC 650
600
550
500
自然哲学者
アルケーの探求
タレス
(BC624頃-BC546頃)
水
ヘラクレイトス
(BC540頃-BC480頃)
火・万物流転
インド哲学
輪廻転生
ピュタゴラス
(BC582-BC496)
数 ●ピュタゴラス教団
パルメニデス
(BC520頃-BC450頃)
●エレア派

次は哲学の登場です。

かつては、哲学を学ぶときは、ソクラテス以前のグループとソクラテス以後に分ける考え方をしていたようです。ソクラテスの登場が哲学的に見て一つの大きな転換点になったと考えられていたからです。

しかし、現在では、ソクラテスの登場がそれほど大きな事件だったかどうかについては争いがあり、価値中立的な「初期ギリシャ哲学」と呼ぶ場合が多いようです。それでは初期ギリシャ哲学から話を始めましょう。

BC5世紀前後、世界に数多くの考える人が登場してきました。そして今日まで残るようなさまざまな思考の原点が、草木が一斉に芽吹くように誕生したのです。この時代を、20世紀のドイツの哲学者カール・ヤスパース（1883－1969）は「枢軸の時代」と呼びました。世界規模で〝知の爆発〟が生じたのです。

BC5世紀前後には、鉄器がほぼ世界中に普及していました。そこに地球の温暖化が始まります。鉄製の農機具と温暖な太陽の恵みを受けて、農作物の生産力が急上昇します。その結果、余剰作物が大量に生産されて、豊かな人と貧しい人の格差が拡大しました。

財産にゆとりのできたお金持ちは、自分は働かず、使用人に農作業をやらせるようになります。それと同時に、中国では〝食客《しょっかく》〟と呼びましたが、お金持ちの家では、ある種の人々を何も仕事をさせず、食事を与えて遊ばせておくようになります。笛をたくみに吹く人や、星の動きに詳しい人、要するに現代の芸術家や

カール・ヤスパース
(1883－1969)

学者のような人たちです。

社会全体が貧しければ、みんな農作業で手一杯です。歌う時間も夜空を見つめる余裕も生まれないし、人生について考えているひまもありません。生産力が向上し、有産階級が生まれたことで知識人や芸術家が登場してきたのです。そしてその過程で知の爆発が起こったのです。それはギリシャで始まり、ほぼ時を同じくしてインドや中国でも知が爆発しました。

そして知の爆発によって、哲学的思考が広まっていきましたが、何を考えたのかといえば、「はじめに」で述べた人間の根源的な問いでした。「世界は何でできているのか?」

それに対して初期の哲学者たちは、どんな答えを見出したのでしょうか。

1 哲学の祖タレスと自然哲学者が考えた「アルケー」とは

ギリシャでは、BC9世紀からBC7世紀にかけて、偉大な叙事詩人であったホメロスやヘシオドスが、ギリシャ神話を体系づけて『イリアス』や『オデュッセイア』、そして『神統記』を記しました。

それらの内容は、エーゲ文明の諸神話を融合させながら完成させたものです。こうしてギリシャ神話の世界が生まれました。この時代の人々は、世界は神がつくったものだと固く信じていました。この時代を「ミュトス mythos（神話・伝説）の時代」と呼んでいます。

ミュトスの時代を経て、枢軸の時代に登場してきた学者たちは、まさか世界を神様がつくったはずはないだろうと考え始めます。

「何か世界の根源があるはずだ。それは何だろう」

そのことをミュトスではなく、自分たちの論理で、すなわちロゴス logos（言葉）で考え始めたのです。そして、その「万物の根源」となるものをアルケー arche と呼びました（ちなみに、アルケーという言葉を初めて用いたのは、タレスより少し年下のアナクシマンドロスという哲学者です）。ミュトスではなくロゴスによってアルケーを考えること。そのことに最初に答えを出したといわれる哲学者がタレス（ＢＣ６２４頃－ＢＣ５４６頃）です。

タレスはエーゲ海の東海岸（現トルコ）、イオニア地方の都市ミレトスの出身です。そのために彼につながる初期の哲学者たちを、「イオニア派」と呼びます。また自然を探求する自然科学の立場を取っていたので、後世になると自然哲学者たちとも呼ばれました。

さてタレスは、この世のアルケーは何であると考えたのでしょうか。

答えは水です。今日では人間の身体の約7割が水であることも、地球上の生命の根源が水であることも判明しています。そう考えると、このことを一言で喝破したタレスの直観力には恐るべきものを感じます。タレスは特に測量技術や天文学に通じていました。「半円に内接する角は直角である」という定理を、中学生の頃に学んだ記憶があると思いますが、彼が発見した定理であるといわれていま

タレス（BC624頃－BC546頃）

す。

タレスはたいへん多才な人物でしたが、エピソードもたくさん残した魅力的な人物でもありました。あるとき、学問をいくらやっても人生の役には立たないじゃないかと、笑われたことがありました。すると天文学に通じていたタレスは、ある年、星座の運行がオリーブの豊作を告げていることを知ると、近在の村里からオリーブの実を搾《しぼ》って油を採る圧搾機《あっさくき》を、オリーブの花が咲く前に、全部買い占めてしまったのです。そしてオリーブの実が大豊作になったとき、みんながタレスに圧搾機を借りにきたために、彼は大儲けをしました。学問がお金儲けにも役立つことを、自ら証明したわけです。

「アルケーは水だ」というタレスの学説に刺激されて、実にさまざまなアルケー論が登場してきます。その諸説を紹介する前に、一冊の本を紹介しておきます。

『ギリシア哲学者列伝』（ディオゲネス・ラエルティオス著、加来彰俊訳、岩波文庫、全3冊）という本は、2世紀の終わり頃から3世紀前半に執筆されたと、推定されています。最初の題名はすでに不明となっていますが、時代を経て読み継がれ、出版され続けてきました。82名のギリシャの哲学者の生涯が、出生や経歴そしてエピソードも含めて語られており、その第一巻第一章がタレスです。ギリシャの哲学者たちの歴史を虚実を取り混ぜて、実にイキイキと描いています。

さて、タレスの次はヘラクレイトス（ＢＣ５４０頃－ＢＣ４８０頃）です。彼は「万物は流転する」（パンタ・レイ）という言葉を残しています。本人の言葉

ヘラクレイトス
（BC540頃－BC480頃）

かどうかの確証はありませんが、プラトンがヘラクレイトスの言葉として書き残しています。

「アルケーは水だとか火だとか数字だとか言っているけれど、万物は流転するのだよ。どんどん変化していくんだよ」

それがヘラクレイトスの思想でした。もっともヘラクレイトスは、変化と闘争を万物の根源とみなし、その象徴を火としました。ここには近世になってドイツの哲学者、ヘーゲル（１７７０－１８３１）が提唱した、正反合の弁証法の理論につながっていく発想がすでに芽生えています。

その後に、火・空気・水・土の4元素をアルケーとしたエンペドクレス（ＢＣ４９０頃－ＢＣ４３０頃）が続きます。彼はシチリア島のアクラガス（現在のアグリジェント）の出身です。医者であり詩人であり政治家でもありました。彼は4元素説を唱えました。万物の根源、アルケーは火・空気・水・土の4つであるという説です。この4つの元素を結合させるピリア（愛）があり、分離させるネイコス（憎）があって、その働きによって4元素は集合と離散を繰り返すという理論です。エンペドクレスは、後に述べるピュタゴラス派の影響を受けています。この4元素については、後にアリストテレスが取り上げます。ただアリストテレスは、元素として取り上げるというよりは、４つの材料として取り上げるのですが、アリストテレスの説については次章で説明します。

万物の根源を追求した哲学者の最後にくるのは、デモクリトス（ＢＣ４６０頃－

エンペドクレス
（BC490頃－BC430頃）

デモクリトス
（BC460頃－BC370頃）

ＢＣ３７０頃）です。

年齢からいえば、彼はソクラテス（ＢＣ４６９頃－ＢＣ３９９）よりも、10年近く後の人物です。彼は自然科学や倫理学、さらには数学や今日でいうところの一般教養も深く学んでいました。そしてエジプト、ペルシャ、紅海地方、さらにはインドまで、学究の旅に出ました。膨大な著作があったという記録が残されています。

デモクリトスは、アルケーはアトム（原子）であると考えました。物質を細分化していくと、これ以上分割できない最小単位の粒子（アトム）となり、そのアトムが地球や惑星や太陽を構成していると考えました。そしてアトムによって構成された物体と物体の間の空間は、空虚（ケノン）であると、考えました。すなわち真空であると。彼は天上界を地上の世界と区別せず、そこもまた通常の物質世界であると喝破したのです。すでに現代の唯物論（→149ページ）に近い発想が生まれていることに驚かされます。

もう2人、自然哲学者ではありませんが、後世に大きな影響を与えた偉大な哲学者を挙げておきます。一人は、ピュタゴラス（ＢＣ５８２－ＢＣ４９６）です。ピュタゴラスはタレスと同じくイオニア地方の出身ですが、青年期に学問のため、古代オリエントの地を遍歴しました。諸国を遊学した後、故里に戻ってきますが、やがてイタリア半島の南部にあったギリシャの植民都市クロトーンに移住

ピュタゴラス
（BC582－BC496）

し、その地でピュタゴラス教団を創設します。クロトーンは現在のクロトーネです。

ピュタゴラスとその教団は、数学的な原理を基礎にして宇宙の原理を確立することを目指しました。彼は万物の根源は数であると考えたのです。これもまた鋭い発想です。コンピュータの原理はすべて0か1の数字ですよね。ピュタゴラス教団の才能ある数学者たちは、数々の現代に残る数学の定理を発見しました。またピュタゴラスは一絃琴《いちげんきん》を用いて、音程の法則を発見しています。そのことによって、音階を数字で表すことを可能にしました。キティ・ファーガソンの『ピュタゴラスの音楽』（柴田裕之訳、白水社）というおもしろい本がありますね。

ところでピュタゴラス教団は、学問の集団であっただけではなく宗教的な集団でもあったようです。彼自身が教祖のような地位に祭り上げられ、その神秘的な側面が強調されていました。彼自身の著作物で現存するものはなく、弟子たちが書いたものや数学関係の書物の注釈によって、彼の学説や思索が残されています。

ピュタゴラスが宗教的に信じていたのは、インドの輪廻転生思想でした。その信仰のために彼は故郷のサモス島を離れて、イタリアに渡ったと考えられています。哲学と宗教は、その誕生から発展の過程において、多くの類似点があるといわれているのですが、ピュタゴラス教団はその好例であるように思われます。

また、ピュタゴラスの死後、プラトンが輪廻転生の思想に興味を抱きました。そしてわざわざイタリアを訪れ、ピュタゴラスの弟子であった哲学者フィロラオス（ＢＣ４７０頃－ＢＣ３８５頃）の著作を買い求めたと伝えられています。

もう一人はパルメニデス（ＢＣ５２０頃－ＢＣ４５０頃）です。南イタリア（当

パルメニデス
（BC520頃－BC450頃）

時はマグナ・グレキアと呼ばれたギリシャの植民地でした）の都市エレア出身の彼は、「あるは、ある。ないは、ない」という詩を遺しました。これは、世界は始めも終わりもない永遠不滅の一体的な存在であるという一元的な存在論です。したがって、世界は変化や運動を被《こうむ》ることなく生成消滅は否定されることになります。パルメニデスはエレア派の祖となりました。エレア派は、感覚よりも理性に信を置いて、理性が把握する不《ふ》生不滅《しょうふめつ》の「有る」べき世界と人間が感覚で把握する生生流転の現実世界という二重構造を示しました。

2　ギリシャ以外の地で起きた知の爆発（概論）

ソクラテスやプラトン、アリストテレスに話を進める前に、インドと中国における知の爆発についてその概要を述べておきます。

インドでは後述するブッダや六十二見《けん》が登場します。六十二見とは仏教関係の人々が、仏教以外の思想を62種類にまとめたものです。見とは学説の意味です。その中で「六師外道《ろくしげどう》」と呼ばれる6人の思想家が、今日に名前を残しています。なお、仏教を信じる人々は仏教を内道《ないどう》と呼び、他の異端の教えを外道《げどう》と呼びました。その6人とは次の人々です。アジタ・ケーサカンバリン（唯物論者。世界は地・水・火・風の4元素から成ると主張）、プーラナ・カッサパ（道徳否定論者）、マッカリ・ゴーサーラ（宿命論の裸形托鉢《たくはつ》教団アージーヴィカ教の祖）、マハーヴィーラ（ジャイナ教の祖。後述）、パクダ・カッチャーヤナ（唯物論者。4元素に苦・楽・命を加えた)、サンジャヤ・ベーラッティプッタ(懐疑論者)。

注目すべきはアジタ・ケーサカンバリンです。彼の主張した地・水・火・風の4元素は、ギリシャのエンペドクレスが主張した火・空気・水・土と、ほとんど同じ発想であることに注目してください。同じ頃に同じことを考える人が世界に出てくる。人間の思考はあまり変わらない気がします。

知の爆発は中国ではどうだったか。後に述べる孔子や老子がこの時代の人です。また、陰陽五行説《いんようごぎょうせつ》がこの時期に台頭します。陰陽五行説は、陰陽説と五行説が一体化して形成されたもので、中国における宇宙生成の理論です。まず陰陽説とは、世界には天と地、日と月などの2大元気《げんき》があるという考え方です。この陰と陽が交わることによって、5元素が生まれると考えます。すなわち、木《もく》・火《か》・土《ど》・金《こん》・水《すい》の5元素です。肉眼で見える木星、火星、土星、金星、水星の5惑星に対応します。この5つが宇宙に存在する一切のものを構成し、5つが同調したり反撥しあったりしながら(エンペドクレスの愛憎と同じ発想です)、世界を循環させていくという考え方が、陰陽五行説のおおまかな概要です。

後に、中国の思想や人々の生活にも多大な影響を与える陰陽五行説は、知の爆発の時代に形を整えていきました。中国の伝承では、陰陽という理念を生み出したのは原始の聖王と呼ばれている伏羲《ふっき》と、その妻の女《じょ》媧《か》であったといわれています。2人とも人頭蛇身の神です。また五行説を唱え始めたのは、これもやはり神話に近い世界ですが、夏《か》という王朝の始祖、禹《う》であるといわれています。陰陽五行説については、諸子百家の思想に触れるところで詳説します。

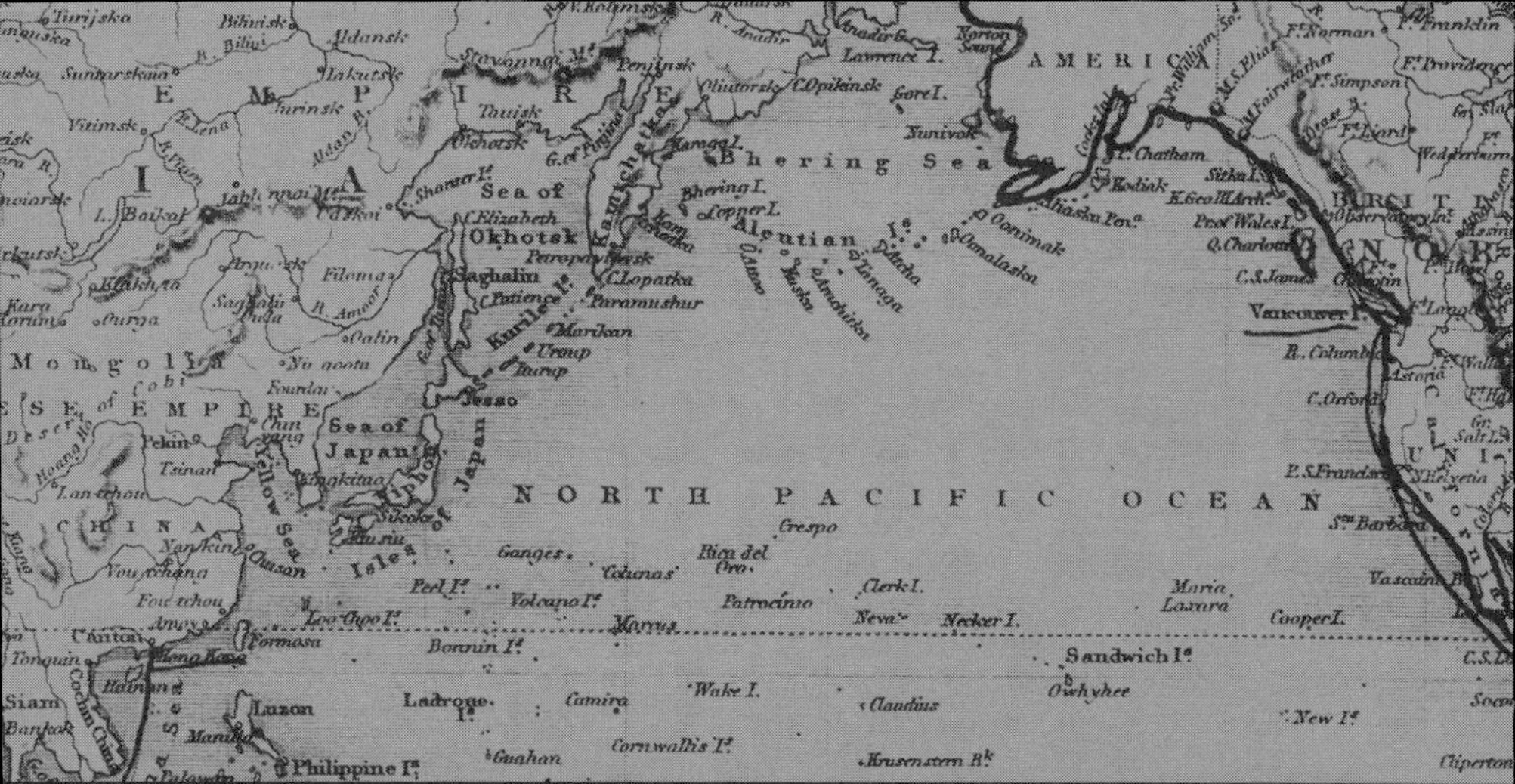

第4章

ソクラテス、プラトン、アリストテレス

450頃
アルキビアデス（政治家）
404

446頃
アリストパネース（喜劇詩人）
385頃

427
プラトン
347

BC492（第１回） BC490（第２回） BC480（第３回）	ペルシャがギリシャへ遠征（ペルシャ戦争）
BC478	アテナイがデロス同盟を多くのポリスと結ぶ
BC461	ペリクレス、アテナイの支配権を握る。アテナイの全盛時代が始まる
BC431-404	ペロポネソス戦争
BC415-413	アテナイのアルキビアデスが提唱したシチリア遠征で大敗。アテナイの民主政崩壊
BC404	スパルタ、ペロポネソス戦争に勝利してギリシャの覇権を握る
BC387	プラトンがアカデメイア創設（-529）
BC371	テーバイ、スパルタを破り、ギリシャ最強のポリスとなる
BC338	マケドニアのピリッポス２世、アテナイとテーバイの連合軍を破る
BC337	マケドニア、ギリシャのほとんどのポリスとコリントス同盟を結ぶ。ギリシャはマケドニアの支配下へ
BC335	アリストテレスがリュケイオン創設（-529）
BC334	アレクサンドロス大王、東方遠征に出立

ソクラテス、プラトン、アリストテレスが活躍した時代のおもな出来事と登場人物

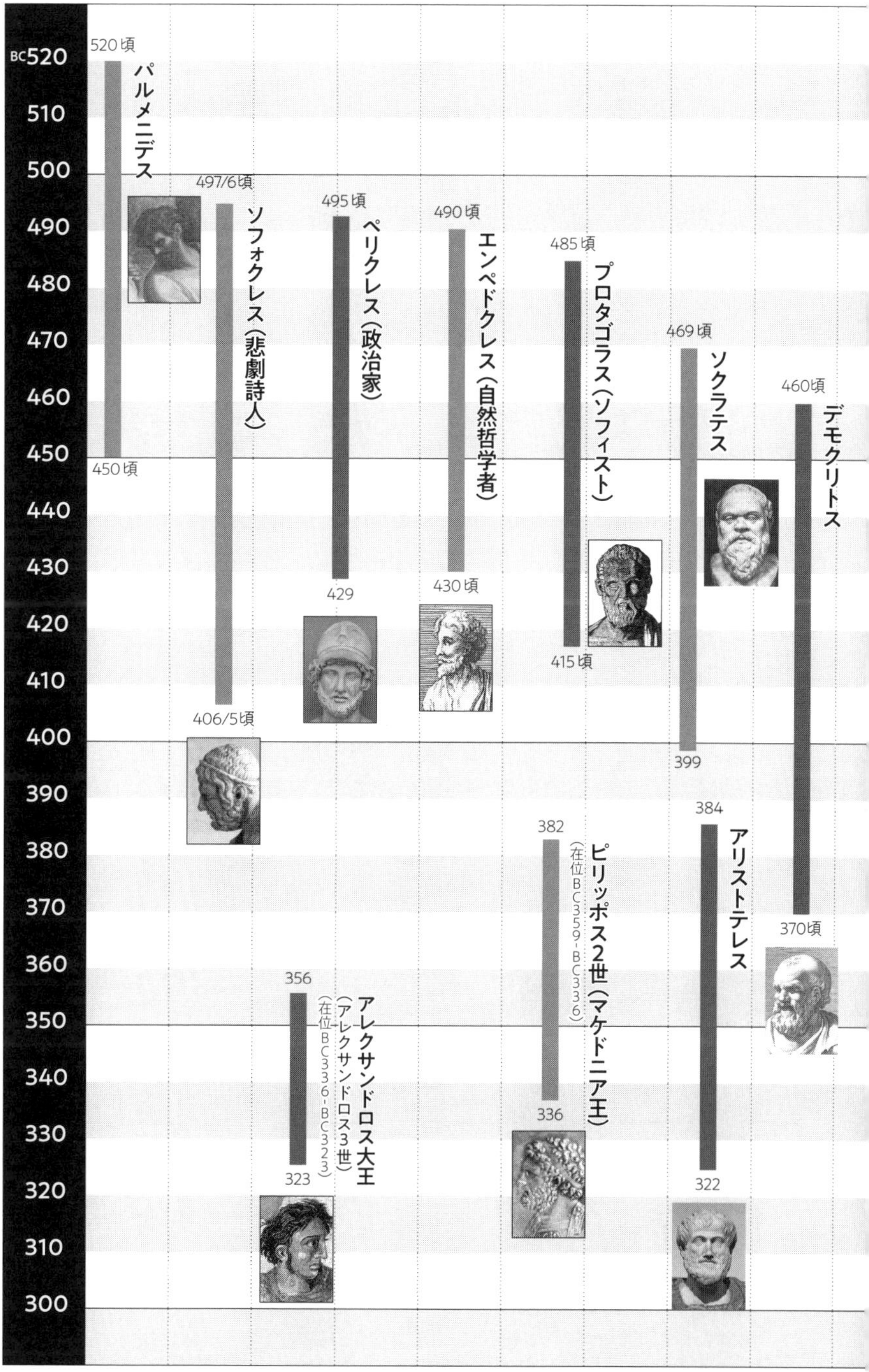

前章で述べたとおり、西洋哲学を学ぶときは、ソクラテス（BC469頃－BC399）以前とソクラテス以後に分ける考え方が未《いま》だに根強くあります。F・M・コーンフォードの『ソクラテス以前以後』（山田道夫訳、岩波文庫）はその代表的な文献です。

ただ留意してほしいのは、ソクラテス以前・以後という分け方は、単純な時代の前後ではないということです。デモクリトスはソクラテスよりも若く、宇宙は4元素（火・空気・水・土）で構成されていると述べたエンペドクレスは、ソクラテスより20歳ほど年上の人でした。

では、なぜ、あえてソクラテス以前・以後と分類しようとしたのか。

後述する哲学における主題の相違にも起因しているのですが、当時のアテナイがギリシャの都市国家の中で占めていた特別の地位とも関係していました。アテナイはスパルタと対抗しながら、ギリシャの覇権を握っていました。いわばアテナイは東京のような大都市で、ギリシャの政治と文化の中心でした。

ところが、イオニアの自然哲学者たちは、そもそもイオニアは現在のアナトリア半島（トルコ）の地名ですから、みんな地方の人々です。それに対してソクラテスやプラトンはアテナイ生まれの人です。アリストテレスは、ギリシャ北部マケドニアの生まれです。

「ソクラテス・プラトンの時代から哲学はアテナイのものとなり、本格的になった」

ソクラテス
（BC469頃－BC399）

アテナイの人たちは、そう考えたかった。いってみれば、ここには東京中心主義にも似た発想が見え隠れしています。アテナイという先進的な文化地域の人々は、タレス以下の万物の根源を探ろうとした哲学者たちを、アテナイの人ではないという理由で上から目線で区別していたのではないか、という批判が生まれました。そのため現代の哲学界では、「ソクラテス以前・以後」という区分はやめるべきだと主張する学者が多数を占めるようになりました。「ただシンプルに、初期の哲学者たちと呼べばいいのではないか」と。

それではソクラテスに始まる哲学の大きな特徴とは、一体何でしょうか。

世界の構造はどうなっているのか。外部世界を一所懸命探求したイオニア派に対して、ソクラテスは人間の内面に思索の糸を下《お》ろしました。

世界はどうなっているんですか。そのことを問う人に対して、ソクラテスは逆にこう問いかけた。「世界はどうなっているのか、と考えるあなたはあなた自身について何を知っていますか。人間は何を知っているのですか」

ソクラテスはこの質問を人々に投げかけ、対話することで考えを深め、人々に不知を自覚させようと努めました(「不知の自覚」。かつては「無知の知」とも呼ばれていましたが、正確には何も知らないことを自覚するという意味ですから、不知の自覚と呼ぶべきです)。

「ソクラテス以後」の哲学は、このように人間の内面に向かい、生きることについての問いかけを始めたことに大きな意味がありました。外面の世界から内面の世界へと思索を深めていく哲学が、ソクラテスから始まった。そのように考えられています。

1 ソクラテス時代のアテナイ

なぜソクラテスは、外の世界から内なる心の世界へと、思索の方向を移したのでしょうか。

その原因は、彼が生きたアテナイの政治状況と決して無関係ではありません。人間の考えることは、いつの時代であってもその人が生きていた時代の環境に大きく影響されざるをえないのです。BC5世紀からBC4世紀にかけて、ソクラテス、プラトン、アリストテレスが生きた時代のアテナイについて、簡略な年表を本章の冒頭に掲げておきましたので、参考にしてください。

ギリシャの都市国家群は、BC5世紀の初頭、3次にわたるペルシャの世界帝国アカイメネス朝（BC550－BC330）による侵攻をしりぞけました（ペルシャ戦争）。

その結果、アテナイとスパルタが強力な都市国家となりました。全市民を戦士として育成する軍事国家スパルタと、貴族政から民主政へと移行したアテナイと。性格は異なりましたが、2つの都市国家が競い合い対立しながら、ギリシャの覇権を掌握する時代に向かいます。

特にアテナイでは、民主派の貴族エフィアルテスが市政権限の多くを、貴族の独占から平民の手に委譲させる改革を実現させました。そしてエフィアルテスの暗殺後（BC461頃）、その後を継いでアテナイの指導者になったペリクレス（BC495頃－BC429）が、民主政を徹底させます。ペルシャとの間に続いていた戦争状態の終結にも努力しました。スパルタとも交渉を続け、30年の和約を結んで、無用の衝突を避けました。

平和を実現したペリクレスは、ペルシャ戦争によって破壊されていたアテナイの建築物の復旧に努めました。今もアクロポリスの丘に美観を誇るパルテノン神殿は、彼によって再建されたものです。ペリクレスは芸術にも深い興味を示し、彼と彼の愛人アスパシアがつくった文化サークルには、ソクラテスをはじめとして内外の文化人が参集しました。アテナイの3大悲劇詩人、アイスキュロス、ソフォクレス、エウリピデス、さらには喜劇詩人アリストパネースが登場したのも、この時代です。この頃のアテナイは、後の世に「ペリクレス時代」、「黄金時代」とも呼ばれました。

ソクラテスはBC469年頃に生まれています。この年にペリクレスは26歳くらい。まだ存命中のエフィアルテスとともに、民主政アテナイの繁栄時代を築き始めた頃でした。したがってソクラテスの少年期から青年期は、アテナイが一番平和な時代であったかもしれません。

ペリクレス
（BC495頃－BC429）

しかしアテナイとスパルタの覇権を巡る争いは、ついに衝突に至ります。そしてギリシャの都市国家は、アテナイを中心とするデロス同盟とスパルタが中心のペロポネソス同盟に分かれて、一大戦争に突入しました。ペロポネソス戦争です（BC431－BC404）。

戦局の推移について詳述することは避けますが、ペリクレスの死後、彼の民主政を継続しようとした政治家ニキアスは、スパルタと講和を結びます（ＢＣ４２１）。

しかし、美貌の青年政治家だったアルキビアデス（ＢＣ４５０頃－ＢＣ４０４）はこれを無視し、シチリアへの遠征を強硬に提唱しました。この無謀な作戦は失敗し、アテナイの艦隊は全滅します。そしてアテナイはスパルタ側に降伏し、ペロポネソス戦争が終わりました。

敗戦後のアテナイでは、スパルタの政治的な介入が顕著になりました。民主政は一時的に倒され、スパルタの息がかかった少数の市民が市政を独占する、寡頭《かとう》政に移ります。この寡頭体制は30人の僭主《せんしゅ》（不法な権力者）によって構成されたので、「30人僭主」とも「30人政権」とも呼ばれました。

アルキビアデス
（BC450頃－BC404）

ソクラテスはペロポネソス戦争が始まったとき、働き盛りの38歳頃でした。アテナイの民主政では市民全員に兵役の義務がありましたから、彼も参戦して勇敢に戦っています。長いペロポネソス戦争が終わったとき、ソクラテスは65歳頃。彼の残りの人生は、あと5年ほど。彼の人生の壮年期は、ペリクレスが築き上げたアテナイの黄金時代が黄昏《たそがれ》を迎える時代でした。

戦乱が打ち続く中で、ソクラテスは何を考えていたのか。少なくとも、アルケー（万物の根源）を考えるよりも、人間が生きることの意味について思索を深めようとしたのではないでしょうか。

2 ソクラテスの実像と虚像

その1 「産婆術」と「不知の自覚」

ソクラテスは石工である父と助産師である母との間に生まれました。若い頃から雄弁であったようです。長《ちょう》ずるに及んで、自然哲学者に学び、弁論術を修め、思索を深めていきました。彼の歯に衣《きぬ》を着せない大胆な発言は、アテナイでは人気があり、傾倒する若者も少なくありませんでした。

この当時、アテナイでは弁論術や修辞法が盛んでした。

ペリクレスの時代、アテナイの市政には30歳以上の男性市民の全員が参加しました。男性市民にとって、自分の主張を効果的に表現し、相手との論争に勝利する弁論術を習っておけば、それが自分の出世にもつながる時代だったのです。身体的能力の高さを競う古代オリンピックが、4年に一度オリュンピアで開催されたように、市民が雄弁を競い合う弁論大会も開催されていました。

そういう時代ですから、お金を受け取って弁論術を教える人々が登場してきました。彼らは「ソフィスト」と呼ばれました。「賢い人」の意味です。ソフィストについては後述します。

さて、ソクラテスの弁論術は対話を重んじました。相手にさまざまな質問をして、その答えを論破しながら事物の核心に迫り、真実に近づく対話術です。現在ではソクラテスの弁証法として定義づけされていますが、当時は「産婆術」とも呼ばれていました。若者たちに問いかけ、粘り強く彼等の誤ちを正していき、若者を真理に到達させるソクラテスの話術は、産婆さんが赤ちゃんを母親の胎内からていねいに取り出し、誕生させるプロセスのようだと評されたからです。もしかすると、ソクラテスの母親が助産師であったことと関連して、こう呼ばれたのかもしれませんが。

彼が産婆術を駆使して教えようとした命題は、「不知の自覚」でした。古代のギリシャでは神だけが知者であると考えられていました。人間は知者でないがゆえに知を愛求したのです。すなわちフィロソフィーとは、もともと人間の知性が神と比較すれば無に等しいことを自覚することからスタートするのです。

ところで、不知の自覚とは、どういうことでしょうか。わかりやすく述べると、それはちょうど、暗闇の中で何人かの人が集まって象を撫《な》でている状態と似ています。鼻を撫でた人は、細長い生き物だと思い、足を撫でた人は太い柱みたいだと思い、耳を撫でた人は大きな団扇《うちわ》みたいだと思う。誰もが本当の象の姿を知らないまま、自分は象の姿形を知っていると思っている。ソクラテスのいう「不知の自覚」とは、まさにこのような状態を指していたのではないでしょうか。

世界は広くて複雑である、それなのに人間はついつい「何でも知っている」と過信しがちです。そのことがいかに愚かなことであるかは、繰り返される争乱や支配者の誤ちを見れば、明らかです。不知を自覚できず、驕《おご》りたかぶる政治家や賢人がたくさんいます。その一方でペロポネソス戦争とその後の混乱が続く時代に、いつ戦いに駆り出されるかわからない若者が、不安な日々を生きている現実があります。

ソクラテスは、若者に世の中の真実について考えたり、自分の人生について見つめ直す機会を与えるべきだと考えました。ソクラテスは自分の人生を、そのような人々との対話に投じるようになっていきます。

その2 ソクラテスの日常生活と死について

ソクラテスは朝食を終えると、粗末な衣服を身につけ、裸足でアテナイの街へ出かけたといわれています。そして広場や神殿などの人が集まる場所や人の行き交う道筋で、誰彼となくつかまえると問答を仕掛けるのでした。

ソクラテスは問答を仕掛けて、相手に自分の不知を自覚させようとしました。しかし、自分の不知に気づかない相手を無明の闇から引っ張り出すには、彼が不知なるがゆえに主張している論理を妥協なく否定する必要があります。そのためには、相手の考えを強く論破したり、一笑に付す必要も生じます。相手によってはソクラテスに対して感情的になり、殴りかかったり、足蹴《あしげ》にしたりすることもありました。そんなとき、決して抵抗しないソクラテスを見て、市民たちがあきれていると、彼はつぶやくのです。

「もしロバが僕を蹴ったのだとしたら、僕はロバを相手に訴訟を起こすだろうか」

彼は自分の言動に対する嫌がらせや妨害に少しも動じることなく、禅問答を繰り返すような日々を続けていました。そして夜になると帰宅する。朝になると出かけて行く。家にいるときのソクラテスは食事を摂るだけ、だったかもしれません。ソクラテスのパートナーはクサンティッペという女性でしたが、悪妻として名前を残しています。でも彼女の立場に立てば、ソクラテスの日常生活にうんざりしながらも心配が絶えず、口喧《やかま》しくならざるをえなかったのかもしれませんね。

ソクラテスに論破された逆恨みから、彼に深い憎悪を抱いた人々は、ついにソクラテスを告訴しました。以下のような罪状です。

「アテナイの国家が信じる神々とは異なる神々を信じ、若者を堕落させた」

これに対してソクラテスは、公開裁判で堂々たる反論を行いますが、死刑が確定します。ソクラテスには刑の執行を逃れる機会もあったと伝えられていますが、法の裁きを遵守し、毒ニンジンの杯《さかずき》をあおり刑死しました。

以上が、ソクラテスの人生について語り継がれてきた素描です。

その3 ソクラテスはソフィストだったのか、否か?

ところで哲学の歴史を振り返るとき、ソクラテスをどのように評価するかは、実はかなり難しい問題です。彼自身が書き記した文献が何も残っていないからです。なぜ残っていないのか。

それはソクラテス自身が、書き残すことに価値を認めなかったからだといわれています。彼の学問の方法は産婆術と呼ばれた対話によって、相手にいろいろな気づきを与えながら、思考の実を結ばせていくというものでした。対話を重ねていくこと自体が、ソクラテスにとっては大切だったので何も書き残さなかったのだ、という説です。

では、ソクラテスの哲学や人物について、何を資料として今日まで語り継がれてきたのでしょうか。プラトンをはじめとする彼の弟子や、同時代の劇作家や哲学者が残した文献です。しかし、それらの資料の中で圧倒的な量を占めるのはプラトンの著作物です。特にソクラテスの哲学については、すべてがプラトンの文献に依拠しているといっても決して過言ではありません。

プラトンの著作物は今日まで、ほとんどすべてが現存しています。このことは世界史の中では、奇跡的なことだと考えられています。ソクラテスが42歳の頃に誕生したプラトンは、ソクラテスの最晩年の弟子の一人でした。プラトンはソクラテスについて多くの著作物を残しています。その代表的な一冊に、告訴されたソクラテスが公開裁判の法廷で語った内容を記述した、『ソクラテスの弁明』があります。

プラトンが描くソクラテスは、知識の探究者として、そして合理的思考を重んずる人物として描かれています。その見事な弁論と論理構成を読むと、偉大な哲学者という印象が強く残ります。後世の人たちはソクラテスの弟子の著述であり、しかもプラトン本人が傑出した哲学者でもあったので、プラトンが描くソクラテス像を疑うことなく真実として把《とら》えてきました。

しかし、次のような考え方も可能です。ソクラテスが対話法を用いたことは、プラトンだけではなく他の文献にも記録されていますから、確かな史実です。一方でプラトンの著作物は、その大半が対話の形式を駆使して書かれています。その初期の作品の多くがソクラテスについて語ったものです。

プラトンが叙述したソクラテスの発言は、真に迫るリアリティがあります。それだけに信じたくなります。

けれど冷静に考えてみれば、それが事実のみを記しているのかどうかは不明です。あまりにも説得力ある描写のために、どこまでがソクラテスの真実なのか、プラトン自身の哲学的思考の成果であるのか、そのことを忘れてしまいがちです。無批判に読むと、読者の心に、傑出した哲学者であり偉大な知識人でもあったソクラテスのイメージが生まれざるをえません。

しかし、ソクラテスが生活していたアテナイには、ソクラテスに対して批判的な立場の人も存在しました。たとえばアリストパネースです。

アリストパネースという喜劇詩人は、ソクラテスが23歳の頃に生まれました（ＢＣ４４６頃－ＢＣ３８５頃）。

彼は20代の前半に『雲』という喜劇を発表しています。このドラマのあらすじは、借金の返済に困った男が息子をソクラテスのところに弟子入りさせて、借金をなかったことにする弁論術を学ばせようとする話です。

アリストパネースは、ソクラテスとその弟子たちについて、主人公に次のように言わせています。

「金を払いさえすれば、この人たちは弁論で、正しいか正しくないかおかまいなし、勝つ術《すべ》を教えてくれる」（『雲』アリストパネース著、高津春繁訳、岩波文庫）

アリストパネースは、この喜劇でソクラテスをソフィストとして位置づけ、からかっているのです。ソフィストについては、前に少し触れましたが、弁論術を有料で教える人たちです。元来は「賢い人」の意味でしたが、だんだん詭弁屋《きべんや》と

アリストパネース
（BC446頃－BC385頃）

呼ばれるようになっていきます。「靴が破れるのはよいことではない。しかし靴屋さんにとってはよいことだ」といった屁理屈をつけて、論争相手の話の腰を折ってしまう。そして自分の主張を有利に展開していく。ソフィストたちが、なぜ詭弁を弄《ろう》するようになったかといえば、ギャラを支払ってくれた相手に論争に勝つテクニックを教えなければならないからです。

ソクラテスよりも16歳ほど年長の、プロタゴラス（BC485頃－BC415頃）という哲学者がいました。プロタゴラスは代表的なソフィストです。彼は「人間は万物の尺度である」という言葉を残しています。人によって考え方は違っている。それぞれの考え方が尺度となるのであって、何が正しいかは人によって異なるという論理です。究極の相対主義です。それは思考のみならず行動においても、普遍的に通用する標準を認めない主観主義に傾斜する危険を内包しています。

プラトンの『ソクラテスの弁明』の中に、ソクラテスの次のような発言が登場します。

「私が自分の使命を果さんとして語るとき、誰かそれを聴くことを望む者があれば、青年であれ老人であれ、何人に対してもこれを拒むようなことはしなかったのである。また私は報酬を得る時には語るが、他の場合には語らぬというようなことなく、むしろ貧富の差別なく何人の質問にも応ずるのみならず、望む者には私の質問に答えつつ私のいうところを聴くことをも許したのだった」（『ソクラテスの弁明・クリトン』プラトン著、久保勉訳、岩波文庫）

プロタゴラス
（BC485頃－BC415頃）

ソクラテスは弁論術によって不知を自覚させようとした。そのとき正義や社会的良識を曲げることはしなかったし、報酬も受け取らなかった。だから彼はソフィストではなかったと、プラトンは書いています。

しかし、人々に不知を自覚させようとするソクラテスの弁論術と、ただただ弁論に勝つためだけに習うソフィストの弁論術は、目的の質には大差があるにしても方法論として考えれば、どれほどの差があるでしょうか。また、弁論を教えることで報酬を得ること自体は悪いことでしょうか。たとえば、ソクラテスに質問攻めにされて賢くなった若者が、感謝の印として持ち合わせのワインをソクラテスに受け取ってもらったら、これは報酬とは呼ばないのか……などと考えてしまいます。

また、ソクラテスは公開裁判で死刑とされましたが、プラトンが描くほどの偉大な尊敬に値する人物であったなら、このような判決が実現したのかという疑念も残ります。ペロポネソス戦争の末期、実現しかけたスパルタとの和約を台なしにしてしまった美青年の政治家アルキビアデスは、ソクラテスの弟子であり、恋愛感情とも思えるほどソクラテスに心酔していたといわれています。また、アテナイの市政を混乱させた30人政権の一人であったクリティアスがソクラテスの弟子だった、という説も有力です。

このように当時のアテナイに流れていた話などをも考慮に入れてみると、ソクラテスはその志は高かったかもしれないけれど、現実には、プロタゴラスと似たようなソフィストの一人と見られていた可能性がないわけではなかったようにも思われます。

ソクラテスが非常に優れた人物であったことは、確かです。しかしこれまでのように、常人とは隔絶した偉大な人物であったとイメージすることは、プラトンがつくったソクラテス像にいささか踊らされているのではないか、と僕はひそかに考えています。

最後にソクラテスについてもっと勉強したい人には、納富信留『哲学者の誕生――ソクラテスをめぐる人々』（ちくま新書）をお薦めします。

3 西洋哲学におけるプラトンの位置づけ

プラトン（ＢＣ４２７－ＢＣ３４７）が生まれたのは、アテナイの黄金時代を築いたペリクレスが亡くなった2年後でした。

プラトンは、アテナイがペロポネソス戦争に苦戦し、シチリア遠征に敗れるという波瀾《はらん》の時代に多感な青春時代を送りました。アテナイが、繁栄の時代から坂道を転げ落ちていく時代を生きた哲学者です。28歳の頃に、師と仰いだソクラテスが刑死しています。

プラトンはアテナイの由緒ある名門の生まれでした。本名はアリストクレスですが、彼のレスリングの先生から、体格も立派で肩幅も広かったので「プラトン（広い）」と呼ばれ、そのあだ名が通称となったと伝えられています。当時のギリ

プラトン
（BC427－BC347）

シャの上流階級では、文武両道に秀でていることが重んじられ、体育が奨励されたのです。プラトンもレスリング大会で優勝した記録を残しています。

ソクラテスのところで述べたように、プラトンの著作はほとんどすべてが今日まで残りました。それは、プラトンがアカデメイアという学園（大学）を創設（BC387）し、それが約900年も続いたからです。学園が創設者の著作を大事に保管し続けることは誰でもわかりますね。その作品数は35篇以上、中には10巻を超える大作もあります。テーマも多岐に及び、その中心とされるイデア論や政治学・法学に始まり、問答法、数学・幾何学、天文学・自然科学、神学、倫理学そして魂（プシュケー）についてなど、多くの分野を網羅しています。

このような業績に対して、連合王国の哲学者アルフレッド・ノース・ホワイトヘッド（1861－1947）が、有名な言葉を残しました。

「西洋のすべての哲学は、プラトン哲学への脚注にすぎない」

この言葉は、プラトンが書き残した文献の中には数多くの哲学的なテーマがほとんどすべて存在していることを表現しています。西洋哲学を学び始める人にとって、まず眼前にはプラトンの大きな文献の山が存在しているのですが、見方を変えると、プラトンの著作が残っていたからです。当たり前の話なのですが、プラトンは幸運だったなと思ったりもします。大学者が、ある時代に生きていたと

アルフレッド・ノース・ホワイトヘッド（1861－1947）

『アテナイの学堂』
（ラファエッロ画、中央左がプラトン、右がアリストテレス）

しても、業績が残っていなければ後世に影響を与えることは難しい。中国で孔子より少し遅れて登場した大思想家がいました。墨子です。孔子に対して批判的な論理を展開し、名を残しました。しかし彼の教団は、その死後にしばらくの時間を置いて消え去り、その著書も多くが失われました。ホワイトヘッドの言葉を考えるとき、墨子の不運を想い浮かべることがあります。

プラトンの師、ソクラテスは、ギリシャ人としては見栄えのしない風貌《ふうぼう》の男だったと、伝えられています。一方、プラトンは体格も顔立ちも立派でした。イタリア・ルネサンスの画家ラファエッロが描いた『アテナイの学堂』には、多くのギリシャの哲学者たちが描かれていますが、絵の中央にプラトンとアリストテレスが立っています。

このプラトンのモデルになったのは、ラファエッロと同時代の巨人レオナルド・ダ・ヴィンチでした。プラトンは威風堂々たる人物であり、『ギリシア哲学者列伝』にも、負けず嫌いの自信家としてのエピソードが数多く語られています。

その1

プラトンがピュタゴラス教団から受けた影響、二元論、輪廻転生

プラトンは80歳まで生きた長命の人でした。そのために、さまざまに意見が変化していきます。もっとも長く生きれば、誰でも考え方や思想はいろいろと変化しがちなものです。そのこともあって、何がプラトン哲学の本質であるかを考えることは難しいのですが、一般には「イデア論」であると考えられています。イデア論については後述しますが、その本質は二元論です。2つの異なった原理を立て、それによってさまざまな理論を成立させる論法です。代表的な例が、精神と肉体（物質）という2つの実在を認める考え方です。

二元論について、プラトンはピュタゴラス教団の影響を受けていたようです。ピュタゴラス（BC582－BC496）については前述しましたが、イタリア半島の南端のクロトーン（クロトーネ）に自らの教団を創設した哲学者です。そこには数学や幾何学の俊才が数多く集まっていました。ただ、ピュタゴラスの教団は暴徒によって破壊され、彼も惨殺されて解散しています。このとき教団内部の記録もピュタゴラス自身の著作も、すべて焼却されたらしく何一つ残っていません。ただ彼の教えを引き継いだピュタゴラス派の人々が南イタリアに残存し、彼の教えを守り広めていたようです。

このピュタゴラス教団の哲学を学ぶために、プラトンが初めてイタリアの地を訪れたのはBC388年でした。プラトンは39歳前後、ピュタゴラスの死後

ピュタゴラス
（BC582－BC496）

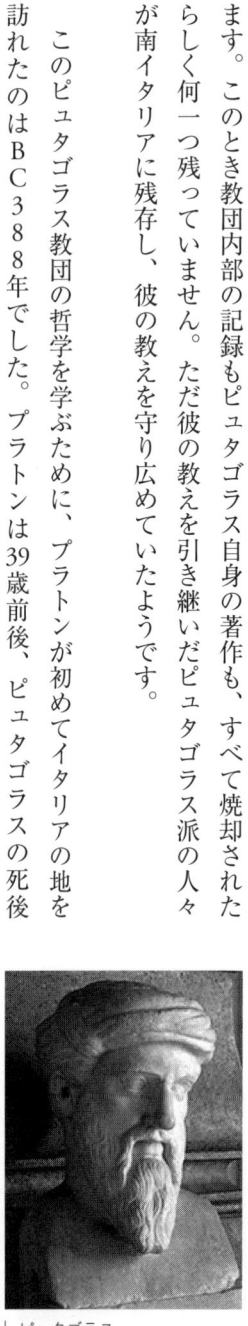

100年以上が経過しています。そこでプラトンは何を学んだのか。ピュタゴラスは、アルケー（万物の根源）は数であると喝破した哲学者でしたから、おそらく数学や幾何学について学んだらしいのですが、もう一つプラトンが学び取った思想がありました。輪廻転生です。時間は円環のように回っており、霊魂は不滅で何度も生まれ変わるというインド伝来の思想です。

プラトンは1年後、イタリアから戻ります。そしてBC387年、彼はアテナイ郊外の北西、アカデメイアに所有していた土地に自分の学園をつくりました。この地に自分の哲学や学説を信奉する若者を集め、自らの哲学を発展させ継承させたいと考えたのでしょう。それはピュタゴラスが100年以上も昔に開いた教団で教えた哲学が、脈々と南イタリアで受け継がれていたことに影響を受けた結果だったと思われます。

アカデメイアはプラトンの死後も、ギリシャ古典を学習できる最高学府として発展しますが、大学と呼ぶよりも、むしろ、一つの思想や宗教を信じる人々が結集して学ぶ教団と考えてもいいのではないかと思います。

その2 イデアとは？「あなたは真実の影を見て生きている」

次のような状況を想像してみてください。

人間がものごころついてから大人になるまで、首や手足を固定され、地下の洞窟の壁面に向かって椅子に腰かけているとします。彼の後方、はるか上部に当たる場所で、明るい火が燃えさかっています。そして燃えさかる火の前には一本の道があり、そこをさまざまな動物や人間や馬車が通るのです。すると、椅子に固定された人間は、眼前の壁面に、ウサギやロバや人間などの影絵を見ることになります。

そのため、ずっと壁面だけを見て生きてきた人間は、そこに映る影が真実の姿であると考えてしまいます。しかもその状態のままでいる限り、自分が誤認していることに気づくこともありません。人はどうすれば、このような不知の状態から脱することができるのでしょうか。

仮にその人が自由の身になって、明るい火に眼を向けたとします。影を見慣れた人は、じかに火を見た瞬間に目がくらみ、しばらくは影の本体を見ることもできないでしょう。そしてようやくまぶしさに慣れて、影の本体（ものごとの真実の姿）を見ることができた後、彼が元の暗い壁面に向き合うと、どうなるでしょう。今度は暗闇に当惑し、影絵がおぼろげにしか見えない、という状況に陥ります。そこで明るい火のもとに存在する実体（ものごとの真実の姿）を知った人が、ずっと暗闇の影絵を見ている人に自分が見た真実を語っても、実体を見たことがない人は到底信じられず、かえって火を見た人を疑うことになります。

プラトンは光をイデア界の太陽と見立て、最高のイデア「善なるイデア」の表象としました。それがあるから、さまざまなイデア（ものごとの真実）が見えてくるのであると。けれども人は、ともすれば洞窟内の状況に安住しがちで、壁に映る影を真実と考えてしまうのである、とプラトンは説きました。

以上に述べてきたことが、プラトンの有名な「洞窟の比喩」と呼ばれる、イデアについてのたとえ話です。僕たち人間は、いつも洞窟の中の人間と同様の誤ちを犯しているのだと、プラトンは語ります。ではどうすれば、人は影を真実と見誤らなくなるのでしょうか。僕たちが思考の視線を外界から魂の内面に向け直すことだとプラトンは説きました。

プラトンは、イデアを想起することについて、次のような論理を展開します。しかし、人間の魂はかつて天上の世界にあってイデアだけを見て暮らしてきた。しかし、人間は汚れたので地上に追放された。その途上、忘却の河を渡ってしまった。そのときに、かつて魂が見ていたイデアを、ほとんど忘れてしまった。しかし地上の世界で、イデアを真似てつくられたものに接するときに、忘れていたイデアを思い起こすのだと。

たとえば、ここに普通の机がある。これをみんなが机と共通して認めるのはなぜか。

それはみんなの魂の中に「机」というイデアがあるからなのだ。「板があって、それを3、4本の足で平行に支えているもの」という理想型、そのイデアを雛形にして誰かがその机をつくったので、見る人も「机」のイデアを想起するのだと、プラトンは説きました。

イデア論も難解で、考えれば考えるほどややこしくなります。

「ものごとには本質がある。それがイデアである。我々が現世で見ているのは本質の模造品である」

それではイデアはどこにあるのか。「イデアはいわば魂の眼によって洞察される純粋な形象である」とプラトンは教えてくれます。天上のイデアと地上の実在の二元論です。おそらく、ピュタゴラス教団の輪廻転生思想（魂は不滅で人は何度も生まれ変わる）の影響を受けたのでしょう。パルメニデスの影響を見る学者もいます。

なお、ギリシャ語の「イデア」（形という意味）には、英語の idea にある「観念」の意味はありません。

英語ではギリシャ語の「イデア」の訳語に、idea ではなく form を当てるのが通例です。

その3 プラトンはなぜ、「哲人政治」を理想と考えたのか?

BC387年に、アカデメイアの地に学園を創設したプラトンは、それから20年ほど学園の経営に従事しました。

アカデメイア(BC387年創立)
プラトン時代のアカデメイアを描いたモザイク画

アカデメイアで教えた学問は天文学、生物学、数学、政治学、哲学などでした。教授方法としては対話が重んじられ、教師と生徒の問答が中心であったようです。40代から50代の頃、アカデメイアを活動の中心においたプラトンは、その代表作の一つである大作『国家』を執筆しています。

彼は若い頃から、政治や国家、さらに法律に関して強い関心を示していました。このことは、彼の生きた時代がペロポネソス戦争に敗北した後の、スパルタの勢力下に置かれたアテナイの衰退期であったことと、無関係ではなかったように思われます。

『国家』や『法律』などの著作でプラトンが述べた政治形態は、次のようなものでした。まず支配者が一人である政治形態を、王政と僭主《せんしゅ》政に分けます。王政はAという君主が存在したら、Aの血を引く者が後継者となります。すなわち血統という法制度（ルール）に則《のっと》って支配するのが王政です。僭主政とは、王家の血を引かない者（僭主）が実力だけで政治を取り仕切る場合を指します。この場合、法制度は無視されます。

次に支配者が少数の場合。これは貴族政と寡頭《かとう》政に分類されます。

まず、貴族政は法制度に準じています。誰でも貴族にはなれませんから。寡頭政は限られた少数の集団が政治権力を握っている状態です。たとえば、ペロポネソス戦争に敗れた後のアテナイでは、スパルタが選んだ代弁者たちが一方的にアテナイを支配しました。ここではルールは皆無でした。

政治形態の5つ目に民主政が出てきます。「多数の人で決めていく制度」がルールとなりますから、個人や少数の集団による専横は、原則的には起こりにくい政治形態です。プラトンが政治形態について語るとき特徴的なことは、民主政にとどまらず、哲人政治を加えていることです。彼が「哲人王」と呼ぶような賢い君主や、複数の賢い人たち（哲人であり実務者であるような）によって形成される「夜の会議」によってこそ、善い政治が実行されるとプラトンは述べています。

プラトンが哲人政治が一番いいと考えた原因は、彼が生きたアテナイの政治状況に起因していたのでしょう。スパルタの息がかかった連中が、寡頭政をやっても民主政をやっても、アテナイにとっていいことは何もない。当時のアテナイにとって必要な政治形態を考えたとき、プラトンは哲人政治に思いが至ったのではないでしょうか。もしもプラトンがペリクレスの全盛時代に生きていたら、民主政のよさをより高く評価していたかもしれません。

しかし、プラトンが当時のアテナイに抱いていた政治的危機意識は強烈なものでした。彼はアテナイを救うべき哲人政治を、実践できる機会をシチリアで得ました。

その機会は1回目のシチリア紀行のときに、プラトンの愛弟子となった若い哲学者の縁から生まれました。機会は2度訪れました。しかし2度ともシチリアの政争に巻き込まれて、中途半端（失敗）に終わりました。結局、ほんの短期間、シチリアの政治指導者たちに、哲人政治について語り、指導しただけだったのです。

しかしそれでも、同じ哲学者であり、やはり自らの理想とする政治を具体的に実践したいと念じていた孔子が、結局、実現の機会が一度もないまま中国の各地を遍歴したことに比較すれば、幸運であったのかもしれません。

シチリアから戻った後、プラトンは著述とアカデメイアにおける教育に専念し、ＢＣ３４７年に80歳で没しました。

プラトンについてもっと勉強したい人には、内山勝利『プラトン『国家』――逆説のユートピア』（岩波書店、書物誕生あたらしい古典入門シリーズ）をお薦めします。納富信留『プラトンとの哲学――対話篇をよむ』（岩波新書）も良書です。なお、岩波書店から『プラトン全集』（全15巻、別巻1）が出ています。

4 「万学の祖」と呼ばれたアリストテレス

アリストテレスは、プラトンよりも43歳ほど年下です（BC384－BC322）。アリストテレスは、バルカン半島の東南、トラキア地方のスタゲイロスという小さな都市で、医者の息子として誕生しました。ギリシャ北東部のこの地方は、その当時はマケドニア王国の支配下にありました。

アリストテレスが誕生した頃、ギリシャでは都市国家間の争乱が絶えず、ペルシャ勢力の介入もあって衰退期に向かっていました。一方でギリシャの北方にあったマケドニア王国では、アリストテレスが生まれた2年後にピリッポス2世が誕生します。そして彼が成長してマケドニアを強国とし、やがてギリシャの都市国家を制圧する前夜を迎えようとしていました。

さて、若い時期のアリストテレスについての記録や伝承は、あまり残っていません。ただ幼くして両親と死別し、義理の兄を後見人として少年期をすごしたと伝えられています。その後の人生についても確たる記録は存在せず、17～18歳頃にプラトンの主宰するアカデメイアに入学したことが明らかになっています。アカデメイアにおいてアリストテレスの才能は開花し、プラトンも高くアリストテレスを評価していたようです。しかしプラトンが晩年を迎える頃に、アカデメイ

アリストテレス
（BC384－BC322）

アで20年近く勉学に励んでいたアリストテレスはアカデメイアを去りました。

なぜ、アリストテレスはアカデメイアを去ったのか。

理由の一つは、アカデメイアの教授陣の最高位である学頭の地位にプラトンの甥が選ばれたこと。もう一つの理由としては、当時の国際情勢が挙げられます。当時のアテナイは北の強国マケドニアが侵略してくることを警戒していました。そのためにマケドニア出身のアリストテレスは居心地が悪くなって、アテナイを去ったという説です。

ただ、僕はこれらの理由だけではなく、哲学者アリストテレスとして、アカデメイアを去らざるをえない事情があったと考えています。それは次項で話します。

アカデメイアを去ったアリストテレスは、習得してきた学問を教えながら小アジアの小都市アッソスで暮らしました。

アリストテレスはBC342年、42歳の頃、マケドニア王ピリッポス2世（在位BC359－BC336）に招かれて、首都のペラに向かいました。ピリッポス2世はアリストテレスを、王太子アレクサンドロスの家庭教師に任命したのです。王はアリストテレスに、王太子一人を教えるのではなく、将来、彼のブレーンとなるべき優秀な貴族の子弟をも合わせて教育するよう依頼しました。

アリストテレスは、アレクサンドロスが13歳のときから教え始めます。そして

ピリッポス2世
（在位BC359－BC336）

６年後（ＢＣ３３６）、アレクサンドロスは王位に就きました。アレクサンドロス大王の誕生です。そしてその翌年（ＢＣ３３５）、大任を終えたアリストテレスはアテナイに戻りました。49歳前後でした。

アテナイに戻ったアリストテレスは、東の郊外アポロン・リュケイオスの神殿のあるリュケイオンの地に、アレクサンドロス大王の資金援助を得て自らの学園を創設しました（フランスの高等学校、リセの語源）。アリストテレスは学園内のペリパトス（歩廊－散歩道のこと）を、弟子たちと散歩しながら講義をすることを好んだようです。そのためにリュケイオンのアリストテレスの学派は、ペリパトス派（逍遙学《しょうようがく》派《は》）と呼ばれるようになりました。

アレクサンドロス大王（在位BC336－BC323）
イッソスの戦いを描いたポンペイ出土のモザイク画

ＢＣ３２３年、アレクサンドロス大王が没しました。すると最盛期にはインドのインダス川流域まで版図を拡大したアレクサンドロスの帝国も、各地が政情不安となり、アテナイにおいても反マケドニア運動が激化しました。アリストテレスもアテナイを追われるように去り、ＢＣ３２２年、母方の故郷のエウボイア島のカルキスでその生涯を閉じました。62歳でした。

アリストテレスは、声に力がなく必ずしも講義が得意ではなかった、といわれています。そのためか詳細な講義録を残しました。その講義録が中世にまとめられ、『アリストテレス全集』となって今日まで残されています。もともとは550巻ほど存在した、といわれる彼の著作の3分の1前後がこの全集に収録されています。その内容は「万学の祖」と呼ばれるのにふさわしく、まさに多岐にわたっています。論理学、倫理学、形而上学（現象を超越し、またはその背後にあるものの真の本質、存在の根本原理、絶対存在を純粋思惟によりあるいは直観によって探求しようとする学問。神・世界・霊魂などがその主要問題）、政治学などの哲学に関連する分野だけではなく、物理学、天文学、気象学、生物学などの自然科学についても広く網羅しています。

それではアリストテレスの哲学の特徴的な点を、いくつか取り上げていきましょう。

その1 天を指すプラトン、地を指すアリストテレス

歴史的な虚実は定かではありませんが、『ギリシア哲学者列伝』のアリストテレスの章に、次のようなエピソードが残されています。学園を去ったアリストテレスに対し、プラトンは次のように嘆いたそうです。

「アリストテレスは、わたしを蹴飛ばして行ってしまった。まるで仔馬が生みの母親をそうするかのように」

アリストテレスはプラトンを師と仰いではいたのですが、プラトンの哲学を必ずしもすべて肯定していなかった、と考えられています。この師弟間における哲学の相違を、『哲学キーワード事典』の解説から引用すれば次のとおりです。

「アリストテレスの描く世界像は、プラトンのそれと違って動的であり、きわめて広い意味で生物主義的である。プラトンのばあい、現実の個物からなる世界は、永遠に不変なイデアの世界の模像なのであるから、

『アテナイの学堂』
（ラファエッロ画、中央左がプラトン、右がアリストテレス）

原理的にはそこに変化はないはずである」（『哲学キーワード事典』木田元編、新書館）

すなわち、プラトンのイデアは観念上の直観なのですね。ロジックで「イデアがある」と論証しているわけではないのです。「世界にはイデアがある」ということを前提として、論理を展開しています。なるほど「洞窟の比喩」はわかりやすい。しかし、なぜイデアがあるのか、その点が論証されていない。神の世界にイデアがあった、その前提から論理が始まります。プラトンの哲学は観念論でした。一方のアリストテレスは実証的であり、経験論を大切にしました。

さまざまな経験の中から真実を導き出すために、アリストテレスは経験による結果を分析し、理論化することを重視しました。そのために論理学を体系化しました。たとえば三段論法があります。「AはBである、BはCである、それゆえCはAである」という論理展開です。

もしかするとアリストテレスは、師であるプラトンの直観についていけない自分に悩んでいたのかもしれません。イデア論がなんとなくピンとこない……そんなところから、自らの方法論として論理学を大切にしていった、とも推察できます。

プラトンの項で、ラファエッロの『アテナイの学堂』について触れましたが、あの絵の中で顔を向き合って立つ2人のうち、プラトンは天を指し、アリストテレスは地を指しています。

アリストテレス「地面に足がついていないとダメなのです」

プラトン「いや、天を見よ。天上界にイデアがあるのだ。この世はその模像である」

そんな2人の会話が聞こえてくるような気がします。天を指すプラトンの観念論と大地を指すアリストテレスの経験主義が見事に描かれているように思えます。アリストテレスがプラトンのもとを去った最大の理由は、目指した哲学の相違であったと考えられます。アリストテレスは、極論すれば、ソクラテス、プラトンの道からギリシャ伝統のイオニア派の道に戻っていったのです。

その2 人はどうすれば幸福に生きられるか。中庸を説いたアリストテレスの倫理学

アリストテレスは倫理学を確立しました。倫理学はギリシャ語ではタ・エーティカ（ta ēthika）といいます。エートス（ēthos）に関する諸々《もろもろ》の事柄、という意味です。

エートスとは何か。ある民族や社会集団に行き渡っている道徳的慣習、人柄や品性といった意味です。現代の市民社会においても、より人々が暮らしやすくするために、市民として大切にしなければならない約束ごとや規範があります。エートスとは、そのような善（善き生。日常的に求められるよい行為や良心的な品

性）であり、その善を実現する力（徳）であると考えてもいいと思います。

古代ギリシャの共同体（ポリス）で暮らしていた人々にとっても、そのようなエートスが求められました。しかし、人々にエートスをきちんと認識させ、これを実践させ、社会に定着させていくことは、難しい課題でした。

ソクラテスは死刑を宣告されたとき、逃げられる可能性があったのに毒ニンジンの酒杯をあおいで死にました。彼は脱獄を勧める人たちに「ただ生きるのではなく、よく生きることが大切なのだ」と言い残した、とプラトンは書いています。この言葉はソクラテスが、都市国家アテナイのエートスを順守したことを物語っています。

ソクラテスからプラトンへ引き継がれたエートスを、アリストテレスはタ・エーティカ（倫理学）として大成したのですが、その本質は『ニコマコス倫理学』に集約されています。この本はアリストテレスの講義録を、息子のニコマコスが編集したものです。倫理学の古典として、現代まで読み継がれています。

『ニコマコス倫理学』でアリストテレスは、「中庸」という概念を提示しています。

中庸という用語は儒教からの借用です。ギリシャ語ではメソテース（mesotes）、英語ではゴールデンミーン（golden mean）といいます。人間の行為や感情における超過と不足という両極端の中間に、徳が存在するとアリストテレスは説きます。

たとえば、ある日、鬼が表戸を破って侵入してきたとき、素手で殴りかかるのは食われるだけの蛮勇にすぎない。しかし、怖がって隠れてしまうのは臆病なだけである。やっぱり武器を持って知恵を絞り、勇気を持って鬼と戦うことだ。そこに徳（エートス）があり、幸福へつながる道があるのだ、とアリストテレスは中庸の大切さを説いたのでした。

さらにこのゴールデンミーンの延長線上に望むべき政治の姿もあるのだと、アリストテレスは考えました。人間の幸福は民主政の都市国家においては、中庸の道を採って政治を行うことで実現されるのだと。すなわち善は共同体によって実現されるのです。

ちなみに「倫理学」という訳語は、哲学者、井上哲次郎の発案です。中国の古典（礼記）に由来しています。「人間の秩序だった関係（倫）を定める（理）学問」、といった意味合いです。

その3
世界をきれいに整理したアリストテレス
ミジンコはいかにして生まれたか

ソクラテスは人間の内面に思索の糸を伸ばし、プラトンは哲学の問題提起を数多く行いました。それに対してアリストテレスは、いろいろな問題をきれいに整理した学者として位置づけられます。その意味でもまさしく万学の祖でした。

さらに彼は宇宙論もまとめています。宇宙の中心に不動の地球があり、その中心に対して同心円状の階層構造になって諸惑星が各層を構成していると考えました。同時にこの地上における生物の世界についても、詳細に観察してその成果を発表しています。特に動物学では数百種類の動物を、観察し、分類しています。そして動物は自然発生的に、いろいろなものから生まれるとしています。たとえばミジンコはゴミから生まれる、と。その内容は現代から見れば誤認も多々ありますが、実に多彩を極めています。

世界は4つの性質と4つの原因から構成されている

エンペドクレスは世界の成り立ちを、火・空気・水・土の4元素によって説明しました。言い方を変えれば、4つの材料によって世界は構成されている、という考え方です。

これに対してアリストテレスは、この4元素がいかなる状態になっているかが重要であると考えました。具体的には熱・冷・乾・湿の4種の性質の組合せです。火の性質は熱と乾、空気の性質は熱と湿、水の性質は冷と湿、土の性質は冷と乾です。

アリストテレスは、この4性質を森羅万象から人間の性格にまで対応させて、壮大な体系をつくっています。彼の4性質説は、エンペドクレスの4元素説以上に、ヨーロッパの社会に大きな影響を与えました。奇《く》しくも、このアリストテレスが考えた4性質説と中国の陰陽五行説は、たいへんよく似ていますので、中国の諸子百家のところで両者を比較しながらもう一度説明します。加えてアリストテレスは4原因説で、世界を説明しました。たとえば机をイデアから説明するのではなく、質料因（木材）、形相因（意匠）、作用因（大工仕事）、目的因（食事）の4つの原因から説明したのです。

しかしアリストテレスは、きれいに世界を整理しすぎたかもしれない

アリストテレスは、さまざまな学問上の問題を体系立ててまとめました。しか

エンペドクレス
（BC490頃－BC430頃）

し、あまりにもきれいに整理し、しかも整然としたロジックが強烈であったがために、それからおおよそ1000年以上も、ヨーロッパの学問はアリストテレスの呪縛から離れられなかった、という側面がありました。

最高の知的権威として批判ができないほどの存在になってしまったアリストテレスの壮大な学問体系から、個々の学問が飛び出していく形で、少しずつ自立していった。その過程が近世を経て現代にまで続き、西洋の哲学や学問の歴史がつくられていったように思われます。

この章で取りあげた3人の哲学者はそれぞれ傑出した人物ですが、3人の天才が突然舞台に登場して哲学の世界を刷新したのではなく、当時のアテナイを中心とする時代背景が3人を生んだと考えることが大切であると思います。

アテナイの黄金時代を経験し、民主政を信頼していたソクラテス。スパルタとの戦争に敗れ、アテナイがギリシャの覇者としての地位を失った時代を生きたプラトン。アテナイを含めたギリシャ全域を制圧したマケドニア王国の出身で、アレクサンドロス大王の家庭教師でもあったアリストテレス。その時代背景が、彼らの思想にも大きな影響を与えたと思うのです。

最後にアリストテレスについてもう少し勉強したい人は、『ニコマコス倫理学』（高田三郎訳、岩波文庫、全2冊）や『形而上学』（出隆訳、岩波文庫、全2冊）と『世界の名著8　アリストテレス』（田中美知太郎責任編集、中公バックス）から始めることをお薦めします。なお、岩波書店から『アリストテレス全集』（全20巻）が出ています。

哲学のティー・タイム

1 ソクラテスの妻は本当に悪妻だった？

ソクラテスの友人が言ったそうです。

「あなたの奥さんが、あなたをガミガミ怒鳴る声には、まったく閉口しますなあ」

するとソクラテスが言い直しました。

「僕はすっかり慣れっこになっているからね。滑車がガラガラ鳴り続けていると思えばいいのさ。君だって飼っている鵞鳥《がちょう》がガアガア鳴いているのを我慢しているじゃないか」

彼の友人が反論します。

「でもね、鵞鳥は私に卵やひよこを生んでくれますからね」

ソクラテスが切り返します。

「僕の妻のクサンティッペは子どもを生んでくれるよ」

ソクラテスの妻クサンティッペは、悪妻として有名でした。多くのエピソードが残っています。作家の佐藤愛子に『ソクラテスの妻』という題名の作品があり、１９６３年の芥川賞候補作となりました。

この作品でソクラテスと呼ばれる男は、主人公「わたし」の夫です。

定時制高校で週に3日、社会科を教えていますが、本業は質屋です。しかし質屋の仕事はまったくせず、売れない小説書きと花札バクチに明け暮れています。

もっと許せないのは、同人誌の仲間に戻るあてのないお金を貸していることです。ときどき、役に立たないけれど立派なことを述べたりします。そして結局、質屋をつぶしてしまいます。小説の大半は夫「ソクラテス」に対する「わたし」の怒りと愚痴で構成されています。

本物のソクラテスは、朝からアテナイの街に出かけては人々に問答を仕掛け、彼らに「不知の自覚」を促し、夕暮れになると帰宅する毎日です。その行為で生活の糧《かて》を得ているようではありません。哲学者の行動としては、価値あるものであったのかもしれませんが、いつも家を守るクサンティッペにとっては、腹が立つこともあったことでしょう。

ところが、伝承されている夫婦ゲンカのエピソードは、明るい話ばかりなのです。街の人たちが口論している2人に対し、それぞれどちらかを応援している場面もあったりします。クサンティッペは悪妻だったけれど、彼女なりのやり方でソクラテスを愛していたのではないか？　そう思います。

その日もクサンティッペは、なんやかんやとソクラテスに小言を言っていました。けれども、ソクラテスがのらりくらりと言い逃れるので、ついに怒り出した彼女は手桶いっぱいの水を、彼の頭にぶっかけました。それを見てびっくりしている人々に、ソクラテスはニヤリとしながら言ったそうです。

「ほうら、言っていたとおりだろう？　クサンティッペがゴロゴロ鳴り出したら、雨が降り出すぞって」

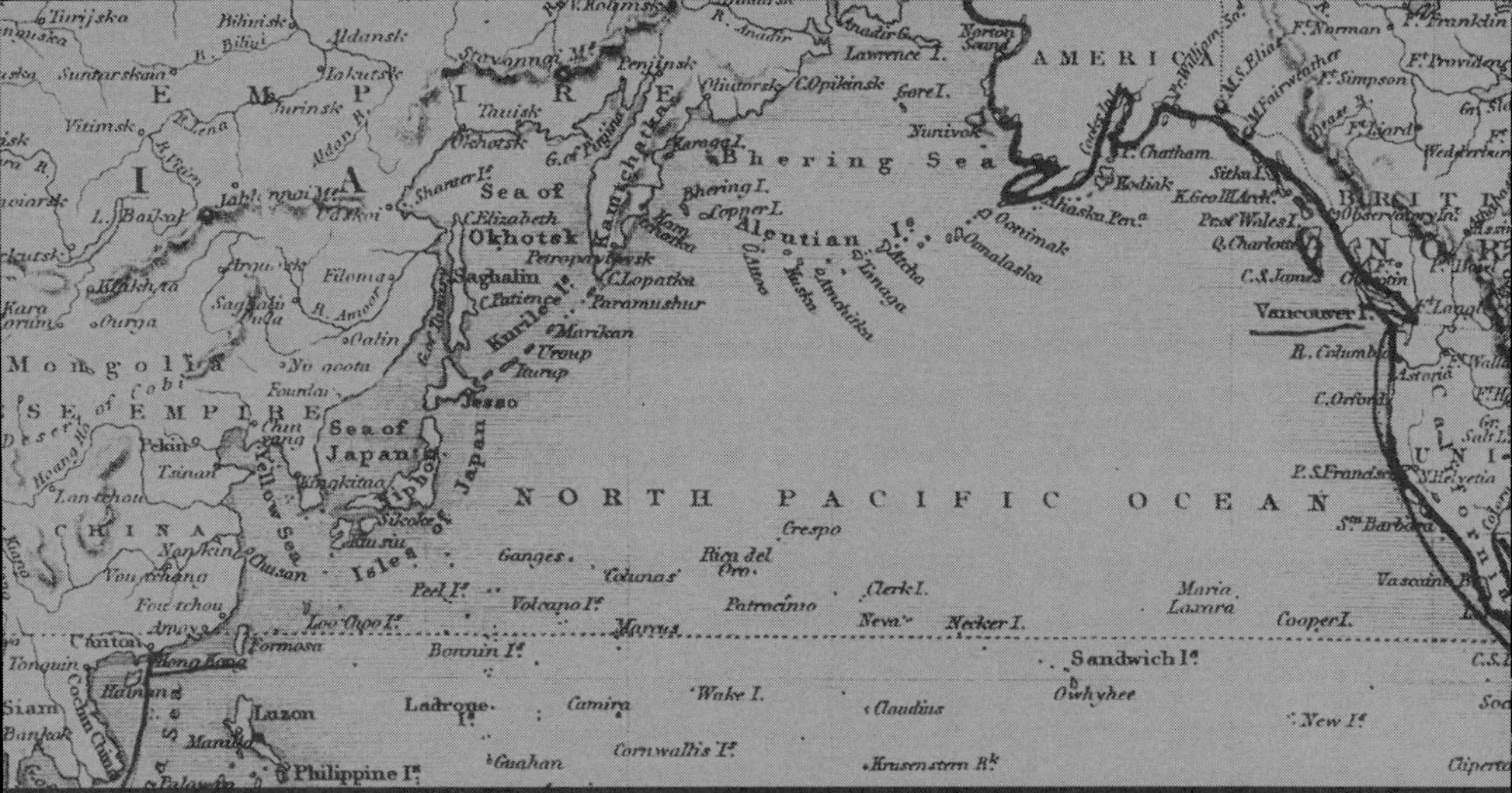

第5章

孔子、墨子、ブッダ、マハーヴィーラ

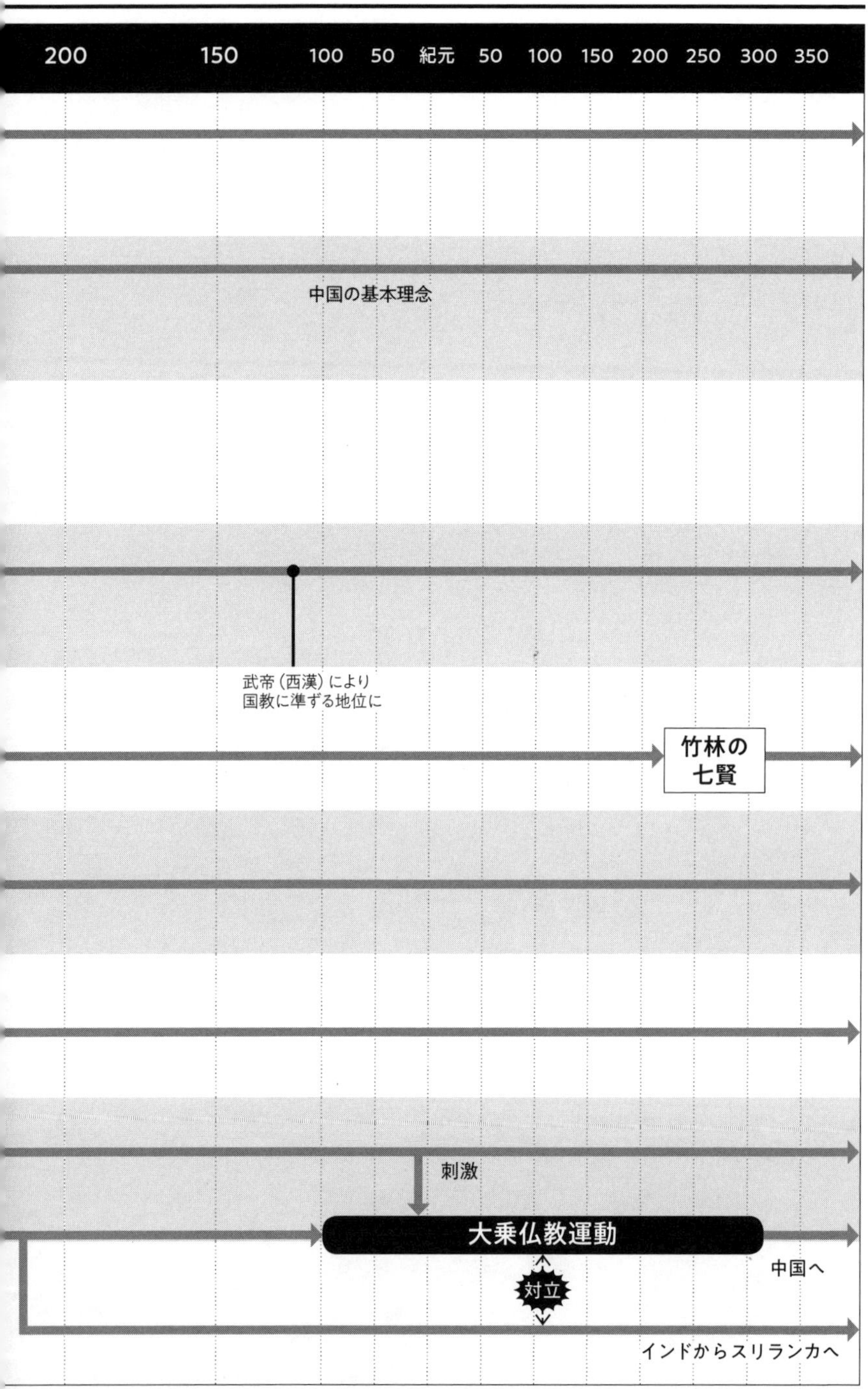
200
150
100
50
紀元
50
100
150
200
250
300
350
中国の基本理念
武帝（西漢）により
国教に準ずる地位に
竹林の
七賢
刺激
大乗仏教運動
対立
中国へ
インドからスリランカへ

BC6世紀からAD4世紀までの哲学と宗教の流れ（東方）

BC600
550
500
450
400
350
300
250
陰陽五行説
鄒衍《すうえん》
(BC305-BC240)
陰陽家
商鞅《しょうおう》
(BC390-BC338)
法家
韓非《かんぴ》
(BC280頃-BC233)
法家
孔子
(BC552-BC479)
礼・仁・厚葬《こうそう》
儒家
対立
兼愛・非攻・節葬
荀子《じゅんし》
(BC313頃-BC238頃)
儒家
性悪説
墨子
(BC470頃-BC390頃)
墨家
孟子
(BC372頃-BC289頃)
儒家
性善説
易姓革命
消滅
老子
(生没年不詳)
道家
荘子
(BC369頃-BC286頃)
道家
孫武《そんぶ》
(BC535頃-没年不詳)
兵家
孫臏《そんぴん》
(BC4世紀頃)
兵家
マハーヴィーラ
(BC549-BC477)
ジャイナ教
アヒンサー（不殺生）
対立
バラモン教
ヒンドゥー教
根本分裂
対立
大衆部
仏教
上座部
ブッダ
(BC566-BC486)
八正道

ＢＣ５００年前後、知の爆発が世界規模で起きた時代に、中国では孔子や墨子、インドではブッダやマハーヴィーラが登場しました。この４人とギリシャの代表的な哲学者、３人の生没年を比較すると、次のようになります。

- ソクラテス　ＢＣ４６９頃－ＢＣ３９９
- プラトン　ＢＣ４２７－ＢＣ３４７
- アリストテレス　ＢＣ３８４－ＢＣ３２２
- 孔子　ＢＣ５５２－ＢＣ４７９
- 墨子　ＢＣ４７０頃－ＢＣ３９０頃
- ブッダ　ＢＣ５６６－ＢＣ４８６
- マハーヴィーラ　ＢＣ５４９－ＢＣ４７７

孔子はソクラテスよりも80年ぐらい年長で、墨子はソクラテスとほぼ同時代人です。孔子とブッダとマハーヴィーラも、ほぼ同時代人でした。なお、ブッダとマハーヴィーラには生没年を１００年ほど後に見る説もあります。

ギリシャの場合と同様に、アジアの４人の思想形成には時代の影響が色濃く残されています。はじめに中国の時代背景から簡略に話します。

ソクラテス（BC469頃－BC399）

プラトン（BC427－BC347）

アリストテレス（BC384－BC322）

孔子（BC552－BC479）

墨子（BC470頃－BC390頃）

ブッダ（BC566－BC486）

マハーヴィーラ（BC549－BC477）

1 春秋・戦国時代、孔子や墨子は中国の動乱期を生きて思索し行動した

文字資料で実在が確認できる中国最古の王朝は商（殷《いん》）です。この商を滅ぼした王朝が周です。それはBC1023年のことで、周の武王の時代でした。武王は都を鎬京《こうけい》（現在の西安付近）に置きました。

周は商から、甲骨文字や青銅器の製作技術を引き継ぎましたが、周の時代には後世に「商周革命」と呼ばれるほどの大きな変革が起こりました。たとえば、商は祭政一致の国で、自分たちの祖先と神を「帝」と呼び、同一視していましたが、周は神を「天」と呼び、自分たちの祖先とは区別しました。また、周では祭政分離がなされました。さらに周は、一族を中心とする封建制と呼ばれる新たな支配体制をつくりあげました。語順も変化しました。修飾語が被修飾語の前に立つようになり、商では帝辛《ていしん》と呼ばれた君主は、周では文王や武王と呼ばれるようになったのです。

当時の中国には都市国家のような邑《ゆう》と呼ばれる集落が、黄河の中・下流域に200〜300近く存在しました。商はこれらの邑の上に君臨していた王国でした。商を倒した周は、周の一族に服従した邑を領地として分け与えました。そして世襲させてその邑の統治を任せたのです。中国全土に誕生したこれらの血縁関係を基本とする支配者を諸侯《しょこう》と呼び、その与えられた土地（邑）を封土《ほうど》と呼びました。

諸侯には周王室との血縁関係の程度や、領地の大小によって、公《こう》・侯《こう》・伯《はく》・子《し》・男《だん》の5つのランク（爵《しゃく》）

が授けられました。諸侯には封土を与えられた代償として、周王に対して貢納と軍事奉仕を行う義務がありました。また諸侯の配下には、卿《けい》・大夫《たいふ》・士《し》などの世襲の家臣団がつくられ、彼らは諸侯に対して貢納と軍事奉仕の義務を負う、という支配構造がつくられたのです。この体制は「封建《ほうけん》」と呼ばれました。中世のヨーロッパで、家臣と主君との契約関係から生じた封建体制とは、王朝との血縁関係が基盤となっている点に相違があります。

周の封建体制は時を経るにしたがって、周王と世襲諸侯との血縁関係が希薄となり、諸侯の自立傾向が強まりました。また北西の草原地帯では異民族の勢力が増大し始めました。ついにBC771年、犬戎《けんじゅう》と呼ばれたチベット系の異民族が鎬京《こうけい》に侵入しました。周の有力王族は鎬京を捨てて東へ逃れ、洛邑《らくゆう》（現在の洛《らく》陽《よう》）に遷都しました。

この事件によって、周室に独占的に囲われていた金文職人《きんぶんしょくにん》（青銅器に金文を彫り込む技術を持った識字階級）が四散し、諸侯に雇われるようになりました。周王から威信財《いしんざい》として青銅器を下賜《かし》されていた諸侯も初めて金文を読めるようになったのです。青銅器に書かれていたのは、文王、武王、周公旦《しゅうこうたん》をはじめとする周室の歴史でした。それを読み解いた諸侯は周室の長い歴史に圧倒され、実力的にはより非力になったにもかかわらず、周王を尊敬するようになりました。こうして中華思想が誕生したのです（中華とはもともと周の本貫地《ほんがんち》を指す言葉でした）。そして、東周は、さらに500年以上も生き延びることになります。

建国してから鎬京を都としていた時代の周を西周（BC1023－BC771）、東の洛邑へ遷都した後の周を東周（BC771－BC249）と呼びます。

この東遷事件によって周の版図は縮小し、国力は弱体化しました。逆に諸侯の勢力は強まり、中国は政情不安な動乱期に入っていきます。周の東遷から、秦が中国を統一するまでの約550年間を、春秋・戦国時代と呼びます。

- **春秋時代**（BC771－BC453）
- **戦国時代**（BC453－BC221）

春秋時代は周王の権威が、まだ残っていた時代です。そこで有力な諸侯たちは、会盟という同盟を結んでお互いの大規模な武力衝突を避けつつ、周王朝の権威を自分たちの勢力拡大に利用しようと考えました。しかし周王朝を倒そうとはしませんでした。

この有力な諸侯は「覇者」と呼ばれました。中でも有力であった覇者は「春秋の五覇」と呼ばれました。代表的な存在が斉《せい》の桓《かん》公と晋《しん》の文公です。

覇者たちは小規模な武力衝突は続けていましたが、自ら王と名乗ることはせず、周王を認めていました。そこには伝統的な周室に対する尊敬の念もあったことでしょう。しかし現実的な問題として、自分たちの国もさして強力でも豊かでもなかった、という理由があったと思われます。

当時はまだ鉄製の農機具が普及していませんでした。耕作は非効率であり、生産性も低かった。それゆえ、大量な余剰生産物は得られませんでした。そのため、どの諸侯も他を圧倒する強国にはなれなかった。強力な軍団や組織を維持する官僚集団を養うほどの、財力が持てなかったのです。

しかしBC500年前後から、地球の温暖化が始まりました。ほぼ同じ頃に、鉄製の農機具が行き渡るようになりました。太陽の恵みと鉄製の農機具の威力が、一気に農業の生産性を高めました。当然人口も増加します。そして階級分化も激しくなり貧富の差が顕著になります。そのことが有閑《ゆうかん》階級の存在を可能にさせ、「知の爆発」につながったのでした。同時に、そのことは覇者と呼ばれた強国を中心として、覇権争奪のトラブルを増大させ激化させました。

こうして春秋時代が後半に入っていく時期に、孔子は誕生しています。

BC453年、春秋時代の大国、晋は家臣の謀反によって韓《かん》・魏《ぎ》・趙《ちょう》の3国に分割され、滅亡しました。下剋上が起きたのです。このあたりから、諸侯間の抗争はどちらが相手を支配下に置くかという次元から、どちらが相手を滅ぼし領土を奪い取るか、という侵略戦争に変質していきます。このBC453年から、秦が天下を統一するBC221年までを、戦国時代と呼んでいます。

力が正義となる殺伐たる戦国時代には7つの大国が勝ち残りました。斉・楚・秦・燕《えん》・韓・魏・趙です。彼らは戦国七雄と呼ばれました。すでに彼らには、周室を唯一の王家と尊重する気持ちはありませんでした。その証拠にそれぞれの君主が王と自称し始めたのです。東周はBC249年、秦に倒されて滅亡します。

墨子は春秋時代の後半から、戦国時代の初めを生きました。

孔子と墨子の哲学に、動乱の時代はどのような影響を与えたのでしょうか。

2 孔子は「礼」の復活を訴えた。「周公旦の時代に帰れ」と

「朋《とも》あり、遠方より来たる、亦《ま》た楽しからずや」(『論語』金谷治訳注、岩波文庫)

この言葉は、『論語』の最初に登場してきます。孔子の言葉を、彼の死後にまとめたといわれる『論語』は、中国だけではなく日本でも広く読み継がれてきました。彼の哲学は、今風に言ってしまえば、「人間としての生き方」を説いたものである、と思います。

孔子は魯《ろ》の国に生まれました。魯は山東省を統治していた大国、斉の西隣にある小さな国です。この国は、周の建国者であった武王の弟、周公旦《しゅうこうたん》の子孫が封建された国でした。周公旦は周王室を代表する重臣でした。彼の子孫が魯を経営するようになった由来は、次のようなことでした。

周は商を破って建国するとき、太公望呂尚《たいこうぼうりょしょう》という優秀な配下(あるいは斉の地の君主)に大いに助けられました。その功に報いるため、武王は太公望を山東省の広大な領国(斉)に、諸侯として封じました。しかし武王は、太公望が並々ならぬ野心家であることも承知していました。そこで武王は、太公望の監視役として魯国に弟の周公旦の子孫を封じます。魯は周の都であった鎬京からは遠く離れていましたが、重要な親藩であったのです。

周公旦は優れた政治家でした。後に東周の都となる洛邑を、東の拠点都市として設営したのは周公旦でし

た。彼は、周の統治機構が将来も安定したものとなるよう、周王朝の儀礼や作法を重んじ、その形式を定めたといわれています。彼は兄の武王、その子である成王の2代に仕え、周王朝の基礎を固めました。

周公旦の時代からおよそ500年後に、孔子は誕生しました。時代はすでに春秋時代の半ばをすぎ、乱世に入っていました。周室に関係の深い由緒ある魯の国も、周辺の強国によって国境を脅かされる小国となりはて、政情も不安定でした。孔子の父は魯に仕えており、大夫の身分を得て、役人よりも軍人として活躍していました。

ただ孔子の父は、孔子が幼いときに死去し、母も彼が10代のときに亡くなったようです。孤児となった孔子は、なんらかの伝手《つて》を探して、勉学の機会を求めたといわれています。特定の師について学んだという記録は残されていません。

勉学を続ける中で、孔子は魯に縁の深い周公旦に強く惹かれたようです。国を安定させ民を治めるために、彼が定めた儀礼や制度のおかげで周の時代は「四海波静《しかいなみしず》か」で平安だった、と孔子は想像したのでしょう。一方で彼が生きていた当時の魯は、政情が乱れていました。彼は周公旦の時代にあった礼の精神（儀礼や制度）が現在の魯にも必要だと考えました。その想いを実現させようと、彼は魯に仕官しました。

しかし仕官は実現しましたが、自分の理想を実現できるような国政の仕事には就けませんでした。そのうちに魯の派閥闘争に巻き込まれ、亡命同然に魯を出国する羽目に陥りました。魯で働いたり辞めたりを何度か繰り返すうちに、一所懸命に礼の精神を説く孔子の思想に影響されて、弟子入りする若者も出てきました。

孔子もピュタゴラスのように、思想家として自分の教団をつくり、その教祖のようになっていきます。けれども魯の君主は最終的に孔子を招聘《しょうへい》しませんでした。50代半ばの頃、孔子は自分の思想を魯の国で、実際の政治に役立てることを断念します。しかし自分が考えている理想の政治を、なんとか実現したいという思いは断ち難《がた》く、実現できる国を求めて諸国歴訪の旅に出ます。それに、多くの弟子たちが同行しました。

3 春秋時代の国々は孔子を否定しなかったが、彼を重用もしなかった

孔子の説いた礼の思想を整理しておきます。

「周初、武王と成王、そして周公旦がいた時代は聖人政治が存在していた。君主は君主らしく、閣僚は閣僚らしく、家臣は家臣らしく、そして農民は農民らしく、それぞれに互いを認めていた。人と人の間では礼儀作法が守られ、社会の中には人々の行動やその評価についての拠るべき規範があって、平和が実現していた」

孔子はそのように考え、その時代の精神に戻れと主張しました。それぞれの身分の人々が心豊かに生きるためには、社会の秩序を保つための生活規範、すなわち礼が大切なのであると。また、周初の時代を尊重せよということは、祖先崇拝にもつながります。それは家族においては、代々の親を大切にすることであると、そのことも孔子は強調しました。

孔子は理想的な社会を実現するために、「礼」の実践を説きましたが、同時にもう一つの理念も主張して

います。それは「仁」です。

「仁」とは、自分の欲望を克服し、他人への思いやりを大切にする心です。慈《いつく》しみの心であり、人道主義や愛と置き換えることも可能です。儒教の世界では「仁愛」と呼ばれるようになります。孔子は、周初の社会があれほどまでに平穏であったのは（事実は決してそうではありませんでしたが）、為政者たちが深い仁の心に満ちていたからだと考えたのです。

孔子は、このような礼と仁の思想をバックボーンとする政治を、魯以外の国で実現させようと思ったのですが、孔子を政治的顧問として重用する諸侯はどこにもいませんでした。

孔子の理想とする政治の原点は、祖先崇拝につながる礼の思想と、身分制度を認めたうえでの人道主義であり人間愛です。それは決して反体制的な思想ではありませんでした。しかし、力が正義であった時代には、現実離れしていたことは疑いを入れません。ですから礼と仁を説く孔子に対して、諸侯たちは次のように思ったのではないでしょうか。

「俺も人間愛は大切だと思うし、部下も農民も愛している。しかし、隣国《おとなり》が喧嘩を仕掛けてくるのでね。身に降りかかる火の粉は、払わなくちゃならない。大昔の周王は立派だったかもしれないが、お手本にはできないね。自分が滅ぼされてしまうから」

結局、孔子は十数年の諸国遍歴の後、魯に戻りました。そして弟子たちを教えることや古書の整理を続けることで生涯を終えました。

4 孔子とプラトンの類似点は多いが、子孫を残したのは孔子だった

孔子は2メートルを超える長身でした。

プラトンも立派な体格をしていました。体が大きい人は優秀なのかな、などと思ったりもします。もちろん冗談ですが。孔子は理想の政治を実現しようとして諸国を回りましたが、どこにも認められませんでした。プラトンも同様の目的でシチリアの都市シラクサを3度も訪れました。プラトンは短い期間ながらも、実際に政務に就きました。しかし両者とも具体的な成果は何一つ残せませんでした。結局、思想家と政治家では求められる資質が違うのかもしれません。

よき政治の処方箋として、プラトンは哲人政治を主張し、孔子は周初のように聖人君主が出て礼を重んじ、仁の気持ちで政治をすればいいのだと説きました。この2人の主張は、ともに理想主義的な観念論である点でよく似ています。

2人の生涯は、教団という学習塾の先生として弟子たちに囲まれて終わりました。その点でも似ているように思います。もっとも、孔子はイデア論のような壮大な哲学体系には興味を示しませんでした。2人の類似点は主として政治の分野に限られることに留意すべきです。

プラトン
(BC427－BC347)

孔子
(BC552－BC479)

しかし2人の命運は、死後に大きく変わります。それは、漢以降の中国の王朝が儒教を重んじたためです。プラトンの子孫の消息はまったく不明です。プラトンだけではなく、ソクラテスもアリストテレスもブッダの場合も同様です。しかし孔子の一族は現在まで続いています。世界で一番古い系図が残っている一族です。また、魯の曲阜《きょくふ》にあった孔子の住居は、彼の死後にその霊をまつる孔廟《こうびょう》となり、歴代の中国王朝によって維持され増築を重ねてきました。現代では北京の故宮（紫禁城）に次ぐ大きな木造の建築物で、世界遺産となっています。孔子の墓がある場所（孔林）は、子孫が埋葬され続けたために広大な墓所となりました。孔子の遺伝子を持つ家族は、数十万人に及ぶそうです。

孔子を師とする学派は「儒家」と呼ばれ、その教えは儒教と呼ばれました。西漢時代に儒教が事実上の国教となってからは、歴代の王朝も概ねそれを踏襲してきました。それ以来、中華人民共和国の成立時や文化大革命時に批判されたこともありましたが、中国の政治・倫理思想の軸となって生き続けてきました。今日の中国共産党も、「儒教社会主義」を提唱しています。

孔子の思想が弟子たちによって発展していく中で、次のような言葉が『大学』という書物の中に残されています。

「修身斉家治国平天下《しゅうしんせいかちこくへいてんか》」

天下を治めようとするなら、まず自分が努力して立派な人となれ。次に家族を愛し平和な家庭をつくれ。その次に国（地域）を治めよ。そして次に天下を平《たい》らかにせよ。この順序が大切なのである。そのような意味です。

祖国の乱れを嘆き、古きよき時代に戻れと訴えた孔子の教えは、このように理解され、平たく言えば権力者サイドに重用され続けてきました。孔子の一生は必ずしも恵まれていなかったかもしれませんが、子孫には精神的にも物質的にも豊かなものを残しました。彼の考え方は『論語』によく表われています。とてもわかりやすい本です。

類書はたくさん出版されていますが、橋本秀美『論語――心の鏡』(書物誕生あたらしい古典入門シリーズ、岩波書店)と『論語』(金谷治訳注、岩波文庫)がお薦めです。

5 墨子は孔子を徹底的に批判した

墨子という思想家は、その伝記があいまいなのですが、有力な説としては次のとおりです。

墨子(BC470頃―BC390頃)は、孔子が亡くなってから、しばらくして魯の国に生まれました。姓は墨、名は翟《てき》。子は孔子の子と同様に、今日の言葉に直せば、先生といった意味です。墨という姓は中国でもたいへん珍しく、本姓ではないという説もあります。墨は入れ墨《ずみ》のことで、昔の犯罪者で島流しにされたり労役を課せられた徒刑囚は、顔に入れ墨をされました。墨子や彼の学派の人々

墨子(BC470頃―BC390頃)

が、まるで徒刑囚のように不自由な暮らしをしているので、墨子と呼ばれたのだというのです。もちろん確定的な論拠はありません。

墨子は春秋時代（BC771－BC453）の終わり頃から、戦国時代（BC453－BC221）の初めを生きました。民衆にとっては、不幸な戦乱の世ではありましたが、秦のような大国が天下を制圧し、民衆の日常生活まで束縛する時代とは異なり、未《いま》だ自由な空気が満ち、乱世の活気にあふれていました。

そのような空気の中で、孔子以後に登場した思想家や哲学者たちは、自分の知識や学問の成果を戦国の国々に売り込もうと必死でした。また諸国も、そのような知識人を、自国を強化させるために重用しました。その結果、後世に諸子百家と呼ばれる個性的な思想家たちが登場してきます。墨子も、諸子百家の先駆的な一人であったといえるでしょう。諸子百家については、後の章で話します。

魯に生まれた墨子は、最初に孔子の教えを学びました。しかし、多くの疑問を感じたようです。具体的に墨子の思想を検証していきます。

その1　墨子の「兼愛」という思想

孔子は仁を重んじました。しかし、仁の根幹となる仁愛の思想は、当然のように身分社会の存在を前提にしています。また祖先と親を尊敬し、家族を大切にすることを第一に挙げるのが仁愛の精神ですから、他者への無条件な愛はどうしても二の次にならざるをえません。墨子はそのことを指摘しました。不平等であって真実の愛ではないと。

墨子は人はみな、男も女も貧者も弱者も、等しく人間として尊重されなければいけないのだ、と説きました。身分社会を前提とした孔子の仁愛に対して、墨子の思想は現代のヒューマニズム（人道主義）に匹敵する新しさがありました。このような墨子の思想を「兼愛」と呼びます。墨子の著書の一部として残存する『墨子』の中に、「兼愛篇」という章が存在することから、名づけられました。

「兼愛篇」の中で、墨子は戦国時代の諸侯に、次のようなことを訴えています。

「敵国への愛を重んじて憎しみを捨てよ。そこに平和への道があるはずだ」

現代の民族紛争について、語っているかのような錯覚を覚えます。当然、墨子は戦争反対でした。しかし反戦とはいわず、「非攻《ひこう》」を主張しました。

その2

墨子の「非攻」という思想

誰かが他人の果樹園から果実を盗めば、その人は非難される。誰かが誰かを殺害すれば犯罪である。当然、非難される。それは不正義であると。しかし、一国の君主が他国を侵略し、数百人の人を殺しても、誰もそれを不正義であるとはいわない。むしろ祖国の利益になる正義だと賞賛したりする。しかし、その行為は、愛を失った行為である。弾劾されるべき行為ではないか。

墨子はそのように考えました。他者の財産を盗み取ることの延長線上に、殺人も戦争もある。それは自己の利益のために、他者を攻めることに起因するのであるから、攻める行為を封印せよと主張しました。非攻です。

しかし攻められたら、どうするか。徹底的に守り抜け、と説きました。理不尽な攻撃者とは戦えと。そして実際に墨子を中心とする集団の人々は、築城術や防衛戦術を研究し、そのような技術者集団にもなっていきました。

その3

墨子の「節葬」という思想

衣服は季節の寒暖から身体を守るために着る。その目的を果たすことが大切で、華美な装飾は不要である。舟や車をつくるのも、河川を確実に運行し、坂道や低地でも容易に移動したいからである。機能に徹して製作されなければならない。ぜいたくな設備は廃すべきである。これらの道理と同様に、国を治めるためには、財貨は合理的に無駄なく使用すべきである。財貨や軍兵をいたずらに浪費して、民衆の苦しみを増やしてはならない。

墨子は、政治においても生活上の慣習についても、実利と実用が伴うことが大切であると説きました。節約の思想です。彼はこれを「節用」と表現しました。さらに墨子は節用の理念を踏まえて、「節葬（薄葬《はくそう》）」を強調しました。

墨子の時代、厚葬久喪《こうそうきゅうそう》が一般化していました。立派な葬儀を行い、長い喪に服することです。服喪の期間は死者との関係により長短がありました。墨子の時代、最長は3年とされ、孔子の教えでは3年が理想とされていました。

墨子は厚葬久喪を否定し、節葬を提唱しました。親孝行まで否定しないが、葬儀を盛大に行い、いつまでも喪に服することは無用だ。葬儀や服喪は心を込めて、なしうる範囲で手短に行い、早く日常の仕事に戻ることが家のためであり、国のためであると。彼の節葬の思想は、厚葬（久喪）を礼の一つの中心に置く孔子を祖とする儒家の人々から激しく非難されました。

その4
「幸福度指数」の発想が墨子にはあったのではないか

葬儀を盛大に行うためにはお金が必要だ。それには景気がよくなることが必要だし、国が強くなることも必要だ。それは高度成長を是認する発想とつながります。戦国七雄の君主は、温暖な気候と強力な鉄製の農機具や武器によって国力を増大させ、広大な中国の黄河流域を中心として、戦争を続けていました。

鉄を利用するには、大量の熱量を用いて製鉄しなければなりません。春秋時代から戦国時代へと打ち続く戦乱の世に、黄河流域に拡がっていた森林地帯は伐採されました。この地域は雨量があまり多くはありません。伐採された森林はもとに戻らず荒野となり、ついに草原もまばらな黄土地帯と化しました。その結果、上流に大雨が降るたび河川は氾濫するようになり、強風が続けば黄砂が舞う地域が拡がりました。今日の日本まで飛散してくる黄砂は、この時代以降に始まったのです。もっと昔の黄河の水は、今ほど黄色くは濁っていませんでした。当時の中国では高度成長に伴う自然破壊が進んでいたのです。

墨子はこのような高度成長を野放しにすることで生じる弊害を、鋭く批判する姿勢をとる哲学者であったと思います。祖国の自然を破壊してまで国を強くし、祖先崇拝のために朝から晩まで働かなくてもいいではないか。お互いに思いやり、攻撃し合わず平和に生きよ。それを守るためにのみ、戦闘は許される。そのように考えていたと思われます。彼は、人間が自然に望んでいる幸福や心身の健康の度合いを、一番考えていた思想家ではないか。現代的にいえば、「幸福度指数」の発想を持っていたのではないでしょうか。

6 墨子教団が戦国時代に姿を消した理由

人間は本来、いいかげんな生き物です。ほとんどの人は眼先のことしか考えません。森が荒野になったり、河川が氾濫するような事態が起きても、よほど事態が深刻化しない限り、生産性が上昇して所得が倍増する高度成長を好みます。お祭りもお葬式も派手にやって、みんなでお酒を飲み、おいしいご飯を食べるのが大好きな生き物です。お葬式は質素にしなさい、といわれれば、そりゃそうだとは思います。しかし、なんだか元気が出ない、物足りないなと思いがちです。

そうすると墨子の教団に対して、多くの人々はどう考えるでしょうか。

彼らはいい人たちだけれど、息が詰まってしまう。政治を委《ゆだ》ねるのは少しまずいのではないかな……そう思われたのではないでしょうか。その主張は筋が通っているけれど、「清く、正しく、貧しく」生きよ、といわれると多くの人たちは、彼らと少し距離を置きたくなります。このような例は、人間の歴史上、政党や新興宗教などにおいてもよく見られる現象なのですが。そして、それらの集団はどのようになるかというと、やはり少数派になっていきます。そして自分たちの集団を守り、存続させるために、ともすれば秘密結社的になります。

春秋・戦国の乱世において、孔子は体制を批判するのではなく現世肯定の立場から、古《いにしえ》を尊び、礼と仁という理想を為政者に求めることで、社会を変えようとしました。それから約80年後に、墨子が登場します。世間では孔子の教えを継ぐ人たちが、相変わらず礼や仁や古の聖人政治が必要だと、言い続けています。けれども世の中は少しもよくならず、戦乱も拡大するばかりです。墨子は、孔子の主張の根本が間違っていると指摘して、どちらかといえば反体制的な考え方に流れていったのです。

やがて、戦国の世が秦の始皇帝によって統一されたとき、墨子の教団はほとんど消滅していました。戦国七雄の君主にとっては、墨家の思想は過激な反体制理論であり、許されざる存在であったのでしょう。そこで、諸子百家の中では、一番弾圧の対象になりやすかったのだと考えられます。

最後に墨子の思想を、より深く学びたい皆さんには、『墨子』（金谷治訳、中公クラシックス）または『墨子』（森三樹三郎訳、ちくま学芸文庫）をお薦めします。

7 バラモン教にストップをかけた インドの宗教家、ブッダとマハーヴィーラ

知の爆発の時代、インドでは、ブッダとマハーヴィーラが登場します。

ブッダは孔子とほとんど同世代の人です。ブッダの時代、すでにインドには文字がありましたが、中国の竹簡《ちくかん》や木簡《もっかん》、メソポタミアの粘土板のような後世まで残る優れた筆写材料がありませんでした。主として貝葉《ばいよう》と呼ばれる椰子の葉に文字が書かれていたので、ほとんど何も残っていません。そこでブッダの生没年についても確かなことはよくわからないのです。同じことはマハーヴィーラについてもいえるのですが、2人はほぼ同世代です。

カスピ海の北方から中央アジアに南下し、その地で遊牧生活を送っていたアーリア人は、BC1500年頃にインド西北部のパンジャーブ地方へ移動してきました。さらにBC6世紀頃になると、東方のガンジス川の中・下流域に国家（バーラタ族などの大集落）を成立させて、お互いに勢力を競い合う、16大国の時代を形成しました。もっとも16という数字自体は非常に観念的なものであると考えられています。ガンジス川の中・下流域は、インド東北部から北へ広がる豊かな田園地帯、現代ではヒンドスタン大平原と呼ばれている地域です。

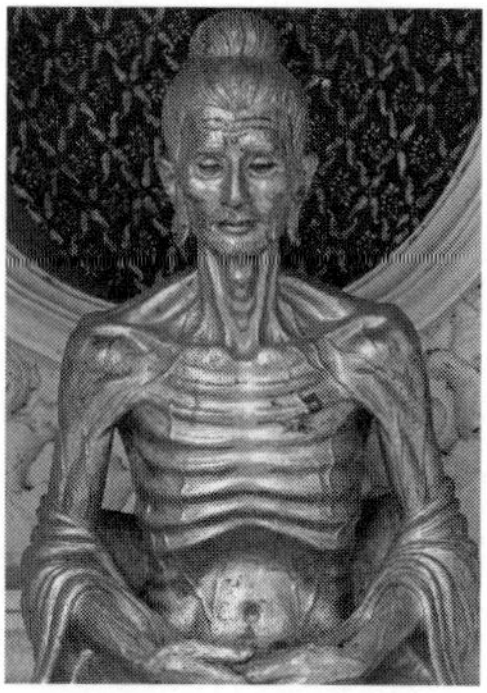

ブッダ
（BC566－BC486）

マハーヴィーラ
（BC549－BC477）

この16大国の中からマガダ国やコーサラ国が台頭し、さらにマガダ国が一歩、抜け出しました。それがBC5世紀の初め頃です。

そのマガダ国の都、ガンジス川の下流域に位置するラージャグリハ（現在のビハール州ラージギル）では、多くの有産階級（ブルジョワジー）が誕生していました。彼らは牛に鉄製の鋤《すき》を引かせ農地を開拓し、多量の余剰生産物を得ていたのです。このような時代にブッダは誕生しました。現在ではネパール領となっている、ヒマラヤ山脈に近いシャーキャ族（シャカ族）の土地カピラヴァストゥで王族の子どもとして。

しかしカピラヴァストゥは、強国の領土拡大戦争に巻き込まれる危険にさらされており、必ずしも平穏ではなかったようです。ブッダはそのような政情の中で成人し、結婚しましたが、29歳のときに妻子を捨て、家を出ました。生老病死という4つの人生の苦悩（四苦）を解決しようとしたのが、理由であるといわれています。やがて彼は悟りを開いて、コーサラ国やマガダ国で、教化活動をするようになります。

ブッダと同じ時代にマハーヴィーラも誕生しました。彼はマガダ国の豪族の子として生まれています。ブッダと同様に、支配階級（クシャトリヤ）の出身でした。そしてマハーヴィーラも結婚しましたが、30歳の頃、両親と死別したのを機に一切を捨てて出家し、苦行と瞑想の日々を送ったと伝えられています。やがて彼も自分の教団をつくり、ブッダと同じような地域で教化活動を始めました。

当時のインドの宗教は、アーリア人の宗教であるバラモン教が中心でした。この宗教は、人々を4つの階層（ヴァルナ）に分けました。いわゆるカースト制です。最上位を占める司祭者階級がバラモン、次がクシャトリヤ（王侯・貴族）、そしてヴァイシャ（一般市民）とシュードラ（隷属階級）です。バラモン教といわれるほどですから、この宗教ではバラモンが圧倒的な権威を持ち、人々の上に君臨していたのです。神々と意思を交換する権利は、彼らのみが持っていました。

しかし、ブッダやマハーヴィーラが出家した頃のインドでは、バラモンの権威と権力に対して疑問符が持たれるようになってきます。

高度成長によって豊かな人々が増加してくると、司祭者階級よりも農民や商人など、ブルジョワジーの力が大きくなってきます。彼らは財力を蓄えるとともに、自由な発想を持つようになります。知の爆発が準備されていたのです。神々とのコミュニケーションを独占して、神々への供養ばかりしているバラモンたちに、反発する知識人も登場し始めました。そのような知識人の一部は既存のバラモン教の社会から脱け出し、新しい教えや生き方を求めるようになりました。彼らは「出家」と呼ばれました。ブッダとマハーヴィーラは、このような時代背景の中で登場したのです。

ガンジス川のほとりでは、ブルジョワジーが使用人を使って牛に鋤を引かせて田畑を耕し、大いに財産を増やしていました。牛は彼らにとって大切なトラクターです。そこにバラモンがやってきて、牛を連れていってしまいます。これからお祭りをやるから牛を焼いて、神様に供養するのだという。よく働く牛なんですよ、殺さないでください、などとお願いしても叱られるだけです。

「神様がおまえの牛を欲しておられる。おまえは神様に反抗するのか？」

バラモン教の教えでは、人は死後、煙とともに空中に舞い上がり、祖霊の世界に達すると信じられていました。そのせいでしょうか。バラモンたちは儀式や祭典があると、必ずといっていいほど大量の生贄《いけにえ》を捧げます。特に牛を焼きます。もちろん捧げるのは匂いと煙だけで、肉はバラモンたちが食べるのですが。繰り返される牛の調達に、ブルジョワジーたちは頭にきていました。でも、神様に反抗するのかと問われると反論の余地がなかったのです。

そこに登場してきたのが、ブッダとマハーヴィーラでした。ブッダは「無益な殺生はするな」と教えていました。マハーヴィーラの創始したジャイナ教は、もっと過激な考え方で、無条件のアヒンサー（不殺生）を主張していました。この2人の教えにブルジョワジーたちは飛びつきます。バラモンが畑にやってきて、「牛を持ってくぞ」といっても拒否すればいい。拒絶する理屈ができたのです。

「私は仏教徒です。動物を殺すことは、私たちの教えでは禁じられています。牛はお渡しできません。よその畑に行ってください」

こう反論されたらバラモンも、引き下がらざるをえません。正論には勝てません。バラモンがケンカを吹っかけても、お坊さんが腕力でブルジョワジーに勝てるはずもありません。こうして、インドの大都市部ではブルジョワジーの多くが、仏教徒やジャイナ教の信者になりました。

その結果、いわば、都市を追われた形になったバラモン教は地方へ行きます。都市に信者がいなくなったからです。しかし、この苦い経験からバラモン教も学びました。インドの土俗的な宗教観を取り入れて、わかりやすく大衆的になっていきます。そしてヒンドゥー教と呼ばれる、インドの大宗教に発展していくのです。

現代のインドでは牛が聖獣となっていますが、その契機となったのが、以上のような出来事でした。「牛を殺すな」という声があまりに強かったので、ヒンドゥー教が発展してからも、牛を食べなくなり、いつの間にか牛が聖獣になっていた、という説が有力です。

8 輪廻転生の苦しみから逃れる方法をブッダとマハーヴィーラは説いた

ブッダとマハーヴィーラについて、その宗教観を概略的に話しておきます。2人とも、その教義の根本にあるのは輪廻転生からの解脱《げだつ》でした。

輪廻転生はピュタゴラスが影響を受け、プラトンも関心を持ったインドの思想ですが、根源となっているのは土着の信仰でした。

人は死後、あの世に行くのですが、やがてこの世に生まれ変わる。そしてまた死を迎え、また生まれ変わる。そしてそれは永劫にわたって繰り返される。しかし人生には必ず苦痛が伴うものですから、苦痛に満ちた人生が、2回や3回ならともかく永遠に繰り返されるのはしんどい。なんとかして輪廻転生のサイクルを抜け出し、変わらぬ永遠の生命を得たいと、誰もが思います。その思いを実現することが、輪廻転生からの解脱です。

ゾロアスター教では時間は一直線であり、誕生から死へと向かう。始まりがあり、終わりがある。はじまりが天地創造で終わりが最後の審判でした。そして正しく生きてきた人は、最後の審判で救われて天国に行けると、ゾロアスターは説きました。

ぐるぐる回転する輪廻転生のサイクルで苦しんでいる人々は、どうすれば救われるのか。

当時のインドでは、次のように信じられていました。現世は苦しくてもまじめに正しく生きていれば、次に生まれてくるときはクシャトリヤになっているかもしれない。悪いことをしていると、来世ではゴキブリに生まれてくるかもしれない。だから善行を積んで生きなさい。よい来世がきっとくる。その教えを信じることで、心に安らぎを得て、インドの庶民は生活していました。いわば、輪廻転生がカースト制を支えていたのです。

しかし冷静に考えてみれば、果たして次の人生でクシャトリヤに生まれ変われるのか。それはまさに神のみぞ知ることです。かといって、虫ケラに生まれ変わるかもしれない恐怖におびえながら死んでいくのも、たいへんです。しかも、そのような生と死の苦しみを体験しながら、それが永遠に回るメリーゴーランドのように繰り返されるなんて、めちゃくちゃ疲れるじゃないか。それはいやだ。この苦しみの輪廻転生のサイクルから脱《ぬ》け出すことはできないのか。

このような疑問を感じ始めたのは、少し生活に余裕がある知識階級が中心だったことでしょう。日々の生活に精一杯の人たちには、輪廻からの解脱など考える余裕もありませんでした。

彼らの問いにブッダが提示した答えは、次のような過程を経て生まれました。

多くの出家した人々は、生きることの真理を求めて難行苦行に身を投じていました。古代からインドに伝わる、ヨガなどと呼ばれる宗教的実践方法です。さらに彼らは現代の禅定《ぜんじょう》につながる宗教的瞑想の境地に入って、深い思考を重ねることにも専心しました。ブッダも苦行と瞑想を繰り返した後に、輪廻転生の苦しみから脱け出す道を見つけたのです。

それは8つの基本的修行（八正道《はっしょうどう》）を実践することです。

正見《しょうけん》・正思《しょうし》惟《い》・正語《しょうご》・正業《しょうぎょう》・正命《しょうみょう》・正精進《しょうしょうじん》・正念《しょうねん》・正定《しょうじょう》です。わかりやすく述べれば、正しい見解《けんかい》・決《けつ》意《い》・言葉《ことば》・行為《こうい》・生活《せいかつ》・努力《どりょく》・思念《しねん》・瞑想《めいそう》のことです。守るべき戒律は守り、正しい生活を送り、正しく考え正しく行動せよ、と諭しているわけです。決して断食のような苦行を強いているわけではありません。ブッダは極端な修行の仕方を否定しています。むしろ、日々の生活の中で正しい行いを持続することの難しさに耐えて、それを実行する強い意志が、人を輪廻転生の苦しみから脱け出せる人格に導くのだと、教えたのです。

ブッダは、バラモン教伝統のアーシュラマ（四住期）、すなわち、学生期《がくしょう》、家住期《かじゅう》（家族のために働く）、林住期《りんじゅう》（森林で修行）、遊行期《ゆぎょう》（住所を持たず乞食《こつじき》遊行）をも特に否定することなく認めていました。非常に寛容な教えだったのです。

一方、マハーヴィーラの始めたジャイナ教は、苦行と瞑想に重点を置いていました。最も強調した教えは、アヒンサー（不殺生）でした。そのことは徹底しており、植物も動物も食べない断食による餓死さえも、否定しませんでした。マハートマー（偉大な魂）と呼ばれた政治家、インド独立の父ガンディーはジャイナ教に強い影響を受けていたといわれています。

なおマハーヴィーラは大勇という意味の尊称で、本名はヴァルダマーナといいます。また彼はジナ（勝者）という尊称も持ち、これがジャイナ教という名前の由来となっています。ジャイナ教は主として商人階級に広まり、今日でも西インドを中心に550万人ほどの信者がいます。

最後にブッダについて深く知りたい皆さんには、並川孝儀『スッタニパータ――仏教最古の世界』（書物誕生あたらしい古典入門シリーズ、岩波書店）、『ブッダの真理のことば・感興のことば』（中村元訳、岩波文庫）をお薦めします。

なお『真理のことば（ダンマパダ）』、『感興のことば（ウダーナヴァルガ）』は、仏教の経典（教典）ではなく、生前のブッダの言葉を記憶を辿《たど》って再現し、書き表した2冊の書物の名前です。お経（経典）ではありませんが、生きることについての、深い示唆《しさ》に富んでいて、特に『ダンマパダ』は世界的に愛読されています。

ブッダ自身の著書は何も残っていません。けれど、彼の死後、仏教教団は彼の教えや言動を集めて、教団の統一を維持しようとしました。この行動を「仏典結集《ぶってんけつじゅう》」または「合誦《ごうじゅ》」と呼んでいます。第1回の「仏典結集」はブッダの死後、それほど時間を置かずして開かれました。『ダンマパダ』は、このときに原型がつくられたのかもしれません。

またマハーヴィーラについても、彼の著作は残っていません。深く学びたい皆さんには、中村元『インド思想史第2版』（岩波書店）をお薦めします。

なお、赤松明彦『インド哲学10講』（岩波新書）も良書です。

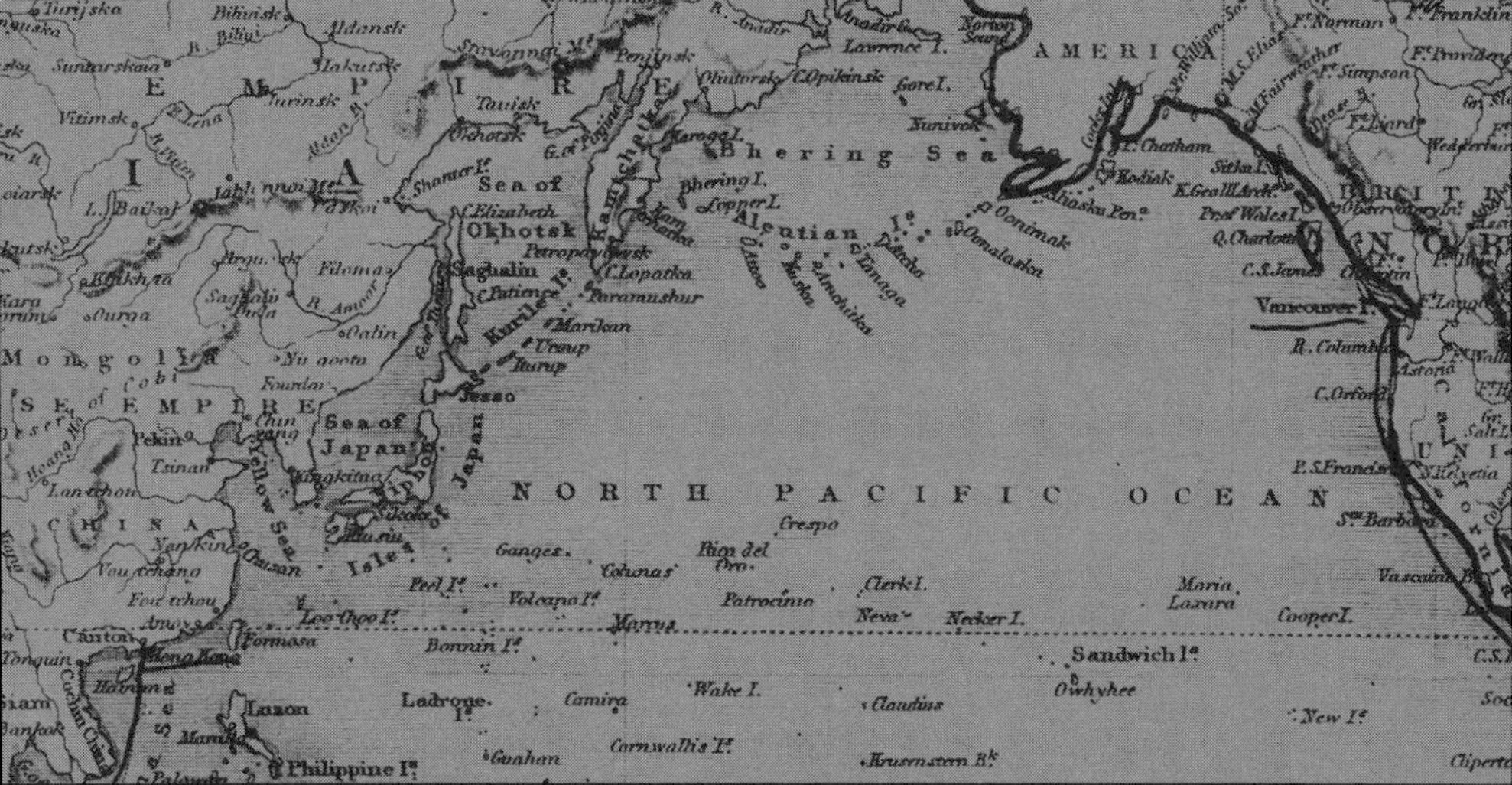

第6章（1）

ヘレニズム時代にギリシャの哲学や宗教はどのような

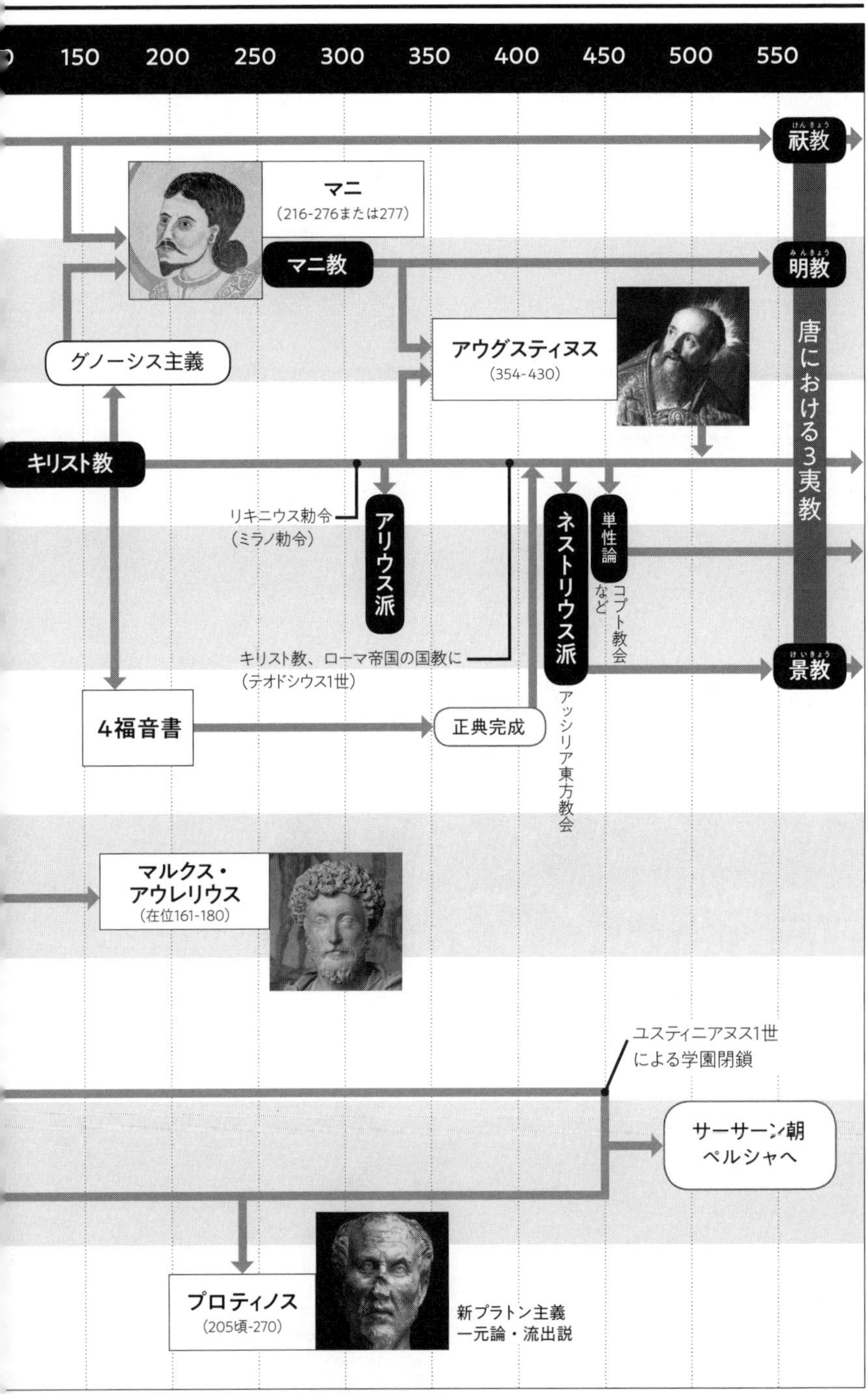
150
200
250
300
350
400
450
500
550
祆教《けんきょう》
マニ
（216-276または277）
マニ教
明教《みんきょう》
アウグスティヌス
（354-430）
唐における3夷教
グノーシス主義
キリスト教
リキニウス勅令
（ミラノ勅令）
アリウス派
ネストリウス派
単性論
コプト教会など
キリスト教、ローマ帝国の国教に
（テオドシウス1世）
景教《けいきょう》
4福音書
正典完成
アッシリア東方教会
マルクス・アウレリウス
（在位161-180）
ユスティニアヌス1世
による学園閉鎖
サーサーン朝
ペルシャへ
プロティノス
（205頃-270）
新プラトン主義
一元論・流出説

ヘレニズム時代以降6世紀までの哲学と宗教の流れ(西方)

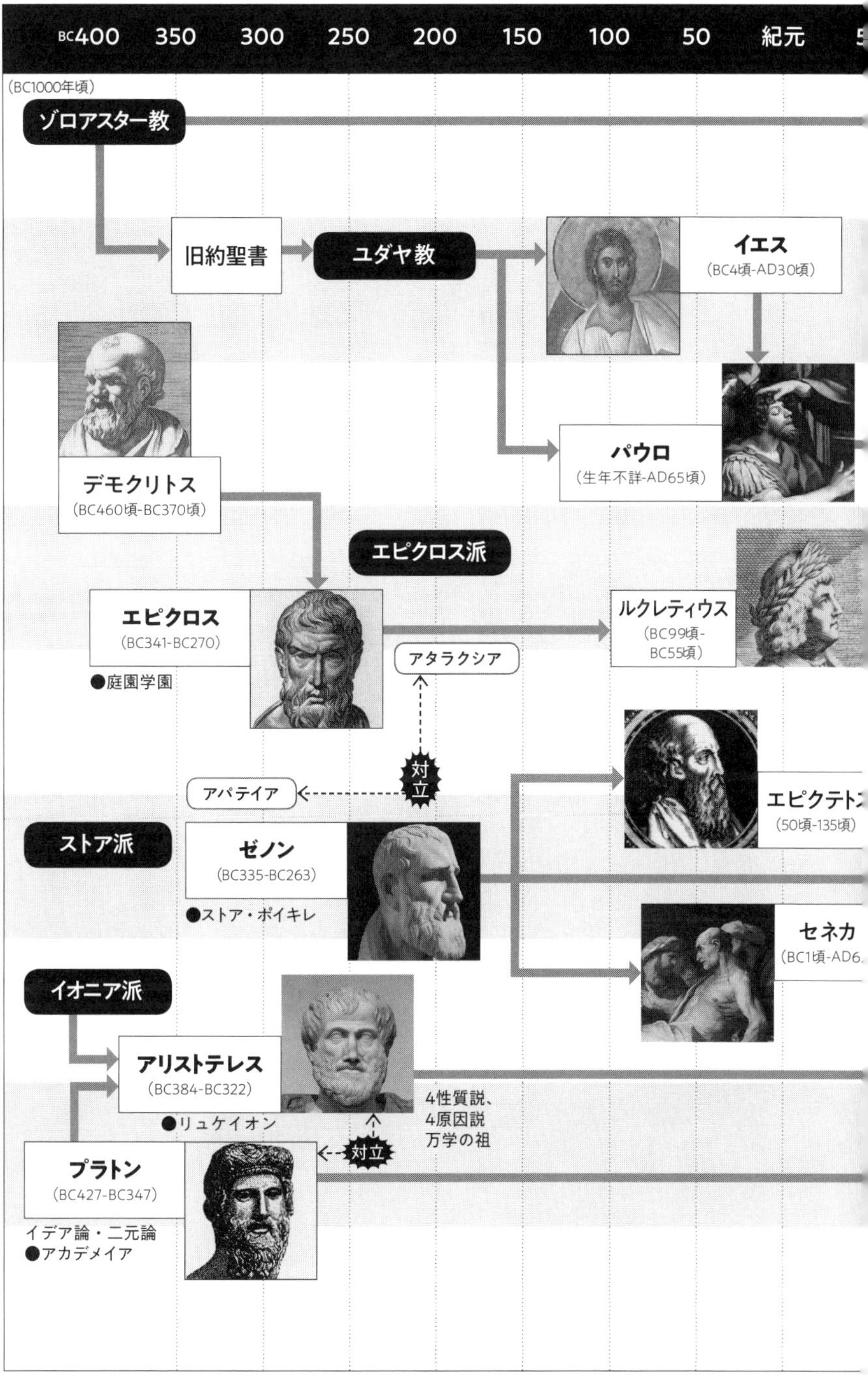
BC400
350
300
250
200
150
100
50
紀元
(BC1000年頃)
ゾロアスター教
旧約聖書
ユダヤ教
イエス
(BC4頃-AD30頃)
パウロ
(生年不詳-AD65頃)
デモクリトス
(BC460頃-BC370頃)
エピクロス派
エピクロス
(BC341-BC270)
●庭園学園
ルクレティウス
(BC99頃-
BC55頃)
アタラクシア
対立
アパテイア
ストア派
ゼノン
(BC335-BC263)
●ストア・ポイキレ
セネカ
イオニア派
アリストテレス
(BC384-BC322)
●リュケイオン
4性質説、
4原因説
万学の祖
対立
プラトン
(BC427-BC347)
イデア論・二元論
●アカデメイア

プラトンやアリストテレスの時代は、ギリシャ古典時代の花形であったアテナイがペロポネソス戦争の泥沼に入って敗北し、さらにギリシャ全体がマケドニア王国に制圧された時代でした。アテナイはかつての黄金時代のようなポリスとしての独立性を奪われ、自信も喪失しました。

しかし、プラトンのつくった大学、アカデメイアやアリストテレスのリュケイオンは、引き続き健在ぶりを示していました。

この2つの大学が開設されたのはBC4世紀、閉鎖されたのは529年です。実に創設以来、約900年も続いたのです。アカデメイアとリュケイオンに集まった人々は、2人の哲学を愛し、2人の直筆の書を守り続けたのです。閉鎖の理由は、ローマ皇帝ユスティニアヌス1世（在位527－565）がキリスト教にさらに取り入ろうとして、異教の学校を取り潰したときでした。

この第6章で取り上げるヘレニズム時代とは、一般には、ギリシャ語（コイネー）がアッカド語、アラム語に次いで世界の国際語（リンガ・フランカ）となった時代のことで、もう少し具体的に述べると、マケドニアのアレクサンドロス大王が、ペルシャのアカイメネス朝を簒奪《さんだつ》し、大帝国を成立させたのがBC330年でした。この大帝国は大王の死後、主として3つの王国に分裂しながらも存続しました。しかし新興の強国ローマによって、BC27年、最後に残ったエジプトのプトレマイオス朝がアウグストゥスに制圧されたときに消滅します。

ユスティニアヌス1世
（在位527－565）

このＢＣ３３０年からＢＣ27年までの時代を、これまでは「ヘレニズム時代」と呼んでいました。しかし、ギリシャとペルシャという異なる２大文明が互いに混ざり始めたという意味では、ダレイオス大王（アカイメネス朝ペルシャ全盛期のダレイオス１世、在位ＢＣ５２２－ＢＣ４８６）の時代、すなわちペルシャ戦争の時代からすでにヘレニズム時代が始まっていたという説のほうが現代では有力です。

この時代の哲学が、アテナイの３大哲学者の後を受けて、どのように展開したのか。そのことが本章のメインテーマですが、その前に、ヘレニズム時代の特徴について触れておきます。

1 ヘレニズム時代とは？

ペルシャ戦争を経たギリシャ人は、オリエントの豊かさに強い衝撃を受けました。これは後世に十字軍が受けたショックとほぼ同じものです。「文化文明が進んでいる。農産物は豊かで、食べ物はおいしい。女性も美しい」、そういう高度な文明社会に出会ったショックです。

こうして始まったヘレニズム時代は、アレクサンドロス大王の東征でさらに加速されました。アレクサンドロス大王は、ペルシャからインダス川流域まで、自らの帝国を拡大していく過程で、数多くの都市を建設しました。その数は総数では70都市を超えた、ともいわれています。現代まで痕跡《こんせき》が残っている都市だけでも、10都市以上あります。インダス川の西岸や、中央アジアのサマルカンドなど東北部にも残っています。それらの都市のすべては、アレクサンドリアと名づけられました。今日まで残る代表的な存在は、エジプトのアレクサンドリアです。

アレクサンドロス大王は、それらの都市にギリシャ人を住まわせました。つまり、アレクサンドロスの東征によってギリシャ本土の人口が減少したのです。これがギリシャの衰退に拍車をかけました。

ギリシャ人は、現代でも船乗りが多く、世界中で活躍しています。彼らはもともとフェニキア人と、東地中海の制海権を争っていた民族です。閉じこもるよりも外の世界へ雄飛する人々です。ポリスの繁栄が過去の栄光となっていたギリシャ半島を出て、東方の新興都市へ向かった若者も多かったことでしょう。

そうなると、ギリシャのポリスはどうなるか。みんな小さな地方都市となり、プラトンとアリストテレスの大学が頑張っていたアテナイは、静かな学園都市になっていたかもしれません。

ヘレニズム時代は東西文化が融合した時代であり、世界市民（コスモポリタン）の意識が芽生えた時代と位置づける考え方もあります。ダレイオス大王とアレクサンドロス大王が、その端緒を開いたのであると。

ちなみに古代ギリシャ人は、自分たちのことを「ヘレネス」と呼んでいました。ギリシャ神話に登場するヘレネの子孫という意味です。このヘレネスからつくられた言葉がヘレニズムです。それは近代になって使われるようになった

アレクサンドロス大王（在位BC336－BC323）
「イッソスの戦い」を描いたポンペイ出土のモザイク画

歴史用語です。ヨーロッパ文化の源となった文化の一つ、という位置づけで使用されました。もちろん、アレクサンドロス大王の時代には存在しなかった言葉です。

では、世界中にギリシャ人が散らばってしまった後で、どのような哲学が登場してきたのでしょうか。

2

ヘレニズム時代の哲学①

エピクロスの快楽主義は何をもって快楽としたか

ヘレニズムの時代には、4大学派と後世に呼ばれた哲学が隆盛を極めていました。アカデメイア、リュケイオン、エピクロス派、ストア派の4つです。アカデメイアとリュケイオンについては、すでに述べました。

エピクロス（BC341－BC270）は、アテナイの領域であったサモス島に生まれました。エーゲ海の東寄り、アナトリア半島に近い島です。エピクロスは、青年期にアテナイへ向かいました。彼はアカデメイアとリュケイオンで、学んだこともあったようです。しかし、彼の哲学は唯物論が基調でした。「万物の根源は原子である」と言い切った、デモクリトスの原子論的唯物論の系列に属する人であったようです。

古代ギリシャの哲学者たちの著作は、プラトンとアリストテレスを除いて、手紙や書物の断片の形でしか残存しません。エピクロスの場合も同様です。ただ彼

エピクロス
（BC341－BC270）

の場合、幸運だったのは、後世に彼の哲学を学んだ人が、エピクロスの思想を詩のような美しい文体で書き残してくれたことです。その人が古代ローマの文人ルクレティウス（ＢＣ99頃－ＢＣ55頃）でした。書名は『物の本質について』です。

この書物は長い間埋《うず》もれていましたが、ルネサンス期のイタリアの人文学者ポッジョ・ブラッチョリーニ（１３８０－１４５９）によって、ドイツの修道院で発見されました。彼がこの古書を書き写して世に出したことで、ルネサンス期の思想形成に大きな影響を与えました。

さて、エピキュリアンという言葉を聞いたことがあるでしょうか。

快楽主義と訳されています。これはエピクロスの哲学から生まれた言葉です。しかしエピクロスが主張した快楽主義とは、美味美食や美酒に心を奪われ、恋人に夢中になる日々をすごすことではありません。エピクロスのいう快楽とは、一時的現世的感覚的な快楽ではありません。その真逆であって身体的に苦痛を感じることがなく、精神的に不安がない静かな状態でいることです。そのような「魂が掻《か》き乱されていない静穏な状態」を、エピクロス派の哲学では「アタラクシア」と呼びました。平たく言えば「心の平静」です。

このようなアタラクシアを実現する人生が幸福である、とエピクロスは考えました。

ではなぜ、人は贅沢な食事やおいしい酒に惹かれ、恋人に魅せられ、お金持ち

ルクレティウス
（BC99頃－BC55頃）

ポッジョ・ブラッチョリーニ
（1380－1459）

になりたいとか偉くなりたいとか思うのでしょうか。

人の心には、そういう現世の快楽に影響されてしまうパトスがあるからです。「パトス pathos」というギリシャ語の原義は「蒙《こうむ》る」の意味。苦しみを受ける受難や、激しく心を動かされる激情のような感情的な精神を表現する言葉です。ここからパッション（激情、情熱、情念）という英語が生まれました。なお付言すれば、パトスは人生や芸術の哀感を意味するペーソスの語源でもあります。

パトスに対する理知的な精神、人間が持続的に持っている性質のことを「エートス ēthos」といいます。

エピクロスはそのようなパトスに精神が犯される機会を断ちなさい、と教えました。

人生において「心の平静」を実現させるためには、必要最小限の条件で生きる禁欲的な生活が求められます。なぜなら浮世にはパトスを掻き乱す条件が満ちあふれているからです。エピクロスは弟子たちに告げました。

「世間から隠れて生きよ」と。

そしてエピクロスはアテナイの郊外に、「庭園学園（エピクロスの園）」を創設します。エピクロスは、その学園で教え子たちと一緒に、修道院のような質素で禁欲的な生活を送り、生涯を閉じました。彼の教えは広範な弟子たちが忠実に受け継いで、ＢＣ1世紀頃のローマで興隆期を迎えています。しかしその後は衰え、5世紀には消滅したと伝えられています。

エピクロスは、物質的充足は苦であって精神的充足が快であると説きました。異性にも触れずパンと水だけで静かに生きることを、快楽と考えました。それにもかかわらず現代では、エピキュリアン（快楽主義者、享楽主義者）という言葉が普及して、エピクロスは感覚的な快楽主義の扉を開いた人として誤解されがちです。少し気の毒ですが、運命のいたずらのようでもあり、何かおもしろいようにも感じます。

エピクロスについて深く学びたい皆さんには、ルクレーティウス『物の本質について』（樋口勝彦訳、岩波文庫）とエピクロス『エピクロス――教説と手紙』（出隆・岩崎允胤訳、岩波文庫）をお薦めします。

3

ヘレニズム時代の哲学②
ストア派が説いた理想の人生はどんな人生か

ストア派哲学の創始者はゼノン（BC335－BC263）です。

ゼノンはフェニキア人でした。父は商人で、彼も商業に従事していましたが、たまたま訪れたアテナイでクセノフォーンの著書『ソークラテースの思い出』（佐々木理訳、岩波文庫）と出会い、感銘を受けて哲学の道に進んだと伝えられています。

やがて彼は自分の思想を確立させて、アテナイで講義するようになりました。その場所はアテナイの中心となる市民の広場（アゴラ）の、ストア・ポイキレと呼ばれる彩色柱廊《さいしきちゅうろう》のところでした。そのことから、ゼノンから始まった哲学は、ストア派と呼ばれるようになります。なお、柱廊とは壁がなく、柱のみが立ち並ぶ廊下のことです。

ゼノンの哲学は、資料となる文献が断片しか残っていません。哲学を自然学・

ゼノン（BC335－BC263）

論理学・倫理学の3部門に分けたことと、その思想の中心に、いかにして心の平穏を求めるか、という命題があったことが判明しています。少しエピクロスの哲学と似ているようにも思えますが、実はかなり相違しています。

ストア派の哲学は、初期・中期・後期と展開していくのですが、初期のゼノンから中期における思想の展開は、資料があまり存在せず、それほどよくわかっていません。勉強したい皆さんには少し専門的ですが、ゼノン他『初期ストア派断片集（1）』（中川純男訳、西洋古典叢書、京都大学学術出版会）があります。

後期については、重要な文献が残っています。解放奴隷から哲学者になったエピクテトスの『語録 要録』（鹿野治助訳、中公クラシックス）、ローマ帝政初期の政治家セネカの『生の短さについて 他2篇』（大西英文訳、岩波文庫）、そして皇帝マルクス・アウレリウスの『自省録』（神谷美恵子訳、岩波文庫）などです。その他、荻野弘之『マルクス・アウレリウス『自省録』――精神の城塞』（書物誕生あたらしい古典入門シリーズ、岩波書店）もお薦めです。

ストア派の哲学は内容が多岐にわたり、思索の展開も難解です。ここではエピクロス派との対比を軸にして話を進めたいと思います。

その1　エピクロスの「アタラクシア」とストア派の「アパテイア」はどのように異なる「心の平静」なのか

エピクロスはパトス（激情、情熱、情念）から遠ざかることで精神的な快楽を追求し、そこで生まれる生活を幸福と考えました。

それに対してストア派は、幸福とは徳を追求した結果として得られる、パトスに動揺しない心（不動心）に至ることだと考えました。その状態をアパテイアと呼びました。つまりストア派は、心の平静はそれだけを追求しても得られず、人生の徳を実践することで結果的に得られるものだと考えたのです。それでは、徳とは何でしょうか。

ストア派は4つの性状を、最大の徳と考えました。知恵、勇気、正義、節制です。徳を実践することは悪徳と戦うことです。悪徳とは無思慮、臆病、不正、放埓《ほうらつ》です。さらに最大の悪徳は、人間が守らなければならない4つの徳が存在することを、無知にして知らないことだと考えました。

徳を学び取るために知識を磨き、それを実践して生きることで初めて、心の平静が得られるのである。それがアパテイアである……エピクロスのアタラクシアが、「隠れて生きよ」という言葉に代表されるのと、対局の位置にある思想であることがわかります。

その2 ストア派は「運命を受け止めて生きよ」と教えた

ストア派は徳（知恵、勇気、正義、節制）を、自然と合致した性状である、と考えました。

自然という言葉、英語で言えば nature には、2通りの意味があります。一つは山川草木などによって構成される領域を指す場合の自然と、そのような自然も含めて、人間そのものの存在や人間的諸事象（生と死、生活と社会、国や世界）の存在と変化を、すべてまとめて自然と呼ぶ場合です。

ストア派の哲学者たちは、後者の意味での自然界において、どのように生きれば幸福になるかを考えました。そして万物を動かす根源にある自然の理法（道理にかなった法則）と、矛盾なく合致する人間の性格と行動がある。それがすなわち善（あるいは善を実現する力である徳）であり、反するものが悪であると考えました。さらに人間は、本来的に自然の中でロゴス（理性）を与えられているので、誰でも意識的に徳を追求することは可能なのだ、と考えました。

この世界に我々が生まれたということは、自分や自分の両親が自然とも世界ともつながっているからである。自然の理法は、大河の流れのように、世界をつくり続けて過去から未来へと時間をつなげていく。その悠久の流れの中で我々は生まれてきたのだから、そのように与えられた人生を堂々と生きればよい。生きる知恵を傾け、悪を排除して、徳を実践し、賢者となって心の平静を得るために人間はロゴスを持っている。このロゴスの力で、心に波風を立てるパトスに打ち勝つのだ。それが幸福につながる。

ストア派は、このように考えました。それは自らの運命を認め、それを真正面から受け止めて、なおも積極的に生きようという考え方であったと思います。

またストア派の思想は、人間はみんな等しく自然の秩序の中で生きていると考えたわけですから、世界の人間はみんな平等であると考えました。コスモポリタンの思想です。

その3 ストア派の哲学がリーダーの学問になった理由

自然の理法に従って、今の自分に生まれたのであるから、その定めを運命として受け入れて生きる。そのうえで徳を実践してアパテイアという心の平静を得て、幸福になる。このような生き方には、強い意志が必要になると思います。けれども、俗っぽい考え方ですが、貧しく生まれて日々の暮らしにもたいへんだったりしたら、どうでしょうか。それを堂々と受け止めて徳を積み、アパテイアに至る幸福をつかめなどといわれても、人間は誰もそれほど強い心を持てるわけではありません。

エピクロスの庭園学園には、春をひさいで生きざるをえないような、不幸な運命を背負った女性たちが、学びにきていたと伝えられています。あまりに貧しかったり、あまりに苦しかったりする人々にとっては、エピクロスの説く「隠れて生きよ」という思想は、人生の救いになったのだと思います。

ローマが帝政時代に入るとエピクロス派の哲学とストア派の哲学は、並び立つ時代を迎えますが、やがてストア派の哲学はローマのリーダーたちの哲学として、確立されていきます。

ローマ共和政の末期、政治家キケロ（ＢＣ１０６－ＢＣ43）はギリシャ哲学をラテン語に訳して紹介しました。その中で彼は、ストア派の哲学についておおまかにまとめる一方で、エピクロス派の哲学を強く非難しています。ローマの身分ある家柄に生まれた人々は、自分の運命を認めて堂々と生き、理性で感情を抑え、徳を積んでゆくことに積極的に取り組みました。それが民衆の上に立って生きるエリートとして、いかにもふさわしい思想だと考えたからでしょう。その典型的な人物がローマ皇帝のマルクス・アウレリウス（在位１６１－１８０）でした。

彼の時代、ローマ帝国は最盛期に陰りが見え始め、東北方面からの諸部族の侵

キケロ
（BC106－BC43）

攻と財政の窮乏で不安定な時代に差しかかっていました。その中で彼は奮闘を続け、最前線の戦場であったウィンドボナ（現在のウィーン）で死去しています。

このマルクス・アウレリウスの著書『自省録』には、彼の真情が切々と語られています。自分は皇帝に生まれたから一所懸命頑張って仕事をする。そして高い徳を求めて生きる。その結果、自分も幸福になるのだったら嬉しいが、単に自分の幸福を求めるために徳を積むのではない、という強い思いが読む側の心に伝わります。

ローマ帝国の指導層は彼ほどではなくても、ほとんどがストア派の考えに立っていたようです。酒池肉林《しゅちにくりん》に走るタイプの指導者が意外に少なく、ローマ帝国が長く続いたのには、ストア派の考え方がリーダー層に広く受け入れられていたことも、大きく影響していたと思います。

また、後にローマ帝国を範とした大英帝国の指導層がノブレス・オブリージュ（高い地位の人が持つ社会的義務）を大切にしたこととも相通じるところがあります。

マルクス・アウレリウス
（在位161－180）

その4 ストア派とプロテスタントのカルヴァン派を信じる人々の類似点

ストア派をさらに信奉したローマ帝国のエリートたちと、16世紀の宗教改革者ジャン・カルヴァン（1509－1564）を信じた人々は似ているな、と思うことがあります。

カルヴァンは「人が天国に行くか、地獄に行くかは誕生する前に神が決めている」と述べました。「予定説」と呼ばれています。それゆえに、ローマ教会のためにいくら善行（お布施）を積んでも無益だと。教会やローマ教皇にいくらほめられても、そんなことは死後の運命とは無関係だという彼の教えは、ローマ教会に大きな打撃を与えました。ただ、僕は常々カルヴァンを信じる人々に対して、不思議に思うことがありました。

カルヴァンを信じる人々は、自分たちは天国に行くことを認められて、この世に生まれてきたと信じています。だったら、どんなにいいかげんに生きても堕落して生きても天国に行けるわけで、なぜ一所懸命働き、まじめに清く正しく生きようとするのだろうか。僕だったら、易《やす》きに流れてすぐに遊んでしまいそうです。

カルヴァン派の人たちは、天国に行くのであるからには、神を裏切ることは許されない。誠実に世のため人のために生きて、天国の門をくぐるのだと考える、強い誇りを持っていました。

ストア派を奉じたローマ帝国のエリートたちも、世界や祖先とのつながりの中で生を享《う》けているのだから、選ばれし者として立派に生きるべきだ、と信じて疑いませんでした。両者の志の高さは、よく似ています。

一方でエピクロス派の哲学は唯物論ですから、定められた運命に従うことにはどちらかといえば否定的です。第一、死んだら何も残らないのですから。この世の苦しさはどこからくるのか。あの世からくるはずはないだろう、生きている現実の中にあるのだと考えます。それなのになぜ一所懸命働かなければならないのだ、どうしてもそういう発想になりがちです。いっそのこと「隠れて生きよ」、となります。エピクロス派の哲学はローマの庶民的な人々の支持を集めたのでしょう。

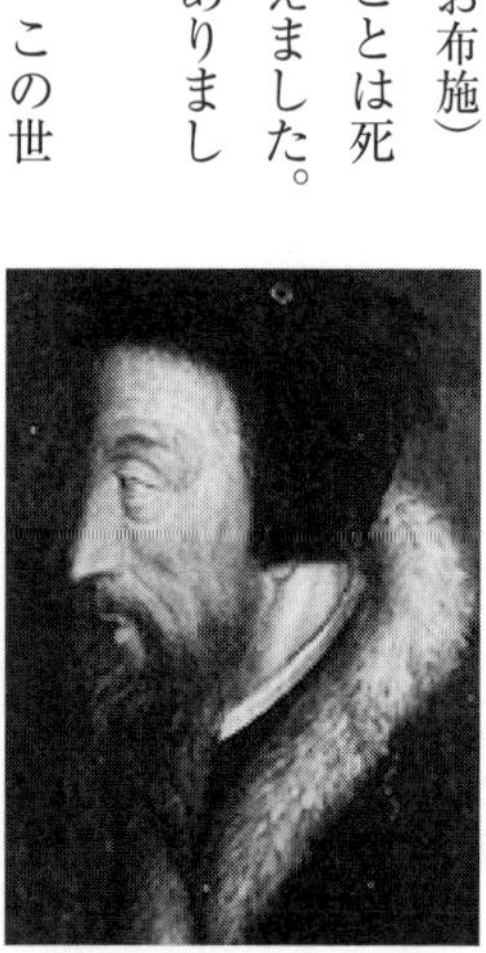

ジャン・カルヴァン
（1509－1564）

ここで唯物論について『広辞苑』の記述を中心に、骨子のみ説明しておきます。

唯物論とは、世界の諸現象は物質的なものによって、一元的に説明されるべきだとする立場です。すなわち精神に対する物質の根源性を主張するのです。物質から離れた霊魂・精神・意識の存在を認めません。現代の脳科学に基礎を置く唯物論では、意識とは高度に組織された物質（脳髄）の所産と考え、認識は客観的実在である脳髄による反映であると考えます。

第6章（2）

ヘレニズム時代に中国では諸子百家の

商（殷《いん》）を倒した周は、青銅器の製造技術を商から引き継ぎました。青銅器には文字が刻まれています。ということは商には文字を読み、書くことができる人たちが存在しており、周がそれらの人々を引き継いだことを意味します。青銅器に文字（金文。漢字の原型）を刻んだ人たちは、金文職人《きんぶんしょくにん》と呼ばれていました。

文字の読み書きができる金文職人は、当時ではごく限られた人々でした。インテリでありエリートです。商も周も彼らを、今日でいえば高給で雇っていました。

しかもその特殊な才能を独占するために、彼らの移動の自由を制限していました。そのために漢字を読み書きする金文職人（識字階級）は、最高権力者が独占する時代が続いていたのです。しかしBC771年、周は異民族に追われ、都を西の鎬京《こうけい》（現在の西安付近）から東の洛邑（現在の洛陽）に移します。歴史的には西周から東周へと呼称が変わります。そして国力は大幅に衰微しました。

かくして時代は春秋時代から戦国時代へと続く乱世に突入するのですが、西周から東周へと移るドサクサの中で、数多くの金文職人が中国全土に拡散していきました。そのときに、中華思想が生まれたことは前述したとおりです。彼らインテリ層は、春秋・戦国時代の諸侯に仕えて文書行政などの仕事に従事していました。さらに、もっと野望を持ち、勉学を積んだインテリたちは、自らの考えをまとめて本にしたり、覇権を求める諸侯に講義をしたり、自分の学問の実力を戦国の世で役立てようとしました。早い話が政治顧問のような役職を狙ったのでしょう。

このような大志を抱いたインテリたちの集団を、後世にまとめて諸子百家と呼びました。諸子とは思想家や学派、あるいはその著書を意味し、百家はインドの六十二見《けん》同様に多数の意味です。

おもな諸子百家を挙げると、次のとおりです。

- **儒家**《じゅか》 孔子を開祖とする学派
- **墨家**《ぼくか》 墨子を開祖とする学派
- **法家**《ほうか》 法を重んじて信賞必罰を定め、権力を君主に集中して民を治めることを説く学派。商鞅《しょうおう》が実践を始め、韓非《かんぴ》が大成
- **名家**《めいか》 名（言葉）と実（実践）の関係を明らかにしようとする論理学派。実際は単なる詭弁術で、ギリシャのソフィストに近い
- **道家**《どうか》 無為自然を説く。老子を祖とし荘子が大成。後に神仙思想や陰陽五行説と一体となり道教が生まれる
- **兵家**《へいか》 春秋・戦国時代の兵法を論じた。兵法書『孫子』の著者は、春秋時代の孫武とその一族である戦国時代の孫臏《そんぴん》であるとの説が有力
- **陰陽家**《いんようか》 次項で解説

右の諸子以外に、縦横家《じゅうおうか》・雑家《ざっか》・農家《のうか》・小説家などが存在しました。

戦国七雄の有力な王侯たちは、自分の政策立案のブレーンとなってもらうため

孔子（BC552－BC479）

墨子（BC470頃－BC390頃）

商鞅（BC390－BC338）

に、諸子百家の学者たちを招きました。なるべく多くの学者を、自分の食客《しょっかく》として集めようとしたのです。財産を競い合うのと似て、優れた諸子のパトロンになっていることを自慢する気持ちもあったのでしょう。俺のところには、あの有名な儒者がいるんだぞ、といった具合です。

その代表的な例が、戦国七雄の中でも大国であった斉《せい》です。

斉は、現在の山東省を支配しており、その都は臨淄《りんし》と呼ばれました。BC4世紀後半、斉が最も盛んであった威王や宣王の時代のことです。臨淄を囲む城壁に、稷門《しょくもん》と呼ばれる城門がありましたが、その城門の近くに多くの学士を招き、邸宅を与えて研究費（資金）を支給したのです。そして自由な研究や著述を行わせたばかりではなく、学士同士による活発な論争をも勧めました。その盛況ぶりはプラトンのアカデメイアと似ていたかもしれません。

斉の人材登用法は全国的に有名となり、多くの学士たちが稷門にやってくるようになり、彼らは「稷下《しょくか》の学士」と呼ばれました。たとえば、性悪説を唱えた儒家の荀子《じゅんし》、兵家の孫臏《そんぴん》、陰陽家の鄒衍《すうえん》、さらに孟子も訪れています。陰陽家の鄒衍は、稷下の学士のリーダー格の一人でした。

孫臏（BC4世紀頃）

孫武（BC535頃－没年不詳）

荘子（BC369頃－BC286頃）

老子（生没年不詳）

1 諸子百家の中で陰陽家が占める特殊な位置

陰陽学および、その発展形である陰陽五行説については、先に述べました。

陰陽説は中国における宇宙生成の理論であるといわれています。中国ではすでに西周の時代から、世界は天と地、日と月など無数の陽と陰(2大元気《げんき》)で構成されていると考えられていました。陽と陰の運動によって森羅万象は変化するのであると。なぜ、このようなことを考え始めたのか。君主が政策決定を行うとき、その結果を占うためでした。

このような占法《せんぽう》は易《えき》と呼ばれ、やがて後代に『易経』が大成され、儒教の最も大切な経典である五経(『詩経《しきょう》』、『書経《しょきょう》』、『易経《えききょう》』、『春秋《しゅんじゅう》』、『礼記《らいき》』)の一つに位置づけられました。

儒教においては権威ある経典ですが、その内容はというと、豊かな想像力で構成された理論なのに、「占いの話だろ?」ともいえなくもありません。

中国の古代思想を、学問として正面から見つめるとき、特に優れた思想家が多く登場してきた諸子百家を考察するとき、「占い」に原点を置く思想を取り上げることは、学問として語りにくいのかもしれません。

さらに陰陽説に、その発展形である陰陽五行説が加わることによって、ますます陰陽の教えは多彩を極めるようになります。それは迷信や俗習となって、人々の生活習慣や年中行事にまで浸透しました。

その1
鄒衍《すうえん》の陰陽五行説とアリストテレスの4性質説との興味ある共通点

鄒衍（BC305－BC240）が説いた五行説は陰と陽の2大元気（元素）が交わることで、5元素（木《もく》・火《か》・土《ど》・金《こん》・水《すい》）が生まれる、そして五気と呼ばれる5元素が同調したり反撥したりしながら、世界を動かしている、という教えです。

五行の運動は相生《そうしょう》と相剋《そうこく》に分類されます。

相生は五気が木火土金水の順送りに相手を生み出していくプラスの関係です。

●**木生火**《もくしょうか》（木と木を擦り合せれば火が生まれる）●**火生土**《かしょうど》（物が燃えて灰（土）が生まれる）●**土生金**《どしょうこん》（鉱物の多くは土中に蔵されている）●**金生水**《こんしょうすい》（空気中の湿度が高いと金属の表面に水滴がつく）●**水生木**《すいしょうもく》（すべての樹木は水によって生きている）

逆に相剋は五気が一つおきに相手を剋していく〈負かす、犯す〉マイナスの関係です。

●**木剋土**《もっこくど》（木は根を地中に張って養分を奪う）●**土剋水**《どこくすい》（土は水を塞《せ》き止めて勢力を弱める）●**水剋火**《すいこくか》（水は火を消す）●**火剋金**《かこくこん》（金属は固くて強いが火熱に溶ける）●**金剋木**《こんこくもく》（木は金属の刃で切られる）

相生も相剋も屁理屈のようなものですが、筋は通っていますよね。この五行の相関関係をうまく組み合わせて、色とか方角とか季節とか、あるいは人間の身体のどこに当たるかなど、すべてを当てはめてしまうのが陰陽五行説です。ずいぶん昔の話ですが、実は現代の日本語にも影響が残っています。「陰陽五行説と配当表」と呼ばれる、木火土金水が宇宙の万象といかなる関係を持つかを図式化した図表があります。その一部を紹介します（↓次ページ）。

この表を見ただけでも、北原白秋の名前や白虎隊や青春という言葉が、陰陽五行説に由来していることがわかります。

さらに陰陽五行説のおもしろいところは、この五気のそれぞれに陽と陰をくっつけたことです。五気それぞれを陽（兄）と陰（弟）に分け、時間と空間を表す10個の数詞（十干《じっかん》）をつくったのです。兄は「え」と呼び陽。弟は「と」と呼び陰。そして十干それぞれの名前も甲、乙、丙などと名づけました。

〈十干《じっかん》**（兄が陽、弟が陰）**〉

木（き）　兄（え）↓①甲（コウ）きのえ　弟（と）↓②乙（オツ）きのと
火（ひ）　兄（え）↓③丙（ヘイ）ひのえ　弟（と）↓④丁（テイ）ひのと
土（つち）　兄（え）↓⑤戊（ボ）つちのえ　弟（と）↓⑥己（キ）つちのと
金（か）　兄（え）↓⑦庚（コウ）かのえ　弟（と）↓⑧辛（シン）かのと
水（みず）　兄（え）↓⑨壬（ジン）みずのえ　弟（と）↓⑩癸（キ）みずのと

鄒衍の陰陽五行説と配当表

5元素／項目	木	火	土	金	水
色	青	朱 （赤）	黄	白	玄 （黒）
方角	東	南	中央※1	西	北
季節	春	夏	土用※2	秋	冬
動物	龍	朱雀 （赤い鳥）	麒麟※3 （キリン）	虎	武 （亀）
臓 （器官）	肝臓	心臓	脾臓	肺臓	腎臓

※1　地（土）は天に対するので方角は中央
※2　土用は立春・立夏・立秋・立冬の前それぞれ18日間のこと
※3　キリンは想像上の動物

木・火・土・金・水にもそれぞれ強弱（陽と陰）があるとの考え方です。たとえば、木の兄は大木であり、木の弟は低木といったイメージです。十干という考え方は、すでに商の時代には確立していました。商王の名前は、帝辛《ていしん》など十干に従っています。

また、陰陽五行説は十二支という、歳月や時刻をも表す概念も創造しました。本来は『易経』の世界で、木星が12年かけて天体を太陽と逆方向に運行することから考え出されたと、いわれています。12の動物で表現するので、ご存知のことと思います。そして十二支にも陰陽を配当しました。

〈十二支《じゅうにし》**（奇数が陽◇、偶数が陰◆）**〉

◇①子（シ）ね（ねずみ）、◆②丑（チュウ）うし、◇③寅（イン）とら、◆④卯（ボウ）う（うさぎ）、◇⑤辰（シン）たつ（りゅう）、◆⑥巳（シ）み（へび）、◇⑦午（ゴ）うま、◆⑧未（ビ）ひつじ、◇⑨申（シン）さる、◆⑩酉（ユウ）とり、◇⑪戌（ジュツ）いぬ、◆⑫亥（ガイ）ゐ（いのしし）

陰陽五行説では、還暦といって満60歳になると、「生まれた年が戻ってきたのでおめでたい」と言ってお祝いをします。今でも習慣として残っています。赤い袖なし羽織を着たり、赤い帽子をかぶったりしてお祝いします。

この風習は、十干のそれぞれと十二支を順次組み合せることで、60年をつくることに始まっています。そのまま十干と十二支を組み合わせると１２０年となりますが、十干と十二支の奇数同士と偶数同士、すなわち陰と陰、陽と陽の組合せは60通りです。この60回を一周期として、それを人生の大きな区切りと考えました。昔の60歳は、かなりの長寿でした。

たとえば、今年（2019年）は己亥《きがい》（つちのとゐ）の年です。己も亥も陰同士の組合せになります。今年中に還暦を迎える皆さんは1959年（つちのとゐ）生まれの人です。

それから最近でこそまったく問題とはなりませんが、一昔前は丙午（ひのえうま）、火の兄と午という陽同士の組合せは気性が激しいといわれ、この年に生まれた女性が敬遠されるという時代もありました。十干十二支と男尊女卑の思想が、悪い形で影響しあった結果ではありましたが。このように陰陽五行説は、現代の日本にも色濃く刻印を残しているのです。

ところでこの陰陽五行説と類似した発想は、西洋にもありました。ギリシャではエンペドクレスが、世界は火・空気・水・土の4元素で構成されていると考えました。これに対してアリストテレスは、4元素説を認めたうえで、4元素を構成要素とし、4つの性質が生まれると考えました。そしてその4つの性質が万物を生成するとしたのです。具体的には「熱と冷」、「湿と乾」という相反する2対の組合せです。そして、これに4つの原因を加えたのですが、4原因説は相生・相剋を連想させますね。

アリストテレスの4性質説と4原因説は、ヨーロッパとイスラーム社会に広く流布し、ルネサンス頃までは真実と考えられていたようです。その相関図の一部を左に表示しました。特に人の性格の分類は、今日まで俗信的な表現として生きています。「あいつは血の気が多いやつだな」、「あの人はねちっこいね」などというのは、4性質説に由来しているのです。また精霊は、目に見えない存在ですが、そもそもは4元素に宿

アリストテレスの4性質説とその相関図

4元素／項目	火	空気	水	土
性質	熱・乾	熱・湿	冷・湿	冷・乾
方角	南	東	西	北
人の性格	黄胆汁質	多血質	粘液質	黒胆汁質
4大精霊	サラマンダー※1	シルフ※2	ウンディーネ※3	ノーム※4

※1 サラマンダーは火の精。サンショウウオの姿の龍
※2 シルフは風の精。姿形は人間と似ている
※3 ウンディーネは水の精。波の乙女
※4 ノームは地の精。小人の姿をしている

っていると考えられていました。

その2 中国人は陽が好き？

陰陽五行説は5元素、アリストテレスの4性質説では4元素が基礎となっています。しかし、4元素のほうが無理がありません。方角も季節も、それぞれ4つに分かれます。ではなぜ中国では5つに分けたのでしょうか。陰陽五行説ではその必然性を説く理論も存在していますが、5つになった本当の理由は、陰陽の思想にあったのではないかと推測されます。季節や方角を、4という陰数で考えたくなかったので中央に土を加えた。要するに中国人は陽が好きだったのです。そう推測することが、妥当だと思います。

1月1日、3月3日、5月5日、7月7日、そして9月9日。この陽が重なる重陽の日は、中国では祭日となっています。祭りの日という意味では、日本でもほぼ同じです。日本の風俗は、想像以上に中国文化の影響を受けているのです。

2 孟子の性善説と荀子の性悪説はどのような関係にあったのか

諸子百家時代の儒家として、孟子（ＢＣ３７２頃－ＢＣ２８９頃）と荀子（ＢＣ３１３頃－ＢＣ２３８頃）が登場します。

２人の主張した性善説と性悪説について、最初に説明します。

性善説とは、人間はもともと立派な本性を持っているのだから、きちんと教育すればみんな主体的に努力するようになる、という考え方です。一方の性悪説は、人間はもともとそれほど賢くはない存在なので、自分から学ぼうなんてしない。だから、社会システムや制度を上手に打ち立てて半ば強制的に教えなければダメだ、という考え方です。時代的な流れから述べれば、同じ儒家の間で、後輩の荀子が先輩の孟子の説を批判するという形になっています。性善説と性悪説は対極にあるようにも見えますが、実は棲み分けていたにすぎないと見る説もあります。つまり、当時の時代背景を踏まえたうえで、２人の儒者が性善説と性悪説を唱えたのだ、と主張するのです。

戦国時代に文書行政が始まって以来、中国では人を、上人・中人・下人と、３分類して考えるようになりました。中央政府の役人が上人。なぜなら彼らは行政文書を考案して書くからです。その文書を読み、中央の命令に従う地方の役人は中人、つまり文書を書かずに読むだけの人です。そしてそれ以外は読み書きのできない普通の人、すなわち下人です。

孟子
（BC372頃－BC289頃）

荀子（BC313頃－BC238頃）

孟子は誰をもって性善としたかといえば、上人を中心とする人たちです。自分と同じインテリ、すなわち識字階級です。もともと賢いのだから自分で努力して学べば、それで十分だという意見です。対して荀子は下人を対象として考えました。字の読めない人間に自助努力をせよと諭しても、やりようがないのだから半ば拘束して勉強させる仕組みをつくれ、と主張しました。したがって性善説と性悪説は、社会を構成する別々の階層の教育について言及しているのであって、2つの説の間には矛盾はない。むしろ2説を並立させたことが、儒家の思慮深いところであるという見解です。

この考えは、儒家の思想を中心に考えれば整合性はあるのかもしれません。けれども教育という主題から考えれば、知識や良識を身につけるべき手段を、個人の主体的な努力に任せるのか、それとも社会システムや制度、仕組みとして確立すべきか、という大きな問題でもあります。さらにいえば、性悪説を唱える荀子は、社会の安定の基礎を法制度に置くという法家の思想に近いともいえます。法家を代表する思想家の韓非《かんぴ》はもともとは荀子の弟子でした。

このような考え方に立つ荀子は、しばしば孟子の学説を批判しました。したがって、性善説と性悪説を「人間はもともと善人として生まれてくるのか、悪人として生まれてくるのか」といった運命論の対立として矮小化《わいしょうか》して理解せずに、教育に大切なことは個人の主体的な努力なのか、社会システムとして教育の場を制度化することなのか、という論争であると把《とら》えるほうが、賢明だと思います。

3 孟子の独創的な発想、「易姓革命論」と井田制

孟子は青年時代に孔子の孫である子思《しし》の弟子から学問を学び、孔子を深く尊敬していたと伝えられています。しかし孟子の思想は、祖先崇拝（礼）に軸足を置く孔子に比較すると、かなり独創的であり革新的な側面がありました。孟子の代表的な思想として、「易姓革命論《えきせいかくめいろん》」と井田制《せいでんせい》を取り上げます。

孟子の易姓革命論とは天命を大事にする、ということです。孟子が生きた時代は、天上の神様のことを「天」と呼んでいました。それに先立つ商の時代の天上の神様は「帝」でした。そのような時代にあって、孟子は国を統治することを次のように考えました。

天が一人の人格者に、おまえが王となって国を治めよ、人民の安寧《あんねい》を保証せよと命じます。天命が下《くだ》るのです。ところが、その王の子孫が暗愚で、民衆が苦しむ政治ばかりを行う。それを見た天は、愚かな王に警告を発します。警告とは飢饉であったり、河川の氾濫などの自然災害です。ところがそれでも、暗愚な王は悪政を改めない。すると天は、民衆すなわち農民に命令して下剋上（農民反乱）を起こさせ、王を取り替える。天はこのようにして、善政を実現させるのだと孟子は説きました。

天命によって王朝が革（改《あらた》）まり王の姓が易（変《かわ》）る、という思想なので、後に「易姓革命論」と呼ばれるようになりました。

産業革命が起こるまで、人間の社会は農業が中心でした。天候不順が長く続けば、作物の収穫が行えず、食糧不足が続きます。すると、よほどの名君の施政でない限り、民衆の生活は苦しくなります。ましてや平凡な君主であれば、世の乱れは決定的になります。すると政権を批判する有力者が現われ、民衆を動かして政権を打倒して、新たな王朝を開く。これが、当時の歴史的な真実でした。孟子の易姓革命論は、このような下剋上、すなわち武力による王朝打倒に、理論性を与えて容認したともいえます。

この結果、前王朝の最後の君主は、必要以上に暴君として記録されるようになりました。なぜなら明君であれば、新王朝の正統性が保てなくなるからです。だから、新王朝の創始者は明君となるのです。商の帝辛（紂王《ちゅうおう》）と周の文王・武王、隋の煬帝《ようだい》と唐の太宗《たいそう》などがその典型です。

天命という抽象的な概念を除去して考えてみれば、実際に下剋上（革命）を実行するのは、農民であり民衆です。孟子の思想は、人民主権の萌芽ではなかったか、とも考えられます。当時としては過激極まりない思想でした。ちなみに、日本の天皇家に姓がないのは、姓がなければそもそも易姓革命が起こりえないと考えたからだといわれています。

その1　孟子の易姓革命論とルソーの社会契約説の類似性

天命によって約束された民衆の生存の権利を守れなかった君主が、革命によって誅《ちゅう》せられる。この政変を容認する孟子の思想は、フランスの啓蒙思想家ジャン＝ジャック・ルソー（1712－1778）の社会契約説と似ていると指摘されています。

ルソーの社会契約説について、ざっくり話すと次のようになるでしょうか。

ルソーの時代は、フランス革命の前夜です。すでに神と人間が契約を結ぶというキリスト教の発想（旧約、新約）は否定されていました。

人間は、それぞれの個人が本来、主体的な力や自由を持っています。これは自然法によって規定されています。このように自然法のもとに生きてきた自由な人間が、より主体的に社会で生きる権利を確立させるため、自分が生きている共同体と契約を結ぶことを、ルソーは社会契約と呼びました。このとき個人は、共同体の運営を円滑に行わせるために、自分の諸権利の一部を共同体に委譲します。その結果として都市や国家が生まれます。みんなが自分勝手に行動したら、共同体は機能しません。ただ、個人の諸権利が委譲された共同体には、個々人の意志が一つになった抽象的な意志が生まれます。それを一般意志と、ルソーは呼びました。共同体の意志決定に関わる政治的人格です。ルソーは社会契約によっても共同体の構成員が自由気ままに行動するだけでは、私利私欲の追求が生まれ、政治が機能しなくなることを恐れました。そのために一般意志という公共の利益を目指し、公共の正義につながる、統一された概念を重視したのです。

このルソーの社会契約説における一般意志の存在と、孟子における天命という考え方は、社会生活の秩序を守る行動の基準として、多くの類似性を感じさせます。どちらも「人民主権がすべて」なのですが、民衆の自由気ままな意志を防ぐためには、公共の正義のような道徳的視点が必要であると、孟子もルソーも考え

ジャン＝ジャック・ルソー
（1712－1778）

ていたのではないか。

孟子は易姓革命論という過激な発想を採りましたが、王道と覇道をはっきり分けて考えていました。易姓革命論においても禅譲（前王が統治権を新王に譲る）と放伐（武力で前王を倒す）を区分しています。

王道とは仁の力で国を治めることです。覇道とは実力で人民を支配する政治です。もちろん理想としたのは、王道の政治でした。彼は民衆の生活安定を政治の第一義と考える、民本主義の思想家でした。そして孔子と同様に武力よりも仁徳を、政治の指針とすべきだと考えていたのです。

その2 孟子が考案した井田制《せいでんせい》は、公地公民制度の原点とも呼べる構想だった

ここに一里四方（400m×400m）の土地があります。この土地を9等分します。すると井戸の「井」という字に似た形になります。この9等分された土地の真ん中は共有地として、そこで収穫された米は税金にする。残りの8区分を8家族に分け与える。

孟子はこのような制度を考え、これを井田制と名づけました。驚くほどに共産主義的な発想です。この井田制は北魏や隋、そして唐などの拓跋《たくばつ》国家で実施された公地公民制度（均田制）に、大きな影響を与えました。農民を年齢や性別で区分し、それぞれに口分田《くぶんでん》を与えたのです。日本でも701年に制定された大宝律令の班田収授法で、公地公民制度がうたわれています。

孟子の没年がBC289年前後、大宝律令が701年ですから、ほぼ1000年後に、孟子の井田制を淵

源とする公地公民制度が極東の小国でも実施されようとしたのです。このような共産主義的な土地制度が、はるか昔に構想されて生き続けたことに、なんだか凄まじいような戦慄を感じます。孟子はそういうことを考えた人でもありました。

今では孔孟の思想といわれて、孔子と孟子の2人が並び称されますが、孟子がフレームアップされる形で評価を高めたのは、宋の時代（960－1279）でした。朱子学を大成した朱熹《しゅき》（朱子）が、儒教の根本的な経典として『大学』・『中庸』・『論語』・『孟子』を指定し、これを四書と呼んだあたりからです。諸子百家の時代には、孔子や孟子が取り立てて傑出した存在であったというよりは、優れた諸子の中に含まれる存在であったと評価するのが、現代では一般的なようです。ソクラテスの評価がプラトンによって傑出した哲学者として位置づけられたのと、孟子、朱熹の関係はよく似ています。

孟子については金谷治『孟子』（岩波新書）と『孟子』（小林勝人訳注、岩波文庫、全2冊）をお薦めします。

4 荀子は何を考えた哲学者だったか

天は地上の君主がどのような政治を行うかをじっと見ていて、悪政を行うと天変地異を起こして警告を発すると孟子は考えました。この考え方を、「天人相関説《てんじんそうかんせつ》」と呼びますが、荀子は真正面からこれを否定しました。

荀子は流星も大嵐も単なる自然現象であると説きました。雨乞いの儀式をしたら雨が降ったというけれど、儀式をしなくても雨は降るときには降る。たまたま雨乞いと雨が降る天候が重なっただけだ、彼はそう考えていました。このあたりは平清盛と似ています。

僧侶に雨乞いをさせて雨が降ったので貴族たちが、その僧に多額のお布施を贈ったという。それを聞いて清盛がこう語ったと伝えられています。

「そんなもん、偶然に決まってるだろう。坊さんは空模様を見ていただけだよ」

清盛は、平家物語では悪役に描かれています。しかし実際にはとても合理的な考え方をする人でした。宋銭の輸入を本格的に始めて、貨幣経済をわが国に導入した人でもあり、わが国初めての武家政権を打ち立てた人でもありました。また、日本と海外との交易を盛んにするために京都盆地にある都を、大輪田泊《おおわだのとまり》（現在の神戸）に遷都しようと考えた不世出《ふせいしゅつ》の英傑だったのです。

話が少しそれましたが、荀子は合理的な思考をする人で、唯物論的な側面を持っていました。

一方で荀子は、深い洞察力をも持っており、人間が生まれながらに賢い存在であるはずがなく、むしろ人間はそれほど主体性がなく、世間の誘惑に影響されやすい存在であると考えていました。それゆえ人間は学問を積んで善なる存在になるべく、努力を一生続けなければならないと考えました。生涯学習を主張したのです。

彼は『荀子』（金谷治訳注、岩波文庫、全2冊）に次の言葉を残しました。

「青はこれを藍より取れども藍よりも青く」

顔料の青は植物の藍から取るが、藍よりも青くて美しくなる。という意味です。転じて、信頼できる優れた先生から体系的にきちんと学べば、師を超えるほどの優れた人物になることもできるという意味です。この言葉から、「青は藍より出でて藍より青し」という成語が生じ、さらに「出藍《しゅつらん》の誉《ほま》れ」という言葉も生まれました。「弟子や生徒がその師匠や先生を超えて優れている」という意味です。

5　徹底した法治主義を主張した韓非と徹底した無為自然を主張した荘子

荀子の弟子であったといわれる韓非（ＢＣ２８０頃－ＢＣ２３３）は、戦国七雄の中では最も小さい国であった韓の人でした。韓非は商鞅（ＢＣ３９０－ＢＣ３３８）が、秦の宰相として実践を通じて開いた法家《ほうか》を完成させた人です。

韓非は、隣国の最強国、秦の攻撃に苦しむ韓王に、何度も献策しましたが受け入れられず、秦王を訪ねて献策したものの陰謀に巻き込まれて死罪になった悲運の人でした。また、強度の吃音《きつおん》であったといわれ、それを見事な文章力で補ったと伝えられています。彼の著書『韓非子』（金谷治訳注、岩波文庫、全４冊）は傑作中の傑作で、人間の持つダークサイド（暗黒面）が赤裸々に描かれています。

韓非は民衆に道徳性を期待することはそもそも誤りであると考えました。「道

韓非（BC280頃－BC233）

商鞅（BC390－BC338）

をわきまえた君主というものは、仁義を遠ざけ、知能に頼らず、法に従うものだ」と説いています。

韓非とともに荀子の弟子であった、秦の政治家の李斯《りし》（生年不詳－ＢＣ２０８）は韓非の才能を妬《ねた》み、彼が死罪となることに一役買ったとも伝えられています。李斯は、中国を初めて統一した秦の名君、始皇帝の宰相となり、秦を法治国家として確立するための制度設計に、多大な貢献をしました。

荘子（ＢＣ３６９頃－ＢＣ２８６頃）は、ほぼ孟子（ＢＣ３７２頃－ＢＣ２８９頃）と同世代の人です。

彼は孟子や荀子が生《き》まじめに、教育や理想の政治について語っているとき、平然と無為自然を説きました。

人間はもっと心をのびのびと自由にして、遊んでいればいいのだ。万物の絶対性に従って生きればいいのだ。人間はいいかげんな動物なのだから、自然に従って無為に生きればいいのだよ。つまり、逍遙遊《しょうようゆう》という考え方です。混沌、無用の用、胡蝶《こちょう》の夢、大鵬などは荘子が好んで使った言葉です。

荘子の発想は、実存主義的でした。自分にとってただ一つ確実な存在は、自分自身なのだと考えました。俗世間のことなどはすべて無視せよ、という姿勢です。

しかし、俗世間を無視して自由に生きることができるのは有産階級の特権であ

李斯
（生年不詳－BC208）

荘子
（BC369頃－BC286頃）

孟子
（BC372頃－BC289頃）

って、普通の民衆には土台無理な考え方です。

荘子は政治家や実業家のように、現実のソロバンばかりを考え、あくせくして働くのはゴメンだ、と考えました。こういう少し斜に構えた発想は、知識人好みですよね。このようにして荘子の哲学は、中国社会においてニッチな存在となり、特有のポジションを取っていきます。荘子の思想が大流行するのは3世紀後半、三国時代の終わりに魏から帝位を受け継いだ晋《しん》の時代でした。当時の乱れた政情を避け、郊外の竹林の中に住み、自由で世俗を超越した議論（清談）を交わして有名になった七人の賢人が登場したのです。この「竹林の七賢」と呼ばれた人々の論調は、荘子が説いた無為自然を基調としていました。

なお、荘子の無為自然説の祖となるのは老子です。孔子と同世代の人物とされていますが、生没など詳細は不明です。老荘思想は一般には道家と呼ばれました。道家の思想と神仙思想や陰陽五行説が結びついて、東漢末に道教が生まれます。中国では、儒教、仏教、道教が後に三教と呼ばれるようになりました。

老荘思想については、神塚淑子『老子――〈道〉への回帰』（書物誕生あたらしい古典入門シリーズ、岩波書店）と中島隆博『荘子――鶏となって時を告げよ』（書物誕生あたらしい古典入門シリーズ、岩波書店）、および『荘子』（金谷治訳注、岩波文庫、全4冊）がお薦めです。中国の古典はどれも人気があり、日本人の書いた解説書がたくさん出版されていますが、学者がていねいに訳注をつけた「本物」を読むほうがはるかに勉強になると思います。

6 儒家、法家、道家の存在が中国社会に安定をもたらした

儒家の思想は、礼や仁や徳を根幹に据えます。君主は、民衆を愛し王道に励みなさいと教えました。要するに支配者の哲学となった思想です。西漢の武帝（在位ＢＣ１４１－ＢＣ87）の時代に、国教に準じた扱いとなりました。その意味では、ストア派の哲学と似ていなくもありません。帝王たる者、多少の私的な楽しみを抑えても国家の安定と民衆の幸福を考えなさい、という思想でした。

一方で老荘の思想は、頑張るだけが人生ではない、万物の絶対性は人間には動かせないのだ、自然に任せて悠々と生きよ、心の遊びを大切にせよ、と説きました。それはエピクロスの考え方と少し似ています。

さらに法家の思想がありました。政治の建前の理論としては儒教がありましたが、政治の実際は法律に則り、法治国家として運営していくわけです。

中国では、秦の始皇帝が、商鞅が体系づけ韓非が完成させた法家の思想を基軸に据え、中央集権国家（法に則った文書行政による法治国家）を樹立して以来、２０００年を超えてもなお、そのグランドデザインには揺るぎがありません。政治の建前が儒教から共産主義へと看板をつけ変えただけのようにも見受けられます。

一般の民衆は、建前としての儒教の教えに従って先祖や親や家族を大切にし、世の中の進歩に合わせて生きていく。無法者は法で裁かれる。そして法家や儒家がまじめすぎて、バカバカしいと思う知識階級には、

老荘思想があったわけです。

　このように諸子百家の思想は、共存が可能であり、中国社会の主だった階層の人々がそれぞれに心を寄せられる思想を、階層別にうまく用意したようにも考えられます。このような思想の棲み分けが可能であったことは、社会の安定に大きく寄与しました。しかし、いつの時代であっても、中国を体制的に取り仕切っていたのは法家である、という現実が存在したことが大切な点でした。つまり、一般民衆向けの棲み分けのカードは、表が儒家・裏が法家だったのです。そして、インテリ向けには道家が用意されていました。

　このような思想の棲み分けは唐の中期（8世紀前半）に至り、国家仏教が民衆に根を下ろしていくときにも生じました。中国の仏教界は、三武一宗《さんぶいっそう》の法難《ほうなん》と呼ばれる4回にわたる大弾圧を受けています（中でも会昌《かいしょう》の廃仏《はいぶつ》は有名です）。その経験から、国家の保護に頼るだけではいけないと考えたのです。民衆は難しいことはわからないからと、「南無阿弥陀仏」と唱えれば極楽に行けるという浄土教が布教されて、中国に拡がりました。ところが同時期に、禅も登場します。

「南無阿弥陀仏」と唱えるだけで成仏できるなんて、人生をそれほど単純に考えるのか。知識階級からの、そういう疑念に対処するのが禅の役割でした。眼の前にある石を指して、「これは何だ」と問う。石に決まっているのですが、このように正面から問われるとインテリは必死に考えたりする。石とわが人生とは？　などと考え始め、そこに深い真理があると、勝手に思い込んでしまう。知識階級は、このように精神をコントロールされる手法に弱いのですね。

　仏教は、民衆向けの浄土教とインテリ向けの禅という両輪で中国社会に深く根をおろしていきました。それがわが国にも導入されたことは皆さんがご存知のとおりです。鈴木大拙は名著『日本的霊性』（岩波文庫）の中で、「浄土信仰と禅が日本人の心性を規定している」と説きました。

「百家争鳴」という言葉が現代まで残っているように、諸子百家の時代は中国の思想や哲学にとって、大きな意味を持つ時代だったと思います。

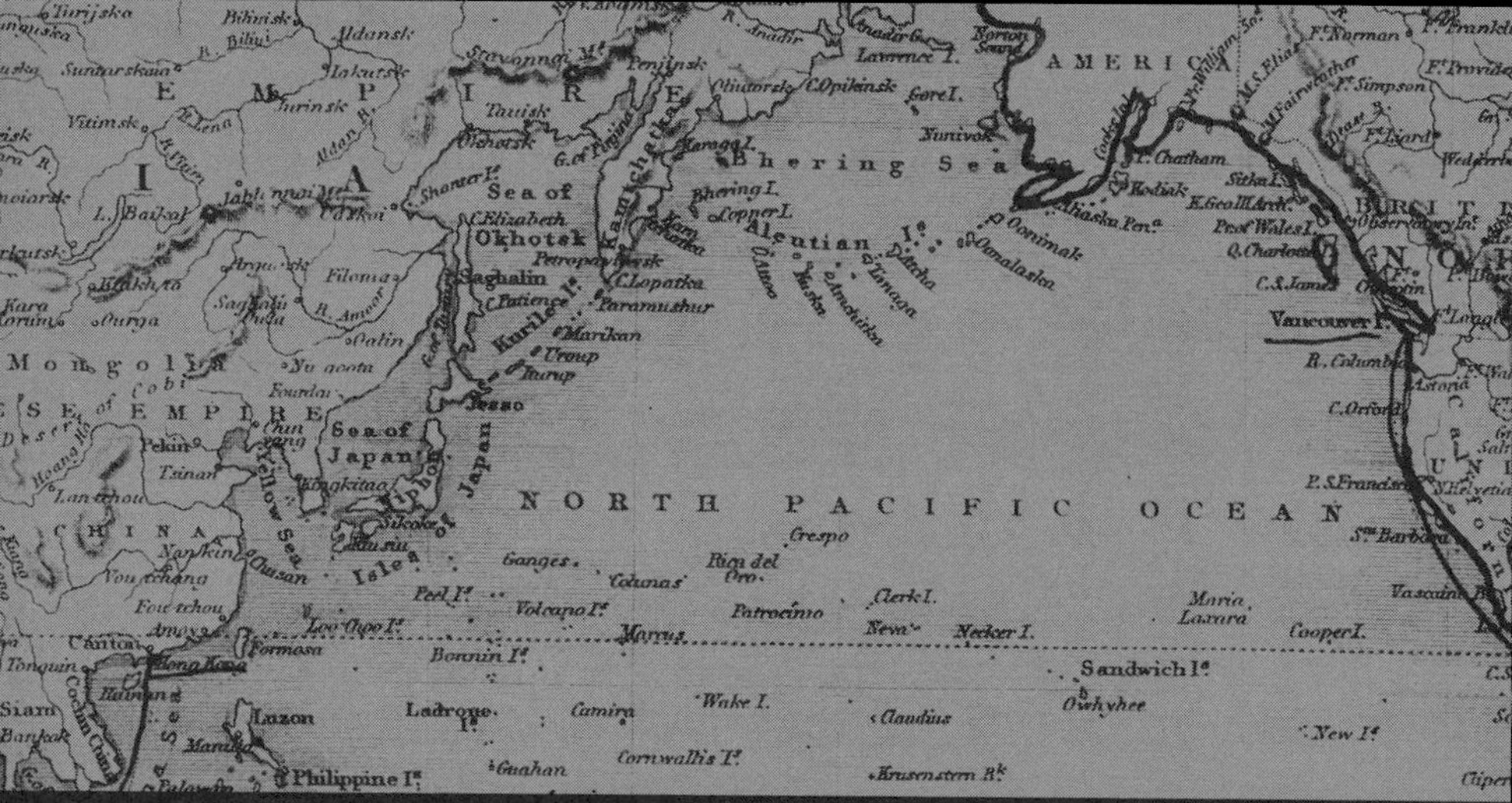

第6章（3）

ヘレニズム時代に旧約聖書が完成して、ユダヤ教が始まった

1 旧約聖書の成立

ヘレニズム時代はキリスト教の誕生にも深く関係しています。この時代に、旧約聖書が誕生したからです。

BC7世紀の後半に、メソポタミアを征服した新バビロニア王国（BC625－BC539）のネブカドネツァル2世（在位BC605－BC562）は、BC597年にエルサレムを首都とするユダヤ人の小国、ユダ王国を制圧しました。ユダ王国は、新バビロニア王国から見れば、かなり西方の地中海東海岸の小国です。ここが反乱を起こしたので占領したのですが、ユダヤの民は独自の神を信じていて、理屈っぽくかつ反抗的でした。そこでネブカドネツァル2世は、ユダ王国の指導者クラスの人々をすべて、新バビロニアの都、ユーフラテス川に近いバビロンまで連れ去りました。

この事件は世界史の授業で、ユダヤの民の受難「バビロン捕囚」（BC597年以降3次にわたる）として、習いませんでしたか？

大勢の指導層を、異国の地に連れ去るとは、ずいぶん苛酷な処置のように見えますが、当時としてはごく普通の合理的な施策でした。占領軍を駐留させると、軍事費がかさみます。かといって反乱のたびに軍を派遣するのは効果は薄い。また、反乱者を皆殺しにするのは、銃や大量破壊兵器のない時代ですから、たいへ

ネブカドネツァル2世
（在位BC605－BC562）

んな気力と体力を必要としました。

そのような理由で敵国の主要な指導層を拉致《らち》して、本国に連れてきて監視しながら労働させることは、古代の戦争では一般的に行われた施策だったのです。抵抗する者を殺すだけでは、恨みがたまります。したがって「バビロン捕囚」は、ユダヤ人だけの受難として発生したわけではなく、世界中にたくさんの例があります。20世紀に入ってもスターリンが朝鮮民族を、日本との国境地帯の居住地から中央アジアに強制移住させています。


さて、このユダヤ人たちはおよそ60年、バビロンの地で生活していました。やがて新バビロニア王国は、ペルシャのアカイメネス朝のキュロス2世に滅ぼされます。キュロス2世が、バビロンを散策していると、ユダヤ人の住む地区がありました。そして彼らが、エルサレムから連れ去られてきたことを知ります。キュロス2世は気の毒に思い、彼らを解放しました。私が世界の帝王になったのだから、おまえたちはどこに住んでもいい。エルサレムへ帰るもよし、バビロンに残るもよし。自由にせよ、と。

ところが、ほとんどのユダヤ人はエルサレムへ戻らなかったのです。

当時の平均寿命は30歳程度でした。ユダヤ人がバビロンに住みついてから、60年ほどが経過しています。彼らのほぼ全員がエルサレムを知らなかったことでしょう。僕は三重県の山深いところにある美杉村で生まれました。美しい村ですが、典型的な限界集落です。もしもこの村の人々が遠い昔に、東京に連れてこられて、2～3世代が経過した後に、美杉村に帰ってもいいよ、と言われたらどうするでしょうか。行ったこともない遠い故里へ、住み慣れた東京を捨てて帰るでしょうか。帰っても、すでに代替わりをしていますので、知人も友人もほとんどいないでしょう。

ユダヤ人たちはバビロンを離れなかった。バビロンは当時世界随一の都だったからです。こうしてユダヤ人のディアスポラ（散在）が始まりました。

結局、エルサレムに帰ったのは、祭司階級を中心とする人々だけでした。いわば先祖のお墓を守らなければならない人たちです。

彼らは帰郷すると、破壊されたユダヤ教の神殿を再建（第二神殿）しました。けれど、バビロンからは誰も帰ってこないまま歳月が流れていきます。祭司階級の人々は、だんだん不安になります。このままでは、ユダヤ人はペルシャ帝国の中に埋没してしまい、消滅しかねないと思ったのでしょう。彼らは自分たちのアイデンティティを確認するために、旧約聖書をつくり始めたのです。

旧約聖書はユダヤ人に説きました。我々は今は苦しんでいて不幸であるが、もともとは神に選ばれし民である。必ず救世主が現われて救ってくださるのだと。宗教に選民思想が登場したのです。救世主はヘブライ語でメシアといいます。メシアは、ギリシャ語ではクリストス（キリスト）となります。なお旧約聖書という名称は、キリスト教側の呼称です。ユダヤ教ではタナハ Tanakh と呼ばれます。

このタナハと、タルムード Talmud と呼ばれている口伝の律法（生活規律）を信じることによって、ユダヤ教の体系がほぼ完成しました。帰ってこないユダヤ人に、ユダヤ人の先祖から伝わる物語を伝え、民族のアイデンティティを失わないようにすることが大きな目的でした。誇りを持て。我らは選民なのだ……と。

ところで、タナハは創世記から歴史的な流れに沿って順序正しく構成されています。しかし、実は創世記を含むモーゼ五書が、最後に書かれたのです。すなわち最も古い物語が一番新しい部分なのです。

皆さんが一族の物語を書こうとしたら、多くの場合、自分の父母の話から書き始めると思います。記憶している部分が多いですからね。続いて祖父母そして曾祖父母と、時間をさかのぼりながら書き継いでいく。それが一般的です。でも、祖父母のあたりからだんだんわからなくなる。記録が少ないからです。すると、どうなるか。どうしても昔の話を書く必要があったら、おそらく創作すると思います。でも、人間の創造力はそれほど豊かではないので、たいていの場合は古の物語からモチーフを借用してくることになります。

日本書紀でも、最後に神武天皇を創作しています。旧約聖書、タナハにも多くの捏造《ねつぞう》があります。

その捏造のネタの多くは、バビロンに囚われているときに伝聞した古代メソポタミアの伝承から採られました。アダムが土くれからつくられた話はシュメールの神話、ノアの方舟《はこぶね》はメソポタミアの大洪水、エデンの園のエデンは、メソポタミアの地名です。そして最後の審判という直線の時間の観念は、ゾロアスター教から拝借しました。さらに、モーゼは葦の葉を編んだ小舟でナイル川に流されますが、この話は太古の昔にメソポタミアを初めて統一したアッカドのサルゴン大王が川に流された話をそのまま借用しています。

古い部分ほど伝承とは関係なく一番新しく創作されているという、その典型となるタナハですが、その創作動機はユダヤの民のアイデンティティをなくしたらあかんという切実な思いでした。その思いを帰郷しない同胞にアピールしたのですが、もう一つの目的も創作の動機になっていたと思います。世界帝国であったペルシャのアカイメネス朝に、自分たちユダヤ人も、立派な歴史を有する優秀な民族であると主張することです。わが国が大唐世界帝国に対峙する中で、自分たちも立派な民族なんだと主張するために『日本書

（紀）』を創作したように。民族は存亡の危機を迎えると、アイデンティティを求めるのです。

そして、たとえ捏造の部分があるにしても、文章として書いたものが残ることは、たいへんな力となります。たとえば古代イスラエル王国はダヴィデとソロモン、親子2代の時代に、たいへんに栄えたという話が残されています。シバの女王がソロモンを訪れて、彼との間に子どもが誕生し、エチオピア王室の祖先になったという伝承が残されていることは有名です。

ところでシバの女王の都がどこにあったかというと、アラビア半島の先端、アデンのあたりです。乳香《にゅうこう》や没薬《もつやく》など火葬の際に使用された芳香剤の産地として有名でした。当時の貴重品です。シバの女王の都は当時、2万〜3万人の人口があったと推定されています。

ところがダヴィデとソロモンの時代、考古学者の発掘調査によると、エルサレムの人口は1000人いるかいないかだったと考えられています。考古学的に考えれば、人口3万人の都に住む女王が人口1000人の町にきて、その栄華に驚いた、という話になってしまうのです。歴史学者の間では、ダヴィデとソロモンの実在自体を疑う見解が支配的です。

しかし、ずっとそのように信じられてきたのは、旧約聖書という立派な文章が、いかにも本当らしく書き残したおかげでした。

「バビロン捕囚」後、ユダヤ人がエルサレムへ帰らずに世界へ離散したことを、「ディアスポラ」と呼び、昔は悲劇的な民族の「離散」と訳されてきました。しかし最近では、ユダヤ人は自分たちの意志でエルサレムに戻らず、世界の大都市へバラバラに散っていったので、「散在」と訳すのが一般的になっています。

ユダヤ教の聖書であるタナハが完成したのは、BC500年から紀元元年の間と考えられています。

2 仏教教団が分裂する

一方インドでは、仏教教団が分裂しました。

仏教の原始教団は、部派仏教の集まりでした。ブッダの死後に弟子たちは、それぞれにブッダの教えを研究し、自分の教義の部派を形成し、お互いに論争しながら教団をつくっていたのです。当時の教団は長老クラスとでも呼ぶべき年長者のグループと、まだ信者になってから日が浅い人々に分かれていました。広場や屋根のある建物に集まって教団の会議をするとき、自ずから年長者の多いグループは上座を占め、他の人々はその前面に座を占めるようになります。この若年者のグループが大衆部と呼ばれました。「だいしゅぶ」と読みます。

この上座部《じょうざぶ》と大衆部が分裂する事件が起きたのです。教団が2つに分かれてしまったので、根本分裂と呼ばれているのですが、その最大の原因は「お金をもらうべきか否か」の論争にあったようです。

原始仏教はもともと個人の修行が中心でした。森の中で座って瞑想し、いろいろなことを考える。でも食事は必要ですから、そのときは鉢《はち》と呼ばれる食器を持ち袈裟《けさ》を肩からかけて街を歩き、民家の玄関でお祈りをして鉢にご飯をいただきます。この行為を托鉢《たくはつ》と呼んでいます。今でも東南アジアのタイなどでは、普通に見かける光景です。ところが、この托鉢のとき、食料だけではなくお金を喜捨する人もいました。お腹が空いたら何か買って食べてくださいね、という心遣いが最初の動機であったと思います。最初のうちは、僧侶たちも首をかしげながらも、受け取っていたのでしょう。

けれども本来、修行する身は無一物であることがブッダの教えです。財産や妻子は、出家のときに捨てるべきなのですが、喜捨されたお金は浄財でもあるので拒否するわけにもいきません。すると、だんだん教団にお金が貯まってくるのです。しかもこういうお金には、昔も今も税金はかかりません。これは古今東西、すべての宗教にいえることですが。

そしてついに、お金を受け取るか否かについて大論争が起きました。上座部の人々は、金銭を受け取ることはまかりならん。それは堕落に通じると主張しました。

一方で大衆部の人々は「浄財を貯めて教団を大きくしよう、そうしないとブッダの教えは広まらないぞ」と主張しました。論争はなかなか決着がつきませんでしたが、結局は上座部が勝利を収めた模様です。やはり、「ブッダの教えをそのとおり実践しよう」というのは正論です。大衆部の人たちも仏教の発展を考えての発言でしたが、上座部の人たちにブッダの記録を読んでもお金を受け取ったとはどこにも書かれていないぞ、と突っ込まれてしまうと反論ができなくなったのです。

上座部に賛成した部派が11部派、大衆部に賛成した部派が9部派であったと伝えられています。このときの大衆部から大乗仏教が生まれたというのは虚説です。大乗仏教を主張した人たちが、上座部11部と大衆部9部を合計し、「小乗20部」と指摘している記録があります。

なお、インドで初めてインダス川とガンジス川にまたがる大帝国をつくったマウリヤ朝3代目のアショーカ王（在位BC268頃－BC232頃）の時代に、彼が積極的に仏教の教義を政治の指針としたため、仏教が大いに発展し、第3回目の仏典結集が行われたと伝えられていますが、これは仏教教団側の宣伝の可能性が高く、史実かどうかは定かではありません。

第6章（4）

ギリシャ王が仏教徒になった？ヘレニズム時代を象徴する『ミリンダ王の問い』

ヘレニズム時代は、アレクサンドロス大王（在位ＢＣ３３６－ＢＣ３２３）の陣頭指揮でギリシャ人が大量に東方へ向かい、いわば「ポリスが空っぽになった」時代でもありました。

それは後の十字軍がそうであったように、豊かな文明を持つ東方へのヨーロッパからの進出であったのです。

あえてこう述べたのは、ヘレニズム文化とはギリシャを原点とする進んだヨーロッパの文明が、遅れた東方に浸透して生まれた文化であるという見解には、まったく賛成できないからです。

19世紀に連合王国が、アヘン戦争でアジアの超大国であった清に勝利し、さらにインドを植民地とした頃から、ヨーロッパでは次のような視点で世界史を考える見解が普通になりました。19世紀に生まれた現実、「西洋は先進的であり東洋は後進的である」という状態は、歴史的にもずっと真実であったという歴史観です。その歴史観は、中国の秦漢帝国や唐や宋、ペルシャやイスラームの大帝国、インドの諸王朝やモンゴル帝国よりも、西方の文明を高く評価する考え方です。事実は真逆だったのですが、このような西洋史観を基本に置く世界史の考え方は、是正される傾向にはありますが、未《いま》だに根強く残っています。

それゆえにヘレニズムの時代を、ポリスが空っぽになった時代と表現したのですが、ギリシャ人が積極的に世界へ進出し、グローバリゼーションをあの時代に実現させたことは確かでした。ギリシャ人がヘレニズムの時代に豊かな東方の文明と融合した記録が『ミリンダ王の問い――インドとギリシアの対決』（中村元・

『ミリンダ王の問い』

早島鏡正訳、東洋文庫、平凡社、全3冊）という書物に残されています。

アレクサンドロス大王の死後、シリアからイランにかけての広大な領土を支配していたギリシャ人のセレウコス朝から、BC3世紀にバクトリア王国が独立しました。やはりギリシャ人の国でした。バクトリアはさらに東進して、インドの西北地方（現在のパキスタン）へと進出し、インド・グリーク朝（BC2世紀－BC10頃）を開きます。その8代の王がメナンドロス1世（インドでの呼称はミリンダ。在位BC155頃－BC130頃）ですが、その時代の話です。

本の内容はミリンダと、インドの仏教僧ナーガセーナとの対話です。ナーガセーナは上座部仏教の、長老格の僧であったと推測されます。ミリンダがさまざまな質問をナーガセーナに投げかけ、彼が回答するという形式で書かれています。

本の中心は仏教の輪廻や業（カルマ。果報を生じる因のこと。善や悪の業を行うと、因果応報によって、それ相応の楽や苦の報いが生じる）のことなのですが、とてもおもしろい問答が登場します。たとえば、ある男が朝からずっと火を燃やしている。その燃え続ける炎は、朝と昼と夜と同じ炎だろうか、別の炎だろうか？　ナーガセーナの答えは、同一でも別のものでもないというのです。これは「テセウスの船」の命題（→321ページ）ですね。

ギリシャ人のミリンダは、プラトンやアリストテレスなどギリシャの哲学者たちの学説について、ある程度の知見を持っていたと思います。『ミリンダ王の問い』は、ギリシャ哲学と原始仏教の接触でした。会話

メナンドロス1世
（在位BC155頃－BC130頃）

はギリシャ語（コイネー）で行われたのでしょうか。そういうことも興味のある点です。そして、ミリンダは仏教に興味を感じ、仏教徒になったと伝えられています。

ヘレニズムについて一般的にいわれることは、コイネーという話し言葉のギリシャ語がリンガ・フランカ（国際語）になったとか、ミロのヴィーナスがヘレニズム芸術の代表であるとか、西洋の主導性ばかりが強調されがちです。

しかし『ミリンダ王の問い』のような例もあり、東西の高度な文化、文明が融合した本当の意味でのグローバリゼーションが存在したのは事実でした。

第6章では、東西のヘレニズム時代を取り上げました。人口に広く膾炙《かいしゃ》した偉大な哲学者も宗教家も登場しない、一見、地味な時代でしたが、東西の世界に今日まで残る確かな足跡を残してきたのが、この時代であったと思います。逆に今の世界を生きる我々があまり進化していない、ということでもあるのですが。

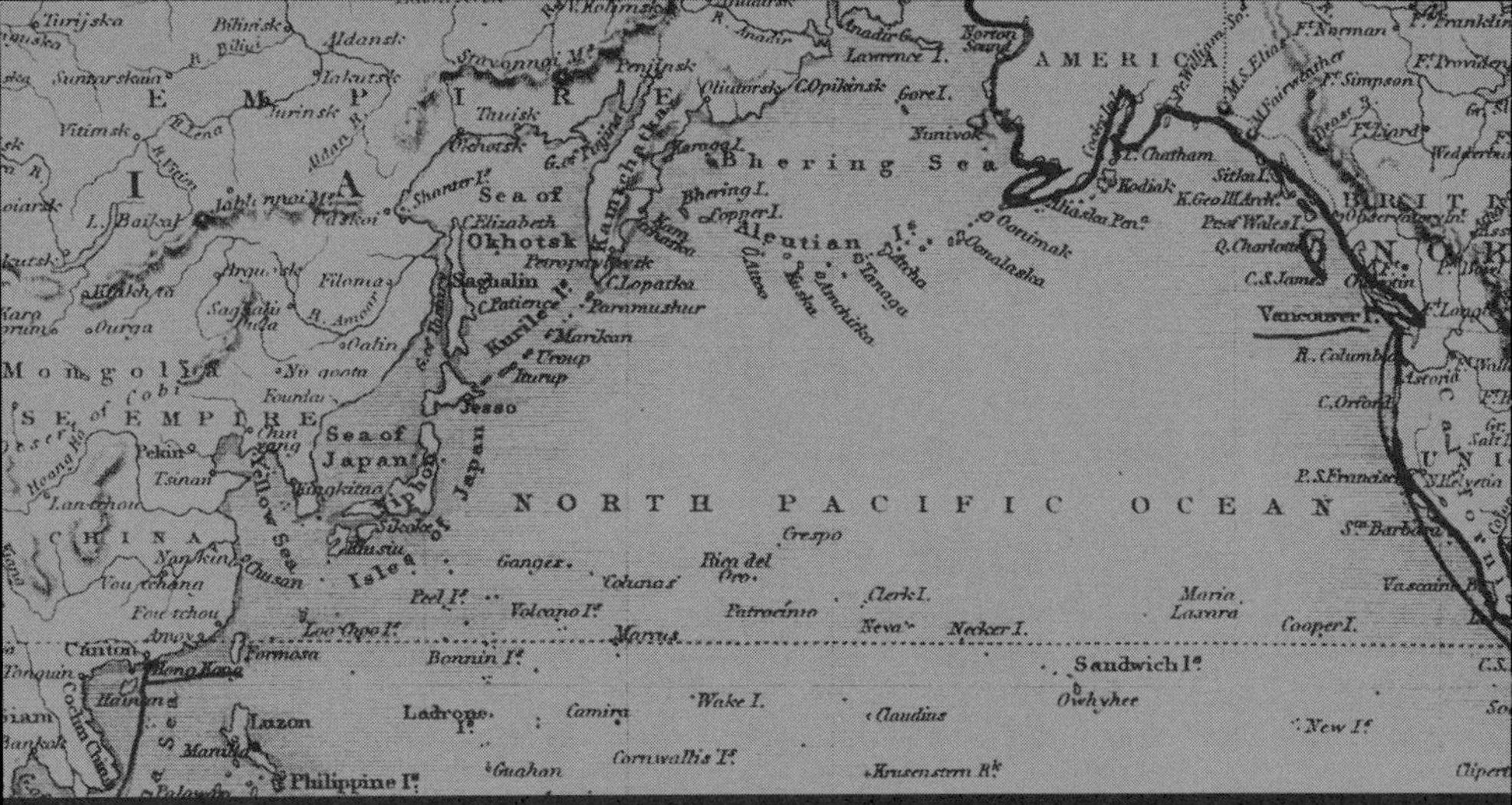

第7章

キリスト教と大乗仏教の誕生とその展開

世界の宗教人口について述べますと、最も多くの信者を擁《よう》しているのはキリスト教です。世界の宗教人口の32・9パーセントを占め、24・5億人に達します。次いでイスラーム教徒23・6パーセントの17・5億人、そしてヒンドゥー教徒13・7パーセントの10・2億人、仏教徒7パーセントの5・2億人と続きます。キリスト教の宗派別の分布率は、ローマ教会50・7パーセント、プロテスタント22・6パーセント、東方教会11・6パーセント、その他15・1パーセントです。

この章ではキリスト教と日本に多くの信者がいる大乗仏教、この2つの宗教の誕生について説明します。

1 新約聖書が成立するまで

新約聖書と旧約聖書はキリスト教の教典です。ユダヤ教の教典はタナハですが、その内容はほとんど旧約聖書と一致しています。またイスラーム教では両聖書の一部が、根本教典であるクルアーンに準じる教典と考えられています。セム的一神教の3宗教において教典の共通性が見られるのは、次のような理由によります。

西アジアや北アフリカなどで使用される言語に、セム語族の言語があります。BC2500年頃から記録が残る人類初の国際語（リンガ・フランカ）であるメソポタミアのアッカド語、BC7世紀頃同地域で第2

の国際語となったアラム語、さらに古代から現代まで使用されているイスラエルのヘブライ語やイスラーム文明の基礎となったアラビア語などが含まれます。

セム語族から生まれた一神教が、セム的一神教です。その神の名は、ヘブライ語でＹＨＷＨと表示されます。ところがヘブライ語には母音がないので、何と読むべきかの定説はありません。ヤハウェと通称されています。ＹＨＷＨはセム語族が信仰する唯一の天地創造の万能神です。ＹＨＷＨは信じる者を守る代わりに、信じない者には排他的な攻撃性を示します。その点で、太陽や月をはじめ、万物にも神の存在を認めるギリシャやアジアの多神教とは対照的な神格を有しているのです。ＹＨＷＨは、シナイ山の精霊とウガリト市の守護神エルが合体したものであるともいわれていますが、定説はありません。

このＹＨＷＨがユダヤ教とキリスト教とイスラーム教の神なので、3宗教の教典に共通する部分が生じるのは当然です。

旧約聖書は Old Testament、新約聖書は New Testament の翻訳です。キリスト教においては、イエス・キリスト以前の預言者と神との契約（言い換えれば人と神との約束）を旧約と呼び、イエスが語った言葉や行った奇跡につ

イエス（BC4頃－AD30頃）
フレスコ画のイコン「復活」

いて、弟子たちが書き残したもの（いわば、新しい人と神との約束）を新約と呼んでいます。なお聖書は英語で the Bible といいますが、バイブルとはもともとギリシャ語の書物 biblia に由来しています。書写材料であったパピルスが交易されていたフェニキアの都市ビュブロスが、その語源です。

さて、イエスがパレスティナのナザレに生まれたのはBC4年頃、ゴルゴタの丘で刑死したのがAD30年頃と伝承されています。

イエスの生涯やキリスト教については、『聖書 聖書協会共同訳』（日本聖書協会）を読むのが一番わかりやすいと思います。分厚い本ですが、31年ぶりに新訳が出たばかりでとても読みやすくできています。キリスト教について深く学びたい皆さんは、解説書より先に本書を通読してみるべきだと思います。

その1 イエスの教えとパウロの教え

イエスの教えはどのような内容だったのか。

実は学術的には、よくわかっていません。当時のユダヤ教の上層部に蔓延《まんえん》していた堕落を批判した、ユダヤ教の刷新運動であったことは確かです。イエスはアラム語で説教していました。シリアからメソポタミアを拠点とし、オリエント全域に隊商交易を拡げたアラム人の言語で当時の国際語です。

イエスが30代で刑死した後、彼の布教活動はイエスの弟や弟子によってエルサレムを中心に引き継がれました。しかしイエスの教えを、最も体系的に発展させたのはパウロ（生年不詳－AD65頃）です。

彼はイエスの弟子ではありません。ローマ市民権を持つユダヤ人でした。アナトリア半島の小都市で生まれたパウロは、もともとはイエスの教えを迫害するユダヤ教パリサイ派の人物でした。ところが、イエスが刑死してから4～5年後、馬でダマスカスに向かっているとき、天から光がまぶしく降り注ぎ、驚いて落馬して目が見えなくなった彼に、天上のイエスの声が聞えてきたのです。

「パウロよ、なにゆえに私の信徒を迫害するのか」

この声を聞いたのち、パウロは回心したと伝えられています。最初パウロはエルサレムでイエスの教えを説こうと考えました。しかしそこにはイエスの弟ヤコブをはじめとする人々が、すでに活動していたのです。彼らはイエスの教えを迫害したパウロを受け入れません。やむをえずパウロは、アナトリア半島の西部（小アジア地方）やエーゲ海周辺部の都市に住むディアスポラのユダヤ人たちの間を巡回しながら、布教活動を続けました。エーゲ海に面する地域は、ローマ帝国の領域です。この地域ではユダヤ人も、ユダヤ教の礼拝堂（シナゴーク）以外では、コイネーを使って生活していました。

コイネーとは当時のギリシャ語のことで、ヘレニズムの時代には第3の国際語になっていました。パウロはコイネーで、イエスの教えを説いたのです。

パウロがパレスティナから遠く離れたローマ帝国の辺境で、コイネーでイエスの教えを説いたことから、ユダヤ人居住者以外のエーゲ海周辺に住む人々にも、イエスの教えが知られるようになっていきました。パウロはユダヤ教の刷新運動としてイエスが始めた布教活動を、世界宗教として拡大していくことに貢献した

パウロ（生年不詳－AD65頃）
『パウロの回心』（コルトーナ画）

のです。

それではパウロがイエスの言葉として布教したことは、どのようなことだったのでしょうか。骨格は次のとおりです。

神は天地万物を創造し、人間はエデンの園で楽しく暮らしていたが、神の教えを守らず、禁断の知恵の実を食べてしまって、原罪を背負ってしまった。イエスは全人類に代わって贖罪し、十字架にかかって刑死した後に復活した。イエスこそが全人類の救世主メシア（キリスト）である。

パウロが説いたといわれるイエスの教えには、その頃までに伝えられていたイエスの物語と、パウロが創造した物語が含まれていたと思われます。

その2 新約聖書がつくられ始めた

パウロによってユダヤ人だけではなくすべての人々に開かれるようになったキリスト教は、少しずつローマ帝国内に広まっていきます。そして、イエスの教えを文書にまとめようとする気運が生じてきて、新約聖書の執筆が開始されます。

イエスの死がＡＤ30年頃、パウロが布教活動を始めたのがＡＤ34～35年、そしてパウロの書簡や福音書が書き始められたのがＡＤ60～90年頃。そのように考えられています。パウロはＡＤ65年頃に死去したと伝えられていますから、新約聖書を書き始めた人々は、もしかすると晩年のパウロとは接点があったかもしれません。しかしイエスのことは、遠い伝聞でしか知らなかったことは確かです。

新約聖書は最終的には、27の文書の集合体として完成します。現在の27文書がキリスト教会で正式に認められたのは、4世紀の終わりを迎える頃でした。それまで、どのような伝承や教えを正典に加えるかについて、議論が続いていました。

特にキリスト教の骨格部分である福音書については、たいへん苦労したようです。

27文書の構成は次のようになっています。4つの福音書・使徒言行録・パウロの書簡をはじめとする21の書簡（手紙）・そして黙示録。以上の27文書です。福音（ゴスペル gospel）とはいい知らせの意味です。人々を救ったイエスの言行を4人の福音書記が正典として語っています。マタイ、マルコ、ルカ、ヨハネの4人です。使徒言行録は、イエスの弟子とされるペテロやパウロたちの伝道の記録です。最後の黙示録はキリストの再来と、地上の王国の滅亡を啓示する内容です。これ以外のイエスに関わる異本（文書）は外典《がいてん》と呼ばれて区別されています。

その3 「共観福音書」とQ資料の存在

福音書はイエスの教えと行動を説いているのですが、それとともに大切なことは、イエスの死と復活について語ることを最大の目的としていることです。

実は福音書と呼ぶべき、イエスの言行録を扱った文書はマタイ、マルコ、ルカ、ヨハネの4福音書だけではなく、他にも存在しました。

4つの福音書の中でも、マタイ伝、マルコ伝、ルカ伝の3つには共通する記述が多いことが指摘されています。その結果、聖書学者たちは、3つの本文を比較し、類似点を一覧にした共観表を制作しました。そのことからこの3つの福音書を、「共観福音書」と呼んでいます。

共観福音書について、19世紀になると、マタイ伝とマルコ伝の両福音書は似ているだけではなく、2つとも同じ資料に基づいて記載されているのではないか、という学説が登場してきます。さらにはマルコ伝にはなく、マタイ伝とルカ伝に共通するイエスの言葉が存在することも明らかになってきました。すなわち、マタイ、マルコ、ルカの3つの福音書には共通する元資料があるのではないか、という見解が登場したのです。この学説はドイツのプロテスタントのキリスト教学者から出てきました。彼らは、この新資料のことをQ資料と呼びました。QとはQ資料を意味するドイツ語 Quelle に由来します。

Q資料の問題は、20世紀に入って再び注目を集めます。1945年にエジプトで大量に発見された「ナグ・ハマディ文書」の中から、ほとんど完全な形を保つ『トマスによる福音書』（外典）が発見されたのです。この福音書はイエスの12使徒の一人、トマスによって語られたという仮定で書かれているのですが、新約聖書の4つの福音書と違って特徴的なことは、イエスの行動や物語の記述がほとんどなく、ほとんどすべてがイエスの言葉だけを並べた「語録集」であることです。そこで『トマスによる福音書』が、Q資料ではないかという学説が出てきています。なお、「ナグ・ハマディ文書」は岩波書店から邦訳（『ナグ・ハマディ文書全4巻』荒井献・小林稔ほか訳と『ナグ・ハマディ文書・チャコス文書 グノーシスの変容』荒井献・大貫隆編訳）が出ています。

ところで、新約聖書を正典化する過程（AD2～3世紀）で、俗にグノーシス主義（ギリシャ語で認識の意味）と呼ばれる異端思想が生じました。

グノーシス主義は、ドケティズム（イエスの神性のみを認め、誕生や十字架上での死などの人間的生は仮象であるとして受肉を否定する思想）に立脚し、人間は禁欲によって肉体・物質世界から浄化され、魂によって真の認識を得ることで救われるとする二元論です。わかりやすくいえば、肉体・物質が悪で、魂・精神が善という立場です。グノーシス主義は、前述したマニ教に大きな影響を与えました。

2 初期のキリスト教が展開した見事な布教戦術

ローマ帝国の都、ローマでキリスト教団が布教を始めた頃、ローマの支配階級が信奉していた思想は、主としてストア派の哲学でした。ローマにはギリシャ神話につながる神々が数多く存在していましたが、ローマの支配階級はあまり深く信仰することもなく、どちらかといえば無神論に近かったようです。

一方でローマの庶民に人気のあった新興宗教が、２つありました。

一つはペルシャ生まれの太陽神ミトラスを信ずるミトラス教です。ミトラスは冬至に生まれて、夏至に最強となり、冬至に死を迎え、また復活します。そこで冬至の日をミトラスの誕生日と定め、信者は盛大にお祝いしました。牛を殺して血を神に捧げ、肉を焼いて食べ、ワインをパンにひたして血の代わりに飲みました。

もう一つ人気のあった宗教はエジプト伝来のイシス教でした。イシスは女神です。イシスは夫であるオシリスをその弟セトに殺害されましたが、死者となったオシリスを復活させ、さらにわが子ホルスを立派に育てて、セトを討たせた女性でした。イシスは大地母神として信仰を集めていました。そして彼女がわが子を抱き、膝に載せている像が信者の敬愛を集めていたのです。

ローマでキリスト教を布教し始めた人たちは、イエスの誕生日を冬至の頃に定めてクリスマスとしました。12月25日になったのは4世紀のことです。もちろん、実際のイエスの誕生日は明らかではありませんでした。そしてその日に、牛肉の代わりにパンを食べ、赤ワインを飲んでお祝いしたのです。さらにイシスがわが子を抱く像のアイデアも借用して、イエスを抱く聖母マリア像をつくりました。

もう一つ、キリスト教団が借用したことがあります。イエスの顔つきを大神ゼウスから借りてきたのです。あの髭を生やした立派な表情のイエスです。ギリシャには万物の支配者という意味で、皇帝の称号としても用いられたパンクラトールという呼称がありました。この呼称は、キリスト教が国教となった後に、イエスの称号にもなりましたが、その表情はまさにゼウスを思わせるもので、ビザンティン時代の美術作品に数多く残されています。

キリスト教がミトラス教やイシス教からアイデアを借用して展開した布教戦術は見事に成功しました。それらの宗教を信仰していた人々は、キリスト教には自分たちの敬愛している要素が、ほとんど含まれているなときっと思ったことでしょう。そしてキリスト教に宗旨変えする信者も増えていったのでしょう。

さらに2~3世紀頃から、ユーラシア大陸は天候不順が続き、寒冷化の時代を迎えました。東のモンゴルから西へと続く、大草原地帯の諸部族（遊牧民）が寒さを逃れて大量に南下し始めました。そのためにローマ帝国の国境線は諸部族に破られて、治安の悪化が激しくなりました。加えて天候不順と寒冷化のために農作物の収穫も減少し、生活不安と飢えも増大します。このような社会不安の中で、イエスの言葉を信じていれば最後の審判で天国に行けるという、キリスト教の教えは民衆の心に響きました。このこともキリスト教の伸長に、大きな力となったと思われます。

3 コンスタンティヌス帝にキリスト教会の公会議を召集させた三位一体説《さんみいったいせつ》

ユーラシア大陸の寒冷化による諸部族の侵入で、崩れ始めた支配体制を立て直すためにディオクレティアヌスは広大なローマ帝国を東西に分割し、さらに東西それぞれに正帝と副帝を置く4分割統治（テトラルキア）を始めました。

しかし、293年に始まったテトラルキアは、長くは続きませんでした。4人の正帝、副帝が互いに争い始めたのです。分割統治は帝国を再統一したコンスタンティヌス1世（在位324－337）によって廃止されます。

313年、東の正帝であったリキニウスは、西の正帝であったコンスタンティヌス1世とミラノで会談した後、信教の自由を認めるリキニウス勅令を出しました。

公会議の開催記録

開催回数と年次		召集者	公会議の名称（開催場所）	主たる議題
1	325	コンスタンティヌス1世	第1ニカイア公会議	ニカイア信条の採択（アリウス派の排斥）
2	381	テオドシウス1世	第1コンスタンティノポリス公会議	三位一体説の確認
3	431	テオドシウス2世	エフェソス公会議	ネストリウス派の排斥
4	451	マルキアヌス	カルケドン公会議	単性論の排斥
5	553	ユスティニアヌス1世	第2コンスタンティノポリス公会議	カルケドン公会議の再確認
6	680-681	コンスタンティノス4世	第3コンスタンティノポリス公会議	単意論（≒単性論）の排斥
7	787	摂政エイレーネー	第2ニカイア公会議	偶像破壊運動（イコノクラスム）の禁止
第8回（869-870）–第21回（1962-1965）はローマ教会のみで開催				

（備考）
※キリスト教会は1054年に東西に分裂（大シスマ）。ローマ教会と東方教会に大きく分裂して、別途の道を歩んだ
※なお、330年にコンスタンティヌス1世が首都をローマからコンスタンティノープル（コンスタンティノポリス）に移した

後の世になると、この勅令は「ミラノ勅令」と呼ばれるようになり、コンスタンティヌス1世の功績の一つに数えられるようになりますが、史実はそうではありません。

この勅令が出された後に両皇帝は衝突し、勝利したコンスタンティヌス1世は全ローマ帝国の皇帝となりました（324）。

コンスタンティヌス1世はローマ帝国を再統一すると、帝国内のキリスト教会から代表者を召集して大規模な会議を開催しました。後に公会議と呼ばれる、キリスト教会の最高会議です。その第1回が325年に、アナトリア半島の西北の地ニカイア（現在のトルコのイズニク）で開かれました。公会議はキリスト教に関係する諸問題を討議するために発足しましたが、右の「公会議の開催記録」に示すように、開催目的の大半は教義を巡る論争でした。初期のキリスト教界を分ける論争の原因となったのは、「三位一体説《さんみいったいせつ》」と呼ばれる宗教理論でした。

4 三位一体説に含まれる複雑な論点

「マタイによる福音書」には、イエスの誕生について次のような物語が書かれています。

ユダヤのベツレヘムの大工、ヨゼフはまだ愛を交わしたこともない許嫁《いいなずけ》のマリアが、妊娠していることに気づきました。そこでひそかに彼女を離別しようと決心します。すると夜の夢に神の使者が現われて、ヨゼフに告げました。「ヨゼフよ、マリアと結婚することを恐れてはいけない。マリアを妊娠させたのは神の聖霊である。やがてマリアは出産するであろう。その子にはイエスと名づけよ。彼は人類の罪を救わんがために生まれてくるのだ」

夢から覚めたヨゼフは、すべてを了解し、出産の日まで2人は夫婦として相知《あいし》ることなく生活し、つつがなくイエスの誕生を迎えたのでした……。

その1 司祭アリウスが「イエスは人の子である」と説く

新約聖書が完成されていく頃のキリスト教の信者たちは、マタイが語るようなキリスト生誕の話を、素朴に受け止めていたのだと思います。自分の村の伝説を信じるように。

そのとき一人の司祭が、次のような教説を語り始めました。

「神は唯一の存在である。イエスは神そのものではなく、神のお造りになったもの、被造物である。すなわち神とイエスは異質である。神は神であり、イエスは人の子である」

表現を変えれば、ギリシャ神話の大神ゼウスが人間の少女を愛して赤ちゃんを生ませたようなもので、イエスはマリアという人間の女性から誕生した人間なのだ、という理論です。しかし、だからといって、イエスの神性は否定していません。神そのものではない、という考え方です。

この司祭はアレクサンドリア教会のアリウスです。一般の信者にとって、母のマリアから生まれたイエスが神のように全人類を救ってくれるという考え方は、ごく自然に受け止められたと思います。

その2 コンスタンティヌス1世がニカイア公会議を召集した

アリウスが所属したエジプトのアレクサンドリア教会では、総主教をはじめとする多くの聖職者たちが、アリウスの教説に反対しました。そして幹部会議を開催して、アリウスを破門しました。彼らの教説は、「イエスは神の子である」という主張です。

しかし「イエスは人の子である」、というアリウスの主張はわかりやすいのでエジプトからオリエント地方へ、さらには西ヨーロッパで支配権を確立しつつあった諸部族の間でも有力になっていきました。

ローマ帝国を統一したばかりのコンスタンティヌス1世（在位324－337）は、信教の自由を認めたばかりなのに、肝心のキリスト教が内紛を起こしていることを重視し、ニカイア公会議を召集したのです。この325年の公会議の主たる目的は「イエスは神の子か、人の子か」というテーマでした。そして神の子であるという説を体系化したのが、三位一体説です。

コンスタンティヌス1世（在位324－337）

その3 アタナシウスが主張した三位一体説とはどんな宗教理論だったか

ニカイア公会議における「イエスは神の子」派の主要な論客は、アレクサンドリア教会の若き助祭アタナシウス（298－373）でした。

彼の主張の要点は次のとおりです。

「神がイエスという人間を借りて受肉したからこそ、イエスへの信仰が成立するのである。アリウス（250－336）が主張するように、神とイエスが異質であったら信仰は成立しない。だから父なる神と子なるイエスは同質なのだ。イエスは神の子である」

受肉とは神の子であるイエスが、人間（すなわち肉）として生まれたことを指します。さらにアタナシウスは次のように主張を展開しました。

「マリアを身ごもらせたのは、神の分身ともいうべき聖霊である。すなわち宇宙の創造神（主《しゅ》である神）は、人類を原罪から救うために、父なる神と子なるイエス、そしてマリアを宿した聖霊という3つの位格を創造したのである。したがってこの3つの位格は3つとも神である。イエスは母なるマリアから生まれたが、神の位格を持つ存在なのだ。人ではない」

アタナシウス（298－373）

アリウス（250－336）

位格という宗教用語は、ラテン語ではpersonaペルソナです。その原義は仮面です。そこから発展して、人や人格の意味が生まれました。英語ではpersonパーソンです。したがって位格という表現は「知恵と意志とを備え持つ独立した主体」というニュアンスを含んでおり、シンプルに考えれば「神格」と考えていいと思います。アタナシウスに代表される人たちの、「父なる神と子なるイエスと聖霊、この3つの位格はすべて一体で神である」という考え方が、三位一体説《さんみいったいせつ》です。

ニカイアの公会議では、イエスを神と考えるか、人と考えるかが激しく論争されました。結局、三位一体説が勝利し、「ニカイア信条」が確認されました。アリウス派は異端の教えとなりました。けれど「人の子、イエス」という教説は、親しみやすいだけになかなか信じる人は減らず、勢力も衰えませんでした。ニカイア公会議を開催したコンスタンティヌス1世自身が、死を迎える直前に、アリウス派の洗礼を受けたと伝えられているほどです。

やがてアリウスも死亡し（336）、アタナシウスも死亡しましたが（373）、「イエスは人の子」という信仰はなかなか消えません。そこで381年、ローマ皇帝テオドシウス1世（在位379－395）はコンスタンティノープルに、第2回公会議を召集しました。

この公会議では、三位一体説を認めたニカイア信条が、再度確認されました。

コンスタンティノポリス公会議を召集したテオドシウス1世は、キリスト教会の教義を巡る論争に一応の決着をつけると、キリスト教をローマ帝国の国教と定めました（392）。それ以外の宗教を厳しく禁圧したのです。テオドシウス1世がこのような決断をしたのは、北方からの諸部族の侵入によってローマ帝国の支配網（ローマ街道やローマ軍団の拠点）が、寸断されたからです。彼はキリスト教が、その布教活動のためにローマ帝国の全域に張り巡らした教会組織を、そのまま帝国の統治機構として利用することを計算したのだと考えられています。もちろん、彼もキリスト教の信者だったのでしょう。

そして、テオドシウス1世の決断に誘い水をかけた人物が、ミラノ教会の司教アンブロシウスでした。一つの宗教が国教になると、大きな権力を獲得します。このときからギリシャの多神教の神々はルネサンスまで長い眠りを強いられ、ギリシャの神々に捧げる祭典、古代オリンピックも禁止されました。

付言すると、コンスタンティヌス1世が帝国の首都をコンスタンティノープルに移した頃から、キリスト教の5大本山ともいうべき5つの教会が成立します。コンスタンティノープル教会、アンティオキア教会（シリア）、エルサレム教会、アレクサンドリア教会、そしてローマ教会です。三位一体説を巡る論争で主役になったのは、東側の4つの教会が中心でした。ローマ教会はすでに帝国の首都の教会ではなくなり、人口が減少した草深いローマにあって、ただイエスの一番弟子と伝えられるペテロの墓所の上に建つ教会なのだという伝承だけが、支えとなっているような状態でした。

その4
ネストリウス派の教えが異端となった理由

先にお話しした5大教会の最高位は後に総主教と呼ばれるようになります。ただアレクサンドリア教会とローマ教会の最高位は、教皇と呼ばれました。

5大教会の中で、最も権勢を誇っていたのは、ローマ帝国の首都であるコンスタンティノープル教会の総主教です。このコンスタンティノープル教会にネストリウスという総主教が登場しました（在位428－431）。

その頃、イエスを抱くマリアの像は、やさしい愛を伝える聖母マリアとして、信仰を集める存在になっていました。そのうちに、誰が言い出したのかマリアに

ネストリウス
（在位428－431）

対して「テオトコス（神の母）」という尊称が流布し始めました。

ネストリウスは、マリアは人間なのだから神の母と呼ぶのはおかしいと主張しました。「人間の母から聖霊の存在によって、神の子としてイエスは生まれたのである。マリアに神格を認めてしまうと、彼女が人なのか神なのかわからなくなる」と。

ネストリウスは、イエスは神の要素を持っているけれど、人間の要素も持っていると考えたのです。その神格は聖霊によってマリアの胎内に宿ったのだが、人であるマリアの人格もイエスには兼ね備わっていた。そしてイエスの人格はイエスが十字架にかけられて死んだときに失われ、神格だけが復活したイエスに残ったのである。わかりやすく説明すれば、そのような考え方です。キリスト教の正統的な信仰と認められた三位一体説とアリウス派の、中間に立つようなわかりやすい論理かと思われます。しかし、三位一体説を信奉する司祭たちは強く反発します。

そして、431年にアナトリア半島のエーゲ海に面する古都エフェソスで、エフェソス公会議が開催されました。ローマ皇帝、テオドシウス2世（在位408－450）が召集しました。

この第3回公会議において、コンスタンティノープル教会のネストリウスに反論する急先鋒となったのは、アレクサンドリア教会のキュリロスでした。すなわちエフェソス公会議は、2つの教会による勢力争いが絡んでいたという側面があったのです。ついにエフェソス公会議は分裂してしまい、2つの教会がお互いに相手を罷免するような展開になった、と伝えられています。結局、ローマ皇帝テオドシウス2世が仲介し、三位一体説を認めネストリウス派を異端と裁下し、ネストリウスを破門としました。

三位一体説側の反論にネストリウス派は、納得できなかったのではないか。三位一体説は神格と人格を渾然《こんぜん》一体として考え、それ以上は語らない。ネストリウスたちは、もう一歩進めて両性説を考えた。そのほうが、わかりやすいからです。

けれど三位一体説の人々は、その踏み込みを拒否したのです。こんな頭の堅い連中と一緒にはやっていられない、とネストリウス派の人たちは考えたのかもしれません。彼らはローマ帝国を出て東方に向かい、現在のトルコからイラン、そして中央アジア全域で信者を獲得していきました。

チンギス・カアンの孫で、大元ウルス（モンゴル帝国）を開いたクビライ（在位1260－1294）の母も、ネストリウス派の信者でした。彼女はモンゴル高原のトルコ系遊牧民の出身です。クビライの誕生が1200年代、エフェソス公会議の開催が431年でしたから、800年以上も後の話です。

ネストリウス派は、中国にも唐の太宗の時代（7世紀前半）に伝わり、景教と呼ばれ、大秦寺という名称の教会を各地に建立しています。ネストリウス派は現在でも健在です。ティグリス川上流地域に総本山があったので、地域の名称によって、アッシリア東方教会と呼ばれています。

その5　「イエスは神だけでいいじゃないか」という教説も異端となった

451年に第4回の公会議が、カルケドンで開催されました。カルケドンは現在のイスタンブールに属する地域です。この公会議ではイエスに神性だけを認める、単性論が異端とされました。この単性論を信じる教会は、現代でも活動しています。コプト教会（エジプト）やシリア教会、さらにはアルメニア教会などです。

三位一体説とは何なのか。この教えではイエスの位格を、一貫して神性と人性の一体と考えて、「神か人か」とは問わない、というよりも、むしろ考えるなといっているように思われます。新約聖書に書かれたことのみを信じよ。「福音書」が説くことのみがキリスト教の真実なのだ、と主張したかったのではないか、とも考えられます。そして今日でも教会における祈りの言葉、「父と子と聖霊の御名《みな》において、アーメン」という文節の中に、三位一体説の精神が集約されているように思えます。

ただ、そのように整理されるまでには長い時間が必要だったのでしょう。キリストを生んだ後のマリアの処女膜はどうなったのか、神様を生んだのであれば残っているはずだ、というような議論がなされたこともあったようです。もともと信仰の世界の出来事に、世俗的な社会の事実関係を当てはめることの愚劣さを、無意識に犯してしまったのでしょう。

三位一体説は不思議な理論です。変だと思えば変です。信仰の世界の話だという前提なしには、理論的に理解することは難しいのではないでしょうか。

ちなみにマリアの処女懐胎については、旧約聖書が初めてギリシャ語に翻訳されたときに（七十人訳聖書）、乙女を意味するヘブライ語が処女を意味するギリシャ語に訳されたことが主因であるとの学説が出されています。つまり、誤訳から処女懐胎というドグマが生まれたというわけです。

5 キリスト教が東西に分裂する

公会議は第4回のカルケドン会議の後、第7回の第2ニカイア公会議（787）までは全教会が集まって開かれました。

この後、キリスト教の内部で、コンスタンティノープル教会とローマ教会の対立抗争が激化し、ついに1054年、両者の関係は決裂します。キリスト教会はこの年を境として、東の東方教会と西のローマ教会に大分裂します（大シスマ）。この分裂は1965年まで修復されませんでした。そのために、その後の公会議は20世紀に至るまで、ローマ教会のみによって開催されました。

この後、キリスト教の世界は、東の東方教会と西のローマ教会に分かれて歴史をつくっていくことになるのです。

6 キリスト教の発展と相前後してブッダとは無縁の大乗仏教が登場した

ローマ帝国の領域を中心に、キリスト教が発展した時代、インドでは大乗仏教が登場してきます。それには、次のような経緯がありました。

バラモン教は難解な教理を振りかざし、祭儀のために牛を頻繁に殺していたのです。そのために、仏教やジャイナ教の「殺生禁断」の教えによって糾弾されました。

その結果、バラモン教は都市から地方へと追われます。しかし、彼らもこの失敗に学んで牛殺しをやめ、難しい教えも変えました。バラモン教の一番重要な神格は雷を司《つかさど》るインドラでしたが、やがてもっと大衆的なシヴァやヴィシュヌを、ただ無条件に信仰すれば救われるという、シンプルな教えを中心としたのです。そしてシヴァの粘土造りの偶像や、シヴァのシンボルとされるリンガ（ペニス）を型づくった石柱に、祈りを捧げることを教えました。

こうしてバラモン教はインドの地方でポピュラーな人気を高め、仕事を求めて都市に流入してくる人々によって、再び都市に持ち込まれるようになりました。この頃からバラモン教はヒンドゥー教と呼ばれるようになり、インドの国民宗教になっていきます。

ヒンドゥー教の復活は、都市のインテリ層を中心に信仰を集めていた仏教に動揺を与えました。もともと都市でも下層階級には、悟りとか涅槃《ねはん》とかいった仏教の教えは理解できませんでした。毎日、どう生きるかを考えるだけで精一杯で、悟りなど思いも及ばぬ生活なのですから。

ヒンドゥー教の勢いに対して、仏教界の過激派とも呼ぶべき僧侶が、対抗策を考え始めました。そして大乗仏教が誕生します。

その1

「大乗」仏教という新しい考え方

それまでの部派仏教と呼ばれていた仏教は、あくまでも個人の悟りを主たる目標としていました。迷える人々をすべて救うという発想はありませんでした。しかし、大衆をターゲットにしたヒンドゥー教のわかりやすい教えが広まっていく現状に対して、次のような思想を主張する僧侶が登場してきます。

「自分一人が救われたらいい、という考え方は小さな乗り物に一人だけ乗って、幸福になるようなものだ。だから我々は、今までの仏教を小乗仏教と呼び、これを否定する。我々は、大勢の人が乗れて幸福になれるような大きな乗り物を目指す。そういう教えをこれからの仏教とする。すなわち、それを大乗仏教と呼ぶ」

もちろん、ブッダが修行を重ねて悟りに至った目的は自分自身が救われるためだけではなく、不幸な人々を自分の力で救うことが念頭にあったと思います。部派仏教を小乗と断言してしまうのは、厳しすぎたかもしれない。しかし、当時の部派仏教にそのような一面があったことも、否定しきれなかったのでしょう。ただし、小乗という言葉には、相手を貶《おとし》めるニュアンスが含まれていますので、現在では小乗という言葉は使われず、伝統的な仏教を上座（部）仏教と呼ぶのが一般的です。

こうして大乗仏教の旗の下に、ブッダの説であるとして、過激派の僧侶がさまざまなお経を創作しました。こうしてブッダの知らない仏典が大量に誕生し、それが大乗経典となりました。

その2

大乗仏教の主たる経典

主たる大乗経典は以下の4つのグループに分けられます。般若経《はんにゃきょう》、法華経《ほけきょう》、浄土三部経《じょうどさんぶきょう》そして華厳経《けごんきょう》です。

般若経は紀元前後に書かれました。一番古い大乗経典と考えられています。その教えの中心は「空」を説くことです。

数字のゼロを発見したインド人らしい考え方で、この世に存在する、さまざまなものは我々人間を含めて、お互いの関係性があって初めて実体として成立する。関係性がなければ、その実体はなきに等しい。すなわち空である、と考えます。世の中はすべて互いのご縁があって成立しているのだ、といっているわけです。その意味では諸物が生まれてくる縁起を説いているともいえます。

なお、般若とは「真実を悟るための根本的な知恵」という意味です。般若経の経典には、呪術的な内容が多く記載されており、後に登場する密教につながる側面も軽視できません。現存する代表的な般若経は、唐の僧、玄奘がインドから持ち帰った『大般若波羅密多経《だいはんにゃはらみったきょう》』の600余巻です。

法華経は3世紀後半に中国で翻訳された、代表的な大乗経典です。サンスクリット語の原典の題名は、『正しい教えである白い蓮の花の経典』です。そこから妙法蓮華経《みょうほうれんげきょう》や法華経と中国語に翻訳されました。

法華経では、ブッダは彼一代で悟りを開いたのではなく、はるか久しく遠い過去に、実は成仏しており、現世までも存在していると説きます。この久遠実成《くおんじつじょう》の存在であるブッダが、今もなお、すべての人々を平等に救済し、永遠の命を与えてくださるのだと説きます。理想主義的、平等主義的な色彩が濃厚で大乗仏教の中では過激派といってもいいかもしれません。

現存する代表的な法華経の経典は、五胡十六国時代（３０４－４３９）の鳩摩羅什《くまらじゅう》の訳による『妙法蓮華経』８巻28品です。

浄土三部経は、無量寿経《むりょうじゅきょう》・観無量寿経《かんむりょうじゅきょう》・阿弥陀経《あみだきょう》の３つの教典を指します。３世紀半ばから５世紀半ばにかけて書かれました。なお無量寿とは阿弥陀の漢訳名の一つです。そして阿弥陀は西方にある極楽浄土を支配する仏《ほとけ》です。現世で貧しかったり、苦しみの多い人生をおくっても誠実に生きて阿弥陀仏を信じて手を合わせ、「南無阿弥陀仏」と唱えれば、死後に極楽浄土で永遠の生命を得られますよ、という教えが浄土三部経から広まりました。

大乗仏教では、浄土三部経の阿弥陀仏をはじめとして、数多くの仏が登場します。上座（部）仏教では仏といえばブッダ一人、お釈迦様しか存在しませんでした。大乗仏教ではブッダも多数の仏の一人である、と考えます。上座（部）仏教の僧たちが、大乗非仏教と非難したのも無理からぬことでした。

華厳経の原典は、その成立がインドではなく、４世紀中頃の中央アジアであると推定されています。「時間も空間も超越した絶対的な存在である仏の、華《はな》で飾られたような荘厳な教え」といった意味の経典で、華厳経と漢訳されました。この宇宙を支配する仏は毘盧遮那仏《びるしゃなぶつ》と呼ばれます。毘盧遮那仏には数多くの菩薩《ぼさつ》が仕えています。仏の次の位の身分で、自分もいつかは仏になろうと修行しながら、世の衆生を救うために行動しています。

華厳経の教えは、中国に入って異民族の王朝の下で国家仏教になりました。君主（皇帝）が毘盧遮那仏、部下の役人や軍人が菩薩、人民は救いを求める衆生《しゅじょう》（大衆）であると考えます。そして皇帝の仏のような慈悲深い政治によって王道楽土が出現し、人民（衆生）は救われるのだという論理となるのです。

以上、主要な大乗経典について概略を述べました。大乗仏教全体については、中村元『大乗の教え〈仏典をよむ〉3』（前田專學監修、岩波現代文庫、全2冊）が読みやすく書かれていますのでお薦めします。

その3 仏像の制作はギリシャ彫刻をお手本にしたのか

華厳経に登場してくる観世音菩薩《かんぜおんぼさつ》は、さまざまな姿に変身（変化《へんげ》）します。その典型が宝冠に馬の頭《かしら》をいただき、3つの顔を持つ馬頭観音《ばとうかんのん》や1000本の手を持つ千手観音《せんじゅかんのん》などです。ところで観音菩薩は、華厳経が創造したのではありません。変化は、実はヒンドゥー教の神、ヴィシュヌの得意技（本性）なのです。もっともヒンドゥー教では、釈迦はヴィシュヌが姿を変えたものだと説いています。どちらの宗教も、お互いにイメージを貸し借りしながら発展してきたのです。

ところで僕たちは、千手観音の姿を仏像の形で見ています。しかし仏像は大乗仏教が登場するまでは存在しませんでした。それまでの仏教では、法輪《ほうりん》や仏足石《ぶっそくせき》を祈りの対象としていました。法輪というのは車の輪です。ブッダの教えが民衆の中に、転がっていく車のように深く広がっていく（転法輪《てんぽうりん》）、と信じて車輪をシンボルにしていました。仏足石は、自らの修行と民衆を救うためにインド各地を歩いたブッダの足跡を尊いものとして彫像の形にしたものです。

　このようにシンボルを宗祖の姿に代用させたのは、やはり宗祖は尊い存在なので、その姿を描いたり、偶像にするのは恐れ多いと考えたからです。ですから旧約聖書のモーゼの教え（ユダヤ教）やイスラーム教でも、偶像を拝むことは一切許しませんでした。古くから残っているムハンマドを描いた絵画では、彼の顔は白布で隠されています。

　仏像が登場する最初は、1世紀から3世紀に栄えたインドのクシャーナ朝です。この王朝はインダス川の上流域で生まれ、最盛期にはガンジス川の中流域までを支配しましたが、パキスタンの西北部、ガンダーラ地方に、後世にガンダーラ美術と呼ばれた仏像を含む仏教美術を残しました。

　なぜ、この地で仏像がつくられたのか。アレクサンドロス大王の東方進出の結果、アフガニスタンの北部を拠点とするギリシャ人の王国が生まれました。バクトリア王国です（BC250頃－BC145頃）。やがてこの王国から東方に向かい、インドに侵入したギリシャ人たちが、『ミリンダ王の問い』で有名なインド・グリーク朝を建国しました。ガンダーラ地方でもギリシャ彫刻を制作し、やがて後からやってきたクシャーナ朝の仏教徒たちが、それを手本にブッダの石像

仏足石

法輪

を彫ったのが、仏像の始まりだとこれまでは考えられてきたのです。

しかし近年、それとは異なる有力説が出てきました。クシャーナ朝が支配していたガンジス川中流域の中心都市マトゥラでも仏像がつくられていたのです。このあたりにはギリシャ人の足跡は見出せません。マトゥラの仏にはヒンドゥー教の影響が強いのではないか、という学説が生まれました。学術的な研究の結果、仏像の制作はマトゥラでヒンドゥー教の偶像に影響されて始まったほうが早いのではないかという考え方が、有力になっています。

ガンダーラ美術（仏陀直立像）

7 哲学的思考をキリスト教の正統性を論証するために発展させた「教父哲学」の人、アウグスティヌス

キリスト教が発展していく過程で、ギリシャで始まった哲学（より正確に述べるとすべての学問）は衰退の一途を辿《たど》りました。

たとえばパウロは、信仰の純粋性を守ろうとして哲学を拒否しました。しかし三位一体説がさまざまな論争を重ねながら、正統な教義として認められる頃から、この考え方は少し変化しました。むしろギリシャ哲学の思考や論理展開を、キリスト教の教義を理論化し体系化したり、異端派との論争のために活用したりするようになっていきます。

その主役は、ほとんどが神学者や聖職者で、教父と呼ばれました。彼らのキリスト教の論理を強化するためにギリシャ哲学を利用する思考方法に対して、哲学の世界では、教父哲学という名称を与えています。その中で代表的な人物がアウグスティヌスです（354－430）。

彼は『神の国』（服部英次郎ほか訳、岩波文庫、全5冊）という著作を残しています。神の国はイエスが治めている国です。イエスといっても、「父なる神と子と聖霊」の三位一体の神格ですが、この神の国は地上の国が滅びた後に世界を支配する国であると、彼は説きます。ただし地上の国にあっては、神の意志が存在する場所が教会であると主張しました。平たく言えば、教会の権力を世俗権力の上位に置く考え方です。

4～5世紀に主張したことは特筆に値《あたい》します。なぜなら、ローマ帝国がキリスト教を国教にしたということは、ローマ皇帝がイエスの代理であり、教会はせいぜいのところ弟子ペトロの代理にすぎなかったわけですから。

アウグスティヌスの『告白』で言及された自由意志のこと

アウグスティヌスは、マニ教に入信したこともあり、いくつかの思想遍歴を経てキリスト教徒になりました。北アフリカ生まれの人です。彼は多数の著作を残していますが、その自叙伝でもある『告白』（山田晶訳、中公文庫、全3冊）は広く読み継がれてきました。彼は若き頃、ある女性と長い同棲時代をすごしており、男児がいたことも告白しています。

アウグスティヌス（354－430）

『告白』が哲学的に注目されるのは、この本で人間の自由意志について論じているためです。このテーマは、西洋哲学にとって重要なキーファクターです。彼は自由意志を、次のように考えていました。

「人間は生まれながらにして自由意志を持っていた。しかし人間は誕生した直後に、エデンの園で神の言葉に従わず禁断の『知恵の実』を食べてしまった。原罪を犯したのである。それゆえ人間は、まずその原罪を償わなければ自由意志を取り戻すことはできない。そのためには神の恩寵を得なければならない。キリスト教を信じ、神の恵みを受けて初めて、人間は自分の自由意志を得ることが可能になるのだ」

このような論理によってアウグスティヌスは、キリスト教に帰依して信心を得ることで、人生で背負う苦悩から自由になれると説きました。この考え方は、やがてルネサンスの時代から宗教改革の時代にかけて、哲学や宗教の大きな問題となっていきます。

なお、『告白』については、松﨑一平『アウグスティヌス『告白』――〈わたし〉を語ること……』(書物誕生あたらしい古典入門シリーズ、岩波書店)もお薦めです。

第8章（1）

イスラーム教とは？ その誕生・発展・挫折の歴史

1 ムハンマドは普通の人だった

『ムハンマド――世界を変えた預言者の生涯』（徳永里砂訳、国書刊行会）という本が２０１６年に出版されました。著者は、元ローマ教会の修道女カレン・アームストロングです。今まで読んだムハンマド関係の本の中で、これほど興味深い伝記はなかったように思います。彼女の名前を検索したら、動画でとても元気そうな女性がイスラームについて話していました。イスラームについて、理解を深めたい皆さんにはまず本書をお薦めします。同じセム的一神教の修道女の視点から見たムハンマドの生涯はとても新鮮で、強い説得力を感じます。彼女には他にも『イスラームの歴史――１４００年の軌跡』（小林朋則訳、中公新書）という名著があります。

イエスやブッダはいわば出家者でしたが、ムハンマドは商人であり市長であり軍人であった人で、最期は愛妻に看取られて自宅で死去した普通の人でした。

ＩＳ（イスラーム過激派組織）などを筆頭にして、イスラーム教は20世紀末から21世紀の歴史に風雲を巻き起こしています。この章では、イスラーム教についてキリスト教との関係を視野に入れながら見ていきます。

イスラーム教はユダヤ教とキリスト教と同じＹＨＷＨ《ヤハウェ》を唯一神とするセム的一神教です。最後の審判で救われた善人は天国へ、悪人は地獄に行きます。そして唯一神ＹＨＷＨをアッラーフと呼びます。アッラーとも呼ばれますが、現在ではアッラーフの呼称のほうが一般的なようです。

イスラーム教におけるムハンマドの立場は、最後の預言者です。預言者とは神から言葉を託されて、それを預かって人々に伝える者を指します。すなわちムハンマドは人間です。そしてイスラーム教では、イエスもムハンマドの前に登場した一人の預言者として、人間として位置づけられます。イスラーム教には三位一体説のような、ややこしい教説はありません。


イスラーム教の聖書に相当するものはクルアーンで、原義は「詠唱すべきもの」の意味です。クルアーンには、ムハンマドが神から託された言葉が書かれています。クルアーンに次いで重要視されるのがハディースで、これはムハンマドの言行(スンナ)を記録した言行録です。

ムハンマドは632年に亡くなりました(570頃-632)。

クルアーンは650年に完成しています。まだムハンマドの仲間が大勢生きていて、ムハンマドが日頃から説いていた神から預かった言葉を思い起こしながらまとめられました。その中心人物は3代カリフのウスマーンというムハンマドの友人です。彼はクルアーンを完成させると、その他の疑わしい神の言葉はすべて焼却しました。したがって、クルアーンは聖書のように異本(外典)が存在しないのです。そしてクルアーンの正本を4冊制作しました。

また、ハディースの完成はクルアーンよりも後の時代になりますが、ムハンマドから最後の口伝者への伝承経路も明らかになっていて、その完成に混乱はなかったようです。

以上のイスラーム教典の誕生プロセスを検証してみると、新約聖書が完成するまでの紆余曲折した事情や大乗仏教の数多くの創作経典に比較すると、比較的単純明快であることがわかります。イスラーム教の聖典は、クルアーンが114章で1冊、ハディースが6冊でした。ただ10世紀以後、シーア派がその6冊とは別に4冊のハディースを完成させて聖典としています。クルアーンについては岩波文庫に全訳がありますが（『コーラン』井筒俊彦訳、全3冊）、小杉泰『『クルアーン』――語りかけるイスラーム』（書物誕生あたらしい古典入門シリーズ、岩波書店）もお薦めです。

2 専従者（司祭や僧）がいないイスラーム教には「六信五行」という信仰の形がある

イスラーム教の大きな特徴は、キリスト教や仏教のような専従者（司祭や僧）がいないことです。すなわち教会や寺院を経営して、布教や冠婚葬祭などを専門とする聖職者が存在しないのです。イスラーム教では、たとえば八百屋の主人が聖職を兼業していて、必要なときは法衣を着てクルアーンを読み、儀式を進行させます。

ですからイスラーム教では、聖職者の生活のために寄付をする必要がありません。モスクと呼ばれる寺院や墓地などの管理は、自治体やNPO的な組織が行います。イスラーム教を学ぶ大学も、もちろん存在します。そして神学者も存在します。しかし、専従者はいないのです。

イスラーム教の信仰の中心は「六信五行」と呼ばれる戒律です。6つのことを信じて5つのことを行動に移しなさい、ということです。

六信は神・天使・啓典・預言者・来世・定命《ていめい》を信じることです。神はＹＨＷＨアッラーフです。天使とはムハンマドに神の預言を託したジブリール（ガブリエル）。啓典とは神の預言を記したクルアーンです。預言者とはムハンマドのこと。そして来世とは、天国と地獄の存在を信じること。6番目の定命は、カルヴァンの予定説と類似しています。人が救われるか滅びるかは、あらかじめ神が決めているという考え方です。定命を信じるとは、そのような神の決定を信じて生きることを指します。

この6つを信じることが信者には求められます。そして入信の儀式は「アッラーフが唯一の神であり、ムハンマドが最後の預言者です」と、信仰告白すればそれだけで誰でも信者になれます。極めて簡単ですね。こうして入信すると、5つの行《ぎょう》を実践することが求められます。信仰告白・礼拝・喜捨・断食・巡礼の五行です。

その第1は、前述の信仰告白です。第2が礼拝です。これは一日に5回、マッカのカアバ神殿がある方向に向かって礼拝します。第3が喜捨。これはお金がある信者は貧しい人たちに恵みなさい、という教えです。第4が断食（ラマダン）です。イスラーム暦の9月に断食することです。そして第5が巡礼。できれば一生のうちに一度は、ムハンマドの誕生した聖地であるマッカの、カアバ神殿に巡礼しなさい、という教えです。

一日5回の礼拝というのはたいへんなように思われがちです。でも、人間の脳の集中力は、2時間ぐらいしか持続しません。5回の礼拝は、気分転換として脳科学の立場からすれば案外合理的なのかもしれません。

総じて六信五行は誰でも守れるように思えます。断食は、少しつらいなと思う人がいるかもしれません。

しかしヘルシーな行でもあります。専業の司祭や僧が存在しないイスラーム教では、守りやすく実践しやすい六信五行を各自が主体的に守ることで、信者たちが自立していく強さが生まれたという側面があったと考えられています。

3 商人であったムハンマドが開祖となったイスラーム教の合理性

次に、ムハンマドの生涯について述べます。

ムハンマドはアラビア半島の紅海に近い交易都市マッカ（Makka）で生まれました（570頃）。なお日本の世界史の本などでは、最近まで、マッカをメッカ、マディーナをメディナ、ムハンマドをマホメット、クルアーンをコーランと表記していました。しかしこれらはフランス語の発音を真似たものです。現地のアラビア語では、右に書いたように発音しています。

ムハンマドはマッカの有力な一族、クライシュ族の家系に生まれました。しかし早くに両親を失い、祖父母や叔父に保護されて育ちました。長ずるに及んで商人となり、20歳をすぎた頃に10歳以上年長の裕福な女商人ハディージャと結婚しました。そして愛娘ファーティマをはじめ数人の子どもを授かります。

ところが40歳をすぎた頃から、ムハンマドはしばしばマッカ郊外のヒラー山の洞窟に籠《こも》るようになります。

何かしら心が届するような思いがあったのかもしれません。

ある日、洞窟で瞑想するムハンマドを訪ねてきた男がありました。以下の話は伝承の気配が濃厚になってきます。

気配もなく訪れてきた不思議な男は、ムハンマドに向かって告げました。「詠《よ》め」と。

ムハンマドは読み書きができませんでしたが、その男は次のように述べたのです。

私の心の声を聞きなさい、その聞いた言葉を声に出して歌うように詠みなさいと。

「詠む」とは、声を出して読むこと、歌うことを意味します。アラビア語ではクルアーンです。ムハンマドは、夢中になって男の心の声を詠唱するうちに瞑想から覚めました。そして男が洞窟から飛び立っていく姿を、見たように思いました。

彼は興奮したまま家に帰ると、ハディージャにその体験を話しました。これが世界で最後の神の預言者、ムハンマドが誕生した瞬間であるといわれています。そして妻ハディージャが、最初のムスリムとなりました。ムスリムはイスラーム教の信者の呼称です。

洞窟を訪れた男は、アッラーフに仕える大天使ジブリール（ガブリエル）でした。

こうしてムハンマドは神の預言者としての生活を始めました。しかし神の言葉（クルアーン）を、マッカの人たちに伝えること以外、彼の生活はいささかも変化しませんでした。けれどもマッカでは、素朴な多神教が信じられていましたから、マッカの住人たちはムハンマドが教える新しい一神教に反感を抱きました。反感は次第に悪意に転化し、ムハンマドと信者たちはマッカを捨てて、西北のマディーナへ逃れ、その地で新たに布教を始めました。それは622年のことです。このムハンマドが移住した年を、イスラームの世界ではヒジュラ（聖遷）と呼び、イスラーム暦ではこの年を元年としています。

マディーナに移り住むようになってから、ムハンマドが説く教えを信じる人々が増加していきました。イスラームの小さな共同体（ウンマ）が生まれ、やがてそれはマディーナ全体を支配するほどの規模になりました。ムハンマドは、マディーナの支配者になります。すなわち市長であり、軍の司令官であり、イスラーム教の教祖でもあり、一人の聖職者として葬儀なども司式《しき》していました。

やがてムハンマドは、自分を追放したマッカの軍勢と戦い、勝利を収めます。しかしマッカに移住することなくマディーナを拠点として、同志である戦友たちとアラビア半島でイスラーム教の世界を拡大し、アラビア半島の事実上の支配者となって晩年を迎えました。そして人生の最期を、若い妻アーイシャの膝の上で眠るように迎えます。

悟りを求めるために、ブッダは社会的な地位と妻子を捨て、修行の道に入りました。イエスはおそらくマグダラのマリアを愛していたのでしょうが、殉教者として死を選びました。ブッダとイエスは、普通の人生ではなくいわば出家者、世捨て人として生涯を終えました。これに対してムハンマドは、終生、普通の人生をおくった人でした。

普通の人生をおくった人で、しかも商業を生業《なりわい》としていた人がつくった宗教がイスラーム教です。ということは、多くの人が受け入れがたい極端な思想や攻撃的な行動を教義とすることはおよそ考えられません。たとえば六信五行の教えにしても、それほど無理はなく、それなりに合理的です。他人を攻撃ばかりしていては、そもそも商売が成立しません。今日でもイスラーム世界のモスクを訪れると、周辺には迷路になったような大きな商店街（バザール）が拡がっていることに気づきます。

イスラーム教の信者はインドネシア、パキスタン、バングラデシュ、インド、マレーシアなど、東南アジア各国に数多く存在します。それは、アラビア商人が中国との交易の関係もあって、東南アジアに商品をたくさん持ってきて商売をしたからです。アジアの人たちはイスラームの商人を見て、自分たちもイスラーム教を信じれば、もっと商売がうまくいくようになるかなと思ったことでしょう。

前述したように、イスラーム教には専従の聖職者はいません。ですから、たとえばインドネシアの商人で、イスラーム教に興味を持った人がビジネス相手のアラビア人に、イスラーム教徒になりたいと言えば、仲間の商人や船乗りで聖職者を兼業している人が仲介してくれます。そういう気安さが、この地方に信者を増やしていったのでした。仏教やヒンドゥー教が難しすぎたり、民族的な特色がありすぎたりしたことが、イスラーム教にとって有利に働いたのかもしれません。

4 偶像崇拝の禁止とキブラ礼拝、そしてアラビア語で覚えるクルアーン

イスラーム教は今日でも徹底して、偶像崇拝を避けています。ヨーロッパのある新聞がムハンマドの風刺画を描いて、深刻な社会トラブルになったことがありますが、ムハンマドを描くことは、厳禁されています。

古来から、ムハンマドの伝記を描いた絵物語でも、彼の顔には白い布をかけたりして、顔を見せてはいません。

もっとも本来は、キリスト教でも仏教でも偶像崇拝は認めていませんでした。しかしわりと早くからキリスト像や聖母マリア、そして仏像をつくって祈ることを許しています。そのほうが一般の人には圧倒的にわかりやすいからです。


それでは、ムスリムは何を祈りの対象としているのでしょうか。

マッカにあるカアバ神殿の方向をキブラと呼び、その方向に向かって礼拝します。モスクでは、マッカの方向の壁面をアーチ型にくりぬいて、祈る方向を示しています。ムハンマドがマディーナにいるときは、エルサレムの方向に向かって礼拝していました。エルサレムはムハンマドが、天に昇る体験をした場所だからです。

しかし誕生の地マッカを再征服した後は、ムハンマドがマッカのカアバ神殿が存在する方向を礼拝するよう定めました。その後、キブラに向かって世界中のムスリムが祈り、今日に至っています。


マッカの街は古くから、交易都市として栄えていました。町の広場には多神教の神々を祀《まつ》る神殿（カアバ）がありました。カアバとは立方体という意味です。この方形の神殿の広場に交易商人が集まっては定期的に祭典を開いていました。紅海からインド洋へ出かける船旅や、マッカから砂漠の多い道をメソポタミアや地中海へ至る半島の旅路が安全であること、そして、交易の成功を祈るためです。この祭典のときに商人たちは、交易の旅の思い出や安全を祈る気持ちを、詩の形にしてメロディにのせて、声高く詠唱しました。そしてお互いに、その優劣を競い合ったのです。カアバ神殿の、この行事は有名でした。そして、最も優れた詩歌は布に書かれてカアバ神殿にかけられたのです（カアバを包む黒い布、キスワの淵源《えんげん》）。

マッカで生まれ育ったムハンマドは、何度もその詩の朗読を、というよりも歌を聞いたことでしょう。イスラーム教の聖典がクルアーンとなったのは、このようなムハンマドの体験と決して無関係ではありませんでした。

ムハンマドは勝利を収めてマッカに戻ってきたとき、カアバ神殿に祀られていた多神教の神々の偶像をすべて破壊しました。しかし神殿そのものは、イスラーム教の大切なモスクとして存続させたのです。アラビア人にとって大切な神殿であったことを重視したのでしょう。

天使のジブリールから授けられた神の言葉を声に出して詠唱した文章が、クルアーンになったわけですから、今でもクルアーンは声を出して詠唱することを原則としています。ムハンマドはアラビア人でアラビア語しか話しませんでした。したがってクルアーンもアラビア語で書かれています。そして特筆すべきことは現代でも世界中のムスリムは、アラビア語でクルアーンを詠唱していることです。

神の言葉は唯一無二なので、クルアーンを翻訳することは、信仰上許されません。世界中のモスクから聞こえてくるのは、アラビア語の祈りです。参考文献としての翻訳は許されていますので、その意味はそれぞれの言語で教えられていることでしょう。こうして世界中のムスリムは、耳からアラビア語を理解するようになっていきます。

日本語の新約聖書を読んでいる日本人のキリスト教徒と、ドイツ語の新約聖書を読んでいるドイツ人のキリスト教徒が出会っても、もしも2人がお互いの言語を理解できなかったり、リンガ・フランカ（国際語）である英語を話せなかったりしたら、この2人がキリスト教について議論するのは不可能です。けれどもムスリムは、同じアラビア語でクルアーンを学んでいますから、初歩的なコミュニケーションは可能でしょう。クルアーンを覚えるにはアラビア語を覚えるしかありません。そのことによって世界中のムスリムがつながっていく側面を、イスラーム教は持っています。結果として布教しやすい宗教になっていったのでしょう。

5 シーア派とスンナ派について

イスラーム圏ではシーア派とスンナ派が、常に争っているように認識している人が多いのではないでしょうか。それは事実とは大きく異なるのですが、ここではシーア派とスンナ派について、そもそもの誕生の由来から振り返ってみます。

まず、留意すべきことはキリスト教での宗教戦争のような血で血を洗う争いは、シーア派とスンナ派の間にはなかった、ということです。キリスト教のローマ教会とプロテスタントとの間に起きた激しい宗教戦争については、宗教改革のところで説明します。

イスラーム教の世界では、聖典の成立過程からも明らかなように、何が真実の教えかという疑念や対立は生じませんでした。

それではシーア派とスンナ派の対立点は何か。極言すれば、派閥争いです。

スンナとは言行とか慣行を意味します。クルアーンとハディースに書かれているムハンマドの言葉と行動を、そのまま慣行として大切にしていこうとする考え方です。

これに対してシーア派はアリーの派閥(党派)を指しますが、実はシーアの原義が派閥という意味です。したがってシーア派は日本語としては「派閥派閥」になってしまって、意味を成しません。しかし、シーア派という言葉がいつの間にかなじんで一般的になってしまったのでしょう。

スンナ派とシーア派の勢力関係を見ると、世界的にはスンナ派が多数派です。シーア派は劇的な成立過程が影響して、イランを中心に強い存在感を誇っています。では、「シーア・アリー」の成立過程を振り返ってみましょう。

その1 シーア派(シーア・アリー)はどうして生まれたのか

ムハンマドの死後、成立したばかりのイスラーム共同体(ウンマ)は彼の3人の戦友たちによって、順次継承されました。アブー・バクル、ウマル、ウスマーンです。イスラーム帝国の基盤を築いた人たちです。

彼らはカリフと呼ばれるようになります。預言者ムハンマドの代理という意味です。632年にムハンマドが死亡し、ウスマーンが656年に暗殺されるまで、カリフ位は順当に引き継がれましたが、4代のカリフにアリーが決まったときに問題が起きます。

それまでの3人がムハンマドの戦友であったのに対して、アリーはムハンマドの娘婿でした。それだけではなく、彼はムハンマドの従兄弟《いとこ》でもありました。もちろん、そのような関係からカリフに選ばれたのではなく、指導者としての資質を評価されたからです。ところが彼のカリフ就任に「待った」をかけた男がいました。

その男はクライシュ族の名門であるウスマーンが属していた、ウマイヤ家のムアーウィヤです。彼はアリーにウスマーン暗殺の真相究明を求め、それができないのであれば、カリフの地位を自分に譲れと述べました。そこには次のような事情がありました。

アリーが4代カリフに選ばれたとき、イスラームの支配する領域は、すでに世界帝国と呼べる広さに達していました。西はエジプトを越えてトリポリまで、東は現在のアフガニスタンにまで拡大していたのです。ところがムハンマドや彼を受け継いだカリフは、小さな都市であるマディーナのカリフの住居で統治を行っていました。

その住居は普通の民家であって、宮殿ではありません。防壁もなく堀に囲まれるでもなく、警護の兵もそれほどたくさんはいませんでした。帝国というよりは集落の行事を決めるように、首脳部が集まり膝をつき合わせながら議論し、政策決定がなされていたのです。民主的で素晴らしいのですが、ウンマが帝国規模にまで成長・拡大してくると、統治機構もそれに合わせて整備される必要があります。つまり、支配体制の変化が求められる時代を迎えていたのに、対応策が取られていなかったのです。

ムハンマドの死後、初代カリフのアブー・バクルと性格の強い2代ウマルの時代までは事なきを得ていたのですが、3代ウスマーンは議論のあげく反対派の過激分子たちに暗殺されてしまいました。防御設備もない住居です。実行は簡単でした。

そしてウスマーンの暗殺を受けて、新たにアリーが4代カリフに選ばれたとき、ウマイヤ家のムアーウィヤが強硬な申し入れを行ったのでした。

ムアーウィヤ（在位661－680）はその当時、イスラーム帝国の領土となっていたシリア総督の地位にありました。彼はイスラーム共同体はすでに帝国となっているのだから、きちんとした防御施設のある宮殿を構え、近衛兵のような護衛軍をはじめとして専門の軍隊を整備せよ。そして官僚組織をつくって組織的な行政を行わないと大国の安定は維持できないと考えていたのです。

ムアーウィヤの考え方はローマ帝国を切り拓いたカエサルと似ていました。彼は世界の大国になったローマは、元老院のような責任の所在が不明確な共和政体ではもはや統治できないということを訴えた政治家でした。ムアーウィヤには、もちろんイスラーム帝国を支配したいという野望もあったと思います。しかしその政治感覚はひときわ優れていたと思われます。

けれどアリーは、ムハンマドと慣れ親しんで生活してきたこともあり、昔からの仲間と協力しながらイスラーム教を広めていくという、伝統的な発想を重視していました。ムアーウィヤは反旗を翻《ひるがえ》し、イスラーム帝国に大反乱が生じたのです。

この反乱には決着がつきませんでした。アリーは同じムスリム同士の争いの無益さを考え、ムアーウィヤは収まります。

に和議を申し込み、両者は和解しました。アリーはカリフ、ムアーウィヤはシリア総督のままで、一旦事態

しかし一部の過激なグループが、怒り出しました。アリーは正統な手続きによって4代カリフとなった人です。一方でムアーウィヤは、反乱者で一地方の総督にすぎません。

「反旗を翻したムアーウィヤは許されざる者である。しかしそのムアーウィヤを、ペナルティを課すこともなく許してしまったアリーも堕落している」

彼ら過激派は「ハワーリジュ派」(立ち去った者たち)と呼ばれましたが、怒りに任せてアリーとムアーウィヤの双方に暗殺者を送りました。その結果、シリアのダマスカスの宮殿にいたムアーウィヤは無事でしたが、アリーはクーファのモスクで暗殺されました。

暗殺事件の後、アリーの長男であるハサンは、ムアーウィヤに帝国を任せて身を引きました。そしてマディーナの自宅で酒色に耽《ふけ》り、ハッシシを吸いながら世捨て人の生涯を送りました。こうしてムアーウィヤが新しいカリフとなり、ダマスカスに遷都してウマイヤ朝を開きます(661)。

アリーには3人の子どもがいましたが、次男のフサインは兄とは異なり、反乱を起こしたムアーウィヤに納得していませんでした。しかし、兄がムアーウィヤを認めたので不満はありましたが黙認せざるをえず、悶々《もんもん》とした日々をすごしていました。

このフサインのもとにメソポタミアの軍営都市(ミスル)クーファから、使者が訪れます。クーファの

人々はアリーを支持していました。彼らはフサインに、アリーの遺志を継いで本当のイスラーム帝国を東方につくりませんかと呼びかけたのです。フサインは喜んで申し出を受け、一族を引き連れてクーファに向かいました。総勢は女性や子どもを含めて50名前後だったと伝えられています。

ところがフサインが旅立ったという情報は、ダマスカスのウマイヤ朝のもとに届きました。すでにムアーウィヤは死去しており、子のヤズィードの時代になっていました。ヤズィードはフサインがクーファで反乱の旗を掲げたら厄介なことになると考え、彼らを阻止するために正規軍を派遣します。そしてバグダードに近いカルバラーの地でフサイン一族を襲撃し、女性と子どもを残してフサインを含むほぼ全員を殺害しました。680年のことです。

このカルバラーの戦いがあった日を、シーア派では「アーシューラー」と呼びます。無残に殺害されたフサインの殉教命日として、この日、シーア派の男たちは自分の身体を鞭《むち》や鎖《くさり》で打ち、泣き叫んで行進しては祈ります。

カルバラーの地で殺害されたフサイン一族は、ムハンマドの血統を正しく引き継いでいるので、フサインにつながる一族のみに、すべてのムスリムの宗教的・政治的首長となる権利を与えるべきだ、このように考える人々が「シーア・アリー」（シーア派）となりました。

その2
イランが十二イマーム派を熱烈に信仰する理由

4代カリフのアリーは、ムハンマドの娘であるファーティマと結婚しました。その次男であるフサインの妻の一人は、サーサーン朝ペルシャの王女でした。すなわち、この妻とフサインの間に生まれた子どもは、イスラーム教の創始者の血統とサーサーン朝ペルシャの王統をともに受け継いでいることになります。しかもサーサーン朝はペルシャが誇る伝統王朝、アカイメネス朝と血がつながっているといわれる名門です。

そしてこのように二重に高貴な血を受けたフサインの子どもたちは、カルバラーの戦いの後も、あまりにも幼すぎたために虐殺をまぬがれていたのです。

カルバラーの戦いでフサインを失ったクーファの人たちは、自分たちが護衛の兵力を送らずにフサインを旅立たせたことを深く哀しみ、反省しました。しかし、このような悲劇があっても、高貴な血を引く子どもたちが生き残ったことを、不幸中の幸いだったと思い直しました。ペルシャの名門王家とムハンマドの血を引く一族が誕生したのです。これほどペルシャの人々にとって誇らしい一族はありません。そして彼らは、アリーとフサインから始まる一族の長をイマームと呼びました。イマームとは指導者の意味です。

こうしてペルシャの地では、現在に至るまでシーア派が優勢で、政治と宗教の主導権を握ってきました。なお、ペルシャとは現在のイランのことです。

今日でもイラン・イスラム共和国は、シーア派の中の最大派閥である十二イマーム派が宗教と政治の主導権を握っています。この十二イマーム派は16世紀の初頭、イランをサファヴィー朝が支配したときから、イランの国教となっています。十二イマーム派という呼称は、次のような理由から生まれました。

十二イマーム派では、初代イマームをアリー、3代イマームをフサインとして、フサインの血統のイマームが順次続いた後、12代のイマームが少年のときに「お隠れ」になったと考えています。それは980年のことで、この事件を「ガイバ」と呼んでいます。そして「お隠れ」になった12代のイマームは、やがて最後の審判の日に、姿を現わすのだと教えます。おそらく「お隠れ」になったとは、死んだか殺されたかの事実をそのように表現したのでしょう。

では、「お隠れ」になった12代のイマームが出現するまで、誰が世界のリーダーになるのか。徳を積んだそのお坊さんが代理となります。今でもイランの大統領の上には、ハーメネイー師がいます。イスラーム教と無縁な人には、不思議な政体に見えるかもしれません。しかしイランの人々にとっては少しもおかしくはないのです。シーア派の教義どおりで彼らはイスラーム教を、そのように信仰しているのですから。

スンナ派とシーア派の争いは、誰を現世のリーダーと考えるのか、多数に選ばれたカリフなのか、フサインの血を引くイマームなのか。それが原因であってイスラーム教の教義に関わる争いではありません。

「スンナ派とシーア派の争い」という言葉が、よくジャーナリズムには登場します。しかしそのほとんどの事例をよく見ると、その原因となる部分に、西欧列強が石油資源などの利権を得て、それを守るために起こした政争が内在していると思われます。シーア派とスンナ派が、教義の相違を理由として起こした宗教戦争は、歴史的には存在しなかった、といっても決して過言ではないでしょう。

6 ジハードに対する大いなる誤解

ＩＳなど過激派のテロ行為を一部のメディアが「ジハード」と呼んでいる例がありました。ジハードは単純に「聖戦」と翻訳され、イスラームの闘争性を特徴づけていると理解されがちです。しかし、ジハードの本当の意味は自分が立派な行動を取れる人間となれるように奮闘努力することです。

立派な行動とは何か。ムハンマドが説いた寛容と慈悲を大切にする生き方です。もちろん、イスラーム教徒として立派な人間となるために、異教徒と戦うことがなかったわけではありません。ムハンマド自身も多神教を奉じるマッカの軍勢と戦いました。

しかしムハンマドのウンマの運営とイスラーム教を布教する根本精神は、寛容と慈悲でした。国境を拡げていく過程では、激しい武力による抵抗がない限り、税金を払い、イスラーム教の存在を認めれば、従来どおりの信仰と習俗を認めました。もちろんクルアーンを信じて、ムスリムになってくれれば、それを歓迎しましたが。

商業という人の和がなければ成立しないビジネスを生業とした人間が考えた宗教であること、このことはイスラーム教を理解するときの原点であると考えます。

カレン・アームストロングの『ムハンマド――世界を変えた預言者の生涯』の中に、ムハンマドを追放したマッカの多神教集団との戦いを終えて帰途につくムハンマドが語ったといわれる言葉が出てきます。

「我々は小ジハードである戦闘から戻って大ジハードに向かうのだ」という主旨の発言です。武力衝突という不幸ではあるが小さなジハード（奮闘努力）から、もう一回マディーナの街に戻って、この地をもっとみんなが住みやすい平和な町にする大きなジハードを実行しなければならない。そのような意味の発言です。

ムスリムにとって、本来のジハードとは寛容と慈悲の世界を実現するための、個々人の内なる大いなる聖戦、自分自身との闘争を意味しています。決して戦闘行為を重視しているのではありません。イスラーム原理主義を信奉しているといわれるＩＳなどの行動については第８項で触れたいと思います。

7 4人妻をどのように考えるか

クルアーンには、妻は４人まで持つことを認める、と書いてあります。

ムハンマド自身は、ハディージャが亡くなった後、12人の妻を持ちました。

ムハンマドは、その妻たちをどのように選んだのでしょう。彼女たちはほとんどすべてマディーナとマッカが激しい戦闘を繰り返している頃に戦死した、ムハンマドの戦友の妻たちだったのです。

当時は大半の女性にとっては自立して生きていける時代ではありませんでした。ムハンマドは戦友の妻の生活を守るために、寡婦《かふ》をめとりました。そして最後に一番の戦友であり、初代カリフになったアブー・バクルのお嬢さんであるアーイシャを妻としたのです。


クルアーンはそのような戦乱の時代背景を考えて、4人までの妻帯を認めたのです。兵士が次々に死亡する時代は、必然的に寡婦が増加します。ほとんどの女性に生活手段がなかった時代、寡婦となれば、奴隷になるか身を売るしか生きる手立てはありませんでした。そのような女性がいたずらに苦労することを避けるために、クルアーンは4人までの妻帯を認めたのです。


しかし4人まで妻帯を認めるといっても、それは男性側の一方的な権利ではなく、同時に男性側に課せられた義務が存在します。たとえば2人目、3人目の妻を迎える場合には、それまでの妻の了承を得なければなりません。女性側に拒否権が認められているのです。

また、一人目の妻に真珠の首飾りをプレゼントしたら、他の妻にも相応のプレゼントが必要となります。そして愛することも、平等でなければなりません。一人目の妻と寝ていても、2人目の妻が私も寝たいといえば、一緒に寝なければなりません。

このように4人の妻を持つということは、あくまでも4人を平等に遇することが大前提となっているのです。これは経済的にも肉体的にも、たいへんな負担となります。現実にイスラームの社会では王族などごく一部の例外を除いて、ほとんどの家庭は一夫一婦制の生活を営んでいます。

またムハンマドは、男尊女卑が一般的であった時代に、女性の財産権を認めています。同等ではなく男性の半分なのですが、当時のヨーロッパでは考えられないことでした。総じていえることは、クルアーンをていねいに読めば、男女平等に近い発想のほうが数多くあり、決して女性に忍従を強いているわけではないのです。

女性がスカーフをかぶらなきゃいけないのは差別だ、という意見もあります。けれど、あれは単なる習慣が発展したものでいわばネクタイと同じです。砂漠が多く乾いた中近東では、合理的な衣装でした。男性にもターバンという巻頭巾《まきずきん》があります。

最近、サウジアラビアで初めて女性に自動車の運転が許された、というニュースがありました。また、女性が働けないこともサウジアラビアでは問題になっています。しかし、サウジアラビアは、イスラーム教の中でもワッハーブ派と呼ばれる極端に保守的な教えを奉じている極めて特殊な国であることに注意が必要です。

インドネシア、パキスタン、バングラデシュ、インドなどムスリム人口の多い国では、女性がイキイキと働いています。この4か国に共通していることは、4か国ともこれまでに女性の大統領や首相を生んでいることです。

世界経済フォーラム（WEF）のジェンダー・ギャップ指数で全世界149か国中110位（2018年）の日本から見れば、何ともうらやましい話ではありませんか。わが国で女性の首相が生まれるのは一体いつになるのでしょう。

モーゼの教えもイエスの教えもブッダの教えも、彼らが生きた時代背景の中で、人々によかれと思って説かれました。その教えを現代のモラルを尺度として、批判するだけでは無責任だと思います。彼らが考えた真意に、恒久的な人類愛につながるものがあったがゆえに世界宗教になったと認識すべきでしょう。イスラーム教も、その例に洩《も》れません。特に女性蔑視とジハードについて、イスラーム教は観念的な偏見を受けすぎているように思います。

8 「イスラーム原理主義」とユースバルジの問題

「イスラーム原理主義によるテロ行為」などという表現で中東の争乱が表現される事例が多々あります。しかしもともと原理主義という言葉は、アメリカで19世紀末から20世紀初頭に盛んになった、過激なキリスト教のグループを指す言葉だったのです。

たとえば、博物館でダーウィンの進化論の解説があると、彼らは裁判所に訴えて展示を中止させようとしました。「人間はアダムとイヴから始まったのに、アウストラロピテクスなどという『猿人』を人類の祖先だとするのは聖書に反している。即刻に展示をやめよ」と。

聖書がすべて真実であると真剣に考えていたのです。あまりにバカげているので皮肉も込めてつけられた名称が原理主義者（fundamentalist）でした。この言葉がイスラーム教に転化されたのです。

ではなぜ、ＩＳなどが「ムハンマドに帰れ」とか「クルアーンの世界に戻せ」とかを主張するのか。それは歴史的に見ると、イスラーム世界も中国や日本と同じように、産業革命とネーションステート（国民国家）という人類の2大イノベーションに、乗り遅れたからです。日本は明治維新によって、どうにか世界の趨勢に追いつきました。しかし一部の中東のイスラーム世界はうまく追いつくことができなかったのです。

ＩＳの主張は考えてみれば、わが国の明治維新の際の「尊皇攘夷《そんのうじょうい》」や「廃仏毀釈《はいぶつきしゃく》」の考え方によく似ています。

この現代の中東の窮状は、優れた政治的指導者が登場しない限り、なかなか挽回できないかもしれませんが、それはイスラーム教の教義とは何の関係もない歴史的、政治的な問題だと思います。

さらに頻発するテロ行為については、ユースバルジ（youth bulge・若年層の膨らみ）の問題を視野に入れるべきでしょう。

政情が不安定で経済が低迷している中東では、人口の多い10代から20代の元気な若者が働きたくても働く場所がありません。イラクもシリアも国が壊されているのです。若者がたくさんいる、けれども働く場所がない。一方でこれらの若者も恋をしたい、デートをして充実した青春をすごしたいと思っている。でも働けないからお金がないし、娯楽の機会も少ない。そこでこれらの国の若者は、絶望してテロに走ってしまうのです。

このようなユースバルジが、中東のテロ問題の基底部分を形成していると考えられます。もちろんイスラーム教の置かれている現状と、無関係ではないかもしれませんが、テロとイスラーム教を表裏一体の問題として考えるのは、極端すぎると思います。むしろ、ユースバルジのほうがはるかにテロとの親和性は高いと思います。

なお、ユースバルジについては、グナル・ハインゾーン『自爆する若者たち――人口学が警告する驚愕の未来』(猪股和夫訳、新潮選書)という優れた本があります。

9 キリスト教とイスラーム教の誕生には約600年の時間差がある

ところでイスラーム教徒は、たとえば日本で普通に市販される食品を食べません。特別に処理をした食品を食べます。ハラール認証を受けた食品です。一見特異に見えますが、実はユダヤ教も同様です。キリスト教は早くから、そのような特異性を捨てて世俗化しました。他の宗教から、平気で聖母子像やクリスマスを借りてきたりしています。そういう観点から考えると、イスラーム教はユダヤ教と似ていて、伝統的なセム的一神教の骨格を、色濃く残している、ともいえます。

お金について、イスラーム教は利子を取ることを禁止しています。キリスト教も昔は同様に禁止していました。しかしローマ教皇がローマ教会の財政を豊かにするために、お金を貸して利子を取っても教会に寄付をすれば許されると認めました。ここに欧米キリスト教社会のお金持ちが寄付を熱心に行う淵源があります。それまではユダヤ人だけが、金融業を一手に引き受けていたのです。しかし、未《いま》だにイスラーム教はお金を貸して利子を取ることを、認めていません。

イスラーム教は偶像崇拝の禁止に見られるように、どこかにセム的一神教としての信仰上の純粋さを残していて、そのことがよきにつけ悪しきにつけ、社会的に先鋭的になってしまうようにも思えます。しかし考えてみると、キリスト教とイスラーム教の誕生には約６００年の時間差があります。歴史的な時間の尺度で考えれば、これからのイスラーム教が、いずれはキリスト教のように世俗的になるかもしれないと、考えることも可能です。まさに神のみぞ知る、ことかもしれませんが。現代の世界を象徴するコスモポリタンの大都市ニューヨークで人口増加率の最も高いグループはムスリムだといわれています。

３大宗教の中ではまだ相対的に若いこの世界宗教に対する評価については、あまり観念的にならずに実態に即して考えることが求められていると思います。

第8章（2）

イスラーム教には ギリシャ哲学を 継承し発展させた

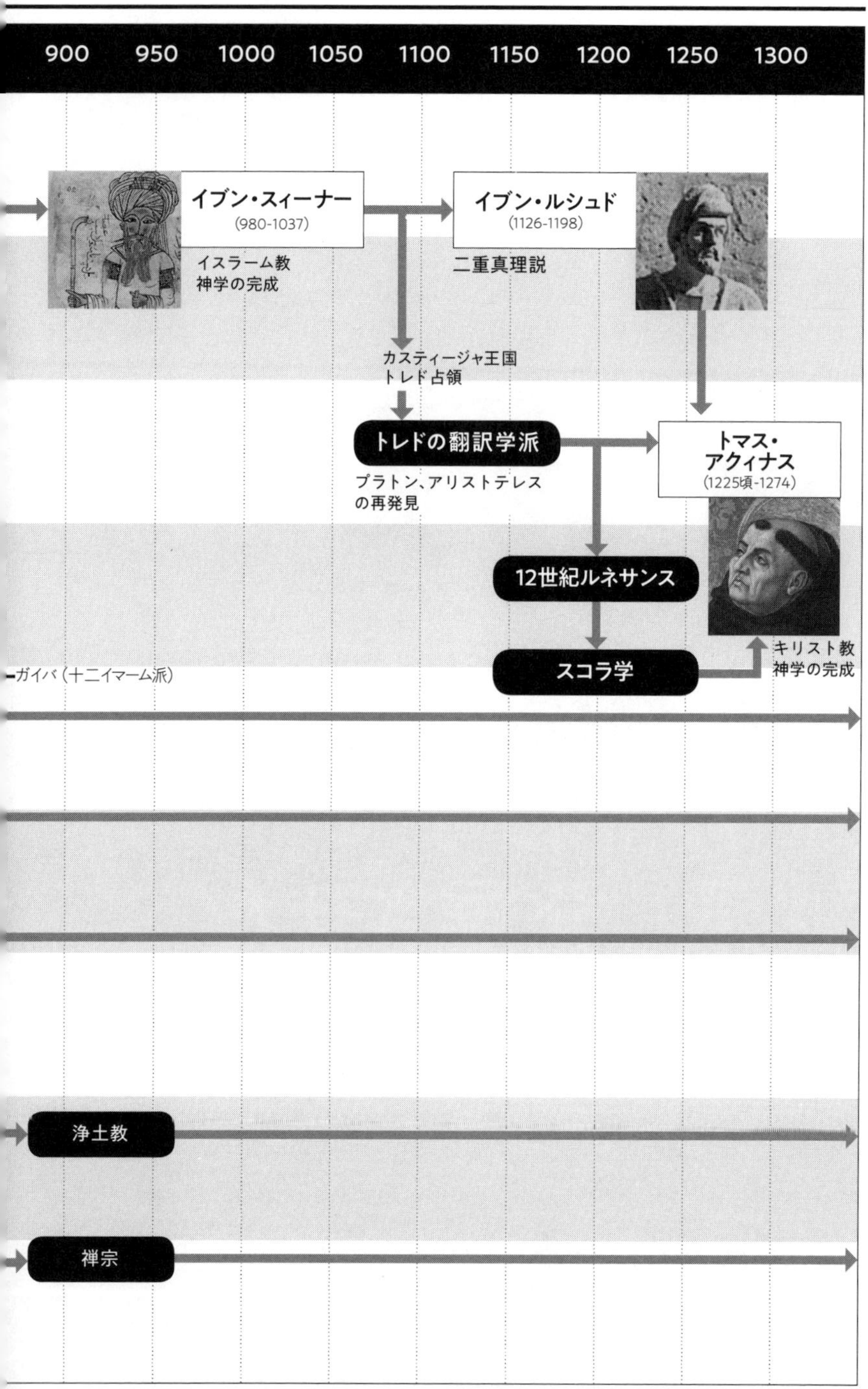
900
950
1000
1050
1100
1150
1200
1250
1300
イブン・スィーナー
(980-1037)
イスラーム教
神学の完成
イブン・ルシュド
(1126-1198)
二重真理説
カスティージャ王国
トレド占領
トレドの翻訳学派
プラトン、アリストテレス
の再発見
トマス・
アクィナス
(1225頃-1274)
12世紀ルネサンス
スコラ学
キリスト教
神学の完成
ガイバ(十二イマーム派)
浄土教
禅宗

ユスティニアヌス1世による学園閉鎖から12世紀ルネサンスまでの哲学と宗教の流れ

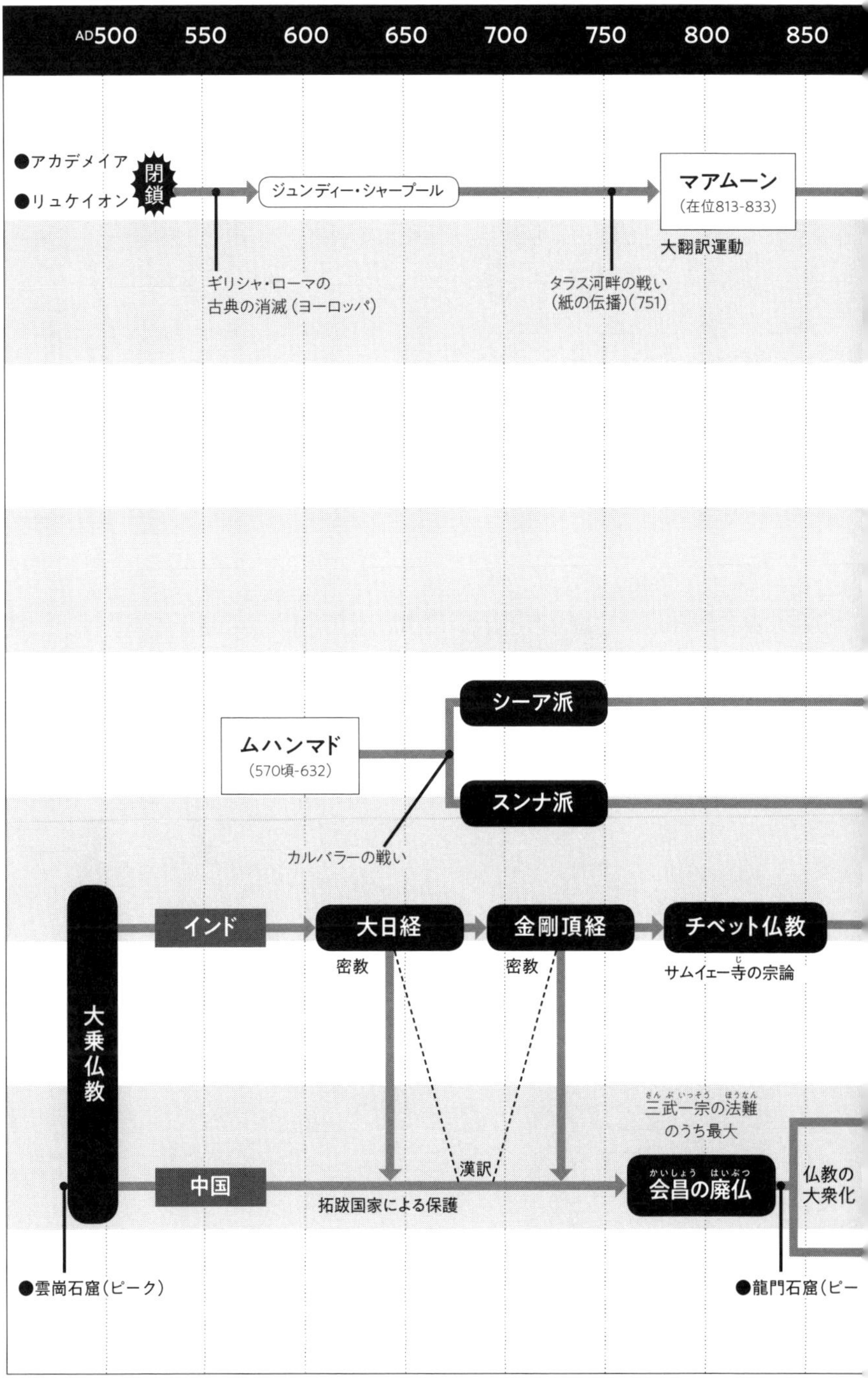

マアムーンのおそるべき〝アラブの知りたがり屋精神〟

イスラーム教が勢力を拡大していった中世は、イスラーム哲学が発展した時代でもありました。それには次のような事情がありました。

ローマ皇帝ユスティニアヌス1世は、529年、アテナイにあった2つの大学を閉鎖しました。プラトンが創設したアカデメイアと、アリストテレスが創設したリュケイオンです。閉鎖した理由は、これらの大学でキリスト教とは関係のないプラトンやアリストテレスの哲学を教えていたからです。その当時、ローマ帝国の国教となっていたキリスト教にとっては、聖書以外の学問を教えることは不快なことでした。

ユスティニアヌス1世は、そんなキリスト教に対して、平たくいえば忖度《そんたく》したのです。ヨーロッパを宗教的に支配しているキリスト教が、ユスティニアヌス1世が目論んでいた西方遠征に協力してくれることを計算した政策でした。ここに西方世界の「焚書坑儒《ふんしょこうじゅ》」が完成したのです。

アカデメイアは現代でいえば東京大学に匹敵するような、権威を有する大学でした。リュケイオンは早稲田か慶應義塾のような大学でしょうか。両大学でプラトンやアリストテレスの衣鉢《いはつ》を継いできた教授たちは職を失いました。その後、

ユスティニアヌス1世
（在位527－565）

彼らはどこへ行ったのでしょうか。

この当時、ペルシャの地はサーサーン朝の時代でした。そしてサーサーン朝は、アッカド帝国以来のメソポタミアの世界帝国の精神を受け継いで学問を積極的に保護していたのです。サーサーン朝は、現代のイラン南西部のジュンディー・シャープールに、大学と大図書館をつくっていました。アテナイの大学を追われた教授たちは、このジュンディー・シャープールの大学に身を寄せました。もちろん、プラトンやアリストテレスをはじめとする書籍を持参して。

サーサーン朝ペルシャは、イスラーム帝国の第3代カリフ、ウスマーンの時代に滅ぼされます（651）。サーサーン朝を征服したアラブ人は、ジュンディー・シャープールの大学と図書館に保存されていたギリシャとローマの文献を接収しました。

ところで当時のアラブ人は、伝統的に知りたがり屋として有名でした。ムハンマドの言葉として次のような文言が残されていたともいわれています。

「知識を求めよ。たとえ中国であろうとも」

もちろん、これは事実ではないでしょう。ムハンマドは中国のことは何も知らなかったと思われるからです。しかし、このような言葉が伝承され残されたこと自体が当時の時代精神を反映していると思うのです。

また次のような諺《ことわざ》も残されています。

「楽しみは馬の背の上、本の中、そして女の腕の中」

女性の皆さんには、いささか失礼な言葉なのですが。しかし、そんな諺《ことわざ》が残るほど、彼らは本を読み、新しい知識を得ることに興奮していたのです。そういうアラブ人が莫大な量のギリシャとローマの古典を手に入れたのです。しかしそれらの書物の大半はギリシャ語で書かれていました。読みたくても読めない。知識のあるユダヤ人やネストリウス派のキリスト教徒に読んでもらうくらいが精一杯だったことでしょう。

やがて、イスラーム帝国はアッバース朝の時代になりました（７５０－１２５８）。

そしてアッバース朝の軍勢が、中央アジアの南部、タラス河畔で唐の軍勢と対戦しました（７５１）。この前後に、アラブの人々は唐から紙の製造方法を知る機会を得たといわれています。こうなれば、もう鬼に金棒です。そしてついにアラブの知りたがり屋精神が、爆発しました。

彼らは紙という絶好の書写材料を得て、仏典の漢訳と並ぶギリシャ・ローマの古典の一大翻訳運動を開始したのです。そのピークは7代カリフ、マアムーンの時代でした（在位８１３－８３３）。その中心都市はもちろん、アッバース朝の都、バグダードです。

いかにマアムーンが翻訳活動に熱心であったか。

たとえば、アリストテレスの書物で翻訳コンテストを実施し、最優秀者には本の重さと同量のダイヤモンドを賞品として渡したそうです。すごいインセンティブですね。翻訳に参加したのは、ユダヤ人やネストリウス派のキリスト教徒が多かったようです。

このスケールの大きな翻訳運動は、中国で行われた、大乗経典をインドのサン

マアムーン（在位813－833）

スクリット語から漢訳した翻訳運動と並んで、人類の2大翻訳運動と呼ばれています。こうしてプラトンやアリストテレスの著作がアラビア語で読めるようになり、多くのムスリムの学者たちがギリシャ哲学を夢中になって学びました。その中からヨーロッパに大きな影響を残した偉大な思想家が何人も登場します。ここでは代表的な2人を取り上げてみましょう。

その1
「無から有は生じない。ということは……」イブン・スィーナーの画期的な思想

イブン・スィーナーは中央アジアのブハラ近郊で生まれました（980－1037）。彼は後にヨーロッパの人々から、アウィケンナと呼ばれました。

彼はアッラーフという神の存在とプラトンやアリストテレスの哲学を、理論的に結合させた人です。

話は3世紀に戻ります。エジプトの哲学者プロティノス（205頃－270）は、新プラトン主義を成立させた人だといわれています。

プラトンは世界を理解するにあたって、二元論の立場を採りました。世界には人間の魂の眼によって洞察しうる純粋な形態（すなわち物質の真実の形態）がある。それがイデアである。そして現実世界のすべての形態にはイデアがあって、それを真似た実在が世界をつくるのだと、プラトンは考えました。

「机とはこういうもんだ」というイデアが存在する。そしてそれを真似して、「机が一つここにある」、そうやって世界はつくられると。

イブン・スィーナー
（980－1037）

しかし、わかりにくいですよね。それでは、「この俺たちが使っている机は何なんだ？　ニセモノか？」などと下世話に考えてみたくなります。二元論はわかりにくいのです。中途半端な気持ちにさせられます。

プロティノスは、理論の骨格だけ述べれば、次のように考えたのです。「流出説」といわれているのですが。最初に完全なる一者（一なるもの。ト・ヘン）としてのイデアがある。そのイデアから万物が流出する、と考えました。「イデアの机があり、それを真似して現実の机がつくられて、ここにある」と考えるよりも、「イデアの世界から机のイデアが流出した」と考えれば、一元論の世界に近くなります。イデアの机と現実の机を両立させる二元論よりも、明快になります。そしてなるほど、イデアという観念的な存在のほうが、現実の机よりも尊いのだなと納得できます。プロティノスについて学ぶには、『エネアデス（抄）Ⅰ・Ⅱ』（田中美知太郎・水地宗明・田之頭安彦訳、中公クラシックス）がお薦めです。

プロティノス（205頃－270）

ここで話はイブン・スィーナーに戻ります。彼はプロティノスの学説とは異なるのですが、翻訳されたプラトンやアリストテレスを読破しながら、次のように考えました。

「無から有は生じない」と。

現代の自然科学では、無から有がたった一度だけ生じたことが解明されています。すべてはビッグバンに始まり、星のかけらから誕生した地球上で、たった一度だけ無から有（生命）が生まれたのです。しかし当時の科学では、想像も及ばぬことでした。

イブン・スィーナーは、無から有は生じないのだから、生じさせる何かがあったのだと考えました。そうとしか考えられない。でなければ、イデアさえ存在しえなかったのですから。敬虔《けいけん》なムスリムであったイブン・スィーナーは、無から有を生じさせる存在として、イスラームの唯一神アッラーフを想起しました。ムスリムであるイブン・スィーナーにとって、アッラーフの存在は必然です。そう考えれば、机のイデアも本物の机も、それらがこの世に存在する根源にアッラーフがいるのだと考えられます。いわばアッラーフからすべてが流出したのです。

こうしてイブン・スィーナーはプラトンやアリストテレスの哲学の論理を、神の存在を前提としてイスラーム教の神学に応用することに成功しました。神学に哲学の理論を導入したことで、イスラーム神学は精緻な論理を構築することが可能になりました。

イブン・スィーナーは、もう一つ画期的な思想を展開しました。それは空中浮遊人間説です。空気も存在せず、光もない真っ暗な世界に人間が一人、浮かんでいたと仮定します。彼は何も感じることはなく、意識することもない。何しろ周囲には何もないのですから。しかし、ただ一つのことは意識します。それは、ここに浮遊している自分が存在している、ということです。この発想、どこかで聞いたことがありませんか。近代哲学の父といわれたデカルトの言葉、「我思う、ゆえに我あり」です。近代的な自我を確立させた命題といわれていますね。その思想的な萌芽が、イブン・スィーナーにはすでにあったのです。

その2
イブン・ルシュドはアリストテレスを精読し「二重真理」を考えた

イブン・ルシュド（1126－1198）はコルドバの人です。

彼はアリストテレスの文献を深く研究し、その注釈書を書いたことで有名です。ラテン語ではアヴェロエスと呼ばれています。彼はアリストテレスを読みながら、その哲学が「二重真理説」に立脚していると解釈しました。すなわち、世界には神（アッラーフ）が存在し、その信仰から得られる真理と、アリストテレスのような、卓抜した理性が構築したロジックがもたらす真理と、この2つの真理があるという考えに到達したのです。ここには、神の呪縛から自由になろうとする人間の意志を垣間見ることができます。

もちろんイブン・ルシュドは、この2つの真理が神の大きな意志の下にあるという、前提条件を置いています。ということは、二重真理とはいいがたい弱点もあるのですが。しかし彼は「二重真理」という論理に立脚し、アリストテレスの哲学を、わかりやすく注釈するという成果を残しました。そしてその成果もまた、イスラーム神学の構造をより精緻にすることに、大きく貢献したのです。

イブン・ルシュド
(1126－1198)

その3
2人の哲学者の生涯

イブン・スィーナーもイブン・ルシュドもムスリムです。そして偉大な思想家でもあり、優れた自然科学者でもありました。そして時代を代表する医学者であり有能な医師でもありました。それぞれイスラーム王朝の宮廷医を務めています。

イブン・スィーナーは中央アジアのブハラで青春時代をすごしながら、医学を学びプラトンやアリストテレスの哲学に出会い、それを学び始めたようです。しかしその生涯は幸福であったとはいえず、豊かな医術の腕と学識に恵まれながら、仕えていた王朝が滅ぼされたり、奴隷に裏切られたり、支配者に追われたりの人生でした。22歳頃にブハラを去った後は、カスピ海の東南海岸からイラン北部の諸王朝を、放浪しながら、多くの執筆活動を絶やさずに続けて、最後はテヘランの西南ハマダーンの地で、家族もないまま病死しています。

彼はイスラーム世界が生んだ最高の知識人として評価され、ヨーロッパの医学や哲学の世界に多大な影響を与えました。ヒポクラテス(BC460頃-BC370頃)やガレノス(129頃-200頃)の思想を体系化したイブン・スィーナーの医学書『医学規範』は、少なくとも16世紀末まで、西欧の医学校の標準的な教科書として利用されていました。

イブン・ルシュドはスペインのコルドバで法学者の家に生まれ、長ずるに及び、モロッコのベルベル人が開いたムワッヒド朝(1130-1269)の宮廷医となり、マラケシュに住んで医師として活躍しました。同時に哲学的な才能も開花

ヒポクラテス
(BC460頃-BC370頃)

ガレノス
(129頃-200頃)

させます。特にアリストテレスの著作を翻訳し、優れた注釈を加えました。彼の著作活動は、ヨーロッパのスコラ哲学者たちに大きな影響を与え、一派を形成するほどになります。

しかしムワッヒド朝は、突然に彼の著作を発禁とし、宮廷医の地位からも追放しました。そしてコルドバを追われた彼は、マラケシュで失意のうちに生涯を閉じています。

ところでイブン・スィーナーにはアウィケンナ、イブン・ルシュドにはアヴェロエスというラテン語の名前がつけられています。これはヨーロッパのキリスト教徒の哲学者や神学者たちが、ムスリムの著作から学ぶことにはなかなか素直な気持ちにはなれないので、名づけた名前でした。

なお、イブン・スィーナーについては加藤九祚《きゅうぞう》『中央アジア歴史群像』（岩波新書）に、イブン・ルシュドについては樺山紘一『地中海――人と町の肖像』（岩波新書）に、彼らの興味深い生涯と業績が紹介されています。豊かなイスラーム哲学の概要を学ぶためにはオリヴァー・リーマン『イスラム哲学への扉――理性と啓示をめぐって』（中村廣治郎訳、ちくま学芸文庫）がお薦めです。また、わが国には井筒俊彦『イスラーム哲学の原像』（岩波新書）という名著があります。

第8章(3)

イスラーム神学とトマス・アクィナスのキリスト教神学との

1 トマス・アクィナスの偉業

トマス・アクィナス（1225頃－1274）は、アリストテレス哲学とキリスト教神学の調和をはかり、キリスト教の教義の深化に大きな貢献をしたことで評価され、ローマ教会の聖人となっています。

この章では、トマス・アクィナスの哲学とイブン・スィーナーやイブン・ルシュドの哲学との関連について述べていきます。

アッバース朝の一大翻訳運動の成果は、スペインのイスラーム国家、後《こう》ウマイヤ朝（756－1031）にも伝わりました。後ウマイヤ朝が滅んだ後、キリスト教国のカスティージャ王国がトレドを再征服します（1085）。トレドはマドリード郊外にある古都でムスリムの拠点の一つでした。時のカスティージャ王アルフォンソ6世は、その地で押収したギリシャやローマの古典とイスラームの学者たちの著作を、すべてラテン語に翻訳することを命じました。ラテン語はその当時、西欧社会では知識階級の共通語でした。この翻訳活動に携わった学者たちは、「トレドの翻訳学派」と呼ばれました。彼らが翻訳した書籍の中に、イブン・スィーナーをはじめとするムスリムの著作も含まれていました。

トマス・アクィナス（1225頃－1274）

この翻訳作業によってアカデメイア・リュケイオン閉鎖以来、実に500年の歳月を経て、プラトンやアリストテレスがヨーロッパに復活したのです。ここから「12世紀ルネサンス」が始まります。

このギリシャ・ローマ古典の復活と、軌を一つにするようにしてヨーロッパでは、スコラ学が盛んになります。

スコラ学とはキリスト教の神学者によって確立された学問の方法です。それまでの教会や修道院での学問が、一方的にキリスト教の神学を教えて信じさせることが中心だったのに対し、スコラ学はロジックの学習と質疑応答を中心に据えました。学習の場所は、当時の都市に誕生し始めていた教場（スコラ）が中心であったために、スコラ学と呼ばれるようになったのです。スコラという言葉から今日のスクールが生まれます。もちろんスコラにおける質疑応答や理論学習は、神であるイエスの存在を認めることが大前提となっていました。

スコラ学の発展は、学問への欲求を拡大させていき、大学の誕生につながっていきます。11世紀末にボローニャ大学、12世紀前半にパリ大学が誕生しました。そしてパリ大学は、特にスコラ哲学の中心となります。また、対象となる学問の幅も拡がっていき、トレド翻訳学派の成果を踏まえてギリシャ哲学の研究も盛んになります。さらにギリシャ・ローマ時代に自由な学芸と呼ばれていた、リベラルアーツ（今日の教養学科）も加わるようになっていきます。

このように多岐にわたるスコラ学の中で、特に神学と哲学に関わる学問をスコラ哲学と呼びました。中でもドミニコ修道会士であったトマス・アクィナスは、偉大なスコラ哲学者であると評価されました。

その1

トマス・アクィナスは神の存在を宇宙論的に証明した

トマス・アクィナスは、ギリシャ哲学やイブン・スィーナーやイブン・ルシュドの著作を丹念に読み込んでいました。その成果を踏まえて神の存在を理論的に証明しようと努めます。

そこには次のような過程がありました。

当時も神の存在証明について、さまざまな議論がありました。それに対してトマス・アクィナスは、神とは何であるか、その本質がわからないので、神の存在証明を神の概念規定から始めることはできないと考えました。そんなときに、彼はアリストテレスの「4原因説」に出会いました。この学説を極めて乱暴に言い切ってしまえば、何であれ、一つの状態や存在が生まれるときは、必ずその原因がある。そしてその原因を大別すれば4つあるという学説です。何かが動くのは、何者かが押したからであるという理屈です。至極当然の理屈ですが、コロンブスの卵でもありました。

この学説に接してトマス・アクィナスはひらめきました。

地球は丸くて、そのまわりを太陽が回っている。だから朝がきて夜がくる。天動説です。同時代人と同じように、トマス・アクィナスもそのように考えていました。ところでアリストテレスは、「誰かが押すから机は動くのだ」と言っている。では、地球のまわりを回っている月や星や太陽は、誰がそもそも押したのか……。

そしてトマス・アクィナスは、すべての存在や状態をつくり出す根本の原因となる存在があると考えました。それを第一原因と名づけました。すなわち神に他なりません。トマス・アクィナスが考えた神の存在証明理論は、神の宇宙論的証明と呼ばれています。このようにして彼は、神の存在を明確化しました。

この理論展開のプロセスは、イブン・スィーナーの「無から有は生じない」から、アッラーフを想起する理論ととてもよく似ていると思います。

その2　「哲学は神学の端女《はしため》である」とトマス・アクィナスは喝破した

イブン・ルシュドは二重真理として、信仰の真理と理性の真理があると述べました。トマス・アクィナスは、アリストテレスやプラトンの哲学と、キリスト教神学を統一しようとしたとき、この二重真理説を巧みに活かしました。次のような論理展開です。

人間には理性があって、プラトンやアリストテレスに代表されるような哲学を生み出した。哲学を勉強すれば、世の中のことはすべて理性によって判断できる。人間のこと、社会のこと、動物とか植物などの自然界のこと。すなわち、僕たちが生きている世界のことは理性によって理解できる。しかし死後の世界のことは、死人に口なしでわからない。同様に宇宙のことも、誰も行ったことがないからわからない。これらを説明するのが、信仰の真理によって構築される神学である。

トマス・アクィナスは、哲学によって理解するこの世の真理と、神学によって理解するあの世と宇宙の真理があると考えました。当然のこととして、神学が哲学の上位となります。神は全能であり全人類を救う存在なのですから。このように整然と哲学の真理を神学の真理の下位に位置づけて、トマス・アクィナスは喝破しました。

「哲学は神学の端女《はしため》である」と。

端女とは、召使いの女という意味です。この言葉は次のことを必然的に導き出します。

この世では、信仰の僕《しもべ》であるローマ教会が神学の世界に最も近いので、一番権威ある存在なのだ、という理論です。結局、トマス・アクィナスはイスラーム神学の知見を拝借して、ローマ教会を天上の高みに位置づけました。いわば、イスラーム神学がキリスト教神学の教師となったというわけです。

中世の哲学の大系を、「哲学は神学の端女である」と位置づけてきれいにまとめてしまった集大成が、『神学大全』です。この本は、そのような観点で読むと、人間はなかなか賢いなと思わせてくれます。『神学大全Ⅰ・Ⅱ』（山田晶訳、中公クラシックス）は、原書の抜粋です。しかし、トマス・アクィナスの思想に触れるには、十分だと思います。山本芳久『トマス・アクィナス――理性と神秘』（岩波新書）もお薦めです。

ちなみに、トマス・アクィナスは、英明なローマ皇帝フェデリーコ2世（フリードリヒ2世。在位1220－1250）がおそらく世界最初の官僚養成校として開設したナポリ大学の出身者です。また、これまで述べてきた西洋の哲学については、熊野純彦『西洋哲学史――古代から中世へ』（岩波新書）が全体をよくま

フェデリーコ2世
（フリードリヒ2世。在位1220－1250）

とめていてお薦めです。

2 12世紀ルネサンスのこと

イスラーム世界からギリシャ・ローマの古典がヨーロッパに里帰りした時代を、12世紀ルネサンスと呼ぶことがあります。この言葉は20世紀の歴史学者、チャールズ・ホーマー・ハスキンズ(1870－1937)が命名しました。

この時代はギリシャ・ローマの古典の復活に伴って、学問や神学が発展したことが大きな導火線となりましたが、イスラーム(スペイン)の影響を受けて西ヨーロッパでは騎士道の文化も盛んになり、騎士道物語も誕生しました。『アーサー王物語』や『ローランの歌』などです。また、天を突くゴシック建築も開発され、パリのノートルダムに代表されるような大寺院が次々と建築されました。マリア信仰が盛んになったのも、この時代です。

この時代は地球の温暖化が進んだことで農作業も活発になり、新しく三圃式《さんぽしき》農業のような耕地の改革が行われたり、シトー修道会のように積極的に農地開墾運動を進める宗教集団も登場したりして、生産力が上昇しました。

チャールズ・ホーマー・ハスキンズ(1870－1937)

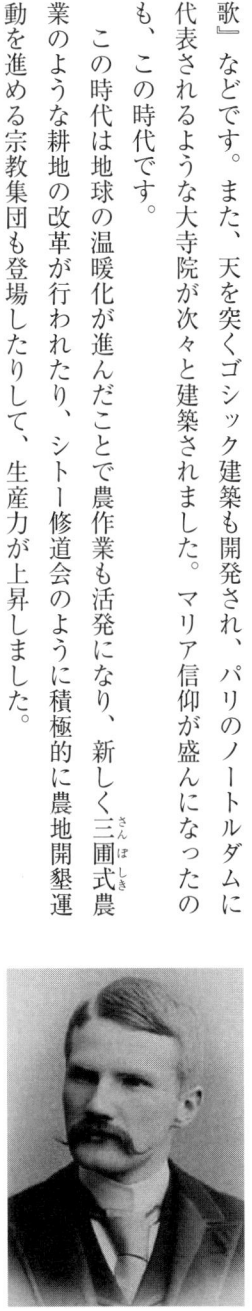

このことが文化的な活動を積極的に後押しする大きな原動力となったのです。14世紀にやがて訪れるイタリア・ルネサンスの大波につながる第一波、それが12世紀ルネサンスでした。

NORTH PACIFIC OCEAN
Sea of Japan
Okhotsk
Bhering Sea
AMERICA
CHINA
Saghalin
Jesso
Aleutian Is
Kamtschatka
Vancouver I.
Sandwich Is
Philippine Is
Formosa
Luzon
Hainan
Canton
Pekin
Yellow Sea
Loo Choo Is
Bonnin Is
Wake I.
Necker I.
Cooper I.

第8章（4）

1 密教はあなただけに密かに教える仏教

632年、ムハンマドが世を去った頃に、インドでは密教が盛んになります。密教は、インドの民間の呪術的な祭典やヒンドゥー教を模倣しながら誕生しました。

仏教の変遷を振り返ってみると、最初に自らの悟りを求める原始仏教が誕生し、上座部《じょうざぶ》と大衆部《だいしゅぶ》に分裂した後、それを批判する形で多くの人々を救う乗物になるのだという考えから、大乗仏教が創始されました。わかりやすく、信じやすく、ということでヒンドゥー教に多くのことを学んだのです。そして、「南無阿弥陀仏」と唱えれば極楽に行けると説いたのです。

しかしそれは結局、ヒンドゥー教のシヴァ信仰やヴィシュヌ信仰のエピゴーネン（亜流）にすぎません。そこに大乗仏教の限界があり、インドでは伸び悩みます。

ここで仏教は苦境を打開するために考えました。そして先祖返りを始めます。もともと仏教の教えは下層民対象の宗教ではなかった。都市部の上流階級に信者が多かった。その原点に戻ろうとしたわけです。そして大毘盧遮那成仏神変加持経《だいびるしゃなじょうぶつじんべんかじきょう》（大日経《だいにちきょう》）という宇宙を統《すべ》る大日如来（毘盧遮那仏《びるしゃなぶつ》）を賛美した経典や、秘密儀則を詳述した金剛頂経を創作しました。この秘密儀則とは、呪文を唱えながらさまざまなおまじないの行為を実践することによって、何かを祈り実現させようとするものです。

密教では遠大な理想を説く大日経の教えと、金剛頂経の世俗な願いを実現させる呪術的な儀式を、お金持ちを中心に布教しました。

「あなたは立派な人ですから、そっとあなただけに尊い教えをお授けします。秘密のお祈りをいたしましょう」

そういう布教方法で、密教は上流階級から浸透していきました。なお、密教に対して他の仏教を顕教と呼んでいます。

密教を完成させた人々は、強い情熱を持って布教しようとしました。インドだけではなく、中央アジアから中国に布教しようとします。しかし7世紀の頃、中央アジアはすでにイスラーム教の世界になっていたのです。その世界に出かけて行って、私たちは新しい密教の教えを布教したい、などと説明しても入国は許されないでしょうし、最悪の場合、迫害されたかもしれません。唯一神のアッラーフの世界なのですから。中国への海の道は開かれていましたが。

布教者たちの中には、ヒマラヤ山脈を越える難路を選んだグループもありました。そしてチベットに至った彼らは、その地で大乗仏教の僧たちと対立します。そこで両者はチベットで、宗論を戦わせ、お互いの優劣を競うことになりました（サムイェー寺《じ》の宗論《しゅうろん》。794）。

当時のチベットを支配していたのはトゥプト（吐蕃）という王朝です。その地にいた大乗仏教（禅）の僧は、トゥプトが西域の敦煌《とんこう》を占領したときにチベットへ招聘《しょうへい》した中国人の僧です。新しい教えを布教したいという情熱の力で、インド僧は中国僧を圧倒してしまい、教義の論争よりも意欲の点で密教側が勝利します。このときからチベット仏教は密教の世界になりました。

中国における密教の発展は、現代の北京にも名残りを留めています。大都《だいと》（北京）を建設したモンゴル世界帝国の大元ウルスが、チベット仏教を受容したからです。さらに中国最後の王朝となった満洲族の清も、チベット仏教を受容しました。ちなみに満洲とは密教における知恵を司《つかさど》る菩薩《ぼさつ》、文殊《もんじゅ》（菩薩）から採った名称です。文殊は世界の東方を司る菩薩なので、中国の東方に住んでいた自分たちの一族を、文殊（サンスクリット語ではManju マンジュ）と呼び、その発音に合わせて満洲と書いたのです。このような由来から、北京にある寺院のほとんどはチベット仏教の密教寺院となりました。

仏教の発展の歴史は密教の登場で完成します。なお、インドではイスラーム教が入ってきたときに、寺院が破壊されて仏教は滅びました。インド仏教が大衆に根を下ろさず、都市部のインテリ層の宗教であったからです。外敵が侵入してきたときに、真っ先に叩かれるのはどこの国においても、大衆の上にいる支配層と彼らを支持するお金持ちや知識階級です。

ところで、仏教の発展過程と、東南アジアへ広く流布していったプロセスは一致しませんでした。誕生の順番からいえば、上座仏教、大乗仏教、密教です。しかし流布した過程は、第1波が紀元前後で、大乗仏教が中央アジアからシルクロードを経由して、中国に入りました。第2波が7世紀頃で、密教によるチベットへの布教。そして、モンゴルや満洲へと拡がりました。第3波は11世紀、上座仏教がスリランカからミャンマー（ビルマ）に伝わったときでした。11世紀にミャンマーにパガン朝（１０４４－１２９９）が成立したとき、新しい君主は旧支配層が帰依していた大乗仏教ではない新しい仏教を求めました。そしてスリランカで信仰されていた上座仏教を、ミャンマーに導入したのです。そしてこの上座仏教は13世紀に、タイやカンボジアに伝わりました。

考えてみると、仏教は不思議な宗教です。誕生の地インドにはほとんど面影を残さず、大乗仏教や密教がわが国や中国、チベットの地で栄えています。そして一番古い上座仏教が、東南アジアでがんばっています。その東南アジアが、一方では世界で最もイスラーム教徒の人口が多い地域になっています。そして東南アジアのGDP（国内総生産）は、着実に上昇中です。イスラーム世界のこれからの動勢を考えるとき、中東の混乱だけに注目するのではなく、東南アジアの宗教の現状を注視していくべきだと思います。

2 イデオロギー化した儒教、新儒学と呼ばれた朱子学と陽明学

諸子百家の一つ、儒家の教えを基本として孔子を祖とする儒教は、中国の各王朝の正統的な教学として発展してきました。しかし一つの思想や宗教と呼ぶには、あまりにもさまざまな異説が存在しており、体系化された教えとはいいがたい側面が多々ありました。

たとえば、儒教の教えは、宇宙論やあの世のことには、ほとんど言及していま

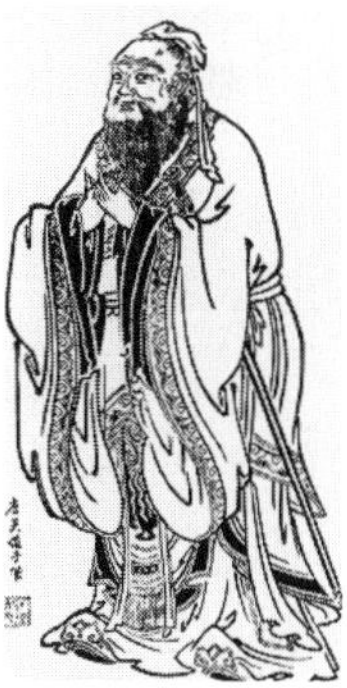

孔子（BC552－BC479）

せんでした。

儒教が最も大切にしたのは、「修身《しゅうしん》・斉家《せいか》・治国《ちこく》・平天下《へいてんか》」という教えでした。自ら修行し、家を整え、地域を治め、天下を平らかにせよ、ということで、儒教はいわばこの世を渡る具体的な処方箋ばかりを教えていたのです。


ところが、西方から中国に入ってきた仏教は、宇宙論やあの世のことをも語っているのです。たとえば、西方浄土《さいほうじょうど》には阿弥陀如来が治める世界があり、東方の浄瑠璃《じょうるり》世界は薬師如来が治めています。

また道教も、あの世のことを豊富に語っています。神仙思想があり、巨大な鳥である大鵬が飛翔する世界があります。宇宙や天上界については何も考えていないように思われた儒教は、なんだかスケールが小さい教えだというイメージがあったのです。

朱子（１１３０－１２００）が大成させた朱子学は、このような儒教の弱点を仏教の論理的な側面や道教のイマジネーションなどを上手に借用して、一つの壮大な体系として儒教を再構成したものだ、と定義づけていいと思います。

朱子は二程子の「性即理」の論理を発展させ、「理気二元論」を確立した

朱子に先立つこと１００年ほど昔、宋の時代の洛陽に程顥《ていこう》（１０３２－１０８５）と程頤《ていい》（１０３３－１１０７）という兄弟の儒学者がいました。

世に二程子《にていし》と呼ばれた２人の大きな学問的な業績は、「性即理」という考え方を構築したことでした。

二程子は、人間は素晴らしい本性を持っていると考えました。そしてこの本性は天の理、すなわち宇宙の真理と同じものであると、考えたのです。朱子は、この二程子によって確立された性即理という論理を中核として、儒教の体系を再構築しようと考えます。

そして性即理の論理を、次のように解釈したのです。

「世の中を律する人間の本性と天上界を律する天の理は、同じものである」

世の中を律する人間の本性と、天上界を律する天の理が同じなら、人間の本性が世の中を律しても何の誤りもないという理屈が成立します。

そのように考え、朱子は「理気二元論」を構想しました。

理というのは宇宙の真理であって、人間の本性、すなわち精神です。プラトンが考えた永遠不変の実在、イデアと類似します。気とは気体状の粒子のような物質です。それは万物に内在します。この粒子状の存在物である気が、理に従って揺れ動きます。そして人間の理に従って、気は人間を形成し、犬の理に従って犬を、樹木の理に従って樹木を形成すると、朱子は考えました。

理に主導されて気が働き、理を媒介として万物が生成され継承されるのであれば、理の存在は遺伝子と似た存在のようにも思えます。そして理は当然、正しい遺伝子ですから、マイナスの因子や悪い遺伝子は継承されにくいことになります。ところで、人間がつくり出す歴史に、このような「理気二元論」をあてはめる

程顥《ていこう》(1032－1085)

程頤《ていい》(1033－1107)

と、どうなるでしょうか。

朱子は「理気二元論」によって漢民族の中国支配を正当化した

理気二元論で考えれば、理が誤ったものを継承することはまずありません。とすれば今の世界もまた、正しいものが継承されなければならない、そういう理屈になります。当時の世界に存在していた身分制度や君主政は当然に継承されます。では、その遺伝子的な正しさは、どこから継承されるのか。朱子は中国最初の統一王朝、漢であると考えました。

朱子が生まれた南宋（1127－1279）は漢民族の国です。宋を江南に追った北の金は、女真族《じょしんぞく》の国です。つまり、朱子にいわせれば、金は正統な政権ではないのです。正当な政権は南宋なのです。さらに朱子は、漢が滅びた後の三国時代に、優れた政治家であった曹操《そうそう》が開いた魏《ぎ》を認めず、弱小国の蜀《しょく》が正統であると主張しました。それは蜀の皇帝である劉備《りゅうび》が、漢室の血を引いていたからです。こうして朱子は、歴史にイデオロギーを持ち込みました。

わが国の南北朝において、弱小であった南朝が後の世（明治時代末期）に正統とされたのも、元はといえばこの朱子の考え方に則っているのです。歴史を学問として把《とら》えれば、北朝が正統であることは疑いようのない事実であるのですが。

このような朱子の考え方は革新的にはなりえず、一貫して現状維持であり漢民族中心でしたから、中国の為政者にとっては最強の理論的根拠を与えるものとなっていきます。

朱子の人生と朱子学の評価の変遷

唐（６１８－９０７）が滅んで中国が多くの国に分裂した五代十国《ごだいじっこく》（９０７－９６０）時代の後、宋が建国されました（９６０）。宋は水陸交通の要衝である開封《かいほう》に都を置き、北方の強力な遊牧民国家キタイ（契《きっ》丹《たん》）とは巧みな和平協定（澶淵《せんえん》の盟）を結び、繁栄を続けました。しかしそのキタイと対抗する形で登場してきた金（女真族、１１１５－１２３４）とは、外交政策の失敗により北半分を軍事占領されて長江の南へ逃げ、揚子江の河畔にある南京（現在の商丘）を都として新たな国を開きました。それは１１２７年のことで、これより後の宋を、南宋と呼んでいます。都は、やがて臨安（杭州）に遷されました。

朱子は１１３０年に、福建省で誕生しました。彼の父は宋の役人でしたから、宋の王族たちと一緒に南へ逃げてきたのです。父の名前は朱松《しゅしょう》でした。朱子の本名は朱熹《しゅき》で、朱子は後世につけられた尊称です。朱子の父は、程顥や程頤の流れを汲《く》む学徒でもありました。朱子も長ずるに及んで南宋の役人になりますが、やがて学者としての発言が多くなっていきます。

朱子が南宋の官僚や学者として政治に参画していた頃の政情は、金との抗争にいかに対処すべきかが最大の課題でした。早い話が和平か戦争か、です。朱子もいくつかの論争に巻き込まれています。そして人生の最後は、官位を剝奪され、著書もすべて発禁とされた状態で迎えています（１２００）。漢民族の中国支配が正統であると考える彼の思想から推察すれば、朱子は金と戦うことを主張していたと思います。彼は論争に敗れた状態で死を迎えたのですが、朱子学は死にま

朱子（1130－1200）

せんでした。

南宋では朱子の死のおよそ25年後に、5代皇帝、理宗（在位1224－1264）が登場します。彼はモンゴルと組んで宿敵の金を滅ぼしますが、やがてモンゴルとの戦いに苦しみます。そのような状況の中で理宗は朱子の教えを高く評価し、彼の弟子を登用しました。そればかりではなく、朱子は国の至宝とも言うべき大儒であるとして、孔子廟に孔子と孟子とともに奉《たてまつ》られていた王安石（1021－1086）を、朱子と入れ換えてしまったのです。

王安石はその優れた献策（重商主義。新法）によって、保守層（旧法）を退け宋の国難を救った大政治家です。そればかりではなく儒学にも、深い素養を持っていた思想家でした。理宗の行動はずいぶん思い切ったものでした。

王安石がそのまま奉られていたら、中国の近代化はもっと早く実現していたと嘆く向きもあるほどです。ともあれ、このときから、朱子は孔子や孟子に次ぐ大儒となります。やがて儒家の世界では朱子学が、新儒学と呼ばれる存在になります。そしてこのときから、儒教のステージが変わります。人生の考え方や社会の約束ごとや道徳を教える位置づけから、体系化されてイデオロギー化された存在になっていくのです。

話は少し横道に逸《そ》れますが、小島毅『天皇と儒教思想――伝統はいかに創られたのか？』（光文社新書）という本があります。これは明治国家が天皇を中心と

王安石（1021－1086）

する国づくりを行う上で、いかに儒教の体系的なイデオロギーを借用して制度づくりに励んだかを明証したものです。

逆にいえば、わが国の神道は、あまりにも没理論的で天皇制の創出には役に立たなかったということです。朱子以降の儒教は精緻な理論構築を行っていたのです。朱子について学ぶには、木下鉄矢『朱子――〈はたらき〉と〈つとめ〉の哲学』（書物誕生あたらしい古典入門シリーズ、岩波書店）がお薦めです。

朱子の「格物致知《かくぶつちち》」という論理について

ところで、王安石は唐宋八大家《とうそうはちたいか》の一人と呼ばれたほどの、文章と書の達人でした。おもしろいことに朱子の書は王安石とよく似ているのです。

それは朱子の父が、王安石の書を集めてきて朱子に見せ、お手本にさせたからでした。王安石の書はそれほどまでに有名だったのです。その朱子が王安石を孔子廟から追い出す結果になったのは、皮肉な感じがします。

さて、朱子は事物の本性は理であると考えました。そこから理気二元論を主張したのですが、同時に人は「格物致知」を学ぶべきであると述べました。

格物致知とは、万物にはそれぞれの理がある。したがって万物をよく観察し探究すれば、世界の全体の理が理解できる、ということです。理を遺伝子にたとえれば、万物の遺伝子がわかれば万物の成り立ちがわかる、と述べたのですが、遺伝子の存在はまだ知られていない時代の話です。朱子の「格物致知」は、考え方としては正しいことを言っていたのです。

格物致知を実行に移した王守仁《おうしゅじん》の話

朱子が世を去ってから270年ほど後、明の時代に王守仁（王陽明、1472－1528）という思想家が登場します。

彼は理気二元論に基づいて、格物致知を究めようとしました。具体的にどんな行動を取ったのか。彼は庭の竹林の前に座り、7日7晩にわたって竹を見つめていたのです。そうやって竹の理とは何か、を一心に考えました。それは竹を見つめるうちに感じ取れるものなのか。しかし7日7晩の努力もむなしく、何一つ得るものはなく、王守仁は疲労して倒れてしまいました。

けれども、王守仁は大きな収穫に恵まれました。竹の理は感じられませんでしたが、竹をじっと見つめていた自分の存在だけは確かにあったのだ、という事実です。このあたり、「我思う、ゆえに我あり」で、まさにデカルトと同じ発想です。しかも、デカルト（1596－1650）より、100年以上も早いのです。もっとも、同じ発想をしたイブン・スィーナー（980－1037）は、デカルトより600年以上も早いのですが。そして王守仁は、信奉していた朱子の理論である性即理、事物の本性が理なのではなく、人間の気持ちこそが理なのではないかと考え始めます。すなわち「心即理」です。そして王守仁は、朱子の学説に対して心即理を基本的な概念とする、彼自身の学問を打ち立てていきます。それは「陽明学」と呼ばれました。陽明とは、王守仁の尊称です。王守仁について学ぶには、『伝習録』（溝口雄三訳、中公クラシック

王守仁（王陽明、1472－1528）

ス）がお薦めです。

朱子学は、性即理→格物致知→知先行後。陽明学は、心即理→致良知→知行合一

王守仁の学説についてもう少し話します。

朱子は性即理と述べ、理気二元論に立脚してさまざまなことを学んで世界の理について知り、それがわかったら行動すればいいと考えました。知ること、学ぶことが優先され、行動はその後でいい、「知先行後」という考え方です。

それに対して王守仁は、理は心にあると考えました。その心の中には良知があると。人間の本性にはよい知恵があるのだ。自分自身をきちんと把握すればよい知恵に至るのである。だから自分の気持ちこそが大切なのであって、自分の気持ちに正直に行動すればいい。格物致知などといって、あれもこれもその本質まで考えていたら、人間は何も行動できない。そのように考えて、王守仁は「知行合一」を主張しました。学んだら即行動せよ、という教えです。

竹林と向き合うこと7日7晩、というエピソードは王守仁が朱子の論理を批判するために、つくったものだと考えられています。国会中継などで、議員の指摘に対して官僚が答える際の定番となっている言葉があります。

「先生のご指摘はよくわかりました。十分に勉強して善処いたします」

もちろん何もしないことの代名詞になっているセリフです。このように「勉強する時間」を言い訳にして、中国の明代の朱子学者は実践をおろそかにしました。さらに、学問をよい政治に役立てる行動の武器にするのではなく、自分の立身出世と保身のために、「格物致知」の論理を悪用する風潮が目立ち始めていました。

王守仁は、その風潮を批判するとともに、朱子の学問の不完全さを是正することを目指しました。王守仁の学問は、その意味では、朱子という巨人の肩に乗って、彼を乗り越えようとしたものでした。古今東西の哲学者が、いつも先達の哲学を超えようとしたのと同様に。

なお朱子学と陽明学は、明の時代以降、中国が社会主義政権となるまで、中国の思想界の中心に位置していました。また日本では、後醍醐天皇が朱子学を熱心に学び、江戸幕府の統治理論の中心には朱子学が置かれました。王守仁の陽明学は大きな潮流にはなりませんでした。

付記すれば朱子の曾孫《ひまご》の朱潜《しゅせん》（1194－1260）は、モンゴルの征服を恐れて1224年に高麗《こうらい》に亡命しています（新安朱氏《しんあんしゅし》）。そして高麗に続く李王朝では、朱子学が国を治める思想として19世紀の末期まで、大きな影響を朝鮮に与え続けました。林羅山《はやしらざん》（1583－1657）に始まる江戸幕府の大学頭《だいがくのかみ》、林家はこの朝鮮の朱子学を熱心に学び続けたのです。

朱子学と陽明学

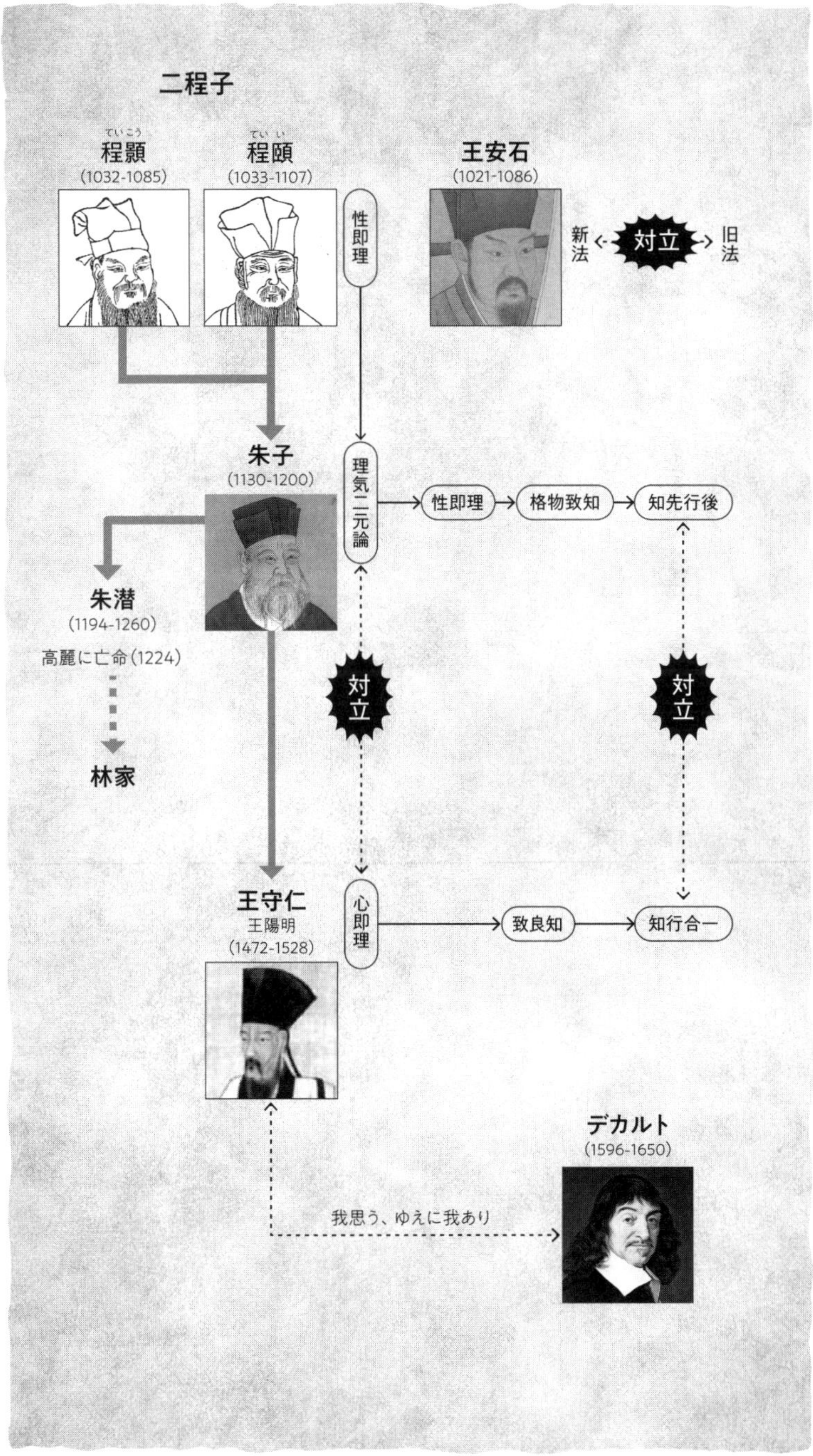
二程子
程顥《ていこう》
(1032-1085)
程頤《てい い》
(1033-1107)
王安石
(1021-1086)
新法
対立
旧法
性即理
理気二元論
朱子
(1130-1200)
性即理
格物致知
知先行後
朱潜
(1194-1260)
高麗に亡命(1224)
林家
対立
対立
王守仁
王陽明
(1472-1528)
心即理
致良知
知行合一
デカルト
(1596-1650)
我思う、ゆえに我あり

第9章

ルネサンスと宗教改革を経て哲学は近代の

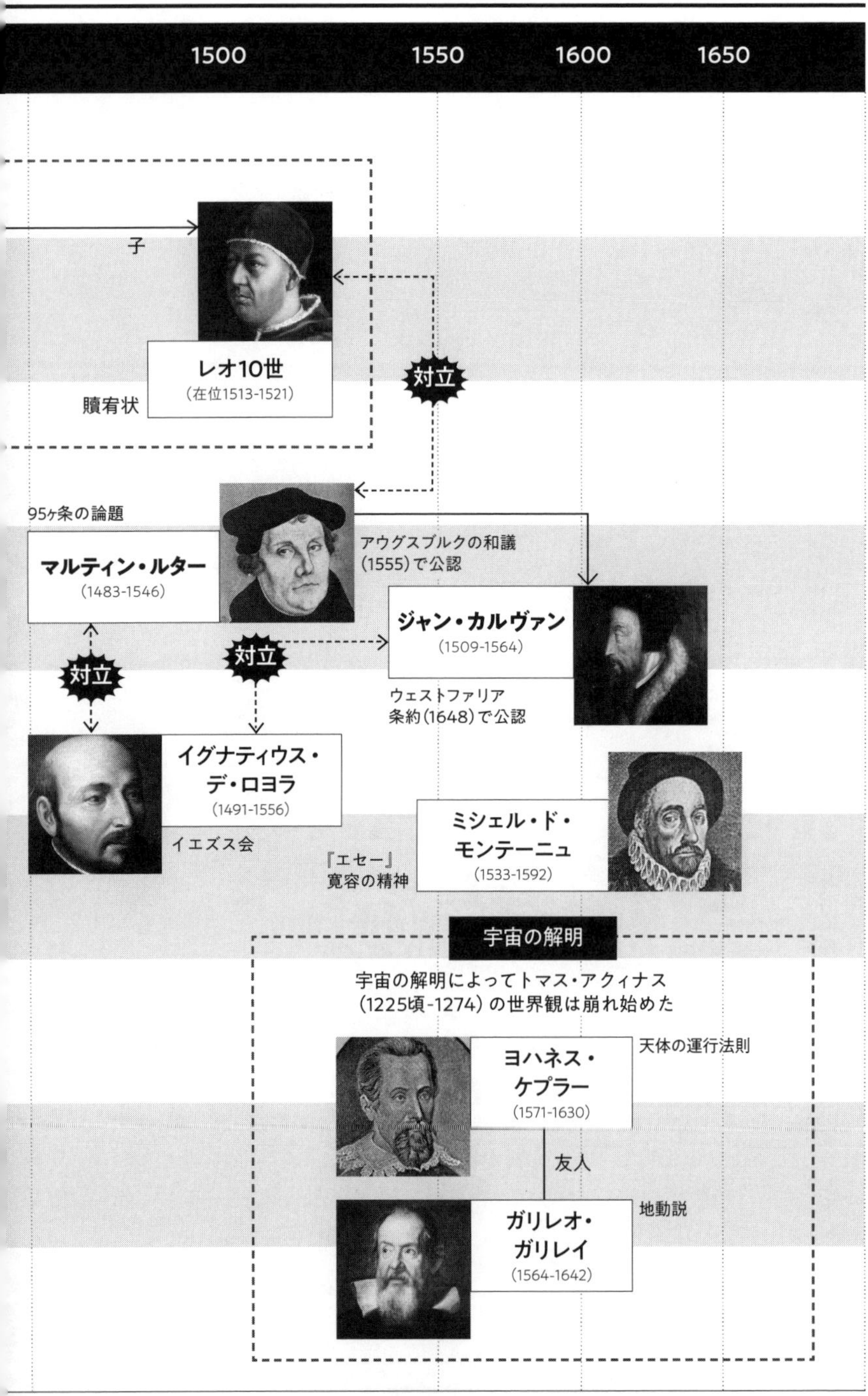
1500
1550
1600
1650
子
レオ10世
（在位1513-1521）
贖宥状
対立
95ヶ条の論題
マルティン・ルター
（1483-1546）
アウグスブルクの和議
（1555）で公認
ジャン・カルヴァン
（1509-1564）
ウェストファリア
条約（1648）で公認
対立
対立
イグナティウス・
デ・ロヨラ
（1491-1556）
イエズス会
ミシェル・ド・
モンテーニュ
（1533-1592）
『エセー』
寛容の精神
宇宙の解明
宇宙の解明によってトマス・アクィナス
（1225頃-1274）の世界観は崩れ始めた
ヨハネス・
ケプラー
（1571-1630）
天体の運行法則
友人
ガリレオ・
ガリレイ
（1564-1642）
地動説

ルネサンスと宗教改革

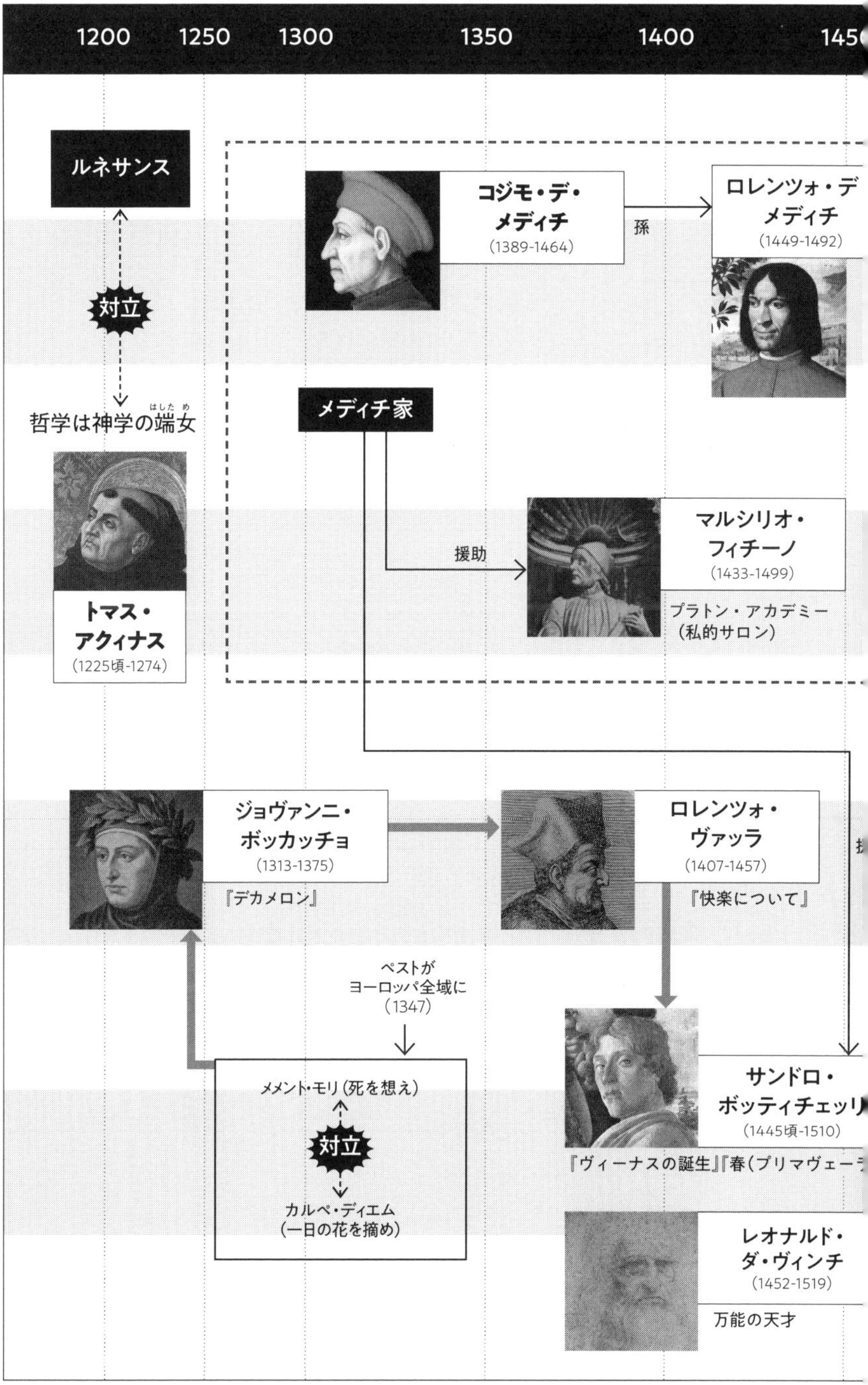
1200
1250
1300
1350
1400
145
ルネサンス
対立
哲学は神学の端女《はしため》
トマス・アクィナス
(1225頃-1274)
コジモ・デ・メディチ
(1389-1464)
孫
ロレンツォ・デ・メディチ
(1449-1492)
メディチ家
援助
マルシリオ・フィチーノ
(1433-1499)
プラトン・アカデミー
(私的サロン)
ジョヴァンニ・ボッカッチョ
(1313-1375)
『デカメロン』
ロレンツォ・ヴァッラ
(1407-1457)
『快楽について』
ペストがヨーロッパ全域に
(1347)
メメント・モリ(死を想え)
対立
カルペ・ディエム
(一日の花を摘め)
サンドロ・ボッティチェッリ
(1445頃-1510)
『ヴィーナスの誕生』『春(プリマヴェー
レオナルド・ダ・ヴィンチ
(1452-1519)
万能の天才

スコラ哲学が盛んになっていった頃、パリの南西部にあるシャルトル大聖堂の附属学校の教師だったベルナールは、次のような言葉を残しました（原文はラテン語）。

「Standing on the shoulders of giants.」

人間は巨人の肩の上に乗っているから遠くのものを見ることができる、という意味です。自分たちの存在は小さいけれど、先人たちの偉大な学問の業績という巨人の肩に乗っているのだ、だからこそそれにプラスオンして何かしらの学問の業績を残せるのだと言いたかったのでしょう。

この章では、ルネサンスとそれに続く宗教改革の過程で、哲学や宗教が残した成果に則《のっと》って、近代の合理性追求への萌芽が生まれてきた足跡を辿《たど》っていきます。

1 ルネサンスの哲学的な収穫は？

ルネサンス Renaissance はフランス語で「再生」の意味です。

ルネサンスを呼び起こしたのは何かといえば、前章で説明したようにギリシャやローマの古典がイスラーム世界を経由して大量にヨーロッパに入ってきたことが、第一です。

極端にいえば、書物といえば聖書とキリスト教関係の著作しかなかったヨーロッパに、ギリシャやローマの哲学や文学、そして自由学芸（リベラルアーツ）と呼ばれた文法や論理学、修辞学、数学や幾何学、天文、音楽などの書物が、続々と流入してきたのでした。

１３４７年、南イタリアに上陸したペストも、ルネサンスを呼び起こす大きな原動力となりました。黒死病とも呼ばれたこの疫病は、数年のうちに北欧や東欧にまで拡大し、ヨーロッパ全域の人口の約3分の1を死滅させました。ペストの猛威にさらされた人たちは、どのような死生観を抱いたでしょうか。

一つはメメント・モリ（死を想え）という言葉に代表される考え方です。こんなにも儚《はかな》い人生なのだから、きちんと敬虔《けいけん》に生きようと考える生き方です。神にすがる生き方ともいえます。

逆にもう一つの生き方も登場してきます。いつペストの犠牲になるかわからないし、ペストに感染したら神様も助けてはくれないのだから、この人生を楽しく生きようぜという考え方です。神の手から自分の人生を解放していく生き方です。

「一日の花を摘め（カルペ・ディエム）」、つまり「今この瞬間を楽しめ」、という意味の言葉も人々の口の端《は》にのぼりました。このような立場から書かれた『デカメロン』という物語集があります。作者はダンテの理解者であったイタリアのジョヴァンニ・ボッカッチョ（１３１３－１３７５）です。ここには神への畏《おそ》れや敬愛の姿勢は、ほとんど出てきません。

神にすがるか、神の手を離れるか。ペストというすさまじい疫病の流行は、ギリシャやローマの古典の復活とともに、人間に神と人の生き方の関係を考え直させ、ルネサンスの潮流を呼び起こす大きな引き金となりました。

ジョヴァンニ・ボッカッチョ
（1313－1375）

ルネサンスの中心は15世紀のイタリアでした。この1400年代のイタリアを、美術史の世界では「クアトロチェント」と呼び、絵画芸術を中心に大輪の花が開いた時代として重要視しています。

では、哲学の世界ではどうだったのでしょうか。

残念ながら偉大なる哲学者として、その学説が今日まで残っているような人物は登場しませんでした。

万能の天才、レオナルド・ダ・ヴィンチ（1452－1519）は、自然を観察する能力の卓抜さにおいては哲学者であったかもしれませんが、むしろ思索する人であるより、観察し創造する人で、やはり芸術家だったと思います。

あえて哲学者らしい人を挙げれば、ロレンツォ・ヴァッラ（1407－1457）とマルシリオ・フィチーノ（1433－1499）でしょうか。この他に、『君主論』（河島英昭訳、岩波文庫）の著者であるニッコロ・マキアヴェッリ（1469－1527）という注目すべき思想家が生まれています。

マキアヴェッリは、元来は共和主義者でしたが、小国が分立し、フランスをはじめとする大国の干渉を受けて混迷を深めるイタリアの政治状況を打開するために君主政を唱えたのです。その背景には、チェーザレ・ボルジア（1475－1507）という理想の（理想的に見えた）君主の存在がありました。レオナルド・ダ・ヴィンチもチェーザレに仕えています。

レオナルド・ダ・ヴィンチ
(1452－1519)

ロレンツォ・ヴァッラ
(1407－1457)

マルシリオ・フィチーノ
(1433－1499)

その1

ロレンツォ・ヴァッラの業績が社会に与えた影響

ローマ教会の聖職者であったロレンツォ・ヴァッラは、2つの業績で宗教界と芸術界に、大きな影響を与えました。それは必ずしも哲学的な成果とはいえないかもしれませんが。

一つはローマ教会が大切にしてきた「コンスタンティヌスの寄進状」という書状を、偽書であると完膚なきまでに挙証したことです。

330年、時のローマ皇帝コンスタンティヌス1世は、帝国の都をローマからビザンティウム（後のコンスタンティノープル）に移しました。その遷都の際に、コンスタンティヌス1世がローマ教皇に宛てて出状したとされる手紙が「コンスタンティヌスの寄進状」です。その内容は、「ローマ皇帝である自分は東方のビザンティウムに遷都する。西方についてはローマ教皇に全権を委ねるので、自由に支配してほしい」というものでした。要は、ローマ皇帝がローマ教皇に西方世界の統治権を譲渡する、ということです。

ローマ教皇は、その後、カロリング朝の初代国王のピピン3世から、領土の寄進を受けました（756）。イタリア中央部のかなり広い領域です。さらにはピピンの子であるシャルルマーニュに、ローマ皇帝として戴冠しています（800）。

ニッコロ・マキアヴェッリ
（1469－1527）

チェーザレ・ボルジア
（1475－1507）

ローマ教会が自分の領土を所有したこと。東のコンスタンティノープルのローマ皇帝が役割を終えたとして、新たにローマ皇帝を戴冠したこと。このように明らかに東方のローマ帝国を無視する行動を取れたのも、この「コンスタンティヌスの寄進状」という金科玉条があったからです。

ここで、コンスタンティヌス1世について、思い起こしてください（↓201ページ以降）。彼は三位一体説をめぐる宗教論争の際に、公会議を主催して三位一体説を認めたものの、自分自身は今《いま》わの際《きわ》に、キリストは人の子であると説くアリウス派の洗礼を受けた皇帝でしたね。その彼が都から遠く離れたローマ教皇を尊重していたかどうか。それを証明する史実はありません。第一、その時代に権威を持ったローマ教皇がいたかどうかも実証されてはいないのです。「コンスタンティヌスの寄進状」については、昔から多くの人たちが疑わしいとは思っていました。しかし論証できなかったのです。

15世紀になって、ついにロレンツォ・ヴァッラがこの寄進状を偽書だと断定したのですが、それは実に簡単な、けれども真に学術的な方法によってでした。彼は寄進状に使われている言葉をていねいに分析したのです。すると、そこに使用されている言葉や言い回しが、コンスタンティヌス1世の時代に使用されたものではなく、ローマ教皇がピピンの寄進を受けた8世紀の言葉や文体であることを、文献学的に論証したのでした。合理的、近代的な学問が登場したのです。

コンスタンティヌス1世
（在位324－337）

その2 ヴァッラの『快楽について』と『ヴィーナスの誕生』

ロレンツォ・ヴァッラは『快楽について』（近藤恒一訳、岩波文庫）という本も執筆しています。彼はこの本の中で愛について、精神的な純愛だけではなく性愛も素晴らしいものであると、堂々たる論理展開で主張しました。併せて、人間の体は美しいものであると主張しました。

『快楽について』が執筆されてから約50年後に、あのサンドロ・ボッティチェッリ（1445頃−1510）の名作『ヴィーナスの誕生』や『春（プリマヴェーラ）』が生まれました。女性の裸体の美しさを讃える思想が堂々と書かれる時代があって初めて、あのような華麗で生命感にあふれた名作が誕生したのだと思います。換言すれば、ロレンツォ・ヴァッラは神の手から人間を取り戻す、素晴らしい理論武装を与えてくれた哲学者であった、といえるかもしれません。

その3 フィチーノとプラトン・アカデミー

イタリア中部の都市フィレンツェは、ルネサンスの一大中心地となりました。その市政を支配していたのは、一大金融業者であったメディチ家です。メディチ家のコジモ・デ・メディチ（1389−1464）は、自分が当主であった時代に、マルシリオ・フィチーノ（1433−1499）という若い学者の才能を見

コジモ・デ・メディチ（1389－1464）

込んで別荘を与え、プラトン全集のラテン語への翻訳を行わせました。

やがてこの別荘は、学者たちや芸術家のサークルのようになっていきます。コジモの孫、ロレンツォ・デ・メディチ（１４４９－１４９２）が当主の時代になると、このサークルはますます発展し、いつしか誰呼ぶともなく、「プラトン・アカデミー」と呼ばれるようになっていきました。

もちろんこの呼称は、プラトンが設立したアカデメイアに倣《なら》ったものです。しかし、メディチ家に本格的な大学をつくろうとする意図はなく、あくまでもフィチーノの私的なサークルであり、プラトンのアカデメイアやアリストテレスのリュケイオンと比較すれば、組織も何もない、サロンのような飲み会であったようです。しかし、このプラトン・アカデミーは、当時の有識者や芸術家の広場にも似た存在になり、ルネサンスのエネルギーの源泉の一つとなりました。

また、現代、アカデミーという言葉が広く使われるようになる契機をつくったのは、フィチーノのプラトン・アカデミーでした。彼の業績は、哲学者としては評価しにくいのですが（新プラトン主義の継承者といわれていますが、魔術や神秘思想にも通じていました）、結果的に彼が中心となったプラトン・アカデミーが、ルネサンスに及ぼした影響の大きさを考えると、やはりルネサンスの時代をつくった一人の知識人として名前を挙げておきたいと考えます。

マルシリオ・フィチーノ
(1433－1499)

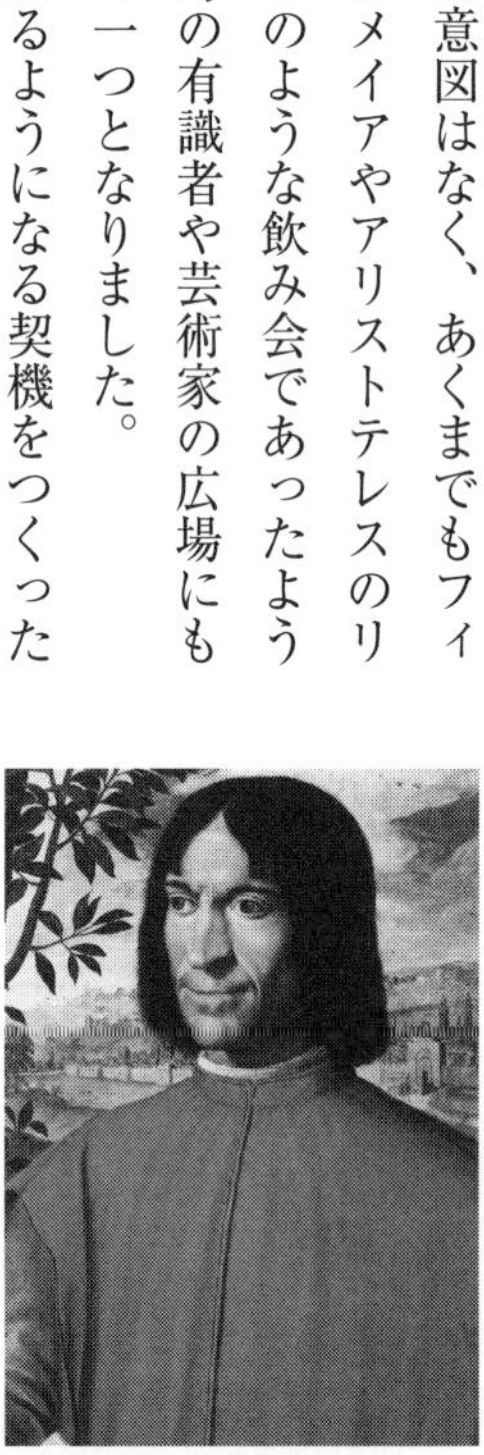

ロレンツォ・デ・メディチ
(1449－1492)

その4
「寛容の精神」を説いたモンテーニュ

年代から見るとフィチーノ（１４３３－１４９９）より１００年ほど後になるのですが、「モラリスト」と呼ばれたミシェル・ド・モンテーニュ（１５３３－１５９２）がフランスに登場します。彼の思想はルネサンスの人間性の復活と深く関係すると考えるので、ここで取り上げます。

なお、モラリストとは、17世紀のフランスに数多く登場する文筆家たちの呼称です。人間を注意深く観察し、人生に関する深い省察をエッセーや箴言《しんげん》によって語った人々の総称です。代表的モラリストの一人がブレーズ・パスカル（１６２３－１６６２）で、その著書『パンセ』の中に、「人間は考える葦《あし》である」という名言を残しています。そしてモンテーニュは、モラリストの先駆者とも呼べる人でした。

モンテーニュの生まれる40年ほど前に、クリストファー・コロン（コロンブス、１４５１頃－１５０６）が西インド諸島に上陸しました（１４９２）。そして、新大陸をほぼ領有したスペインは、１５４４年にアンデス山脈でポトシ銀山を発見します。ポトシ銀山は16世紀の世界で、日本の石見《いわみ》銀山と並ぶ大銀山といわれました。この銀山は海抜４１００メートルの高地にあり、スペインはこの高地に大

ミシェル・ド・モンテーニュ
（1533－1592）

ブレーズ・パスカル
（1623－1662）

クリストファー・コロン
（1451頃－1506）

勢の原地人を動員し、銀の発掘に酷使しました。数百万人の原地人が強制労働の犠牲となって死亡しています。この銀山は17世紀後半まで採掘が続きました。

ほぼ時を同じくして、フランスではユグノー戦争が起きました（1562-1598）。これは、ローマ教会派とユグノーと呼ばれたカルヴァン派によって争われた宗教的な内乱です。カルヴァン派については後述しますが、多くの犠牲者が出たユグノー戦争は、ちょうどモンテーニュの人生の後半と重なっていました。

モンテーニュは、南米大陸でキリスト教の布教という大義名分を隠れ蓑に、原地人を酷使し虐待するスペインや、ローマ教会を批判することを理由にユグノーを殺害するフランスのローマ教会派の貴族に、深い疑問を感じたようです。

そして自分自身の経験やギリシャ・ローマの古典から学んだことを中心に、人々に寛容の精神を訴え続けたのでした。その著書である『エセー』（宮下志朗訳、白水社、全7巻）は、死亡する直前まで書き続けられました。この本は、今でも全世界で読み継がれています。僕も大好きです。聖書からの引用がギリシャ・ローマの古典に比べて少ないことが特徴的です。

モンテーニュが神の正義に対し、人間を許すことの大切さを説いた寛容の精神に思いが至ったのも、ルネサンスによる人間性の復権が深く関係していたと考えられます。

2
ルターとカルヴァンの宗教改革とローマ教会の対抗宗教改革

宗教改革は、ルネサンスの時代にピークをつけたローマ教会の世俗化や高級聖職者の堕落、そして下級聖職者の無教養などに対する批判が嵩じたものです。具体的にはルターとカルヴァンの登場が、大きな起爆剤となりました。

発端となった事件は、ローマ教皇のレオ10世がドイツで贖宥状《しょくゆうじょう》を売り出したことでした（1515）。贖宥状とは、これを所有していれば犯した罪の償いを軽減されるという万能の赦免状《しゃめんじょう》のようなものです。あるいは、すべてが大吉のおみくじを売り出したようなもの、と考えてもいいと思います。贖宥にはもともと十字軍から始まる長い歴史がありますが、なぜこのタイミングでレオ10世（在位1513－1521）は実行してしまったのか。

それはローマ教会のシンボルであるサン・ピエトロ大聖堂の改築工事が、資金不足で進まなかったからです。

なぜ、ドイツで発売されたのか。それは当時のヨーロッパの大国の中で、国王（ハプスブルク家）の権力が最も弱くて、ローマ教皇がある程度まで自由に動けたからです。さらに、当時最大の金融資本であったフッガー家の協力が得られたからです。加えて、ドイツ諸侯の思惑も働いていました。

レオ10世（在位1513－1521）

しかし、ローマ教会のシンボル的な存在である大聖堂の改築費用を集めるのであれば、贖宥状を売り出すような方法ではなく、もっとまっとうに信者の浄財を集めるのが本筋ではなかったのでしょうか。

レオ10世がそれをしなかったのは、彼がルネサンスを代表する精神の貴族だったからです。彼の中では、美や芸術の世界につながる文化のほうが宗教に優先していたのです。レオ10世は、フィレンツェでルネサンスを開花させたメディチ家のロレンツォ・デ・メディチの次男でした。レオ10世は父のロレンツォが、フィレンツェの公金を文化事業の復興のために流用したように、ローマ教会の荘重なシンボルである大聖堂の改築資金が、贖宥状の発売で簡単に集まるのであれば、それはそれで合理的だと思ったのでしょう。

ところで、イタリア・ルネサンス全盛の頃のローマ教皇について、少し触れておきます。3人のユニークな人物が登場してきました。

スペインの名門ボルジア家出身で、愛人の数が多かったアレクサンデル6世（在位1492－1503）。彼はウェヌス（愛と美の女神）と呼ばれました。

ラファエッロやミケランジェロのパトロンとして有名であり、教皇領の世俗的領主として権力を拡大させるため、戦争ばかりやっていたユリウス2世（在位1503－1513）。彼はマルス（戦争の神）と呼ばれました。

そしてミネルヴァ（知恵の神）と呼ばれたレオ10世（在位1513－1521）

アレクサンデル6世
（在位1492－1503）

ユリウス2世
（在位1503－1513）

です。

この3人の教皇はいずれも人間としては個性豊かで能力的には傑出した存在でした。しかし宗教家として見ると、イエスの教えを広め、人を導くべき立場のリーダーとして適任であったかどうか、疑問は残ります。

ルターは聖書をドイツ語に翻訳した

贖宥状が発売されてから2年後、ヴィッテンベルク大学の神学教授マルティン・ルターが、「贖宥状に対する95ヶ条の論題」を公開しました（1517）。

彼はこの公開文書で贖宥は神のみが可能であり、教会にはなしえぬことだと断言しました。「人間の罪を身代わりになって宥《ゆる》すことができるのは、神のみである」

彼は、この95ヶ条の論題でローマ教会内部の人々と議論することを提案したのです。広く社会に向かって問題提起したのではありませんでした。論題はラテン語で書かれていたので庶民には読めません。しかし、口伝えに広まり、聖職者たちの贅沢や堕落に対して、疑問を抱いていた人たちは、ルターの問題提起を契機として、ローマ教会を強く批判するようになっていきます。

これに対して熱心なローマ教会信者でもある神聖ローマ皇帝、ハプスブルク家のカール5世（在位1519－1556）は事態を重視しました。ライン川の中流にある都市ヴォルムスにドイツ諸侯を召集し、その場にルターも召喚しました

マルティン・ルター
（1483－1546）

（1521）。カール5世はルターに、教会を弾劾するのをやめるように迫ります。しかしルターは拒否しました。そこでカール5世はヴォルムス勅令によって、ルターを法の保護外に追放しました。彼を殺しても誰も罪に問われなくなったのです。

しかしルターの危機は、有力なドイツ諸侯であるザクセン選帝侯に救われます。ザクセン選帝侯はルターの考えにも一理あると考えましたが、それ以上にカール5世の勢力が拡大することを恐れました。そしてルターを自らの居城、ヴァルトブルク城に匿《かくま》ったのです。

匿われて身の安全を保証されたルターは、聖書をラテン語からドイツ語に翻訳する作業に取りかかり、わずか10か月で完成させました（1522）。ルターの翻訳のおかげで、多くのドイツ人が聖書を読めるようになりました。すると聖書には贖宥状のことなど一行も書いてありません。ローマ教会の教えが絶対であるとも書いてありません。イエスもその弟子たちも質素な生活をしていたことが書いてあります。

教会を批判する声と同時に聖書に帰れという声が、またたく間に拡がっていきました。アルド印刷所（アルディン・プレス）によって実用化された出版（活版印刷）技術の発展がアジビラ（アジテーション・ビラの略）を生み、ルターの教えを宣伝したのです。

カール5世（在位1519－1556）

しかしルターはドイツ農民戦争の過激な思想には反対した

ルター派の宗教改革に賛成する声は日増しに強くなりました。

しかし、振り子が振れ始めると、しばしば振れすぎてしまうように、宗教改革の運動は原始共産主義の方向に傾斜し始めます。その中心人物がトマス・ミュンツァー（1489－1525）でした。彼はルターの影響を受けて宗教改革者となりましたが、やがてルターの聖書中心主義を超えて、過重な税金廃止と農奴的負担の拒否を訴え、さらに領主の存在をも否定して、農民たちを決起させました。ドイツ農民戦争が中部ドイツから南部にかけて、拡大していったのです（1524－1525）。

トマス・ミュンツァー
（1489－1525）

しかしルターはドイツ農民戦争には強く反対し、ドイツ諸侯に鎮圧を呼びかけました。ルターはローマ教会が聖書に書かれていないことを勝手にやることを、激しく批判しました。しかし、領主の存在は否定しませんでした。イエスも「カエサルのものはカエサルに、神のものは神に」と言っていたからです。もっとも、聖書には領主を肯定するような言葉も書かれてはいないのですが。本来、ルターは過激な思想の持主ではありませんでした。常識的・保守的な人だったのです。

また、ルターは聖職者の妻帯を認めました。今日でもプロテスタントと呼ばれるルター派やカルヴァン派の宗派では、聖職者は妻帯しています。ルターにも妻子がいましたが、聖書は聖職者の妻帯を禁じてはいませんでした。

なお、ドイツ農民戦争は徹底的に弾圧されましたが、この戦争によってルター派の教えは全ドイツに拡散しました。

3 なぜ「ルター派」をプロテスタントと呼ぶようになったのか

ルター派や後述するカルヴァン派などの宗派は、ローマ教会を旧教と呼ぶのに対して新教と呼ばれたりします。これら新教の宗派は一般には、プロテスタントと呼ばれるのですが、この呼称が生まれたのには次のような経緯がありました。

神聖ローマ皇帝カール5世は、ヴォルムスでルターの市民権を剝奪し、ルター派を禁止しました（1521）。ところが、1453年にコンスタンティノープルを攻略し、東ローマ帝国を滅亡させたオスマン朝は、さらに西方へと勢力圏を拡大し始めました。ハプスブルク家の本拠地オーストリアのウィーンに向かって軍勢を進めたのです。カール5世の宿敵、フランス王フランソワ1世は、オスマン朝のスレイマン1世と同盟を結んでいました。

カール5世はウィーンを守るため、ドイツ諸侯の力を結集しようとして、ライン川中流のシュパイアーで帝国議会を召集し、ルター派の禁止決議を一時保留扱いとします（1526）。これによってドイツ国内のルター派は、活気づきました。一方でウィーンはオスマン朝の猛攻で、落城寸前になりますが、冬将軍によってオスマン軍が撤退し、九死に一生を得ました（1529）。するとカール5世は、手の平を返すように、再度シュパイアーで帝国議会を開催し、もう一度ルター派禁止決議を導入しようとしたのです。

「いいかげんにせい」

とばかり、ルター派を支持する5人の諸侯と14の都市が、カール5世に抗議書を突きつけました。この抗議（プロテスト）から、ルター派の人々を「プロテスタント」と呼ぶようになったのです。

4 予定説に代表されるカルヴァンの宗教改革の過激な理論

ジャン・カルヴァン（1509－1564）はフランス人です。

カルヴァンは、法律家の子として生まれ、14歳でパリ大学に入学し、法律や神学を学びました。20代半ばにルターの95ヶ条の論題に共鳴します。その頃からパリでも、ルターの主張を支持する人々が増加していました。ついにフランス政府もルター派の弾圧を開始し、支持者たちはパリを逃れます。カルヴァンもスイスのバーゼルに亡命しました（1534）。

カルヴァンは、バーゼルで『キリスト教綱要』を出版しました（1536）。カルヴァンは神学者として、優れた論客であったといわれていますが、『キリスト教綱要』はその理論的な武器として書かれた側面もあって、理論を強化するべく何度か改訂と増補がなされました。その過程を経ながら、彼の中心的な思想としての「予定説」が形成されていったと考えられています。

信仰のよりどころを聖書に求め、ローマ教皇権を否認する点ではルターと同様

ジャン・カルヴァン
（1509－1564）

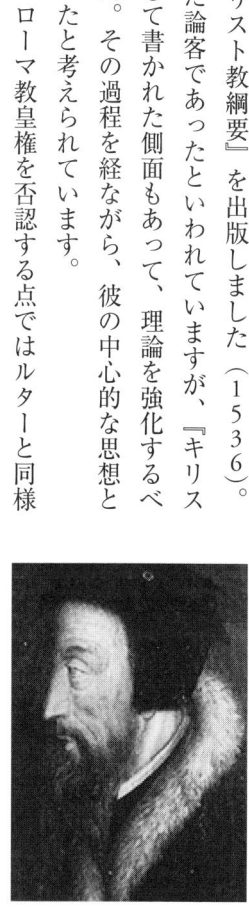

でした。しかしカルヴァンは、聖職者も領主も一般市民も、すべて聖書や法律の前では平等であると考えました。そしてさらに「予定説」を主張したのです。

「魂の救済を得られる人は、あらかじめ神によって定められている」

それまでローマ教会は次のように教えていました。死後に天国に行くか地獄に行くか、それは最後の審判のときに決まる。だから生きているうちに善行を積み重ねて、最後の審判にパスすることが肝要である、と。しかし、一人の人間が善行を積んだかどうか、誰が判断してくれるのか。結局のところは、ローマ教会の最高権威者であるローマ教皇です。そうすると教会に土地を寄進したり、お布施をたくさん喜捨したりすることが、一番わかりやすい善行となるので、信者たちはそれを信じて教会で礼拝し、司祭たちに従ってきました。ところが、生まれる前から、死後の運命が定まっているのであれば、教会で祈ることもお賽銭を積み上げることも何の役にも立たないことになります。ローマ教会の指導者たちには、カルヴァンの予定説は、このうえもなく敵対的な教説に思えたことでしょう。

カルヴァンの予定説を、ずっと昔に初めて知ったとき、僕は思いました。生まれたときから天国行きか地獄行きか、それが定まっているのであれば、気ままに遊んで暮らしても問題ないじゃないか、と。ところがカルヴァンを信じる人たちは、逆なのです。

自分たちは選ばれて天国に行く者であるから、与えられた天職（すなわち自分の職業）を禁欲的に務めるのだ、と信じ込んだのです。さらにカルヴァンは、選ばれた者と自覚して一所懸命に働いた結果として得られる蓄財は神の財産である、とも教えていました。

こうしてカルヴァンの予定説は、商業や工業に携わる人々の間に信者を拡大していきます。また、きちんと聖書を読み、学習を厭《いと》わない知識階級の人々に、カルヴァン派が多くなっていきました。社会学者のマックス・ヴェーバーはこのようなカルヴァン派の人々の生き方と業績が、資本主義の原型を生み出し発達させたと考え、『プロテスタンティズムの倫理と資本主義の精神』（大塚久雄訳、岩波文庫）を著しています。

カルヴァン派はフランスではユグノー、イングランドではピューリタン（清教徒）と呼ばれました。1620年にメイフラワー号に乗って北アメリカに渡った102名のピルグリム・ファーザーズ（巡礼者たち）もピューリタンでした。

カルヴァンがスイスに亡命した後、ジュネーブの市民は彼を強く支持しました。そこでカルヴァンは、1541年から20年以上にわたり、ジュネーブを舞台に神権政治を展開しました。市民に神に選ばれた者としての自覚を促し、清く正しく生き、勤勉に働くことを求めたのです。

ルターとカルヴァンの宗教改革を比較すると、ローマ教会の全盛時代に「聖書に戻れ」と主張したルターは偉大なリーダーでした。しかし、資本主義の勃興を支えた新興階級の思想を培《つちか》ったカルヴァンの功績もルターに優るとも劣らぬものだった、と思います。宗教改革にとって2人の功績は五分と五分であったと考えます。むしろこのような2人が時を接するように登場してきたことに、歴史の不思議なダイナミズムを感じます。

5 ローマ教会が対抗宗教改革を展開した

1534年、イングランド王のヘンリー8世（在位1509－1547）が国王至上法を発布しました。これはイングランドの教会の最高権力者は、ローマ教皇ではなくイングランド王であることを定めた法律です。制定の理由は、ローマ教皇がヘンリー8世の離婚を認めなかったからです。しかし、これは表向きの理由で、本音はローマ教会の修道院が膨大な財産を蓄えていて、しかも無税だったことです。ヘンリー8世は、この豊富な教会財産を国家に役立てようと目論み、イングランドの教会を自分の支配下に置いたのでした。

ヘンリー8世が、国王至上法の発布に踏み切ったのは、ヨーロッパ大陸でルターの宗教改革がローマ教会の権威を動揺させ、さらにカルヴァンまで登場してきたからです。ローマ教会への批判の波は、ドーヴァー海峡をも越え始めていました。こういう情勢を読んでの行動でした。

ドイツと北欧はほとんどルター派の天下になってしまい、もともとローマ教会の金城湯池《きんじょうとうち》であったフランスでも、ユグノーに信者の半分近くを持っていかれ、イングランドはイングランド国教会になってしまった。かつてヨーロッパ全域を支配していたローマ教会の宗教的領地は激減してしまいました。宗教改革の引き

ヘンリー8世
（在位1509－1547）

金は贖宥状の発売でしたが、最大の原因は聖職者たちの怠惰と堕落、そして破戒の横行に対する厳しい批判であったことは、深刻な反省をローマ教会内部に呼び起こしました。

さらに信者が減少したことは、経済的に大きく影響しました。ローマ教会には宗教的な活動のみに専念し、生産活動に参加しない多数の寄生階級が存在しています。ローマ教皇をはじめとする司教や司祭などの人々です。信者からのお布施が激減すれば、彼らの生活は窮乏化します。

信教面と組織維持の両面で、ローマ教会は対抗宗教改革に立ち上がりました。先鞭《せんべん》をつけたのは、パリ大学に学ぶ若者たちです。彼らはローマ教会を再生するために、イエズス会を結成したのです。イエズス会とはスペイン語で「イエスの軍隊」という意味です。イエズス会は貞潔・清貧・世界への宣教を3つの誓いとしました。1540年にローマ教皇に公認されています。ローマ教会を批判する人々との武力闘争も辞さぬ信念の強固な集団でした。しかも、イエズス会には理論的にも宗教的な情熱の面でも、優れた人々が参集しました。イエズス会の設立者として有名なイグナティウス・デ・ロヨラ（1491－1556）やフランシスコ・ザビエル（1506－1552）たちです。なお、当時のパリ大学は神学の最高学府でした。

またローマ教皇庁も事態を修復するために、トリエント公会議を開催しました。会議は1545年から1563年にかけて断続的に開かれます。この会議の結果、

イグナティウス・デ・ロヨラ
（1491－1556）

フランシスコ・ザビエル
（1506－1552）

ローマ教会は、プロテスタントへの対抗策を強化しました。しかし同時に聖職者の腐敗や堕落に対しても、これを厳しく取り締まることを決定しています。また、信者からの誤解を招くような華美な服装や教会内部を飾り立てることも、自粛するよう申し合わせました。

さらにこの会議において、ローマ教会の信者を獲得するために、新たな宗教的領土の拡大が検討されました。新大陸やアジアへの布教活動です。その結果、フランシスコ・ザビエルが鹿児島に上陸することになったのです（1549）。

結局、宗教改革によってヨーロッパでは、ローマ教会の勢力圏は減少しました。しかし、逆にそのことが新しい世界へ拡大する契機となり、ローマ教会が世界宗教に飛躍することにつながったのです。

「アウグスブルクの和議」でルター派は公認された

右に左にと振れながらも、ルター派の弾圧に情熱を注いできたカール5世は、アウグスブルクに帝国議会を召集しました（1555）。議題はルター派の処遇です。

召集されたドイツ諸侯や皇帝に直結する大都市の代表者たちは、自分たちの領地内でルター派を信仰する自由を認めることを可決しました。神聖ローマ皇帝であり、ドイツ王でもあるカール5世も、このことを認めざるをえませんでした。ルターの宗教改革に対する支持層が、圧倒的に増加していたからです。

もちろん、未《いま》だ領民や市民たちの信教の自由は認められていません。諸侯や市長の信教の自由に対するドイツ王（神聖ローマ皇帝）の介入が明確に否定されたので、ルター派を信仰する人々はそのような領国や都市に住めばいいことになったのです。

ドイツ王の位置づけは、徳川幕府の将軍と似ていました。しかし、徳川幕府が諸藩に対して持っていたほど、強い権力は持っていませんでした。本来は領地内での政治組織や信仰は、領主が決定できることだったのです。ルター派を支持し、強く信仰する諸侯や大都市が増加していけば、ドイツ王はお手あげにならざるをえませんでした。

このような決議をしたアウグスブルクの帝国議会は、世界史では「アウグスブルクの和議」と呼ばれます。カール5世は、この宗教和議に深く落胆し、その翌年に退位し2年後に死亡しました。なお、ルター派より過激なカルヴァン派のプロテスタントは、アウグスブルクの議会では認められませんでした。カルヴァン派が承認されるのは30年戦争（1618－1648）が終わったときのことです。ウェストファリア条約（1648）でやっとカルヴァン派もルター派と同じ扱いを受けることになったのです。

6 哲学は近代の合理性の世界へ。第一歩はイングランドから始まった

前述したように、トマス・アクィナス（1225頃－1274）の時代に、スコラ哲学は信仰上位の世界観を確立しました。

その論理はプラトンやアリストテレスの哲学を駆使して、精巧に構築されたものでした。このように神を頂点とする世界の秩序が完成されたのですが、その秩

トマス・アクィナス（1225頃－1274）

序はルネサンスと宗教改革の大波によって壊れ始めます。神を絶対視せず、合理的にものごとを見つめて考える知性の働きの大切さに、人間が目覚めたからでした。ルターとカルヴァンが提起した問題も、そのような合理的な思考が根底にあって初めて成立したのです。

そして、信仰上位の世界から合理性と自然科学の世界へと時代は踏み出していきます。近代の幕開けです。その先頭に立った思想家が、イングランドのフランシス・ベーコン（1561－1626）でした。

彼はガリレオ・ガリレイ（1564－1642）や、ヨハネス・ケプラー（1571－1630）の同時代人です。

ガリレオやケプラーは、「地動説」を裏づけた科学者たちです。地球が動くこと自体が、トマス・アクィナスの世界観を根底から揺るがしました。人間が神の世界の秩序から自由になっていくことで、ヨーロッパでは哲学や自然科学の世界に合理性の成果が結実し始めたのです。その意味で、「地球が動いた」時代であったのかもしれません。

ベーコンは「知識は力なり」と述べた

フランシス・ベーコンは帰納法を体系づけた人です。

フランシス・ベーコン（1561－1626）

ガリレオ・ガリレイ（1564－1642）

ヨハネス・ケプラー（1571－1630）

帰納という言葉は、「induction」の和訳です。インダクションは誘導という意味です。すなわち帰納法とは、ある事象について数多くの観察や実験の結果を集めて、そこに共通するファクト（事実）から、一般的な原理や法則を導き出す推論の方法です。たとえば2本足で歩いている動物について調べていくと、人間とごく一部のサルしかいないので、人間とサルは仲間なのだと結論づけるのが帰納法です。

なあんだ、そんなことか、と皆さんは考えるかもしれません。しかし帰納法には神が介在する隙間《すきま》がありません。神の論理や既成の論理でものごとを判断しないで、人間が生きている現実世界のファクトだけから論証し、結論づけるのです。まさに近代科学の方法論の誕生でした。

ベーコンは、自然は有限なので、実践的な観察や実験を数えきれないほど積み上げていけば、自ずから自然の核心に到達できると考えました。このようなベーコンの帰納法に始まるイングランドの哲学の流れを、「経験論」と呼びます。その特徴を端的に表現した言葉が、「知識は力なり」（knowledge is power）です。それは神ではなく人間の力を指しています。

ベーコンが考えた人間の4つのイドラ

ベーコンは観察や実験の重要性について言及しましたが、実験や観察には常に誤解や先入観、あるいは偏見がつきものであることを理解していました。

人間には、そのような偏見や先入観に囚《とら》われがちな性質があることを、ベーコンは警告しています。その性質はラテン語でイドラ idola といいます。偶像とか幻影と翻訳されていますが、アイドル idol と語源は同じです。現代のアイドルはファンたちによって、彼らの理想像として偶像化された存在です。ベーコンが言及するイドラの性格も、アイドルとつながる部分があります。イドラもアイドルも、対象を正しく見ずに偶像化しているからです。

彼はその著書『ノヴム・オルガヌム――新機関』（桂寿一訳、岩波文庫）の中で、人間が持つ4つのイドラについて言及しています。いかに厳密に観察や実験を積み重ねても、人間はこの4つのイドラに気をつけないと、世界の真実を見逃してしまうと警告したのです。

- **種族のイドラ**　人間が本来、自然の性向として持っている偏見。対象を自分の都合のいい方向に考えたがる性向です。嫌なことは過小評価する。楽しいことは過大評価する。見たいものしか見ない。そのような性向を指します。僕自身、しばしば思い当たるのですが、現代の学問では、これは脳の持つ特性の一つだと考えられています。
- **洞窟のイドラ**　個人の経験に左右されて、ものの見方がゆがむケースです。狭い洞窟から外界をのぞき見るようにしか、ものが見られないことです。幼少時の悲惨な体験が尾を引いて、ものごとを悲観的にしか考えられない場合や、社会的経験が少なくて自分を中心とした価値判断しかできない「井の中の蛙」もこの同類です。
- **市場のイドラ**　伝聞によるイドラともいいます。市場の人混みで耳にした噂話から、事件の真相を誤って理解してしまうようなケースです。週刊誌の記事に踊らされるのも、これと似ています。
- **劇場のイドラ**　別名は権威のイドラです。劇場の舞台で有名なタレントが話したことや、立派な寺院で権威ある宗教家が説教したことを、何の疑いもなく信じてしまうようなケースを指します。これもよくありがちな偏見です。

ベーコンは自然の現象や実験の結果を、我流に解釈したり、安易に既存の概念で分析したりしないための防御策として、4つのイドラを指摘しました。でも、この4つは、現代人への警告にもなっています。とても400年前の言葉とは思われません。なお、ベーコンの『学問の進歩』(服部英次郎・多田英次訳、岩波文庫)も名著です。

ベーコンはシェイクスピアの本名か?

ベーコンは優れた哲学者でしたが、同時に国会議員を務めた政治家でした。さらにユートピア(理想郷)について描いた空想小説、『ニュー・アトランティス』(川西進訳、岩波文庫)の著者でもあります。多才で話題の多い人物でした。さらにベーコンというのは、ウィリアム・シェイクスピア(1564-1616)の本名ではないか、という説もあります。あの有名な劇作家については、実は多くのことが不明なのです。

ベーコンもシェイクスピアもエリザベス1世(在位1558-1603)の時代の人でした。

エリザベス女王は有能な参謀や部下に恵まれたばかりではなく、彼女自身が開明的かつ優秀な政治家でした。カルヴァン派の清教徒を迫害せずに、彼らに商工

エリザベス1世
(在位1558－1603)

業の舵取りを委ねました。また当時のヨーロッパで最強といわれたスペイン海軍のアルマダ（無敵艦隊）を撃破し、イングランドが海の王国になる端緒を開いています。彼女の時代は〝イングランドのルネサンス〟とも呼ぶべき時代であり、自由の空気に満ちていました。

シェイクスピアの作品は、どこかで日本の『サザエさん』と相通じる面があり、既存の宗教観や社会常識にとらわれず、赤裸々に人間の喜怒哀楽を表現しています。人々の思考の中に合理性に基づく発想が、根づき始めていることの証左であると思います。

ベーコンによってイングランドの経験論という、大きな哲学の潮流が誕生した背景には、そのような時代の風潮がありました。

なお、ベーコンの『ノヴム・オルガヌム』をラテン語から直訳すると、「新しい道具もしくは機関」です。オルガヌムは、アリストテレスが論理学を、真理を解明するための「道具」という意味で、著書の題名にしたことに由来しています。ベーコンは帰納法を、真理を解明するための新しい道具と考えたので、『ノヴム・オルガヌム』という題名にしたのでしょう。

イングランドの経験論を発展させた自由主義、民主主義の父、ロック

ベーコンとガリレオが同時代人だったのに対し、ジョン・ロック（１６３２－１７０４）はアイザック・ニュートン（１６４２－１７２７）と同時代の人です。

ベーコンの時代から１００年ぐらいが経過して、自然科学はニュートンに代表されるようにさらに進歩を重ねていました。ロックは哲学者であるとともに政治思想家でもありました。名誉革命を理論的に擁護した

ことでも有名です。

ロックは経験論を次のように進化させました。彼は生まれてきたときの人間は「タブラ・ラーサ」であると考えました。この言葉の意味は何も書かれていない物書き板のことです。赤ちゃんの心は、まだ何も外界の印象を受け取っていないので、白紙のような状態である。だから、いかなる生得観念も持っていないのだとロックは述べました。つまり教育を受けたり経験を積んだりすることで、人間は賢くなるんだよ、という説です。まさに経験論なのですが、「人間は生まれたときは白紙。経験と勉強によって賢くなる」というロックの考え方は、次のような考え方と対立します。

「人間は本来、善の気持ちを持っているのだから、それを引き出すのが教育だ」という考え方です。この発想は、フランスのジャン＝ジャック・ルソー（1712－1778）に代表されます。

ロックはタブラ・ラーサという言葉に代表される認識論を、『人間悟性論』（加藤卯一郎訳、岩波文庫）で体系化しました（1690）。政治思想家としてのロックは、『統治二論』を発表しています（1689。邦訳『完訳 統治二論』加藤節訳、岩波文庫）。

『統治二論』の中でロックは、人間は生まれながらに自由平等である（自然法）

ジャン＝ジャック・ルソー
（1712－1778）

アイザック・ニュートン
（1642－1727）

ジョン・ロック
（1632－1704）

という前提に立ち、「社会契約説」を展開しました。その主旨は、国王や政府が権力を行使できるのは市民の信託（trust）によるものである。もしも政府や国王が市民の意志を無視して、市民の自由や財産（所有権）や生命を奪うのであれば、それに抵抗し政府を変えることが許されるという論理でした（抵抗権）。そしてこの主張が、王権神授説を信奉するジェームズ2世（在位1685－1688）を追放した名誉革命（1688－1689）の正統性を弁護したのです。今日では、ロックは「自由主義や民主主義の父」的な扱いを受けています。

ロックはベーコンの経験論を発展させつつも、ニュートンに代表される自然科学の成果から多くを学びました。

ニュートンは理神論者ともいわれていますが、それは、完全な神が創った世界には完全な法則があるはずだと考え、万有引力の法則を発見したからです。逆説的に述べれば、万有引力の法則の発見は、完全な神の存在証明に他ならなかったのです。

なお、ロックの名著『寛容についての手紙』（加藤節・李静和訳、岩波文庫）は、政治と宗教を峻別した「政教分離」の原典です。また、ロバート・ノージック『アナーキー・国家・ユートピア――国家の正当性とその限界』（嶋津格訳、木鐸社）は、ロックの所有権論を現代風にアレンジし、リバタリアニズム（自由至上主義）の思想を展開しています。

「人間とは知覚の束《たば》である」と経験論を大成したヒュームは語った

イングランドの経験論を確立させた哲学者たちは、ベーコンが死んでロックが生まれ、ロックが死ぬとヒュームが生まれるというように、ほぼきれいにつながって登場してきます。

そしてデイヴィッド・ヒューム（1711－1776）は経験論を大成させた存在として今日でも高い評価を受けています。

人間は目・鼻・耳に代表される感覚器官によって外界の事物を見分けたり、感じたりすることで学習します。この働きを知覚（perception）といいます。ヒュームは知覚を2つに分けて考えました。印象（impression）と観念（idea）です。最初は印象しかありません。あの人はきれいやな、とか、これはおもしろいなとか。その印象をたくさん重ねていく中で、一つの観念が生まれてくる。しかし印象から観念は生まれるけれど、観念から印象は生まれません。その関係は不可逆的です。すなわち観念とは、具体的に人間が感知した印象から生まれるもので、観念のみが独立して存在するのではない、とヒュームは考えたのです。

デイヴィッド・ヒューム
（1711－1776）

さらにヒュームは因果関係（因果性）を疑いました。

人は因果関係をついつい必然的なこと、と考えがちです。あいつがワルだからああなったのだとか、バチが当たったのだとか。しかし、よくよく熟慮してみると、原因と結果を安易につないでしまうのは、人間が経験に基づいて未来を推測する心理的な習慣にすぎないのであって、本当に因果関係は存在するのかという問題提起をヒュームは行ったのです。Aという印象の後にBという印象に出会うことが重なると、人は勝手にその関係を必然と思ってしまう。けれどもそれは、心の中でしか成立しない連想の必然性である。本人のみが信じる虚偽の観念なのだと、ヒュームは考えました。

因果関係は本当にあるのか、ないのか。因果関係に決着をつけた理論は、未《いま》だ登場していません。

さらにヒュームは、人間を「知覚の束《たば》」であると説明しました。

白紙である人間は外部からたくさんの印象を取り入れていきます。そうして多くの観念を身につけていくのですが、印象はどんどん増えていき、新しい観念もそれにつれて増加していきます。すると、今、この瞬間の自分とさらに新しい観念を身につけるであろう明日の自分は、同じ自分なのか、別の自分なのか。という素朴な疑問が生まれてきます。「サッカーはおもしろい。お腹が空いている。ヒュームって難しい。あの人が好きだ」などと、人は常に外界から多様な印象を受け取って観念を形成し、「知覚の束」になっていくのですが、知覚の中身は刻々変化していきます。そうであるなら、人間は知覚の束であるとしたら、同じ自分が存在するのか？　瞬間瞬間に知覚の束を切ってみて、その切り口が自分になるのかという問題です。

ヒュームは経験論を集大成しただけではなく、知覚の束という根底的な問題提起を行ったのでした。この知覚の束は、現代の生物学の成果と通底する問題意識につながっています。

生物学者の福岡伸一さんは「動的平衡」という概念を提起しています（『動的平衡――生命はなぜそこに宿るのか』木楽舎）。簡略に話すと、今日の生物学では、人間の細胞はどんどん変化していることが判明しています。1週間とか1か月もしたら、古い細胞はすべて入れ替わってしまうのです。それでも自分という存在は、自分のままです。このように人間の細胞は刻々と変化し、その感情は「知覚の束」の内容が変化すれば、これも変化するのですが、自分という生命体は同一の存在である。このことを福岡さんは「動的平衡」と呼んでいます。昔からある「テセウスの船」や「ヘラクレイトスの川」の命題ですが、ヒュームが提起した、知覚の束が変化し続けるのであれば、「その本体である自分はいるのか、いないのか」という問題は「動的平衡」につながるようにも思えます。なお、「テセウスの船」とは、クレタ島からアテナイに帰還したテセウスの船の木材が朽ち、順次新しい木材に置き換えられてほぼ全部の部品が新しくなったとき、その船が同じものといえるのかという論題です。同様に、ヘラクレイトスは、人々が同じ川に入っても流れている水は常に違っていると指摘しました。

ヒュームは、アダム・スミス（1723-1790）の友人でした。

アダム・スミスは『国富論』（水田洋監訳、杉山忠平訳、岩波文庫、全4冊）によって、初めて経済学を体系化した大学者です。アダム・スミスは、分業と交換を文明の基礎と把《とら》え、富の源泉は労働にあると考えました。彼は経済を政府が保護し統制する重商主義を批判し、人間の利己心を基軸として自由放任主義（レッセ・フェール）による市場こそが、自由主義経済の基本であることを論証しました。しかし、また同時にスミスは、『道徳感情論』（村井章子・北川知子訳、日経BPクラシックス）で他者に対する共感の重要性を指摘しています。スミスはとてもバランスの取れた人で、決して市場万能主義（私益＝公益）だけの人ではありませんでした。

ヒュームは既存の観念に規定されずに人間の存在を考えることで経験論の哲学

アダム・スミス（1723－1790）

を大成し、市場経済を確立させたアダム・スミスと同様に、近代に向かって大きく扉を開いた偉大な存在でした。このような観点からイングランドの経験論は、今日の哲学界でも重視されています。ベーコン、ロック、ヒューム、この3人の中ではロックが一番有名なようです。しかし、ヒュームの哲学は大きなスケールを持っています。より深くヒュームを学びたい皆さんには次の本をお薦めします。『人性論』（大槻春彦訳、岩波文庫、全4冊）。『市民の国について』（小松茂夫訳、岩波文庫、全2冊）。

7 イングランドの経験論と同時代に発展した大陸合理論の哲学とは？

イングランドの経験論がベーコン、ロック、ヒュームと発展していったのとほとんど同時期に、ヨーロッパ大陸ではルネ・デカルト（1596－1650）、バールーフ・デ・スピノザ（1632－1677）、そしてゴットフリート・ライプニッツ（1646－1716）などによって後に大陸合理論と呼ばれるようになった哲学の潮流が盛んになりました。

イングランドの経験論では真理を探究する方法として、帰納法（induction）に重きを置きました。個々の事例から一般法則へと導く論法です。これに対して大陸の合理論では、演繹法《えんえきほう》（deduction）に重きを置きました。真理を探究する推論

ルネ・デカルト
（1596－1650）

の方法として、前提となる命題を置き、経験に頼らず理論的な展開によって一定の結論に到達しようとする論法です。

大陸合理論の先駆者であり最大の存在であったデカルトは、この前提となる命題として、人間の生得観念を置きました。人間は白紙で生まれてくるのではなく、ある種の生得観念（経験によることなく、人間が生まれながらに持っている観念。innate idea）を持って生まれてくるというのがデカルトの考え方でした。この生得観念を想定したことが、デカルトの哲学を発展させる大きな力となりました。これから大陸合理論について説明しますが、最初に、この生得観念という言葉を脳裏に置いておいてください。

ちなみに、ロックが考えていたタブラ・ラーサ（人間は生まれたときは白紙だ）という考え方（習得観念。acquired idea）は、生得観念に反対するものでした。

コギト・エルゴ・スム「我思う、ゆえに我あり」という言葉にデカルトが込めたもの

何ごとにもよらず、すべてを疑い、いかなる判断をも保留して一切断定しない哲学の立場を懐疑主義と呼びます。懐疑主義はすでにＢＣ４世紀からＢＣ３世紀頃に登場しています（ピュロン主義。アレクサンドロス大王の東征に従った不可知論の哲学者、ピュロンにちなんだ言葉です）。懐疑主義は、プラトンのアカデメイアにも引き継がれました。

さらに懐疑主義は、神の手から離れて人間復活が始まったルネサンス期に復活しています。ロレンツォ・

バールーフ・デ・スピノザ（1632－1677）

ゴットフリート・ライプニッツ（1646－1716）

ヴァッラの『快楽について』やモンテーニュの『エセー』にも、その精神が受け継がれています。またイングランドの経験論の中では、前述したとおり、ヒュームが懐疑主義の立場から因果関係に疑問を投げかけています。

デカルトの哲学も懐疑主義と決して無縁ではありませんでした。

デカルトはブルターニュの人で、父はフランスの最高司法機関である高等法院の評定官でした。10歳のとき、イエズス会の学院に入学しました。彼は優秀な生徒でしたが、信仰と理性の調和が成立すると考えるスコラ哲学の討論にしばしば数学的な手法を用いて参画していたといわれています。学院を18歳で卒業するとフランス中部のポワティエ大学に進み、法学と医学を学びました。同時に当時、自然科学の先端的な存在となりつつあった数学の、優れた仲間との交際を深めました。そして幾何学のような、論証的であり合理的な認識の精神を涵養《かんよう》しました。現在の日本でも、いくつかの文系大学が入試に数学を必修とする方向で検討しているように数学の重要性は広く認識されています。僕は数学が大好きで、文系でしたが高校では希望して数学Ⅲのクラスを受けていました。デカルトの思考が数学との関係が強いことは、つとに知られているところです。

デカルトは20歳で大学を去ります。それは1616年のことで、その前年にローマ教会は地動説の禁止を布告していました。時代は動いていました。

デカルトは大学を去るとき、次のように語ったと伝えられています。

「大学の書物は読み尽くした。それはもう不要である。これから世間を旅して、世界という大きい書物から学ぶのだ」と。

そしてデカルトはネーデルラントを皮切りに、ドイツでは30年戦争に参加し、次いでヴェネツィア、ローマを遍歴してパリへ、さらにまたネーデルラントに移り、その地でフランス語で『方法序説』を公刊しました。１６３７年のことです。

そしてこの本の中に、「我思う、ゆえに我あり」という有名な言葉が登場します。ちなみに、コギト・エルゴ・スム Cogito, ergo sum. というラテン語は後に、第三者が訳したものです。

20年を超える諸国遍歴の中で、デカルトが考えていたことは、トマス・アクィナスが構築した神を中心とした世界に代わる、新しい真理が支配する世界をつくることでした。

この壮大な目的を達成するため、彼が成すべきことの一つとして懐疑主義からの脱却がありました。神の存在の有無に対して態度を保留するだけでは、間違ってはいないけれども進歩はありません。そこでデカルトは懐疑を目的とするのではなく、疑うことを方法論にすることを考えたのです。そしてそれを「方法的懐疑」と呼びました。ものごとを徹底的に疑って、もしも疑いきれないものが残れば、それこそが不動の基準になるのではないか、と考える推論の方法です。

そして彼は人間の感覚や知性の存在をはじめとして、すべてのことを疑いの網にかけました。もちろん神も含まれます。こうして疑って疑って疑い続けていくと、世界に確実な存在は何もない。ところがすべてを疑っている自分だけは常に確実に存在している。かくして、「我思う、ゆえに我あり」。このことだけが真実であるとデカルトは言い切ったのです。デカルトは、そして、これを自分の哲学の第一原理として掲げました。

この自分の存在こそが絶対的な真理であって、この真理こそが人間にとって、世界にあるすべての真理に優先するものだと彼は断じました。かつての神の存在がそうであったように。

こうしてルネサンスに始まった人間復活の潮流は、宗教改革による荒廃を経て、Cogito, ergo sum. の登場によってほぼ理論上では完成したように思われます。人は神から完全に自由になったのです。デカルトが「近代哲学の祖」といわれる所以《ゆえん》です。

「我思う、ゆえに我あり」と言いつつ、デカルトは神の存在を証明した

人間は神から自由な存在であると言い切った上で、デカルトは改めて神の存在を証明しました。

人間は世界の事象をいろいろと疑ってみても、結局のところは何もわからない不完全な存在である。それなのになぜ完全なものを求めるのか。デカルトはそのような疑問を、まず提出します。不完全な存在である人間がなぜ完全なものを求めるのか。たとえば正三角形とか正円とか、幾何学的な知識もそうです。よりよいもの、より美しいもの。人間がそれを求めるのはなぜか。

デカルトはここで神の存在を考えるのです。デカルトによる神の存在証明は、かなり複雑なのですが、単純に言い切ってしまえば次のようなことです。人間が不完全なのに完全を求めるのは、完全を知っている神が教えてくれたからだとデカルトは考えたのです。人間をつくるとき、誠実な神が悪い神に勝利した。誠実な神は人間に生得観念として、誠実で正しいもの、すなわち完全なものについて教えてくれた。だから人間は生まれながらにして完全なものを求めることができるのである。これがデカルトの説く神の存在証明です。

それゆえに人間は、生得観念に従ってきちんと学んで努力すれば、神がつくる世界と自分が考えた主観の世界とを一致させることができる。客観と主観が一致する。しかし人間は不完全な存在なのだから、不勉強なまま生きれば主観もいいかげんなままで、世界も不完全なままで終わるのだ。

このように理論を展開し、デカルトは神を信じる信仰の世界から独立した形で、自分自身で構築した哲学によって、神の存在を改めて証明したのでした。

トマス・アクィナスは、哲学は人間と自然の世界にだけ通用し、死後と宇宙の世界については通用しないと述べました。神の恩寵《おんちょう》によってつくられた世界の実在を、信仰によって信じる以外に世界の真理を求める道はないのだと。しかしデカルトは信仰とは無関係に、真理としてコギト・エルゴ・スムを置きました。そして独自の哲学の体系を打ち立てる中で、神の存在証明を行ったのです。このことは人間の自我を神の名によって束縛することを許さない、純粋な自我の世界の確立であったと思います。

デカルトの『方法序説』をビジネスパーソンの教科書に？

哲学の世界に「機械論」という考え方があります。自然界におけるさまざまな運動は、特別な目的があるわけではない運動の連鎖であるから、それは機械と同じであるという考え方です。

近代の機械論もデカルトから始まりました。この世界では人間以外は精神を持たない。しかし人間の身体について考えれば、それは他の動物や植物と同じく物体である。であるから動植物も人間の身体も、原理上は機械に等しい、とデカルトは考えたのです。宇宙も人間の身体も同一の法則によって支配されている、という考え方です。それは古代の原子論につながる一方で、現代の宇宙や人類誕生の理論にも共通する側面があるように思えます。

人間の精神や意識と物体としての人間の肉体は、別のものであるとデカルトは述べています。精神や意識は神に与えられた生得観念によって、努力し勉強すれば完成度を高くすることが可能だが、肉体は不変である。人間はこのように精神と身体の2つに分かれていると、デカルトは考えていました。心身二元論です。

そして人間が自分の意識を高める認識の方法についても、『方法序説』の中で書き残しています。この認識の方法はとてもわかりやすく、現代でも十分に通用しそうです。ベーコンが考えた人間の4つのイドラ（→313－315ページ）も、僕たちの思考方法に警鐘を鳴らしてくれたのですが、もっと明解かもしれません。

- **まず明証**　それが真理であることが疑いえない、明らかな証拠を、まず見つけること
- **次いで分析**　集めた証拠をきちんと細部まで分析する。ディテールまで検分する
- **そして総合**　細部まで検分しただけで終わりにするな。それを総合して全体的な検証を
- **最後に吟味**　最後に吟味せよ。洩《も》れはないか。見落としや見誤りはないか

この明証・分析・総合・吟味という認識の方法は、現代のビジネスパーソンなかんずく管理者の教育にも有効だと皆さん思いませんか？

なぜ、デカルトはスウェーデンで死んだのか

バルト帝国と呼ばれた全盛期の頃のスウェーデンは、クリスティーナ女王（在位1632－1654）の時代で、クリスティーナは学問や文化の振興に尽力しました。彼女はデカルトに学問を学びたいと、何度か親書を渡しました。デカルトはパリまで出迎えたスウェーデンの軍艦に乗ってストックホルムに向かいました。それは1649年10月のことで、ストックホルムはすでに厳寒期に入ろうとしていました。

加えて、クリスティーナは早起きが大好きな女王でした。デカルトは必ずしも丈夫な体質ではなかったので、早朝のレクチャーが負担になったのか、風邪をこじらせ肺炎を併発して、1650年2月に死去しました。

人間の思想を神の世界からほぼ完全に独立させ、しかもその思想の力で神の存在証明を行った、近代哲学の祖といわれるデカルトも、北欧の魅力的な女王には弱かったのかな、という冗談が残されています。

デカルトの代表的な著書『方法序説』はいくつかの和訳が出版されています。『方法序説』（谷川多佳子訳、岩波文庫、1997）、同（山田弘明訳、ちくま学芸文庫、2010）の2冊を紹介しておきます。他に『省察』（山田弘明訳、ちくま学芸文庫）、『哲学原理』（桂寿一訳、岩波文庫）もお薦めです。

クリスティーナ女王
（在位1632－1654）

人間の精神と身体を分けるデカルトの心身二元論に疑義を表明したスピノザ

大陸合理論は、真の知識の源泉（すなわち真理の源泉）が人間の理性に基づいているという考え方だと理解していいと思います。その理性とはデカルトでは、人間の生得観念でした。そして彼は心身二元論に立ちました。

バールーフ・デ・スピノザ（１６３２－１６７７）は、デカルトの大陸合理論を引き継ぎましたが、心身二元論には疑念を表明しました。

彼は自然を完全なものであると考えました。移り変わる天候や季節など、調和が取れていて美しい自然こそが完全なものである。だから自然が神だと考えたのです。彼はその考え方を、「神即自然（Deus sive natura）」と表現しました。伝統的な宗教観に汎神論《はんしんろん》という考え方があります。それは、宇宙を含めてこの世界のすべてに神が存在する、という考え方です。インドのウパニシャッド哲学や仏教、さらにはギリシャの思想にその根源があります。スピノザの「神即自然」は、一見すると汎神論のようにも思える思想です。新プラトン主義的な一元論といってもいいと思います。

彼は、この「神即自然」という理論に立ち、人間も自然の一部であると考えました。完全なる精神と不完全である身体が別なのではない。身体が死んだら精神も死んでしまうのだから、デカルトのような心身二元論は成立しない、と語ったのです。

しかしスピノザの考え方は、汎神論ではなくむしろ唯物論と呼ばれるべき思想ではないかと、多くの人が感じました。

唯物論は、物質のみを真の存在と信じる考え方です。一方、汎神論は、宇宙を含めて一切の万物に神が存在すると考えます。スピノザのように「神即自然」と唱えながら、自然の一部である人間は草木が枯れるように、身も心も同時に死ぬ

バールーフ・デ・スピノザ
（1632－1677）

と考えると、永遠で不滅の存在が否定されるので、自然の中の神の存在も否定することにつながります。また、人間も自然の一部、すなわち神の一部であると考えると、人間が自由にものを考える独自性もなくなります。神の意志しか存在しないわけですから。つまり、人間の自由意志を否定する徹底した決定論につながるのです。

スピノザはデカルトの心身二元論に疑義を提示しましたが、無神論としての批判を浴びつつ、不遇の中で死去しました。スピノザは、アムステルダムの豊かなユダヤ商人の家系に生まれましたが、晩年は生計のためにレンズ磨きをしていたことが語り継がれています。代表作は『エチカ――倫理学』（畠中尚志訳、岩波文庫、全2冊）で、徹底した演繹の試みです。

デカルトの二元論、スピノザの一元論、そしてライプニッツの多元論

ゴットフリート・ライプニッツ（1646－1716）は、スピノザよりも14年ほど後にドイツで生まれました。

ライプニッツはデカルトが心身二元論で構築した大陸合理論を、スピノザが「神即自然」の汎神論的一元論で反論したのに対して、さらに新しい理論を提案しました。

デカルトは認識の方法として明証・分析・総合・吟味という段階を踏むことを教えました。この方法論に対応させていえば、ライプニッツはスピノザが「神即自然」と明証したので、それではとばかり、自然を分析・総合・吟味したのでし

ゴットフリート・ライプニッツ
（1646－1716）

た。自然とはこの世に存在する万物のことです。たとえば、花には花と葉と茎があります。花には花びら、雄しべ、雌しべ、などがあります。そうやってどんどん分解し、極小化していくと、ギリシャ哲学ではアトム（原子）に行きつくのですが、ライプニッツは独特な考え方をしました。花びらと雄しべは別の存在なのだから、分解していっても同じ原子にはならないとライプニッツは主張したのです。

彼はこの最小単位をモナドと呼びました。これは原子のように同一の極小単位にはならず、どのモナドも他のすべてのモナドと異なっているのです。それゆえライプニッツのモナド論は多元論となります。彼の考え方は、スピノザのいう自然そのものが神であるという一元論とは異質です。ライプニッツにおける自然は数限りない、多彩なモナドの寄せ集めであるからです。

それでは、どうして世界は美しく調和しているのかといえば、ライプニッツは次のように考えました。すべてのモナドは独自の知覚力と欲求を内在しており、他のモナドと同一に動くことはない。しかし神はモナドをその知覚力と欲求に合わせて、予定調和的に動くように設計したのである。小川がさらさら流れるのも、神がそのようにプログラミングしているからなのだ。それゆえに世界は美しいのだと。

「えらい楽観的やな」と思いますか。17～18世紀にも多くの人が同様に考えたようです。このような考え方に立てば、人間の自由意志とは関係なしに、世界はいい方向に向かう、としか考えられませんね。

スピノザとライプニッツは、デカルトに影響され、大陸合理論を発展させる形で、独自の哲学を展開しました。この2人の哲学は、それぞれの形で後世に大きな影響を残しています。ライプニッツについては『モナドロジー・形而上学叙説』（清水富雄・竹田篤司・飯塚勝久訳、中公クラシックス）が最適だと思います。

8　経験論と大陸合理論が盛んだった時代に古代の人間社会の分析から考え始めた2人

17世紀のベーコンやデカルトとほぼ同時代のイングランド人、トマス・ホッブズ（1588－1679）。18世紀のヒュームとほとんど同年齢であったフランスのジャン＝ジャック・ルソー（1712－1778）。

この2人の思想家は、経験論や大陸合理論とは少し異なった方向で大きな学問的成果を、後世に残しました。2人は太古の昔、まだイエスが生まれる前の人間が、どのように生きていたのかについて考察しました。

ホモ・サピエンス・サピエンスが登場するのは約20万年前、東アフリカの大地溝帯ですが、ホッブズやルソーの時代には、そのような知識はまだありませんでした。

「万人の万人に対する戦い」とホッブズは考えた

ホッブズは次のように考えました。

人間が自然状態のままで生きていた頃は、彼らはいつも闘争状態にあったのであると。たとえば獲物のカモシカを取り合うことから始まり、素敵な恋人を巡る

トマス・ホッブズ
（1588－1679）

ジャン＝ジャック・ルソー
（1712－1778）

争いまで、いつも殴り合いをやっていたのだとホッブズは説明します。そしてその状態を the war of all against all.「万人の万人に対する戦い」と表現しました。つまり、自然状態の中では自然法は不完全であったと考えたのです。

そして人間の能力は、個人的にはあまり大差はないので、闘争は果てしなく続いて終わることがないのだ、とホッブズは考えました。そして平和に仲よく人間が生きるために、次のような仕組みを考えました。

人間は自分たちが生まれながらに持っている自然権を「コモンウェルス common wealth」に譲渡すべきであると。つまり、社会契約説です。このコモンウェルスという言葉は、連邦とか国家という意味を持っています。すなわち人間の上位に、彼らの個々の主張を力ずくで押さえつけてしまう、より大きな権力がなければ殴り合いは続き、平和はこないとホッブズは考えたのです。

そして彼は、このコモンウェルス的な存在を「リヴァイアサン」と名づけ、その主著『リヴァイアサン』(水田洋訳、岩波文庫、全4冊)で提示しました。リヴァイアサンは聖書に登場する海の怪物から取った名前です。ホッブズは、神を持ち出さずに、社会秩序がいかに可能かという命題を設定したのです。

ところが、彼の考え方は、結果的には王権神授説を理論づける役割を果たしてしまったのです。これには次のような経緯がありました。

王の支配権は神から授けられたもので絶対であり、市民による反抗は許されないと考える政治理論が王権神授説です。イングランドとスコットランドの同君連合体制のステュアート朝を開いたジェームズ1世(在位1603-1625)は、この理論の信奉者でした。そして彼を継いだチャールズ1世(在位1625-

１６４９）は暴政により、三王国戦争（ピューリタン革命）を引き起こしてしまい、イングランドは内戦状態に突入します。その結果、チャールズ１世は処刑され、クロムウェルを中心にイングランド共和国が建国されました（１６４９）。しかし王政復古がなされ、チャールズ２世（在位１６６０－１６８５）が王位に就きます。

ホッブズの『リヴァイアサン』は、この激動の時代の真っただ中で発刊されました（１６５１）。『リヴァイアサン』の論調が、ステュアート朝が主張する王権神授説の絶対王政に、理論的根拠を与えたとして批判されたのでした。ホッブズは三王国戦争が始まる前に、絶対王政の支持者とみなされフランスに亡命していましたが、その亡命中に、やはり亡命していたチャールズ２世の家庭教師をやっていたという記録が残されています。

「自然に還れ」と「一般意志」、ルソーの思想

人間は自然状態のままで生きていた頃は、自分を大切にしていたけれど、他者を押しのけるという発想は持っていなかった。だから大自然の中で人間たちが、獲物の鹿を奪い合ったり、恋人を巡って殴り合ったりしたことはなかったのだ。ルソーは、そのように考えました。

つまり、自然状態の中で、自然法は完全であった、と。この認識については、

ジェームズ1世
（在位1603－1625）

チャールズ1世
（在位1625－1649）

チャールズ2世
（在位1660－1685）

ロックもルソーと同じ考えでした。

無欲で争いを知らなかった善良な人間は自分自身の知能を発達させて、物質文明をつくり上げ、貧富の格差をつくってきた。そこから人間は自己の資産を守るために争い、競い合うようになった。その結果として殴り合うようになったのであり、ホッブズのいう人間の闘争状態が生まれたのだと、ルソーは『人間不平等起原論』（本田喜代治・平岡昇訳、岩波文庫）の中で主張しています。

「自然に還れ（retour à la nature）」は、善良、自由、幸福という根源的無垢《むく》を回復しなければならないというルソーの根本思想を表現する言葉として登場するのですが、厳密には具体的な出典となる著作物は発見されていないようです。

それではどのような国家をつくれば人間は平和に暮らせるのか。


ルソーは「一般意志」という概念を案出しました。それは自然人が本来的に持っていた、自己と他者への愛という感情を発展させたもの、とも考えられる概念です。社会の各構成員が利己心を捨てて、公共の正義を欲する意志です。共助の精神と考えてもいいと思います。

たとえば、一つの都市では、市民は自分の利己心（特殊意志）ではなく、この一般意志によって市長など都市を経営する側（主権者側）と一体化して理想的な政治体制をつくるべきであると、ルソーは考えました。市民全体による直接民主政をも視野に入れていた、とも考えられています。

ホッブズやロックとルソーの社会契約説を比較すると、次のような相違があります。

イングランドの2人の社会契約説は、すでに議会政治が確立している政治体制を認識したうえで、成立した理論でした。

それに対してルソーの思想は、当時のフランスの絶対王政下を生きぬいていく中で、思索されたものです。ルソーは一般意志の論理を、主権者と市民の同一性を必要条件として構想しました。その思想は、人民主権論に結びついていきます。彼の社会契約説がフランス革命の思想に、大きな影響を与えたのはそのためでした。

「自然に還れ」とは、原始に戻ろうという主張に留まらず、人間本来の主権を取り戻そうという思想の原点であったと思います。このようなホッブズ、ロック、ルソーと連なる社会契約説の政治原理は、現在ではジョン・ロールズ（1921－2002）の『正義論』（川本隆史・福間聡・神島裕子訳『正義論 改訂版』、紀伊國屋書店）などに受け継がれています。

作曲家でもあったルソーには『社会契約論』（桑原武夫・前川貞次郎訳、岩波文庫）、教育について論じた『エミール』（今野一雄訳、岩波文庫、全3冊）、自伝である『告白』（桑原武夫訳、岩波文庫、全3冊）などたくさんの名著があります。

また、ルソーより少し年長のフランスの貴族、シャルル・ド・モンテスキュー（1689－1755）は、イングランドの政治思想に影響を受けてフランスの絶対王政を批判し、権力分立（三権分立）を唱えてアメリカの独立やフランス革命に多大の影響を与えたことで知られています。

主著は、20年を執筆に費やして1748年に公刊された『法の精神』（野田良

シャルル・ド・モンテスキュー
（1689－1755）

之ほか訳、岩波文庫、全3冊）です。早くも2年後には英訳されて、権力分立の考え方が全世界に広まりました。

ドーヴァー海峡を行き交った人と思想

ホッブズとルソーの哲学を検証してみると、ホッブズは『リヴァイアサン』の発想などに観念性が強く見られ、大陸合理論のデカルトの系譜と近いようにも思われます。

逆に、ルソーの社会契約説はロックの思想から多くを学び、発展させているようにも思えます。当時、イングランドと大陸の哲学者たちは、かなり足しげく交流していました。イングランドの経験論と大陸合理論が交錯する潮流に政治哲学を巡る論争も加わって、近代の合理論は発展しました。

そして、キリスト教によって整合的に世界の秩序を描いてきたスコラ哲学がボロボロに壊れていったのですが、そのとき、ドーヴァー海峡の北西側に大陸とは異なる議会制の君主国家が存在したことは、意味深いものがあったように思われます。

イングランドと大陸は、経済的な面のみならず、思想的な面でも深い交流を重ねてきたことがよくわかります。このような歴史的な文脈で考えると、ブレクジット（ＥＵ離脱問題）はかなり異質な動きであり、連合王国は、いずれはＥＵに復帰するのではないかと僕は考えています。

哲学のティー・タイム

2 一元論と二元論、多元論

『広辞苑』を引くと、一元論は「(monism) ①一つの原理だけで一切を説明しようとする考え方。②物質・精神またはそのどちらでもない第三の実体によって世界を統一的に説明する哲学上の立場」と説明されています。なるほど、よくわかりますね。プラトンのイデア論やキリスト教の三位一体説がこれに当たります。宇宙の生成を解き明かしたビッグバン理論もそうですね。

同じく二元論は、『広辞苑』では「(dualism) ある対象の考察にあたって二つの根本的な原理または要素をもって説明する考え方。①宇宙の構成要素を精神と物質との二実体とする考え方。デカルトの物心二元論は代表的な例。②世界を善悪二つの原理(神)の闘争と見る宗教。ゾロアスター教・マニ教など」と説明されています。完璧ですね。

また、多元論は、「(pluralism) ①世界が相互に独立した多くの根本的な原理や要素から成り立っていると考える世界観。②広義では、ある対象領域について相互に独立した多くの根本的な原理や要素の共存を認める考え方」となっています。陰陽五行説やアリストテレスの4性質説がその典型だと思います。

僕は何かわからないことに直面すると、まず『広辞苑』を引くようにしています。すると、たいていのことは明らかになります。皆さんにも、文字どおりの座右の書として『広辞苑』を手元に置かれることをお薦めします。

3 ルソーが残した『むすんでひらいて』

ジャン＝ジャック・ルソーは、1712年にスイスのジュネーブで生まれました。父は裕福な時計職人でした。しかし、母はルソーを出産して数日後に亡くなりました。

ルソーは母の面影を受け継いだ美少年として成長し、父に学んで盛んに読書をしたそうです。けれどその父は、ルソーが10歳の頃に地元の貴族とのトラブルが原因で告訴され、ジュネーブを出奔《しゅっぽん》してしまいます。ルソーと彼の兄は孤児《みなしご》になりました。

兄は親類の人々によって、近所の職人の家に丁稚《でっち》奉公に出されます。しかし奉公先を逃げ出したまま、行方知れずとなりました。ルソーもジュネーブ郊外の牧師に引き取られたことを皮切りに、いくつかの丁稚奉公に出されました。しかしどこの場所でも、酷使と弱い者いじめが待っていました。それでもルソーは読書をすることで耐えぬきました。けれど、その本さえも捨てられるような不遇な日々をすごすうち、彼は保身と自らの心を守るために嘘をついたり、小さな悪事を犯したりする少年になってしまいました。そして15歳のとき、ささいなことから奉公先を飛び出します。

ルソーはジュネーブを出て南へ、イタリアのトリノに向かいました。目算はありませんでした。その地を放浪するうち、地元のローマ教会の司祭に保

ジャン＝ジャック・ルソー
(1712－1778)

護されます。彼はルソーの一時的な落ち着き先として、美貌の貴婦人ヴァランスを紹介してくれました。このことがルソーの人生を決定的に変革する契機となります。

母の愛に触れたこともなく、心をゆがませるような少年時代をすごしてきた15歳のルソーにとって、ヴァランス夫人の美しい容姿とやさしい笑顔は、母を感じさせ、同時に恋人をも感じさせたのです。彼は彼女に夢中になりました。ヴァランス夫人はその当時、29歳だったと伝えられています。彼女は最初、ルソーの強い思慕の感情を母親のように受け止めていましたが、やがて彼の恋情にも応えました。それはルソーが20歳前後、ヴァランス夫人が30代半ばの頃でした。2人の愛の生活は、5年ほど続きます。

彼は初めて母の愛を知り、同時に恋人との生活の歓びも知ったのでした。ルソーは、明るい陽光を浴びたように、夢中になって生きました。短い、けれど不思議な時間でした。彼は夫人に導かれ、貪欲に読書し、勉強に励みました。ジョン・ロックやデカルトなども読破します。夫人が大好きな音楽も学びました。

夫人と別れ独立して生きるようになってから、彼はいくつかの音楽作品を作曲しています。その中の一つ、オペラの『村の占い師』はパリの王宮でも公演されています。その中の歌曲が奇しくも、題名と歌詞を変えて、『むすんでひらいて』として日本の文部省唱歌になっていました。

第10章

近代から現代へ。世界史の大きな転換期に登場した

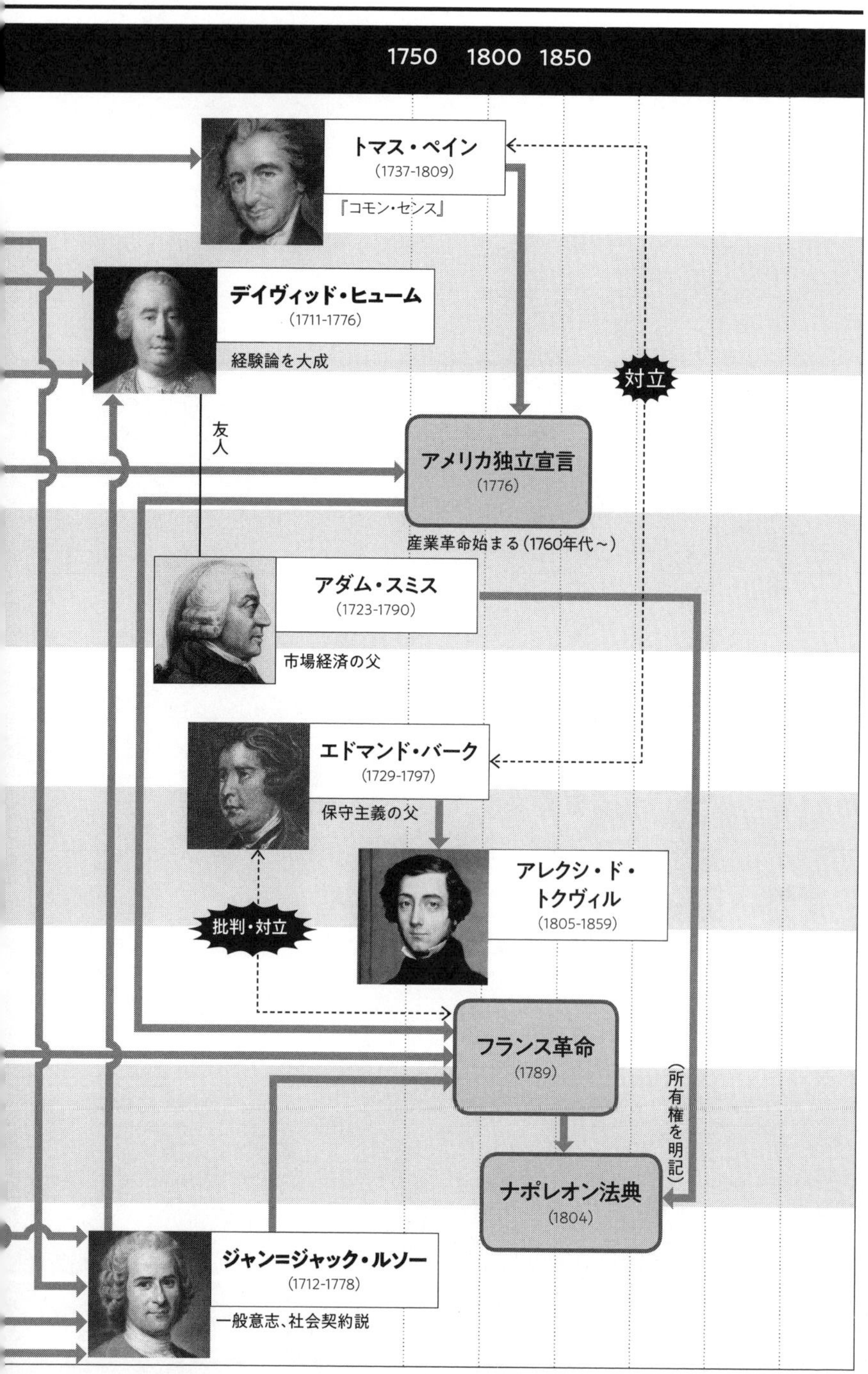

1750 1800 1850
トマス・ペイン
(1737-1809)
『コモン・センス』
デイヴィッド・ヒューム
(1711-1776)
経験論を大成
対立
友人
アメリカ独立宣言
(1776)
産業革命始まる(1760年代～)
アダム・スミス
(1723-1790)
市場経済の父
エドマンド・バーク
(1729-1797)
保守主義の父
アレクシ・ド・トクヴィル
(1805-1859)
批判・対立
フランス革命
(1789)
(所有権を明記)
ナポレオン法典
(1804)
ジャン=ジャック・ルソー
(1712-1778)
一般意志、社会契約説

イングランドの経験論と大陸の合理論

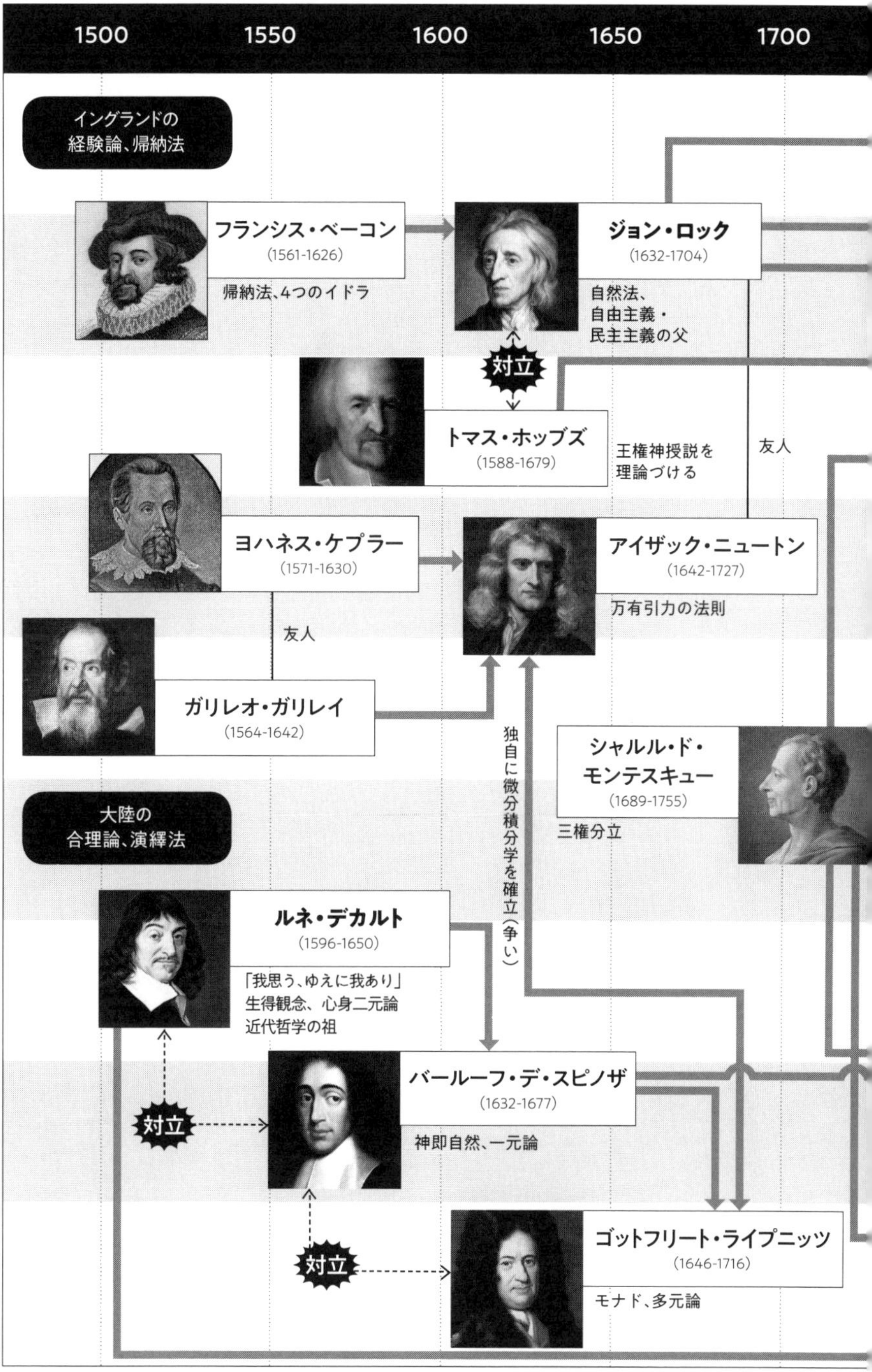

1500
1550
1600
1650
1700
イングランドの経験論、帰納法
フランシス・ベーコン (1561-1626)
帰納法、4つのイドラ
ジョン・ロック (1632-1704)
自然法、自由主義・民主主義の父
対立
トマス・ホッブズ (1588-1679)
王権神授説を理論づける
友人
ヨハネス・ケプラー (1571-1630)
アイザック・ニュートン (1642-1727)
万有引力の法則
友人
ガリレオ・ガリレイ (1564-1642)
独自に微分積分学を確立(争い)
シャルル・ド・モンテスキュー (1689-1755)
三権分立
大陸の合理論、演繹法
ルネ・デカルト (1596-1650)
「我思う、ゆえに我あり」
生得観念、心身二元論
近代哲学の祖
対立
バールーフ・デ・スピノザ (1632-1677)
神即自然、一元論
対立
ゴットフリート・ライプニッツ (1646-1716)
モナド、多元論

世界初の人工国家の誕生へ

ルネサンスと宗教改革によって中世が終わり、アメリカの独立（1776）、さらにフランス革命（1789）、ナポレオン法典（1804）の成立、そして本格的な国民国家の時代へと幕を開く1848年革命（諸国民の春、ヨーロッパ革命）まで。この近代に移っていく時代に登場する、思想家と哲学者についてこれから解説したいのですが、その入口としてまず2人の思想家を紹介します。

アメリカの独立とフランス革命は、後の世界に大きな影響を及ぼしましたが、その最大のポイントは人工国家をつくった、ということでした。それまでの国家や社会は、権力を握る者が入れ替わり立ち替わり登場してくる中で、なんとなく自然に成立したものでした。日本でも卑弥呼《ひみこ》が登場したり、ヤマト政権が誕生したりしながら国の形が少しずつ出来上がってきました。イングランドでも、いろいろな民族が大陸や北方から上陸してくる中で、最終的にはフランスのノルマンディー公がイングランドを征服して（ノルマン・コンクエスト）以来、ずっと王権を維持して国を形づくってきました。

このように、いろいろな人が集まって自然と国が出来上がったケースが多いのですが、アメリカという国は人工国家です。イングランドをはじめとして世界中から集まってきた人々が、アメリカを独立させて新しく誕生した国です。ですからアメリカ人のアイデンティティには、極論すれば歴史も伝統もありません。その拠《よ》り所となるアイデンティティは憲法です。まさにロックやルソーの「社会契約説」が述べるとおり、世界で初めての社会契約国家が生まれた。それがアメリカでした。

現在のトランプ大統領に解雇された司法長官が、トランプに「俺に忠誠を誓うんだろうな」と言われたとき、「いや、私が忠誠を誓うのは合衆国憲法です」と答えたことがありました。アメリカにとって憲法がどんな存在であるかを物語る、典型的なエピソードといえます。その人工国家が生まれる際の独立戦争のとき、ラファイエットをはじめとするフランスの貴族や知識人など、いろいろな人が義勇軍となってアメリカに渡りました。そして独立の理念となった「自由・平等・友愛」の精神をフランスへ持ち帰り、それがあの大革命の火つけ役となったのでした。

アメリカの独立戦争でも、多くの血が流されました。しかしヨーロッパの最強国であったフランスで大革命騒動が勃発したとき、人々の想像を超えたエネルギーが解き放たれました。そのエネルギーをナポレオンという天才がまとめて受け継ぎ、ヨーロッパを征服する過程で、まるで病原菌のように、「自由・平等・友愛」の精神を大陸全体にまき散らしたのです。その影響力の大きさは計り知れないものがあったと思います。

さらにナポレオンは、ナポレオン法典をつくります。これは民法典です。所有権を初めて正式に認めたのです。すなわちこれで資本主義の法的根拠が出来上がったわけです。ナポレオンがセントヘレナに流罪となり、次いでウィーン体制の反動の時代が終わると、1848年がヨーロッパ革命の年となりました。1848年革命（諸国民の春）によってフランスから王家が追放され、フランスは共和国となりました。第2の人工国家の誕生です。

産業革命と想像の共同体である国民国家（ネーションステート）という人類史上の2大イノベーションが、西ヨーロッパの覇権の時代を切り開いたのです。

なお、国民国家の構造を解き明かしたベネディクト・アンダーソンの『想像の共同体』は歴史的な名著です（邦訳『定本　想像の共同体――ナショナリズムの起源と流行』白石隆・白石さや訳、書籍工房早山）。

フランス革命（１７８９－１７９９）から１８４８年革命までの約60年の時代は、人工国家の誕生や自由・平等・友愛という革命精神がラテンアメリカをはじめとして世界中に拡散されたという意味で、人類史上の画期的な時代であったと思います。しかも少し前の18世紀の半ばには産業革命が起きていますから、ヨーロッパの主要国は自分たちの国を国民国家に統合するエネルギーや、さらにその国家を経営していく経済力をも入手したのです。

そのような時代の潮流の中で、記憶すべき2人の思想家が登場したのです。

イングランド生まれのトマス・ペインが書いた『コモン・センス』の影響力

１７７4年、イングランド人のトマス・ペイン（１７３７－１８０９）はアメリカに移住しました。

当時のアメリカでは、イングランド本国に対する独立運動がすでに武力衝突にまで進んでおり、独立戦争直前の状態にありました。文筆家でもあり、啓蒙思想家でもあったトマス・ペインの目には、「代表なくして課税なし」を旗印とし、徹底的にイングランド本国に抵抗するアメリカ人の生き様が強く焼きついたことでしょう。ペインは、『コモン・センス』（小松春雄訳、岩波文庫）と題する小論文を執筆し、政治パンフレットの形式で発表しました。１７７6年1月のことです。

彼はその小論文で次のようなことを訴えました。

トマス・ペイン（1737－1809）

イングランドの君主政はノルマン・コンクエスト以来の君主たちの覇権を、正当化したものにすぎない。王権に都合がいい仕組みである。それはアメリカ人の常識ではない。人間は生まれつき平等なのだから、アメリカは自信を持って自分たちの主張を正当化しよう。イングランドからの独立こそがアメリカ人のコモン・センス（常識）なのである。

『コモン・センス』には、「アメリカに居住する人々の」という副題がついていました。この小論文は、まさに独立戦争に向かってのアジテーションとして、大きな役割を果たしました。発売3か月で12万部が売れました。アメリカ人はこの小論文に勇気づけられ、自分たちの主張に自信を持ちました。そして1776年7月に、『コモン・センス』の論旨を活用して、独立宣言を発表し、独立戦争に突入しました。

独立戦争でアメリカが勝利し、それに鼓舞されてフランス革命が起きました。フランス革命は、バスティーユ牢獄の襲撃によって火蓋が切られ、ついに「人および市民の権利宣言」、いわゆる「人権宣言」を発表して本格化しました（1789）。この人権宣言の中にも『コモン・センス』の基本的な精神が生きています。革命はやがて過激化し、フランス王ルイ16世をギロチンで処刑するのですが、このフランス革命をクールに見つめていたイングランド人がいました。エドマンド・バーク（1729－1797）です。

アイルランド生まれのエドマンド・バークが書いた『フランス革命の省察』の波紋

エドマンド・バークは政治家であり、政治思想家でした。

彼は後に「保守主義の父」と呼ばれましたが、フランス革命を激しく非難しま

エドマンド・バーク
（1729－1797）

した。その論旨を簡明に述べれば、次のようなことです。

王国を営々として築いてきたからといって、王侯や貴族に絶対的な特権を与えることは正しくない。しかしながら彼らが何百年も積み上げてきたことを、簡単に壊してはいけない。市民が彼らをうまくコントロールしながら、たとえば議会政治を進めていくことが賢明なのである。

私は人間の頭脳よりも経験と慣習を信じたい。だいたいにおいて、さほど賢くはない人間の理性を全能と考え「自由・平等・友愛」などといって、何が可能なのか。人間は経験の裏づけがないものを、安易に信じてはいけない。フランス革命のように過激に変革を実行するのではなく、少しずつ社会をよくするのが最善なのである。

バークは以上のような主張を中心として、『フランス革命の省察』（半沢孝麿訳、みすず書房）を公刊しました（1790）。彼はこの著書の中で、初めて保守主義という言葉を使用したといわれています。こうして、「保守主義の聖書」と呼ばれる書物が登場したのですが、これを読んだトマス・ペインは激怒し、すぐに反論して『人間の権利』（西川正身訳、岩波文庫）を執筆しました（1791）。

ここに至って初めて、僕たちが知っている保守と革新という二項対立のイデオロギーが立ち上がりました。しかし、ペインとバークが主張するように、革新も保守も政治思想の問題だけではなく、哲学的な命題の一部分でもあり、極論すればアメリカやフランス、そしてイングランドの人々が何を信じるかという、宗教の一部分でもあったと思います。

なお、バークの後継者と一般に認められているのが、フランスの政治家、アレクシ・ド・トクヴィル

(1805-1859)です。トクヴィルの『アメリカのデモクラシー』(松本礼二訳、岩波文庫、全4冊)は、アメリカという人工国家を理解するうえで必読の一冊とされています。

付記すれば、左翼・右翼という言葉はフランス革命時の国民議会で、過激な発言をする人が議会の左側に陣取り、より穏健な人が右側に座ったことから生まれた言葉でした。

トマス・ペインとアダム・スミスの主張を集大成して現実化したのはナポレオン

アダム・スミス(1723-1790)はイングランド経験論の大成者、デイヴィッド・ヒュームの友人として前章でも紹介しましたが、彼は年代的に見るとトマス・ペインとも同時代の人です。

トマス・ペインは、ジョン・ロックと同様に人間の自由と平等を主張し、政治的にはアメリカの独立を正当化する国民国家の基礎を理論づけしました。アダム・スミスはレッセ・フェール(自由放任主義)を主張し、経済活動は政府が統制しなくても個人の自主性に任せれば、市場の「見えざる手」によって公益は達成されると主張し、『国富論』(1776)を書きました。

つまり、アダム・スミスは、個人の自由(私益)と社会の秩序(公益)が調和することを理論化したのです。

しかし、彼は決して弱肉強食を表明したわけではないのです。すでに1759年に『道徳感情論』(道徳情操論)を発刊しています。彼はその著書の中で、社

アダム・スミス
(1723-1790)

アレクシ・ド・トクヴィル
(1805-1859)

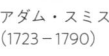

会秩序の要因となる感情は、共感sympathyであると考えました。具体的には他人の感情や行為の適切性を大切にしたのです。

ですから、いわばレッセ・フェールの前提条件として、他人に迷惑をかけない範囲で商売をやることが一番いいのだという倫理を、要求していたのです。いかにもイングランド人らしいコモン・センス（常識）です。

そしてこのような市場経済の考え方が定着し始める時代に、トマス・ペインの『コモン・センス』が発表され、アメリカが独立しフランス革命が起きたのです。そしてナポレオン・ボナパルトが登場して、アダム・スミスが理論づけた所有権を認める『ナポレオン法典』（１８０４）を制定しました。そればかりではなく彼は従来の君主政を否定し、「自由・平等・友愛」の旗印を押し立て、ヨーロッパ全体と戦い、フランスを国民国家として統合しました。もちろん実際にはナポレオンの独裁国家として発展していくのですが、トマス・ペインとアダム・スミスが考えたことは、フランス革命のエネルギーを集大成したナポレオンによって最終的に統合・実現され、近代への窓を開いたのだと思います。

ナポレオン・ボナパルト
（在位1804－1814）

1 イングランドの経験論と大陸の合理論を統合しようと考えたカントの哲学

中世以降のヨーロッパにおける哲学の流れを振り返ってみると、「哲学は神学の端女《はしため》である」と言い切って、地上よりも神の国を上位に置いたトマス・アクィナスの理論が、中世の哲学の世界に君臨していました。

しかし、その理論はルネサンスによって大きく動揺しました。そして諸説が入り乱れます。そこへデカルトが登場し、「我思う、ゆえに我あり」と言って神と関係なく存在する自我を確立させました。

このことによってデカルトは、〝近代哲学の祖〟と呼ばれるようになりました。デカルトの学説を展開させる形で、スピノザやライプニッツが登場しますが、デカルトの哲学から大陸合理論と呼ばれる大きな潮流が生まれました。

一方、イングランドでは、ベーコン、ロック、ヒュームという巨星が登場して、経験論というジャンルを打ち立てました。

そして、ドイツにイマヌエル・カント（1724－1804）が登場します。

カントは、ヒュームやルソーと同時代の人です。彼はスピノザやライプニッツに継承された大陸合理論の系譜につながる人ですが、ヒュームやルソーの発想に触発され（カントはヒュームを学んで「独断のまどろみ」から目覚めたと語っています）、独自の哲学を築こうとしました。一言で言えば、大陸合理論とイングランドの経験論を統一しようとする試みです。

哲学の歴史を見ると、学説の流れがさまざまに枝分かれしてくると、必ず誰かがそれを統合しようとします。あまりいろいろな人がいろいろなことをいうと、人々が混乱します。要するにまとめたらどういうことなんだと、みんなが聞きた

イマヌエル・カント
（1724－1804）

くなります。すると、まとめる人が出てきます。トマス・アクィナスやデカルトがそうでした。

それでは、どのようにカントはイングランドの経験論と大陸の合理論を統合したのでしょうか。

人間の認識の方法は、「感性」と「悟性」の2つで完成されるとカントは考えた

イングランドの経験論では、人間はもともと白紙のままで生まれてきて、教えられ学びながら賢くなると考えました。カントもこの説に同意します。しかし彼は、そのことを認めつつ、一つの疑問を呈します。

ライオンについてまったく知識のない数人の幼児に、まったく異なる街の動物園でライオンを見せたとします。すると、その反応が他の小動物を見せた場合と異なるのはなぜか。幼児がライオンに対して、人間一般が反応するのと同様の反応を示すのはなぜなのか。たとえばそのような疑問をカントは提起したのです。見たことも聞いたこともないものに、心が白紙であるはずの幼児が、どうして一定の反応を示すのかと。


カントは、人間には2つの認識の方法があると考えたのです。感性と悟性（知性）です。

感性とは外界の刺激に応じて、なんらかの印象を感じ取る認識能力です。感覚と考えても誤りではないでしょう。「sensibility」です。悟性とは、感性と共同して認識を行う能力です。その認識には感性と違って、理性や判断力が伴います。「understanding」、すなわち理解力です。幼児がライオンに対して反応するのは、この悟性の働きによるわけです。

カントはこのように人間は感性と悟性の2つが一つになって、世界を認識するのだと考えました。イングランドの経験論のように、人間は確かに白紙のままで生まれてくるのだけれど、動物との違いは悟性という

能力をも持って生まれてくるのだと考えたのです。この悟性はデカルトの「生得観念」と似ているようですが、少し違うのです。感性と悟性についてもう少し話を進めます。

カントは、まず、人間はア・プリオリに、すなわち経験に先立って、空間と時間を理解していると述べました。もっとも人間は空間と時間の中に生まれてくるので、理解しているのは当然のことなのですが。なお、ア・プリオリとは、後天的な経験（ア・ポステリオリ）に依《よ》らず先天的に与えられたものを指します。

すべての事物は時間と空間の中にあるのですが、目に映るものは「感性」によって経験することができます。目に映るものは多様であり、これを感性の多様（感覚所与）と呼びます。机の上の花びんに生《い》けられたバラの花を上から見たのと横から見たのとでは形が異なります。また、時間が経てば、花びらが散るかもしれません。

しかし、人間はそれを「一つの同じバラ」だと認識します。この認識は、どの感覚所与（上から、横から、たとえば一日後）からも得られないとカントは考えて、それは「悟性」に由来すると指摘したのです。そして悟性はカテゴリーを媒体しており、カントは12のカテゴリー（認識の枠）を挙げました。

たとえば、ものごとには原因があって結果があるという因果律を理解する認識の仕方などです。朝がきたら夜がくる、というような。悟性はア・プリオリに人間に備わっているとカントは考えました。

人がものごとを認識するという行為は、感性と悟性の共同作業である。感性と悟性によって構成された認識の枠によって人はものごとを認識するという、二重構造をカントは考えたのです。人間は、ものごとを感性で認識すると同時に、悟性の枠に対象物を当てはめて、そのものごとを認識すると。

花を見たから花と認識するのか。花と認識したから花となるのか

たとえば、あなたは花びんに生けられたバラの花を見ています。花は机の上という空間にあります。そしてあなたは因果律によって次のことを知っています。植物が小さな芽から成長して大きくなり、やがてつぼみをつけ、そこに花が咲き、最後に散ることを。

ところで一匹の蜂が、同じバラを見ていると仮定します、人間の見える色は3原色を基本としています。しかし蜂は違います。そのバラは、蜂から見れば異なった印象となるでしょう。おそらく赤い花も赤には見えない。もちろんカントには、このような知識はありませんでした。

しかし彼は、次のような疑問を呈しました。

人は自分の感性と悟性で構成される認識の枠によって、対象を見ているにすぎない。しかし、人が果たしてその対象の本当の姿を見ているという保証は、どこにあるのか。それゆえに人は、そのもの自体を見ているのではなく、認識の枠が把《とら》えた現象を見ているのである。カントは、そのように考えました。

人は、世界の存在物、その物自体を永遠に把えられない。したがって人が見ているのは、真の対象 object そのものではなく、それは認識の枠が把えた現象 "phenomenon" である。すなわちカントは対象と現象は違うという、二元論に立ったのです。

これは画期的な発想でした。人間は世界に存在している事物の真実の姿を、永遠に知ることはできない。人はその対象の現象を認識しているだけである、という理論だからです。

それまでの哲学の認識論では、対象をそのまま対象として認識し、それが真実の存在であると考えていました。ところがカントは、人間は認識の枠組みで対象の現象を認識しているだけで、その事物の真実の姿を見ることは不可能であると断言したのです。このような認識論の逆転を、彼自身がその著書『純粋理性批判』(篠田英雄訳、岩波文庫、全3冊)の中で、「コペルニクス的転回」と呼んでいます。ポーランドの天文学者コペルニクスが1543年、著書『天体の回転について』(矢島祐利訳、岩波文庫)の中で地動説を唱え、天文学に大きな変革をもたらしたことを踏まえての表現でした。

ところで、カントの考えた認識の枠組みという考え方は、現代の大脳生理学が解明した研究成果と同じです。大正解でした。我々の目から入ってきた情報は、頭の中で電気信号に変えられて、たとえば「これは赤い花である」と認識することが判明しています。前述したカテゴリーは、まさにここでいう脳の構造そのものだといってもいいでしょう。カントは脳の構造を知らないまま、すでに未来を予見してしまったといえると思います。

それまでの哲学は、世界のさまざまな存在について、どのような存在であるかという存在論に重きを置いてきた側面がありました。認識の実態についてなんら疑念が湧かなかったからです。

しかし、世界に存在する事物の真実の姿が永遠に認識不可能なのであれば、認識すること自体に論点を引き戻さなければなりません。「認識は対象に従って決定される」から、「対象は認識によって決定される」への変換は、まさに「コペルニクス的転回」であったと思います。

自然界には自然法則があり、人間界には道徳法則があるとカントは述べた

ところで、カントの主著『純粋理性批判』ですが、カントはまず、二律背反（アンチノミー）の問題を取り上げます。宇宙に始まりがあるとすると、それ以前の問題が解けない。始まりがないとすると、現在の時間が完結していることが説明できない。

このような形而上学的問題に対して理性で決着をつけようとすれば、二律背反に陥る。カントは、形而上学的な問題は理性が扱うべき問題ではなく信仰の問題だと指摘したのです（理性の限界）。

また、純粋な理性とは、認識する能力を指しています。そして批判とは、純粋理性を批判しようという意味ではありません。ドイツ語の Kritik（批判）には、「区別する、識別する」といった意味があります。「純粋理性批判」の「批判」に、カントは認識について議論してみんなで考えを深めようという意味を持たせました。認識論を批判するためにつけたタイトルではありません。

カントは『純粋理性批判』を書くときに、感性と悟性という認識の枠組みを置きました。どんなことを考えるにしても、何かを無条件に前提として置かないと議論は進められません。彼は認識について考えるとき、イングランドの経験論における白紙の人間でもなく、デカルトの生得観念でもなく、認識の枠組みを前提として置きました。

カントは『実践理性批判』という本も書いているのですが、この場合にはア・プリオリに自然法則を置きました。

自然法則とは地球が太陽のまわりを回っているというような、動かざる法則です。

次にカントは自然界に自然法則があるのだから、人間界にも同じような法則が存在しても不思議ではないと考えます。そしてこれもア・プリオリに人間界の法則を置きました。これに道徳法則と名前をつけます。たとえば困っている人を助けるという行為は、地球が回っているのと同じような当たり前の人間界の法則なのだと述べます。それにはなんら説明をつけ加えません。万有引力でリンゴが落ちるようなものだ、というわけです。「それはおかしいぜ」と思っても、「人間界には道徳法則がない」ことを論証してくださいと言われたら、これはまたとんでもない難問です。「自然界には自然法則があり、人間界には道徳法則がある」と、言ってしまったものの勝ちなんですね。いわゆる挙証責任の転換の問題（立証責任を負ったほうが裁判では不利になるので、挙証責任を転換させることが裁判の勝ち負けに通じる）です。

認識の枠によって事物を認識するのは頭脳の仕事です。ですから純粋理性の役割です。それに対して道徳法則は、人の行為すなわち実践に関することなので、カントはこれを「実践理性」と名づけました。

純粋理性は認識の枠によって認識という仕事をする、実践理性は道徳法則に従って人間を実行に移させる。この区別は少しややこしいのですが、覚えておいてください。

純粋理性に「悟性」があるように実践理性には「格率」があり、目的の王国を実現する

右の小見出しも、かなりややこしいことは承知しています。純粋理性には認識の枠組みがあり、それは感性と悟性によって構成されており、高度な認識には悟性の理解力が大きく寄与していました。

これに対して実践理性においては、人間は自分の実行力に関して独自の「格率」を持っているとカントは考えました。

格率とは英語でmaximであり、ドイツ語においても同義です。行動原理という意味があります。カントは人間が行動に関して個人的に有している、主観的な規則といった意味合いに使っているようです。平たくいえば、信念と考えても大きな誤りはないと思います。

人間は、「威張っている奴は嫌いだ」とか「弱い者いじめはいけない」とか、それぞれが自分の生き方に信念を持っています。それが格率だと考えてください。

そしてカントは、この信念（格率）は学習を重ねていけば道徳法則と一致すると考えました。もう少し詳しく述べると、自然界に自然法則があり人間界に道徳法則がある。人間が勉強や学習によって自らの能力を高めていけば、自然法則についても真実が見えてくるし、自分の有する信念（格率）も深まり道徳法則に近づくと考えたのでした。

たとえば昔、人々は天動説を信じていました。しかし天動説は誤りで、本当は地動説が正しいのだと勉強して学びました。このように人間は、自然や人間の生き方や神についても、多くのことを日々新しく学ぶことになります。つまり人間界の法則である道徳法則についても、自ずから思想を深めていくことになります。権力のこと、人権のこと、人間心理のことなどです。こうして道徳法則がよくわかってくることを、カントは「自律」と呼びました。

自律とは、人間の実践理性が、外的な権威や欲望に左右されず、自分の信念（格率）に従って行動するようになることだと、カントは定義しています。端的に述べてしまえば、人が自由になることです。自律を達成したとき、人間の格率すなわち信念は道徳法則と一体になるのだと、カントは考えました。

そして、このように自律した人間のことを人格と呼び、自律した人格が集まれば理想社会が実現できるとカントは考えました。その社会を「目的の王国」と呼んでいます。それが実践理性の究極の姿であり、人間の正しい認識と正しい立ち居振る舞いなのだと、結論づけています。

世界には地動説のような自然法則がある。これはイングランドの経験論の立場です。同様に人間界には、当然のこととして道徳法則があると考える。これは大陸合理論の立場、観念論です。個々の人間には信念にも似た格率という行動原理がある。しかし、勉強しない段階の人間の信念（格率）は天動説のようなもので正しくはない。しかし人間が学習を重ねてよくものごとを考えるようになると、地動説が理解できる。地動説という真理を理解できるレベルになれば、自分の信念の理想的な在り方もわかるようになり、信念（格率）は道徳法則に一致してくる。こうして自律した人格となった人々が、「目的の王国」という理想社会をつくることができる……。

このようにしてカントは、イングランドの経験論と大陸の合理論を統一したといわれています。もちろん統一されていないという反論もありますが。

しかし、自律した人間が集まって理想社会をつくるという考え方は、今日でも次のような論理で言及されていると思います。市民が自覚を持って社会人としてのリテラシー（教養）を高めたら、よりよい市民社会が形成されるという考え方です。その意味で「目的の王国」論は、たいへん上手に構成されたロジックであると思います。

カントと近代哲学の流れ

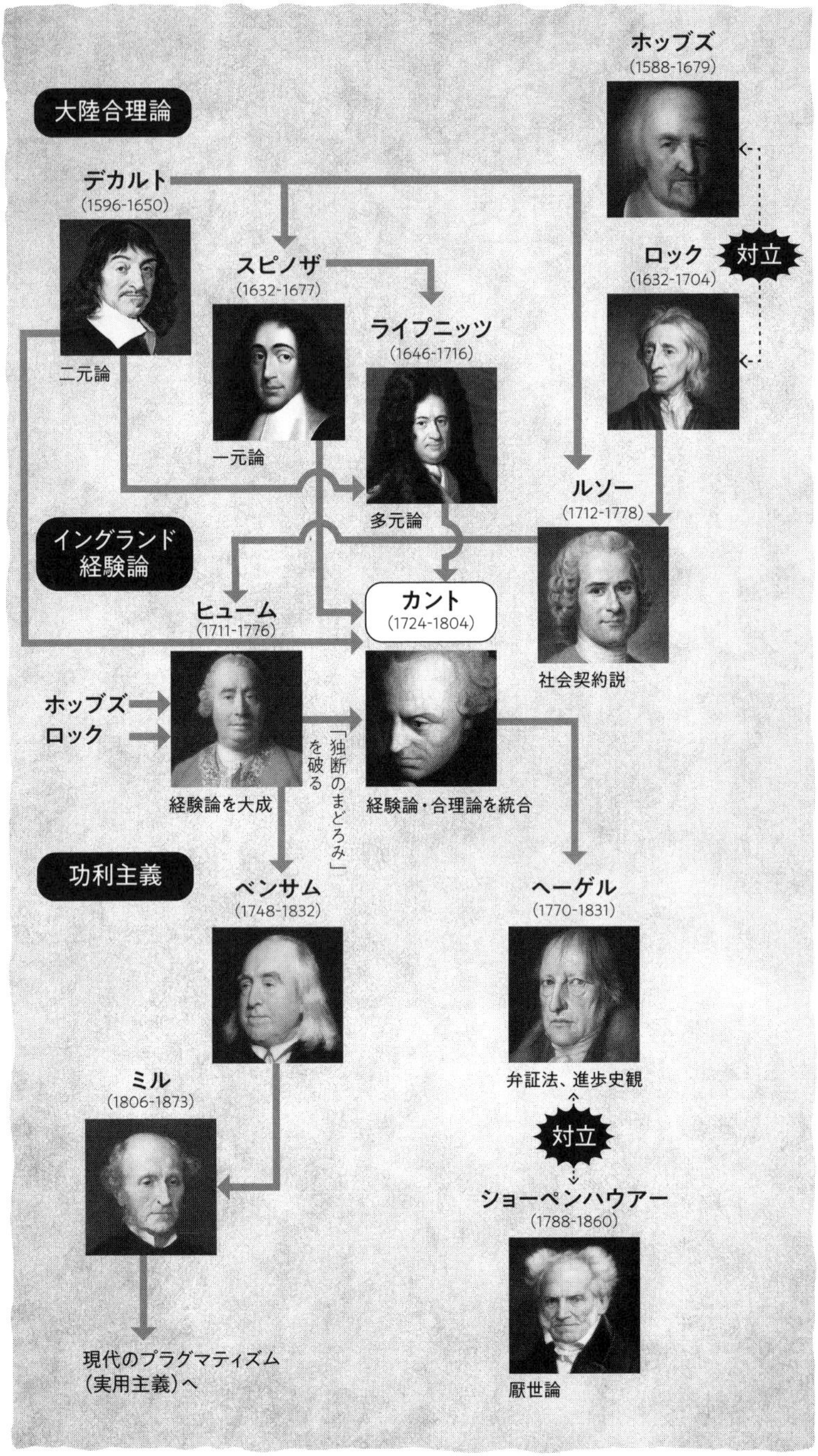

大陸合理論
デカルト
(1596-1650)
二元論
スピノザ
(1632-1677)
一元論
ライプニッツ
(1646-1716)
多元論
ホッブズ
(1588-1679)
ロック
(1632-1704)
対立
ルソー
(1712-1778)
社会契約説
イングランド
経験論
ヒューム
(1711-1776)
ホッブズ
ロック
経験論を大成
「独断のまどろみ」を破る
カント
(1724-1804)
経験論・合理論を統合
功利主義
ベンサム
(1748-1832)
ミル
(1806-1873)
現代のプラグマティズム
(実用主義)へ
ヘーゲル
(1770-1831)
弁証法、進歩史観
対立
ショーペンハウアー
(1788-1860)
厭世論

哲学一筋のカントの人生

ポーランドとリトアニアに挟まれて、バルト海に面する小さなロシア連邦の飛び地があります。そこにケーニヒスベルク（現在のカリーニングラード）という古都があります。カントはこの町で生まれました。もともとはプロイセン王国の首都でした。その頃のプロイセン王国は、フリードリヒ2世（在位1740－1786）の時代です。

カントは、ケーニヒスベルクの町を一歩も出ずに成長して学問を学び、デカルトやライプニッツの影響を受けて哲学の道へ進みました。そして、ヒュームやルソーによって「独断のまどろみ」を打ち破られ、ケーニヒスベルク大学の哲学教授となります。

彼の一日は、早朝の起床、哲学の研究、大学への出勤、午後に帰宅、そして同一のコースを一定の時刻で散歩、それから夕食と、規則正しく決まっていたそうです。彼の散歩ルートにある家では、その家の柱時計よりもカントが家の前を通過する時刻のほうが遅速の差がないことに、驚いていたというエピソードもあります。

この規則正しい哲学者は、一所懸命にデカルト以降の合理論とイングランドの経験論を統一することに日夜努力を重ねたために、愛を語る余裕もなかったのか、独身のままで生涯を終えています。もっとも彼が高く評価していたニュートンも一生独身でした。学問の道には、僕たち俗人にはうかがい知れぬ魅力があるのかもしれません。

フリードリヒ2世
（在位1740－1786）

カントの哲学は難解ですが、その中では『純粋理性批判』（篠田英雄訳、岩波文庫、全3冊）が比較的読みやすいと思います。岩波文庫には他にも『実践理性批判』（波多野精一・宮本和吉・篠田英雄訳）や『永遠平和のために』（宇都宮芳明訳）などが入っており、また岩波書店からは『カント全集』（全22巻、別巻1）が出版されています。なお、『純粋理性批判』は、光文社古典新訳文庫から新訳（中山元訳）が全7冊出ています。

2 ヘーゲルの弁証法をどのように理解すればいいのだろうか

ゲオルク・ヴィルヘルム・フリードリヒ・ヘーゲル（1770－1831）は、カントより半世紀ほど後にドイツのシュトゥットガルトで生まれた哲学者です。

ヘーゲルといえば「弁証法」といわれています。しかし弁証法という哲学用語自体は、すでに古代ギリシャで登場しています。その当時は次のような意味で使われていました。

「ある人の主張に対して、質問を投げかけながら問答を続け、その主張に内在する誤りに気づかせる。そうしながら正解に導くことを、弁証法または問答法と呼ぶ」。前述したソクラテスの手法です。

ゲオルク・ヴィルヘルム・フリードリヒ・ヘーゲル（1770－1831）

これに対してヘーゲル以降の弁証法の基本論理の概略は、次のようなものです。

「すべての有限なるもの、永遠不変でない存在は、その内部に相容れない矛盾を抱えている。この矛盾はテーゼ（正）とアンチテーゼ（反）によって構成される。矛盾は静止したままでは止まらず、対立し運動を起こして、その存在はテーゼとアンチテーゼを綜合した新たな段階の存在となる。この新たな存在をジンテーゼ（正反合）と呼ぶ。そしてこの新たな段階の存在もまた、新しいテーゼ（正）とアンチテーゼ（反）を内包している」

ヘーゲルは弁証法の理論を展開して、その新たな段階に達することを「止揚《しよう》」と呼びました。止揚はドイツ語のアウフヘーベンAufhebenの和訳です。止まった後に揚《あ》がること、内在する性格や機能を捨てることなく進歩すること、といった意味合いです。

存在はすべてテーゼ（正）とアンチテーゼ（反）を内包し、その2つは対立と運動を続けてジンテーゼ（正反合）に至り、アウフヘーベン（止揚）する。この運動は永遠に続き、存在は自己発展を続ける。ヘーゲルの弁証法の骨子は、そのようになります。

たとえば、次のように考えてみてください。

「ある問題について、Aという人とBという人がいる。2人はあるオフィスの1階で議論していた。どうも議論が噛み合わない。2人は2階に行って改めて議論した。すると両者は理解し合うことができた。その代わり、新たにCという問題が出現した。そこで2人の論争は継続され、3階に移った。するとCは解決され、より高度なDという問題が出現した。２人は４階に行き……」

ヘーゲルの弁証法はダイナミックでおもしろいのですが、どうしてテーゼとアンチテーゼが一緒になれるのか、もう一つ納得できないという批判があります。しかもアウフヘーベンされて、一段上がって進歩するというのも、わかったようでわからない。議論の次元を変えてしまうのですから、対立が変化するのは当たり前のようにも思えます。

ともかく、このように理論的なあいまいさは残るのですが、ヘーゲルの弁証法は「ものごとは進歩する」という前提に立っています。明日は今日よりよくなるという理論は、素朴に人間の気持ちにフィットします。

彼はその弁証法を駆使して、多彩な理論を構築しました。彼の著述したものを解読するのではなく、そのアウトラインをできるだけ平易に解説してみたいと思います。

「絶対精神を手に入れて人間が自由になるプロセスが歴史である」とヘーゲルは語った

人間の精神活動も、正・反・正反合の止揚を繰り返しながら、らせん階段を昇るように進歩していくと、ヘーゲルは考えました。そして最後には人間精神の最高段階に達して、「絶対精神」を獲得するのであると。

ヘーゲルの考える絶対精神とは何か。

それはカントが考えていた人間が認識している現象（主観）と、存在の実像である対象（客観）を一致させたものです。すなわち、精神の最高段階です。カントは、人間の認識は永遠に実像である対象には至らず、現象で終わると考えました。ヘーゲルは人間の精神が弁証法によって絶対精神を獲《か》ち取ることで、現象と対象が一致する、すなわち人間は世界の対象（真実）を知ることが可能になると考えたのです。

このヘーゲルの考え方は、当時盛んであった教養小説（若者の自己成長のプロセスを描いたもので、ゲーテの『ヴィルヘルム・マイスターの修業時代』などが代表例）とシンクロしていたともいわれています。

ヘーゲルの大胆なところは、この絶対精神で歴史を考えたことでした。

歴史にも正・反・正反合の流れがあり、絶対精神へと上昇する流れの中で人間の自由が得られると考えました。古代の社会は王侯と奴隷の時代だったから、人間の自由は存在しなかった。やがて封建社会になると、奴隷から農奴の身分となった。少しは生活はよくなったけれど、まだまだ自由はなかった。やがて絶対君主政の時代になると、たとえばイングランドでは議会制度が出現して、市民階級が生まれて自由が現実化してきたが、まだまだ弱いものだった。しかし奴隷よりは農奴のほうがましだ、君主の下で市民になるほうがもっといい。さらにフランス革命で共和政が実現したら、もっと自由になった。

このように彼は、人間が絶対精神を手に入れて自由になるプロセスを歴史と考えました。人間の認識だけではなく、人間の歴史も、正・反・正反合の弁証法によって、絶対精神の高みへ、自由へと到達するのだと。一直線の進歩史観です。技術は蓄積されていくので間違いなく進歩します。人間の日々の営みは間違いなく便利になります。

しかし、人間の脳は、1万年以上前のドメスティケーション以来、進歩していないと現在の脳学者は考えています。だとすれば、歴史は本当に進歩するのでしょうか。ただし、歴史も蓄積されていくのでそれを学べば、同じ失敗を繰り返す確率は低くなるとは考えられるのですが。

道徳と法律から人倫ができる。家族と市民社会からプロイセン王国ができる

ヘーゲルは正反合という彼の弁証法の概念によって、道徳と法律を結びつけました。

道徳とは何か。それは個人の内面的な行動原理（プリンシプル）です。それは誰にも見えません。社会の平和のために、構成員たちが暗黙のうちに自分の行動や思想を規制することです。

それに対して法律とは明文化されて誰の目にも見えるものです。しかしそれは人間の内面をカバーするものではなく、それを守らない者を罰するために存在します。ヘーゲルは道徳と法律をかけ合わせれば、人倫ができると考えました。人倫とは人間の実践すべき真義であり、正しい秩序関係です。ヘーゲルの哲学用語では、客観化された理性的意志と考えられています。道徳を守らない者を法律で罰すれば、確かに犯罪は減る理屈です。道徳を正、法律を反、そして正反合の結果、止揚されて人倫が生じるのです。見事な弁証法の論証です。

しかし、人間の内面をカバーする道徳と人間を外面的に規制する法律を、一つにすることにはかなり無理があるように思われます。弁証法という論理上は可能かもしれませんが。

さらにヘーゲルは弁証法の理論によって、家族という愛情の世界と市民社会という権利の世界をかけ合わせると、家族のような愛と市民社会の権利を一つにした理想国家が生まれ、しかもその国家が具体的にはプロイセン王国であると、ヘーゲルは指摘したのです。

「フランスはフランス革命によって市民社会を成立させた。しかし市民は権利こそ獲得したものの、血なまぐさいギスギスした社会にしかならなかった。それに対してわがプロイセンには伝統的に確固たる家族愛が

存在するので市民社会が確立しても、家族愛と市民社会の権利をともに擁護する理想国家になれるのだ」

ヘーゲルの理論は、ドイツ人にとっては魅力的に映ったことでしょう。しかしあくまでも、彼の弁証法による仮説であるといえます。学問として立証することも、逆に反論することも難しい理屈です。

ヘーゲルはなぜプロイセンを理想国家とする理論を考えようとしたのでしょうか。彼が自分の哲学を確立していった時代を振り返ってみたいと思います。

祖国プロイセンがいかなる状況にあるとき、ヘーゲルの哲学は形成されたのか

ヘーゲルが自分の哲学を完成させていく時代は、フランス革命とナポレオン・ボナパルト(在位1804－1814)という大きな潮流に翻弄されながら、プロイセンが自らの国家のアイデンティティを模索していた時代でした。フランス革命が起きた1789年に、ヘーゲルは19歳。父の勧めによってテュービンゲン大学で神学を学んでいました。

ヘーゲルはフランス革命を支持しましたが、ルイ16世の処刑とロベスピエールの恐怖政治に移行した頃から批判的になります。彼は市民の自由は支持しましたが、共和政には否定的になっていきます。

1804年にフランスはナポレオンの帝国となり、ヨーロッパの主要国は対仏大同盟を幾度となく結んで、フランスに対抗しました。1806年10月、ナポレオンはベルリンへ進撃する途上、イエーナの町を占領します。このときヘーゲル

ナポレオン・ボナパルト
(在位1804－1814)

はイエーナ大学の講師の職を得ていました。そしてベルリンへ向かう馬上のナポレオンを目撃しています。そのときヘーゲルはナポレオンについて、次のような感想を述べたと伝えられています。

「世界精神が馬上ゆたかにイエーナの町を出ていく」

ヘーゲルがナポレオンを「世界精神」と評したということは、その考えと行動を肯定していたからだと考えられています。国王を斬首し共和政を樹立した点で、ヘーゲルはフランス革命に懐疑的となりました。しかし「自由・平等・友愛」を旗印とし、ナポレオン法典によって市民の権利を明文化し、自ら皇帝となったナポレオンを、ヘーゲルは自分の理想と重ね合わせていたのかもしれません。

1807年、プロイセンはナポレオンに敗れました。その結果、国土は半減し莫大な賠償金を課せられ、プロイセンは崩壊寸前となりますが、この危機はハインリヒ・フリードリヒ・フォン・シュタインをはじめとする優れた政治家による必死の近代化政策によって救われます。このプロイセンの受難の時期に、後にベルリン大学の初代哲学教授となるヨハン・ゴットリープ・フィヒテ（1762－1814）が、「ドイツ国民に告ぐ」という演説をして、プロイセンの人々を勇気づけました。フィヒテは、プロイセンのナショナリズムの形成に寄与したのです。

ちなみに、カント以降のフィヒテやヘーゲルに至る流れを、哲学史では「ドイツ観念論」と呼ぶ習わしになっています。

ところで、ヘーゲルが最も敬愛していた哲学者はフィヒテでした。

フィヒテはカントの学業を発展的に継承したドイツの代表的な哲学者でした。

ヨハン・ゴットリープ・フィヒテ（1762－1814）

ヘーゲルの弁証法はフィヒテの弁証法を継承している部分もあります。そしてヘーゲルはフィヒテの後を継いで、ベルリン大学の教授となっています。彼の講義は学生たちに絶大な人気があったそうです。ヘーゲルは大学教授として人生の大半をすごしました。大学と学生への愛情と熱烈な祖国愛、それらと哲学への情熱が一体化していた哲学者、ヘーゲルをそういうアングルから見ることも可能であると思います。

カントの「目的の王国」とヘーゲルのプロイセン国家論について

カントは1795年に『永遠平和のために』（宇都宮芳明訳、岩波文庫）という著書を公表しています。それはフランス革命の6年後、カントが71歳のときでした。

彼はこの本で「目的の王国」について言及しています。目的の王国とは、359－361ページでも説明しましたが、自由を手に入れ自律して、道徳法則を理解した人々が共同してつくる理想社会であると、彼は考えました。さらに彼はもう一歩踏み込んで、世界市民法と自由な国家の連合も構想しています。この『永遠平和のために』でカントが考えたことは、後に国際連盟や国際連合が結成されるときの理論的なバックボーンになりました。

ところで、ヘーゲルの考えた理想的な国家像とは何でしょうか？

愛情はあるが権利関係とは無縁の家族という地域共同体と、権利関係はあるが人間関係に愛情がなくギスギスした市民社会を一つにして、弁証法的に止揚すると生まれる国家である、と断言しましたね。しかもその典型的な国家がプロイセンであると。別にそこまで断定すべき論理的な必然性はなかったと思うのです。

しかし理想国家をプロイセンとしたのは、国王を斬首して実現したフランスの市民社会を、彼は論理的に否定したかったことが原因ではなかったのか。

さらにいえばヘーゲルは、理屈抜きのプロイセンの信奉者でした。彼はプロイセンのホーエンツォレルン家を敬愛していました。ヘーゲルの人生の最期はベルリン大学の総長として終わりますが、ヘーゲルを総長に指名したのは、時のプロイセン王フリードリヒ・ヴィルヘルム３世（在位１７９７－１８４０）でした。しかも彼は、必ずしも開明的な君主ではなく、むしろウィーン体制を支持する反動的な君主だったのです。

フリードリヒ・ヴィルヘルム3世
（在位1797－1840）

「ミネルヴァの梟《ふくろう》は迫りくる黄昏《たそがれ》に飛び立つ」とヘーゲルは述べた

ミネルヴァはローマ神話に登場する詩、知恵や工芸の女神（ギリシャ神話のアテナ）です。彼女が連れている梟は知恵の象徴といわれています。

「ミネルヴァの梟は迫りくる黄昏に飛び立つ」という謎めいた名文句は、ヘーゲルの著書『法の哲学』の序文に登場します。そこに書かれている論旨は、次のようなことでした。

「梟が夕暮れ後に活動を開始するように、知恵の化身であるミネルヴァの梟は、一つの出来事や歴史が混迷の暗黒に至ったときに、人間に真実を教えるために飛び立つのである」

この名文句は、このように解釈されてきました。しかしここにいう黄昏とは何か。

それはフランス革命がもたらしたヨーロッパの時代的な混迷を、指しているのではないか、という考え方もあります。「黄昏の混迷状態のヨーロッパに、私の弁証法の理論はミネルヴァの梟の役割を果たしているのだ」と、そのことを暗示した言葉だったという解釈です。

ヘーゲルはフランス革命の前後に起きた変革の理由を、懸命に説明しようとしていたのだと思います。そこから歴史の進歩史観に至ったのではないか。対立しているものが合一されて新しい時代に至るといわれると、大雑把ではあるにしても、小異を捨てて大同につくという考え方もありますから、正しそうに思える。ヘーゲルの発想は、まさに「黄昏に飛び立つ梟」の役割を、あの混迷の時代に果たしたようにも思えます。

ヘーゲルの考え方はビスマルクに影響を与えていたのではないか、という仮説

オットー・フォン・ビスマルク（1815－1898）は、プロイセンの名宰相として活躍し、ドイツ帝国を誕生させた立役者です。

彼は偉大なるプロイセンを鉄と血でつくると、演説しました。そのために〝鉄血宰相〟と呼ばれました。当時のプロイセンには豊かな石炭と鉄鋼産業がありました。しかしまだまだ連合王国やフランスに比較すれば、後進国でした。ビスマルクは、殖産興業と富国強兵を目指していました。この目的を遂行するのに、最大の力となるのは何かといえば、プロイセンの男たちの労働力です。石炭を掘り鉄鋼をつくるのは彼らです。どちらも過酷な職場です。

プロイセンの貴重な労働力となっている男たちも、年老いて腰が曲がり歩行もままならなくなって労働が不可能になると、首を切られていきます。ビスマルク

オットー・フォン・ビスマルク
（1815－1898）

もそのことは認識していたと思います。しかし労働者の権利などまだ誰も考えない時代です。ビスマルクも格別気に留めていなかったかもしれません。

ところがビスマルクは、社会保険制度を世界で初めて設けたのです。そして働けなくなった人々の生活を保障しました。これは画期的な政策でした。ビスマルクは徹底した現実主義者であり、愛国者でもありました。彼がプロイセンの労働力の再生産を、真剣に考えた結果として社会保険に思いが至ったのだと、これまでは考えられてきました。

しかしビスマルクは、プロイセンを代表する高名な哲学者ヘーゲルの学説を学んでいたはずです。家族という愛情のある地域共同体と市民が権利を有する市民社会を止揚した理想的な国家、それがプロイセンであるという、あの学説です。

「家族と市民社会を止揚したものがプロイセンであるとするならば、この国のために働いて廃人のようになった高齢者を放置しておくことは、国家の怠慢である」

ビスマルクが、そう考えて社会保険を導入したと仮定してみると、ヘーゲル的な国家観を論理的な根底に置いて、ビスマルクの社会保険が実現したということになり、理解しやすいのです。「社会保険の父」ビスマルクの背後にはヘーゲルがいたのではないか。あくまで僕の仮説ですが。

一般には、カントを批判的に継承したのがヘーゲルであると、よくいわれていますが、おおまかにヘーゲルの学説を検証してみても、カントとヘーゲルはずいぶん異なるように思われます。評価が難しい哲学者なのでしょう。

ヘーゲルを深く学びたい皆さんには、『精神現象学』（熊野純彦訳、ちくま学芸文庫、全2冊）、『歴史哲学

ヘーゲルと近代哲学の流れ

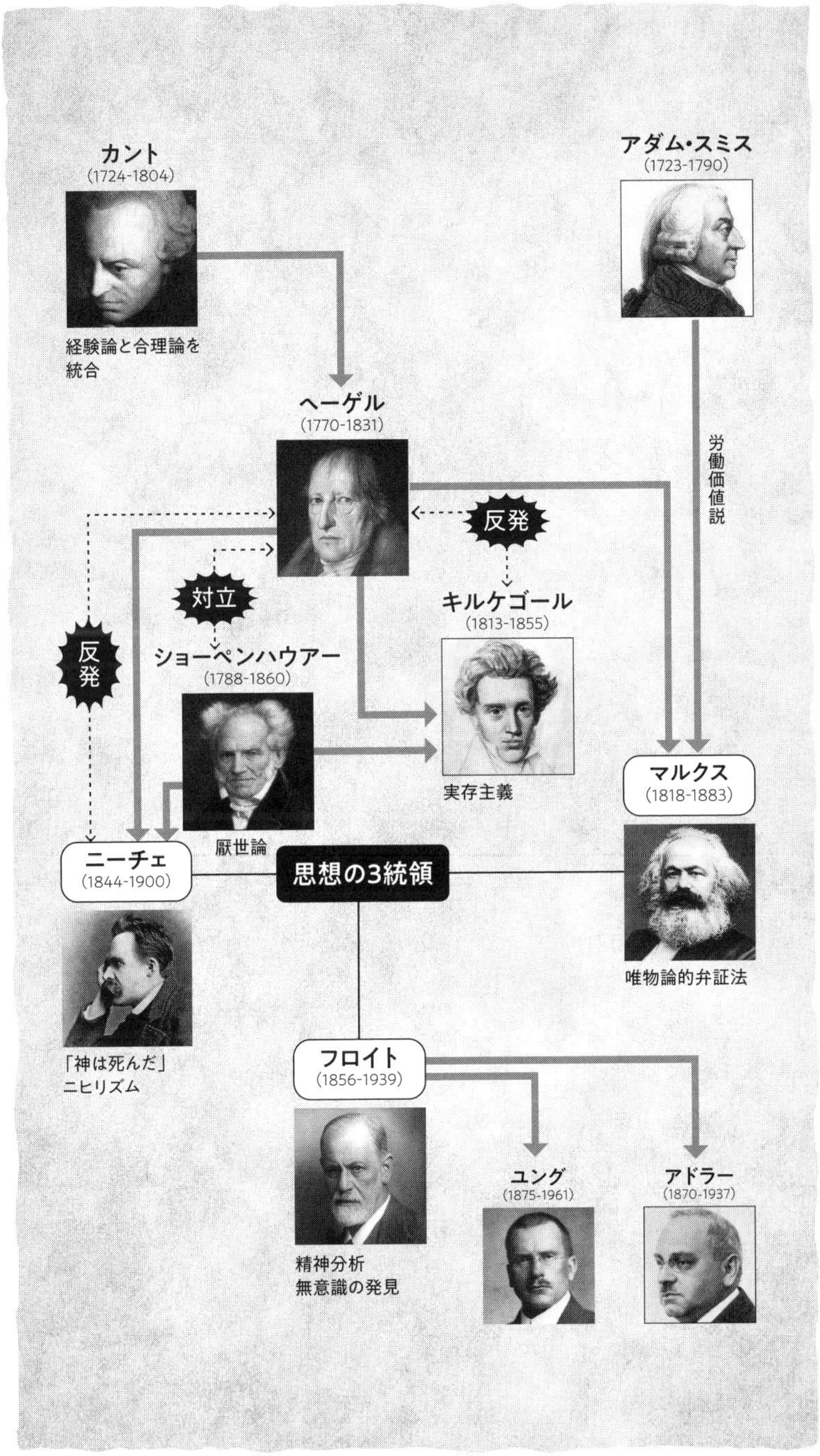
カント
(1724-1804)
経験論と合理論を統合
アダム・スミス
(1723-1790)
労働価値説
ヘーゲル
(1770-1831)
反発
対立
キルケゴール
(1813-1855)
実存主義
反発
ショーペンハウアー
(1788-1860)
厭世論
マルクス
(1818-1883)
唯物論的弁証法
ニーチェ
(1844-1900)
「神は死んだ」
ニヒリズム
思想の3統領
フロイト
(1856-1939)
精神分析
無意識の発見
ユング
(1875-1961)
アドラー
(1870-1937)

講義』（長谷川宏訳、岩波文庫、全2冊）、『法哲学講義』（長谷川宏訳、作品社）をお薦めします。また、岩波書店からは『ヘーゲル全集』（全20巻32冊）が出ています。

3 カントやヘーゲルの時代に登場した今日まで残る思想を展開した3人の哲学者

トマス・アクィナスやデカルト、カントやヘーゲルなど、世界のすべてを統合的に考えようとする哲学者たちがいます。彼らは、諸説が入り乱れ、社会が混乱しているとき、全世界をまとめて説明しようとして壮大な体系をつくりました。それに対して、彼らのように論理的で壮大な哲学の体系をつくることはできなくても、その体系の一番弱いところをつく鋭い理論を考えた人や、壮大な体系が取りこぼした部分に注目する人も登場してきます。

フランス革命前後の時代にも、体系的な哲学や発想に対して一石を投じた個性的な哲学者がいました。その代表がベンサムやミル、ショーペンハウアーです。

ジェレミ・ベンサムの「最大多数の最大幸福」という考え方

カントが静かなケーニヒスベルクの町で、デートもしないでデカルトの合理論とイングランドの経験論を統合しようと考えていたとき、イングランドにジェレミ・ベンサムが誕生しました（1748－1832）。

神童と評された優秀な少年でした。

彼はジョン・ロック、デイヴィッド・ヒュームと継承されてきたイングランドの経験論を、もっとシンプルにもっと合理的に考えました。彼は人生を経験論的に総括すれば、楽しいこととつらいことがあると考えました。

「人間生活には快楽と苦痛があり。快楽を強める行為を善と呼び、苦痛を強める行為を悪という」

さらにベンサムは快楽値を計算します。その行為の快楽度はいかに高いか、たとえばデートの場合はどうであるか。持続性はどれほどか。常に快楽であるか、その確実性はどうか。このように項目化して、快楽のスコアをつけました。そしてそのスコアの総合点が高いことが、最大多数の最大幸福であるという、有名なテーゼになったのです。

快楽の総合点とは、一つの集団や社会の総合点ということです。ベンサムの時代で考えてみてください。たとえばデートの快楽度を測る例として、君主一人と家臣3人の快楽度を想定してみます。すると君主は富も権力も独占していますから、女性は彼の意のままになる可能性が高い。すると4人の快楽の総合点は、君主100点、3人の家臣は0点、合計100点です。ところが、フランス革命後のフランスやイングランドの名誉革命後であれば、市民4人（元の君主と家臣）はそれぞれ30点であるにしても総合すれば120点です。

革命を起こして君主の首を切ったり、名誉革命のように権力を制限したりすれば、君主の快楽度が消失し

ジェレミ・ベンサム
（1748－1832）

て中間層である市民の快楽度は、増加します。このように考えていくと、ベンサムの「最大多数の最大幸福」とは、やはり名誉革命やフランス革命などの社会制度の変革期の中で起きてきた議論だったのです。「最大多数の最大幸福」を目指すことが政策の根本理念であるべきだと、ベンサムは主張しました。もっともこの言葉自体は、ベンサムの創見ではなく、古くからあった言葉です。

彼の立場は功利主義と呼ばれています。付記すると、功利主義の英語は"utilitarianism"です。この英語には実利という意味もあります。

「太った豚よりも痩せたソクラテスになれ」

かなり昔の話になりますが、1964年、東京大学の卒業式で総長が、式辞の中で語ったと報道された次の言葉が有名になりました。

「太った豚よりも痩せたソクラテスになれ」

当時の総長の大河内《おおこうち》一男《かずお》（1905－1984）は、この言葉をイングランドの哲学者ジョン・スチュアート・ミル（1806－1873）から引用したのですが、その言葉は彼の著書『功利主義論集』（川名雄一郎・山本圭一郎訳、京都大学学術出版会）に登場します。

「満足した豚よりも不満を抱えた人間の方がよく、満足した愚か者よりも不満を抱えたソクラテスの方がよい」（ただし、後に判明したところでは、式辞原稿にあったこの部分は読み飛ばされて実際には話されなかったようです）

大河内一男
（1905－1984）

ジョン・スチュアート・ミル
（1806－1873）

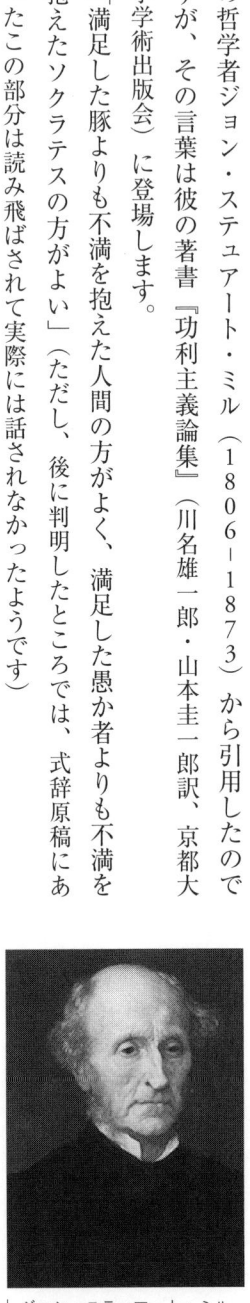

ところでこの言葉が何を意味しているかといえば、それはベンサムの考える快楽について、量的な視点だけではなく質的な差異をも考慮すべきであると主張したものでした。すなわち満足した豚よりも不満足な人間であること、満足した愚者よりも不満足なソクラテスであること、それは質的な快楽を求める重要さを述べていたのです。

ミルの父とベンサムは親交があり、ミルは早くからベンサムの教えを受けていました。ミルは「功利主義」と呼ばれたベンサムの学説を支持しましたが、ただ楽しいことが多くあって長く続くことが重要なのではなく、人間らしく価値ある快楽を大切にすべきだと考えました。そのために必要なことは、量的に快楽を増やすことだけではなく、人間が意のままに考え、発言できる自由な生き方へ、質的な快楽へ転換すべきであると主張したのです。エピクロスの快楽主義（↓139－142ページ）を思い出しますね。このような考え方も、市民意識が芽生えていく名誉革命やフランス革命以降の社会が求める思想であったのでしょう。

ジョン・ステュアート・ミルの著作としては、前述した『功利主義論集』の他に、『自由論』（塩尻公明・木村健康訳、岩波文庫）や『ミル自伝』（朱牟田夏雄訳、岩波文庫）が有名です。ベンサムやミルの考え方は、「より善い」生き方を目指す20世紀のプラグマティズム（実用主義）に継承されていきます。

ショーペンハウアーの厭世論はヘーゲルに対する強烈なアンチテーゼであった

人間の歴史は正反合で高いステージに昇っていく。奴隷社会より農奴制、それよりも絶対王政、さらには共和政、歴史は人間が自由になるプロセスだ。前へ前へと進んでいく。それがヘーゲルの進歩史観でした。しかしある意味ではかなり楽観的です。

ヘーゲルに対して、その歴史観を正面から批判した18歳年下の哲学者がいました。アルトゥール・ショーペンハウアー（1788－1860）です。

「絶対精神を手に入れて自由になるプロセスが歴史である、とヘーゲルは語っているが、そんなにすんなりと歴史が進歩してきたことがあるのか」とショーペンハウアーは反論したのです。ローマ帝国の五賢帝の時代には立派な政治が続いたが、さらに時代がよくなるかと思ったら蛮族に侵入されて、危機的な状態に陥ったじゃないか。

歴史はヘーゲルが考えるように、絶対精神によって進歩に向かっているのではない。歴史を動かしているのは、人間の盲目的な生への意志である。人間もまた動物であるから、子孫を残すために生きなきゃいけない。だから生存競争の争いが、歴史を動かしているだけなのだ。ショーペンハウアーは、そのように言い切ったのです。

人間の盲目的な生への意志が、歴史を動かしているという考え方は、今日では多くの支持を集めています。ダーウィンの進化論（自然淘汰説）とも通底する考え方です。さらにショーペンハウアーは続けます。

「誰も絶対精神なんて求めていない。だから歴史とは争いばかり、世の中って楽しいものではないよ……」

ペシミズム（厭世主義）に彼の思想は傾いていきます。それではどうすればいいのか、と問えば、ショーペンハウアーは「芸術の世界へ逃げなさい」と答えるのでした。素晴らしい芸術は人の心を救ってくれると。

しかしそれは逃避主義です。それだけでは、自分の考え方は哲学として不完全であると思ったのでしょうか。ショーペンハウアーは次のような論理をつけ加えています。

アルトゥール・ショーペンハウアー(1788－1860)

その考え方は、カントの道徳法則に倣《なら》っているかとも思われます。その大要は次のようなことです。

「人間は人々と同調する意志と知性を持っている。それによって人間は、悲しみや苦しみを分け合うことができる。それがあるから生きていけるのである」

またショーペンハウアーは仏教に深い興味を示していました。輪廻転生して、生き替わり死に替わり、苦しみを繰り返すこの世（娑婆《しゃば》）から、解脱《げだつ》という知恵の境地に達することで救われる、という教えです。ショーペンハウアーは仏教やインド哲学を深く研究していました。

歴史が進んで、確かに物質文明はちょっとは進歩したかもしれない。けれど人間がやってきたことは、殺し合いばかりである。ヘーゲルよ、あなたが主張するように歴史が絶対精神を手に入れて自由になるプロセスだとは、とても思えない。そのように考えたショーペンハウアーは、ペシミズム（厭世主義）の代表のように評価されがちです。

しかしその本質にあるのは、ヘーゲルの弁証法による進歩史観に対するアンチテーゼであったと思います。彼の哲学は、後世の多くの哲学者や芸術家に影響を与えています。

ショーペンハウアーを学ぶためには、『幸福について——人生論』（橋本文夫訳、新潮文庫）、『知性について 他四篇』（細谷貞雄訳、岩波文庫）、『自殺について 他四篇』（斎藤信治訳、岩波文庫）などがお薦めです。

1712	ニューコメンの蒸気機関、産業革命始まる
1733	ジョン・ケイ、飛び杼《ひ》を発明
1764	ハーグリーブズのジェニー紡績機
1765	アメリカ植民地、印紙法に反対
1769	ワット、新方式の蒸気機関を開発、アークライトの水力紡績機
1776	アメリカ独立宣言
1779	クロンプトンのミュール紡績機
1789	フランス革命
1793	ルイ16世、ギロチンで処刑
1804	ナポレオン皇帝に。ナポレオン法典成立
1806	ナポレオン、ベルリン入城
1812	ナポレオン、ロシア遠征失敗
1814	ナポレオン敗北、ヨーロッパはウィーン体制で反動化、王政復古
1830	フランス7月革命
1848	1848年ヨーロッパ革命（諸国民の春）、ウィーン体制の終わり、国民国家確立
1871	ドイツ帝国成立、ビスマルクの戦略成功

1788 アルトゥール・ショーペンハウアー 1860

1806 ジョン・ステュアート・ミル 1873

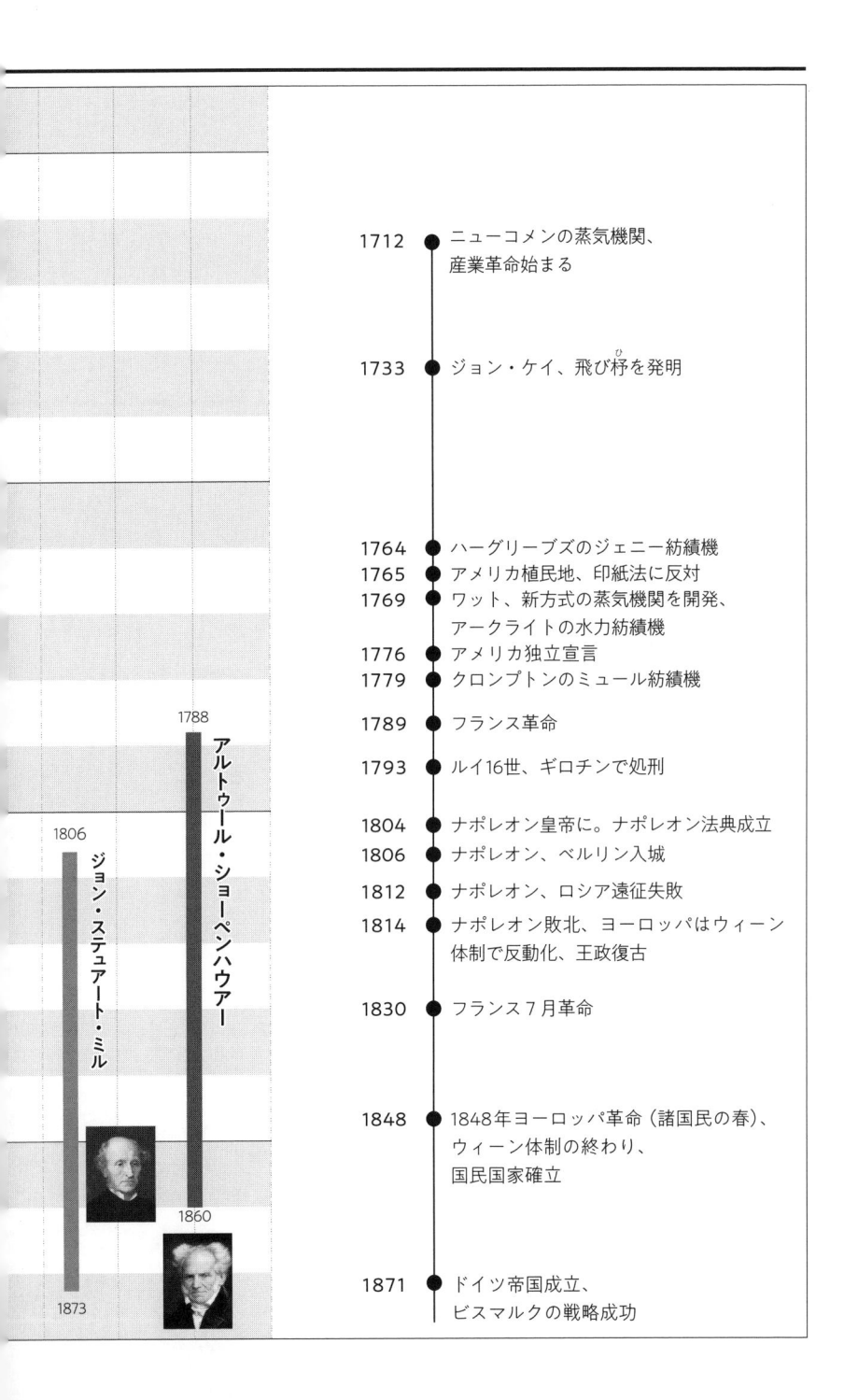

近世から近代へ、ヨーロッパの動向と哲学者たち

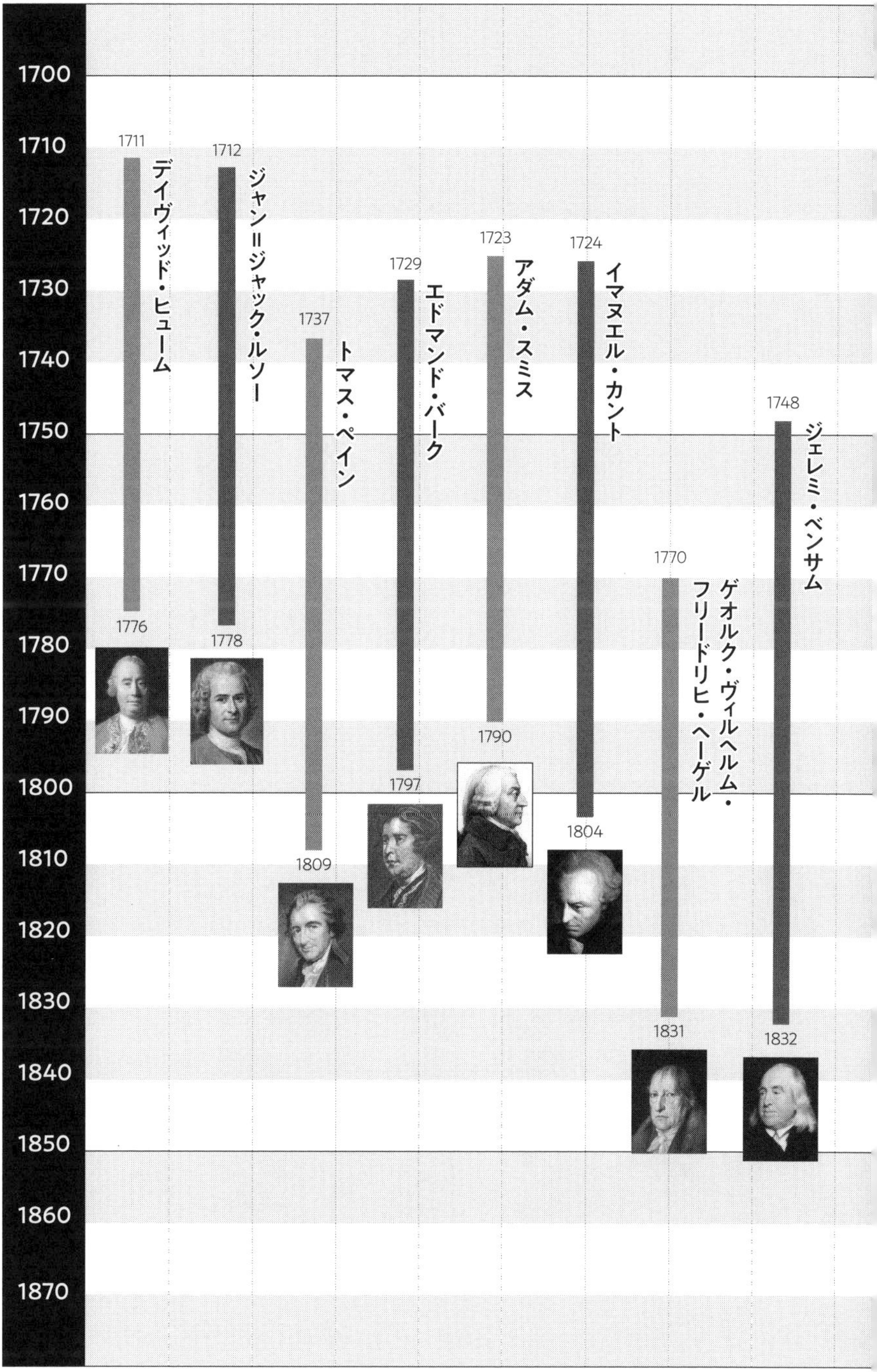

4 ヘーゲルの幸福、ショーペンハウアーの幸福

1831年、ヘーゲルはベルリン大学総長として死去しました。そして彼の遺言どおり、敬愛していたフィヒテの墓所の隣に葬られました。惜しまれながらの死でした。そのおよそ30年後、ショーペンハウアーがフランクフルトで、独身のままひっそりと死去しました。

ショーペンハウアーは1788年にプロイセンのダンツィヒで生まれました。現在のポーランドの都市、グダンスクです。彼の父は裕福な商人だったので、ショーペンハウアーはゲッティンゲン大学の医学部に進みました(1809)。

しかし後に、ベルリン大学の哲学部に転入し、フィヒテの講義を受けています。1819年に『意志と表象としての世界』(西尾幹二訳、中公クラシックス)を発表し、哲学界の注目を集め、1820年にベルリン大学哲学部の講師となりました。

ショーペンハウアーは前述したように、「人間の本質は意志にあり世界はその表象である」と考えます。その意志とは「動物の生存本能に起因する盲

ゲオルク・ヴィルヘルム・フリードリヒ・ヘーゲル(1770－1831)

アルトゥール・ショーペンハウアー(1788－1860)

目的な生への意志」であり、「人間の歴史はその盲目的な生への意志によって動かされるのだ」と、彼は主張したのです。この論理はヘーゲルが考える「歴史とは人間が絶対精神を手に入れて自由になっていくプロセスである」という弁証法的観念論とは、真っ向から対立します。

極言すればヘーゲルの歴史観は楽観的であり、ショーペンハウアーのそれは悲観論を通り越して厭世主義に近いもの、とも考えられます。

ところが皮肉なことに、ショーペンハウアーがベルリン大学哲学部の講師となったとき、哲学部の教授はヘーゲルだったのです。その雄弁で情熱的な講義は、学生たちを熱狂させていました。その人気の原因は、彼の独創的な弁証法的観念論にもあったのでしょうが、ナポレオンに敗れた痛手から立ち直りつつあるプロイセン王国に対する、ヘーゲルの熱烈な祖国愛も影響していたと思われます。

ショーペンハウアーは、自分の最初の講義の日、数えるほどしか出席者がいない教室で、めげることなく堂々とヘーゲル哲学を批判し、自説を展開しました。しかし反応は鈍く、その後も、彼の講義は話題になりませんでした。結局、講師になって、まもなく辞職し、在野の一哲学者として生涯を閉じます。

けれど彼の思想は、その死後に多くの人々に影響を与え続けています。哲学者のニーチェやウィトゲンシュタイン、科学者のアインシュタイン、精神分析学のフロイトなどがその代表です。一方で一世を風靡《ふうび》したヘーゲル哲学は現代においては、批判されることが多いように思われます。

考える人である哲学者として、果たして2人のどちらが幸福だったのかなと、考えることがあります。

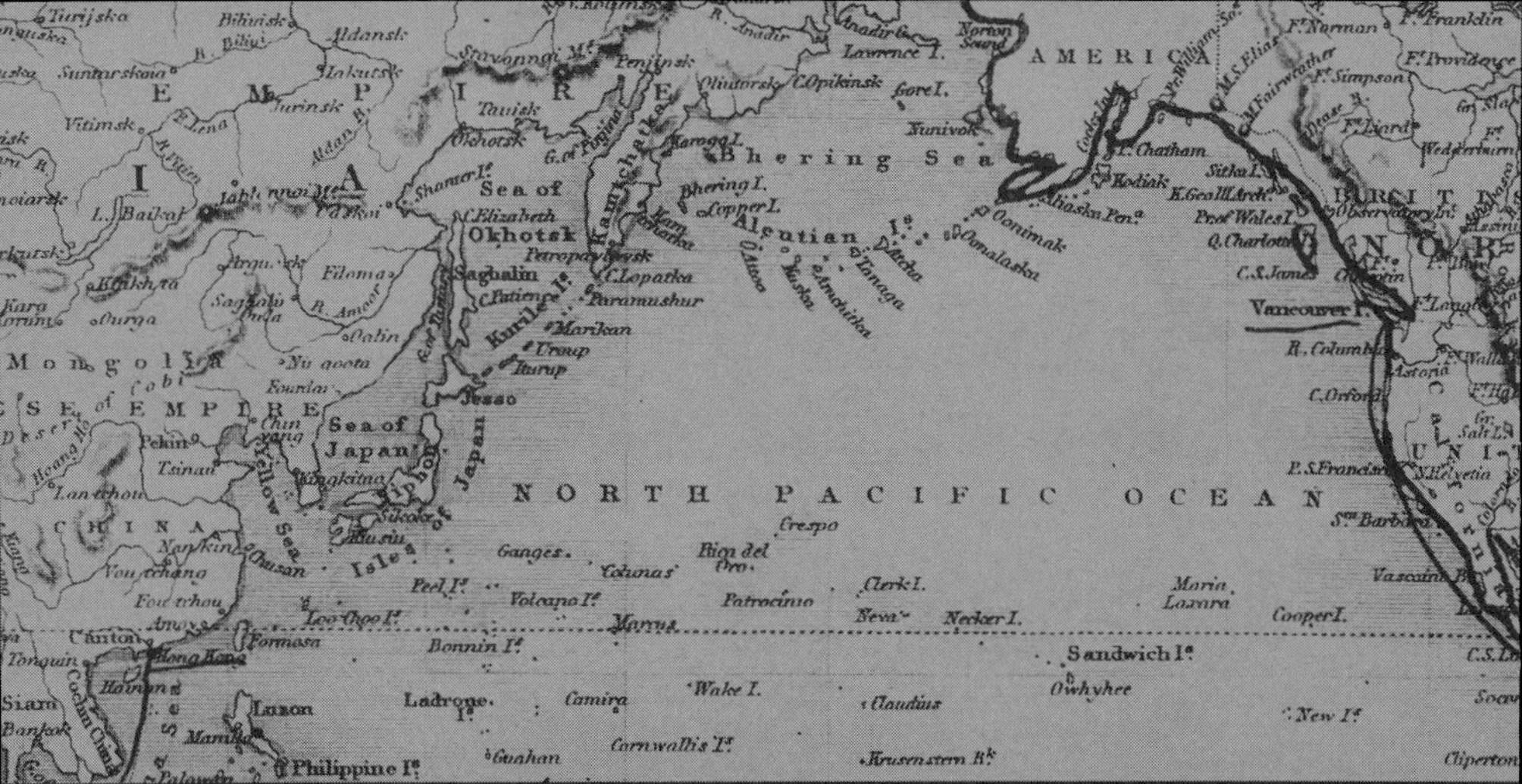

第11章

19世紀の終わり、哲学の新潮流をヘーゲルの「3人の子ども」が形成した

カントはデカルトやヒューム、ルソーに触発され、ヘーゲルはカントに触発されました。大哲学者の大きな山塊が目の前に築かれると、後継者たちは懸命にそれを乗り越えようとします。ヘーゲルは弁証法を駆使して壮大な学問的体系を築きあげ、当時のプロイセンやヨーロッパ全体に影響を及ぼしました。19世紀はヘーゲルを越えることが、哲学者たちの目標であったと思います。

一方でヨーロッパの歴史は、1848年のヨーロッパ革命（諸国民の春）によって、フランスが再び共和政を回復し、オーストリアやプロイセンの反動的な君主政も大きな打撃を受けました。

1848年革命によって最終的にフランス革命が成就され、国民国家（ネーションステート）が完成したのです。

国民国家の力は強くなり、市民社会が成長します。しかし産業革命による工場制機械工業の発達や、鉄鋼や石炭の需要急増の影響もあり、非人道的な長時間労働や劣悪な労働条件、不健康な職場の環境など労働者の問題が顕在化し始めました。

さらにキリスト教の世界では、独立を実現したばかりのイタリア王国がローマを占領し、ローマ教皇領を併合する事件が起きています（1870）。そして時の教皇ピウス9世（在位1846－1878）は、「シラブス」（誤謬表）を発表し、近代思想や近代文明をすべて非難し、それは誤ちであると決めつけ、自らを「ヴァチカンの囚人」と自称し、外部との接触を断って閉じこもり、社会に背を向けてしまいました。これによりローマ教会の権力も権威も格段に弱まります。

以上のような、ヨーロッパ史上に例を見なかった進歩と変革の中で、ヘーゲル

ピウス9世（在位1846－1878）

哲学の巨峰に挑戦したおもな哲学者たちの学説を紹介するのが本章の中心的な課題です。

1 「ヘーゲルの長男」ともいうべきキルケゴールは実存主義を主張した

セーレン・キルケゴール（1813－1855）、カール・ハインリヒ・マルクス（1818－1883）、フリードリヒ・ヴィルヘルム・ニーチェ（1844－1900）。

この3名の哲学者はヘーゲルの哲学の高い峰に向かい、これを越えようとして独自の思想を構築しました。強くて存在感がある父親がいると、子どもたちは反撥するにせよ同調するにせよ、父親の影響を受けて自分の人生観を組み立てます。そのような意味で、この3人の哲学者は、ヘーゲル哲学が生み出した3人の兄弟とでもいうべき位置にあるのではないか、と僕は考えます。

この3人より少し後に生まれたジークムント・フロイト（1856－1939）とマルクスとニーチェは、20世紀後半に、（新しい）「思想の3統領」（グレート・ジャーマン・トリオ）と呼ばれることになります。

本章では、その視点に立ち、彼らの哲学と向き合ってみたいと思います。

セーレン・キルケゴール（1813－1855）

カール・ハインリヒ・マルクス（1818－1883）

キルケゴールはデンマーク人です。彼とヘーゲルとの違いは、次のように考えるとわかりやすいと思います。

ヘーゲルが若いときに、ベルリンへ進撃する馬上のナポレオンを、イエーナの町で目撃した話を前章で述べました。そのときヘーゲルは「世界精神が馬上ゆたかにイエーナの町を出ていく」、という意味の言葉を残しました。

この「世界精神」という呼び方は、「絶対精神」とほぼ同義です。ヘーゲルは、世の中は弁証法によって進歩を続けるが、その原動力となるのは世界を進化させていく「絶対精神」であると考えました。そしてナポレオンはその具現化された存在であると認識した結果が、この発言であったと考えられています。

イエーナでナポレオンを見たときのヘーゲルは、占領軍であるナポレオンの兵士たちに追われ、原稿用紙を抱えて町中を逃げ回っている最中でした。町が焼かれるかもしれない、そういう状況下にあったのです。それでもヘーゲルはナポレオンに感動しています。

ヘーゲルはナポレオンを「世界精神」のシンボルとして讃えました。新しい世界を切り開いていくナポレオンを見て、ヘーゲルは自分が勤務する大学のあるイエーナの町の悲劇は、やむをえないと考えたのかもしれません。

ナポレオンは「世界精神」を実現するために、道端に咲く草花を軍馬によって踏み潰すかもしれない。しかしそれは大事の前の小事である。やむをえないことである。ヘーゲルはそのように認識します。全体主義的な発想です。

フリードリヒ・ヴィルヘルム・ニーチェ(1844－1900)

ところが、キルケゴールの考え方はこれとは真逆で、道端の草花こそが自分である、という立場に立ったのです。

ヘーゲルは、絶対精神によって世界は進歩すると述べました。しかしキルケゴールは、自分はその世界の例外者であり単独の個人であると、主張したのです。

ヘーゲルは世界のあらゆる事柄は、テーゼ・アンチテーゼ・ジンテーゼと相互に作用しあい、より高次へとらせん的に進化すると考えました。けれどもキルケゴールは、極言すれば、そのようなヘーゲルが考える弁証法的な進歩は、１００パーセント思考上の遊戯であって観念の産物であると、痛烈に批判しました。

ヘーゲルのように、何もかもが客観的に整理できるとしても、常に変化し続けている「私自身」にとって、それはまったく役に立ちませんよ、何の意味もありませんよとキルケゴールは主張したのです。私は永遠に単独者ですよ、と。そして『あれか、これか』（キルケゴール著作集第1～4巻、白水社、全21巻、別巻1）という本を書きました。キルケゴールは、この本の中で主張します。

人は自らの「主体的な真理」を求めて、生きるべきである。優先されるべきは全体的な進歩ではない。そのように主張したのです。主体的な「実存」の在り方を強調した、このキルケゴールの発想が現代の実存主義につながっていきます。

『死に至る病《やまい》』でキルケゴールが示した〝実存の3段階〟

キルケゴールは、「この私」にとっての主体的な真理を求めることで、自己はつくられると主張しました。平たくいえば、自分の自由な選択で好きなことを実践して生きることです。彼はその著書『死に至る病』

（斎藤信治訳、岩波文庫）で次のように述べています。

まずキルケゴールは「美的実存」を考えました。美しい恋人、おいしい食べもの、感動的な芸術、そのようなものを求めて生きることです。しかし朝昼晩とキャビアを食べていたら飽きるように、「美的実存」という生き方は長続きしません。

次に、キルケゴールが考えた主体的な実存を保障してくれる生き方は、「倫理的実存」です。わかりやすくいえば、たとえばボランティア活動に生きることです。人のために生きることを、いつも大切にすることです。けれど、このような充実感は偽善的な行為と紙一重でもあります。おまえが自己満足しているだけじゃないか、そう指摘されることもあるでしょう。人のために生きることも、必ずしも主体的な実存を得ることにはつながらない。


そうなると最終的に人が主体的な実存を得るために、行き着く先は神なのだ、「宗教的実存」なのだ、とキルケゴールは考えました。盲目的な信仰の対象であった神を一度は否定した後に、人は理性を越えた神の存在を信じ、改めて自らの心を神のもとに投じる。そのことで人は、主体的な実存を得られる。宗教的な実存としての自分になれる、とキルケゴールは結論づけました。

実存主義的な立場からヘーゲルの説く普遍的な真理に反論していくとき、キルケゴールのように神との関係で自己を位置づける方法があります。神を信じる道です。もう一つはヘーゲルに対抗し、神も認めずに「俺は俺だ」と考える道があります。後述するニーチェの立場です。

なお、キルケゴールの著書『死に至る病』は「第一部　死に至る病とは絶望のことである」、「第二部　絶望とは罪である」という構成になっています。中公クラシックスから桝田啓三郎による新訳も出ています。他の著書としては、『不安の概念』（斎藤信治訳）や『現代の批判』（桝田啓三郎訳）がいずれも岩波文庫から出ています。

2 「ヘーゲルの次男」マルクスはヘーゲルの「絶対精神」を「生産力」と置き換えた

カール・ハインリヒ・マルクス（1818－1883）はドイツ人です。プロテスタントに改宗したユダヤ人弁護士を父として生まれました。キルケゴールより5歳ほど年下です。父（ヘーゲル）のスケールに圧迫された感じの「長男キルケゴール」とは異なり、冷静に父の哲学を見つめる余裕があった次男マルクスは、ヘーゲルの哲学を修正し発展させる方向で、自分の学説を展開しました。社会は絶対精神を実現するために進化を続けていくと、ヘーゲルは考えました。マルクスは、社会が進化するというヘーゲルの考え方を強く支持しました。

しかし絶対精神という理念がわからない。絶対精神という言葉を置けば説明はつくけれど、具体的に何が進歩の原動力になるのか、それが大切だとマルクスは考えました。そして世界を進歩させるのは、絶対精神のような観念ではなく物質なのだと述べたのです。

それではその物質とは何か。

物質とは社会の経済構造が生み出す生産力を指しています。マルクスは社会の構造を次のように考えました。社会は土台（「下部構造」）となる経済構造の上に、政治・法制・イデオロギーなどの「上部構造」が乗る形で存在している。そして上部構造は下部構造によって規定され、両者は不可分に結びついている。したがって下部構造である経済構造が生み出す生産力が、上部構造の意識を形成していく。生産力が変化すれば生産諸関係が変化し、それが歴史を動かす原動力となるのだ、と。

絶対精神のような理念が歴史を動かすのではなく、歴史を動かすのは具体的な生産力だ、という思想をマルクスは確立したのです。唯物史観《ゆいぶつしかん》の誕生です。

カール・ハインリヒ・マルクス(1818－1883)

強者となった人間が弱者となった人間を奴隷として酷使する奴隷制社会が、最初にあった。主人と奴隷がいるだけの単純な社会です。その次に封建制社会に移ります。君主がいて地方領主がいて、さらに農奴がいて奴隷もいる社会です。産業革命によって社会の規模が拡大し人口も増加し、生産力も急上昇します。そこで封建制から資本主義の段階に進み、次に社会主義から共産主義へと歴史は進む。マルクスはそのように考えて、唯物史観を構築しました。

「資本主義は労働を疎外《そがい》する」とマルクスは述べた

マルクスがロンドンで著作活動を行っていたのは、イングランドの産業革命から1世紀以上が経過した頃でした。ドイツのビスマルク（１８１５－１８９８）と同時代です。

ビスマルクは石炭の採掘や製鉄工場などの過酷な労働現場で働く市民を放置しておいたら、プロイセンの明日を築く国力は再生産されないと考えて、疾病保険法、災害保険法、障害・老齢保険法などをつくりました。ビスマルクはプロイセンの国家的な立場から、労働者の状況を憂いて社会保険制度を考案したのですが、産業革命下のロンドンでマルクスは次のように理論化しました。

マルクスは資本主義社会では、ブルジョワジー（有産者階級）が生産手段を独占していると考えました。生産手段とは、『広辞苑』によれば「生産過程において、その物質的条件として使用するもの」です。具体的には「土地・森林・水域・地中埋蔵物・原料」などの労働対象と、「生産用具・生産用建物・交通・通信手段」などの労働手段のことです。

このような生産手段を独占しているブルジョワジーは、労働の付加価値を高めようと考えます。付加価値とは新たにつくり出される価値、という意味です。マルクスは、付加価値は土地と資本と労働によって生み出されると考えました。

そして、価値の究極は労働であるというアダム・スミス以来の労働価値説をマルクスは発展的に継承したのです。確かに付加価値は人間の労働が生み出すもので、しかも現代では、肉体労働より頭脳労働が次々と新しい付加価値を生み出していますね。そのことは、GAFA（Google, Apple, Facebook, Amazon）やGAFA予備軍と目されるユニコーンを見れば一目瞭然です。

土地と資本という生産手段を独占しているブルジョワジーは、この付加価値を高めるために労働の価値を高めようとします。具体的には労働量を増やすことです。そこで、労働者を長時間にわたり、なるべく安い賃金で働かせようとした。つまり搾取です。

働くことは、本当は創造的で楽しい行為のはずなのに、プロレタリアート（労働者）は生産手段を持っていないがために、ただ酷使されるだけでブルジョワジーとの格差は拡がる一方である。マルクスはこのような労働の疎外を阻止するために、生産手段を公有化すべきであるという理論を確立します。

しかし生産手段を公有化したいとプロレタリアートが考えても、それを独占しているブルジョワジーが黙って公有化を認めるはずはない。そこで起きるのが階級闘争である、とマルクスは考えました。プロレタリアートが階級闘争に勝利すれば、生産手段は公有化されて社会主義国家となり、社会主義国家が世界的に勝利し、次の段階に進めばやがて共産主義の世界になる。それが世界の進歩である。唯物論的弁証法によって、マルクスはそのようにヘーゲルの弁証法を転換させました。そしてマルクスは盟友のエンゲルスとともに１８４７年に『共産党宣言』（大内兵衛・向坂逸郎訳、岩波文庫）を発刊します。１８４８年のヨーロッパ革命の１年前の出来事でした。

「ここがロドスだ。ここで跳べ！」

ブラック企業の過酷な労働条件が問題となるときなど、今でも「労働の疎外」という言葉が使われたりします。共産党という政党は世界で生き残っています。マルクスが死去してから、すでに１４０年近くがすぎているにもかかわらず、です。

哲学者でありながら、マルクスは独自の世界観をベースにする独特な政治思想を構築しました。史的唯物論という世界観が、フランス革命の「自由・平等・友愛」のように世界中に拡がり、現在まで生き続ける原動力となったのです。現実的な政治思想となって、世界に影響を与えた点でいえば、マルクスは歴史上稀《まれ》な哲学者であったと思います。

「哲学者たちは世界をさまざまに解釈したにすぎない。大切なことは世界を変えることである」

マルクスの盟友、エンゲルスが書いた『フォイエルバッハ論』（松村一人訳、岩波文庫）にある言葉です。王守仁は朱子の知先行後を批判して、「永遠に世界を解釈していてどうなるのだ。ランアンドテストでもいいから、まずやってみろ。〝知行合一〟こそが大切なのだ」と喝破《かっぱ》しました。

この言葉も同様の意味ですが、マルクスやエンゲルスは、なぜ労働の疎外が生まれたのかを原因からわかりやすく説明しました。そのことで時代を超えて広く人々に知れわたったのだと思います。

「ヒックロドス、ヒックサルタ！」、これはラテン語です。「ここがロドスだ。ここで跳べ！」という意味のこの言葉はイソップの童話「ほら吹き男」からつくられた成句です。ロドス島で開催された古代の陸上競技大会に出場して帰郷した男が、「俺はロドスで大ジャンプをやったぞ。ロドスに行ってみんなに聞いてごらん。そりゃあ有名になっているんだぞ」と繰り返し自慢していました。黙って聞いていた一人の男が言いました。「証人なんていらない。ここがロドス島だと思って跳んで見せろよ」

この成句をヘーゲルは『法の哲学』で、マルクスは『資本論』（マルクス著、エンゲルス編、向坂逸郎訳、岩波文庫、全9冊）で、それぞれに引用しています。

行動しない学者に意味はない。今いる場所で実践せよ。そのような意味の強烈なアジテーションとして、両者がともに使ったのです。この言葉は19世紀末のヨーロッパに、野火のように拡がりました。そしてソビエト連邦が生まれ、『資本論』が長い期間にわたって、革命運動のバイブルとなっていったのでした。毒があるというか、尖《とが》った思想は強く生き残るものだという好例です。マルクスは多くの著書を残していますが、『賃労働と資本』（長谷部文雄訳）、『ドイツ・イデオロギー』（廣松渉編訳、小林昌人補訳）、『経済学・哲学草稿』（城塚登・田中吉六訳）、『ルイ・ボナパルトのブリュメール十八日』（伊藤新一・北条元一訳）、『哲学の貧困』（山村喬訳）などが岩波文庫から出ています。

ダーウィンの進化論、自然淘汰説の衝撃

なお、マルクスの唯物論にも影響を与えた同時代の人物の一人に、卓越した地質学者、チャールズ・ダーウィン（1809－1882）がいます。名著『種の起原』（八杉龍一訳、岩波文庫、全2冊）によって提起されたダーウィンの進化論、自然淘汰説は、神の存在を根底から覆したのではないかと考えます。ダーウィンの貢献は、偶然の重要性を世に知らしめたことであって、決定論（あらゆる事象は何らかの原因によってあらかじめ決められているという考え方）はダーウィンの登場によって影が薄くなりました。なお、光文社古典新訳文庫より新訳『種の起源』（渡辺政隆訳、全2冊）が出ています。

2002年に放映されたBBCの視聴者の投票による「100名の最も偉大な英国人」で、ダーウィンは、チャーチル、鉄道技師ブルネル、ダイアナ妃に次いで4位につけています。もちろん、科学者ではトップで、5位がシェイクスピア、6位がニュートン、7位がエリザベス女王（1世）です。

チャールズ・ダーウィン
（1809－1882）

アル・ジャーヒズ
（776頃－868または869）

ちなみに、進化論はタレスの同時代人、アナクシマンドロス（BC610頃－BC546頃）に始まる古くからある考え方で、9世紀にはバスラのイスラーム学者アル・ジャーヒズ（776頃－868または869）が、『動物の書』で自然淘汰に近い考え方を開陳しています。

3 「ヘーゲルの三男」ニーチェは「神は死んだ」と言い切った

フリードリヒ・ニーチェ（1844－1900）はドイツ人です。キルケゴールから30年あまり後に生を享《う》けました。

ヘーゲルの三男として位置づけたいニーチェは、いかにも末っ子らしくヘーゲル哲学を厳しく批判する立場を取りました。

彼もまたキルケゴールと同じく、ヘーゲルの絶対精神を否定しました。ただキルケゴールとニーチェが異なる点は、神に関する見解です。

キルケゴールはヘーゲルの「絶対精神に向かって人は進歩する」という考えに対し、「悪いけれど自分は違う。そんなものより自分の平和がほしい」と考えました。そして最終的に自分の存在を救ってくれるものとして、宗教的実存を考えました。ところがニーチェは、ヘーゲルの絶対精神に象徴されるような「絶対真

フリードリヒ・ヴィルヘルム・ニーチェ（1844－1900）

理」を否定すると同時に、神の存在をも否定したのです。
「神は死んだ」、世界に絶対的なものは何もない。そう考えると人はどうなるのか。とらわれるものも頼るべきものも、なくなります。そうすると人は虚無と向き合うことになります。そしてニヒリズム（虚無主義）に落ち込んでしまう。そう考えるのが一般的です。

けれどそれだけではない、とニーチェは述べます。神は死んだという事実を受け入れて、世の中は虚無であっても、それでも人間の中には前を向いて生きていくという、能動の姿勢でニヒリズムを受け入れる人がいるのだ。そのようにニーチェは、ニヒリズムにも受動的なものと能動的なものと2つのタイプがあると考えたのです。
絶対者がいなくても、神が死んでしまっても、生きていく人はいる。ニヒリズムを能動的に受け入れて、生きていこうとする強い人間がいるのだと、ニーチェが考えたとき、その裏づけとなる思想がありました。それは歴史の時間を、ニーチェがどのように考えたかという問題と深く関係しているのです。

歴史は「永劫回帰しているのであって進歩しているのではない」とニーチェは考えた
ニーチェがヘーゲルやマルクスと最も異なるのは、時間の把《とら》え方です。2人とも歴史は理想的な方向に進化していくと考えました。しかしニーチェは、歴史は永劫回帰している、と考えました。人間はさほど賢くなく、同じ過《あやま》ちを繰り返してきた。進歩はしていない。歴史は直線的に進歩するのではなく、永劫に回帰する円環の時間なのである、という考え方です。仏教の輪廻転生の思想と同じです。

永劫回帰の理論は、ヘーゲルの進歩の思想を否定しました。そのうえでニーチェは次のように考えました。代替不可能な一回性の連続が人生であり、それは人間の運命である。その運命を敢然と受け入れて前向きに生きていく人がいるのだと、ニーチェは述べます。そしてそのような人たちが、ニヒリズムに対して能動的に生きていく人と重なるのです。

「超人」と「力への意志」、ニーチェの強い実存主義

時間も歴史も進歩しない、そのような運命を正面から受け止めてがんばっていく人間。この強い人間をニーチェは「超人」と呼びました。

ニーチェは人間が強く生きていこうとしたとき、何を一番大切な理念としているのかといえば、それは力への意志であると考えました。強くありたい、立派でありたい、そのように生きたいと目指すことです。キルケゴールの場合、世の中の役に立つことをやっても結局は空《むな》しい、自分は例外者だと考えて、最後に神に縋《すが》りました。神を信じて生きていけば、心は平安になれると考えたのです。

けれどもニーチェは「神は死んだ」と断言しました。そして時間も歴史も進歩しないとすれば、頼りにすべきものは自分自身しかありません。神もいない、進歩もしないという運命を受け入れ、頑張っていく人が超人であり、その力への意志によって、世の中は動くのだとニーチェは考えたのです。キルケゴールの宗教的な実存主義と比較すると、ニーチェはより強く人生を肯定する実存主義を確立させたと考えられています。

しかしニーチェの「超人の思想」は、ヘレニズム時代のストア派の哲学とどこか似通っていますね。フェ

ニキア人のゼノン（BC335－BC263）に始まったストア派は、揺れ動く感情（パトス）を理性（ロゴス）で制御して心の平安（アパテイア）を得ることを教えました。人は運命を冷静に受け入れ、徳を追求して生きることが理想であるという考え方です。それはローマ帝国の皇帝や貴族たちに、深い共感を得ていました。

ニーチェとストア派の共通点を考えてみると、人間の考えることは繰り返すように思えます。驚くほど優れた思想はなかなか登場してこない。人間はさほど賢くはないのです。

ゼノン（BC335－BC263）

キリスト教は人間のルサンチマンを巧みに利用した、とニーチェは批判した

ルサンチマンというフランス語があります。『広辞苑』では、「怨恨・憎悪・嫉妬などの感情が反復され内攻して心に積もっている状態」と説明しています。

主として弱者が強者に対して抱く感情であり、民衆の君侯に対する恨みや妬みのことです。この言葉は何人かの哲学者が使用しましたが、主としてキルケゴールが哲学上の概念として用い、それをニーチェが大胆に利用しました。

働いても働いても、どうしてこんなに貧しいのだろうと悩む人々に、キリスト教は語りかけます。

「あなたは貧しい。けれど天国に行くのはあなたたちだ。金持ちが天国に行くのは、ラクダが針の穴を通るのより難しいのだ。だからお金持ちのことなど気にするな。彼らは地獄に行くのだと思え。天国への道は貧しき者に開かれているのだよ」

これはニーチェのいう「奴隷道徳」に他なりません。

キリスト教は、支配層や富裕層の圧政に苦しみ、彼らに対して貧困層が抱いているルサンチマンを巧みに利用し、天国を餌にする形で貧しき人々を信者にしている。その結果、多くの人々が、本来は彼らも持っている強く生きるべき心、すなわち「力への意志」を諦めてしまった。それで、彼らは運命を甘受して神に身を任せてしまう受動的なニヒリズムに落ち込んでしまっているのだ。ニーチェはそのようにキリスト教を批判しました。批判というよりも、ほとんど正面衝突です。

そういえば、マルクスも「宗教は民衆の阿片《あへん》」だという言葉を残していますね。

ニーチェは生物学や物理学などの自然科学が進歩する中で、本来、神の名において理解されてきたことが解明され、それと並行しながらプラトン以来の哲学や宗教によって成立していた観念的な世界観が崩壊していく現実を考慮して、「神は死んだ」と断言しました。しかしそれだけではなく、キリスト教の犯してきた誤ちをルサンチマンという概念によって解き明かそうとしたのでした。

ギリシャ神話の英雄プロメテウスは、寒さと飢えに苦しむ人類を哀れみ、天の神ゼウスの専有物であった火を盗み取って人類に与えます。人類は救われましたが、プロメテウスはゼウスに断罪されました。カフカスの山頂に鎖でつながれ、その内臓を鷲に喰われました。「力への意志」を人々から奪い取ったキリスト教を断罪した、という意味で、ニーチェの思想と行動はプロメテウス的であったのかもしれません。

ニーチェは発狂して晩年は母親のもとですごしました。ニーチェの生涯もプロメテウスのようでしたが、

20世紀以降の思想に大きな影響を与えました。ニーチェの著作としては『悲劇の誕生』（秋山英夫訳）、『ツァラトゥストラはこう言った』（氷上英廣訳、全2冊）、『善悪の彼岸』（木場深定訳）が岩波文庫から出ています。新訳としては『ツァラトゥストラかく語りき』（佐々木中訳、河出文庫）がお薦めです。

なお、現代の無神論については、有名な進化生物学者であるリチャード・ドーキンス（1941－）の『神は妄想である――宗教との決別』（垂水雄二訳、早川書房）がよくまとまっていると思います。一読をお薦めします。

キルケゴール、マルクス、ニーチェ。「3兄弟の哲学」に見る共通性と対照的な側面

ヘーゲルの子どもの3兄弟と、僕が勝手に名づけた哲学者たち。この3名はいかにも兄弟らしい特徴を共有しています。

キルケゴールとニーチェは実存主義という考え方を成立させたことや、ルサンチマンという概念を成立させた点では双子の兄弟のように思えます。

しかし結果としては、神に頼ったキルケゴールと神を捨てたニーチェと、正反対の方向に分かれました。また、唯物史観に立つマルクスは、宗教性を一切否定していますから神を認めません。その意味では、マルクスとニーチェは共通する部分があります。

産業革命とネーションステート（国民国家）の成立という、人類史上最大規模の2つの大きなイノベーションが起きて、ヨーロッパが世界の覇権国家へと勃興していく中で、ヘーゲルという壮大な哲学大系を成立

させた父を持つ3人の子どもたち。父の考え方に反抗し神に救いを求めた、繊細な長男キルケゴール。父を尊敬しその理念をもっと科学的に推し進めようとした、次男マルクス。そして父の絶対精神を認めず神とも絶縁して、一人で生きぬいた三男ニーチェ。

この3人をヘーゲルの子どもという観点から、また近代の最後の哲学者として見ていくと、ここに現代の精神の大枠が用意されているようにも思われます。歴史は進歩していくという考え方と、進歩しないという考え方。歴史は進歩すると考えれば、頼るべきものは不要です。それとも世界は進歩しないと考えて、宗教のような絶対者に頼るか。またはプロメテウスのように、神に罰せられても、自分自身の力への意志で生きぬくのか。

僕たちが現代をどう生きるか、を考えようとすれば、右に述べたような大枠の中で考えることになりそうです。もちろん他にも20世紀の哲学の多種多様な展開があり、それは後述しますが。

この3人をヘーゲルの子どもにたとえるなど、「なんと乱暴な」と怒られるかもしれませんが、一つの仮説としてご容赦ください。

4 無意識が人を動かす、と考えたフロイトの精神分析学

ジークムント・フロイト（1856－1939）は、ニーチェより12年余り遅くオーストリアに生まれたユダヤ人の神経病理学者です。精神分析の創始者ともいわれています。いわゆる哲学者ではありません。フロイトは「無意識」を発見したことで、人類に多大の知的貢献を行いました。

これまでの哲学者はニーチェまで含めて、哲学を理性、すなわち人間の意識をベースにして構築してきました。いわば、すべては人間が頭で考えたことです。

ところが、フロイトは夢判断による患者の精神分析を行っているうちに、夢は無意識なものの表出であるが、その無意識に考えていることが実は人間を動かしているのではないか、と考えるようになります。

「無意識が人を動かすのか？」

哲学者は長い間、理性で考えたことを言葉に落とし文字に書き連ねて、意識の世界を精緻《せいち》に論理化してきました。そして、その中から立派な哲学の果実がいくつも誕生してきました。

しかしフロイトは人間を動かしているのは、脳の意識されている領域ではなく

ジークムント・フロイト
（1856－1939）

無意識の領域ではないか、という人間観を取り入れました。そして実は、今日の脳科学の世界では脳の働きの90パーセント以上を占める、人間が意識できない部分の存在が確認されています。そして、その部分が間違いなく人間を動かしているのです。そういう意味でフロイトは、今までの哲学とはまったく違う切り口を取り入れた人です。

それではこの無意識の領域を動かしているのは何であると、フロイトは考えたのか。それはリビドーであると述べたので、たいへんな話題になりました。リビドーとは本来はラテン語で、欲望の意味です。フロイトはこの言葉を、性的衝動を発動させる力と意味づけました。人間の無意識な行動の裏側には、さまざまな性的な動機が働いている、という考え方です。

たとえば、エディプス・コンプレックスがあります。男の子は母の愛を得ようとして、同性である父を憎む態度を無意識に取ってしまうと、フロイトは考えました。エディプス・コンプレックスとは、父とは知らずに父を殺害し母と結婚したギリシャ神話のオイディプスにちなんで、フロイトが創作した言葉です。蛇足ながらコンプレックスとは、精神分析では「感情の複合」を意味します。

リビドーの解釈について、性的な衝動を重視していたフロイトでしたが、晩年に近くなると学説が変化してきました。人間の無意識を支配するものとして、生の本能（エロス）と死の本能（タナトス）の存在を指摘したのです。子孫を残そうとする生の本能が人間には強いのですが、世界を壊してしまいたいという死への本能も、また人間には強くあるのではないか。そのようにフロイトは考え始めたのです。そして、エロスとタナトスという概念をつくりました。

フロイトは哲学者として自分の理論を体系化したわけではありません。しかし彼が精神分析の成果として残した多くの業績は、無意識の世界の大きさを指摘したことも含めて、現代の哲学、思想界や芸術界などに大きな影響を与えました。

哲学と宗教の歴史について考えてきた本書は、現代20世紀の直前の時代（近代）を「ヘーゲルの3人の子どもたち」とフロイトで締めくくりたいと思います。フロイトの無意識の世界について考える姿勢は、キルケゴールやニーチェの隣にいる従弟のようにも思えるからです。フロイトの著作としては『精神分析入門』（高橋義孝・下坂幸三訳、新潮文庫、全2冊）や『新訳　夢判断』（大平健編訳、新潮モダン・クラシックス）が有名であり、岩波書店から『フロイト全集』（全22巻、別巻1）が出ています。

フロイトに続いて精神分析学に大きな業績を残した2人

最後にフロイトと一緒に研究活動した経験もあり、優れた業績を残した2人の精神分析学者を紹介しておきます。

カール・グスタフ・ユング（1875-1961）。

彼はスイス人です。フロイトに師事していましたが、フロイトがリビドーの存在をあまりにも性的欲望と強く結びつけたことに反発して、独自の立場を打ち立てました。ユングは、人間の無意識の深層には個人の経験を越えた先天的な集合的無意識があると考えたのです。彼の学派は分析心理学と呼ばれ、著書としては

カール・グスタフ・ユング
（1875－1961）

『タイプ論』（林道義訳、みすず書房）があります。日本では河合隼雄（1928－2007）が優れた業績を残しました。

アルフレッド・アドラー（1870－1937）。

フロイトとの共同研究に参加した経験を経て、独自の個人心理学（アドラー心理学）を確立させました。現代のパーソナリティ理論や心理療法を確立させた実績が評価されています。2013年に日本で出版された岸見一郎・古賀史健『嫌われる勇気――自己啓発の源流「アドラー」の教え』（ダイヤモンド社）は、大きな話題を呼びました。

アルフレッド・アドラー
（1870－1937）

5 キルケゴールの生涯が背負っていたもの

20世紀に入るまで、その存在がほとんど知られていなかったキルケゴールの、すでに伝説めいている生涯について紹介します。

セーレン・キルケゴール（１８１３－１８５５）はデンマークのコペンハーゲンで生を享《う》けました。父は裕福な毛織物商人でした。キルケゴールは3人の兄と3人の姉の末っ子として生まれました。キルケゴールの父はユラン（ユトランド）半島の教会の借家に住む、貧しい農家の生まれでした。しかし青年時代にコペンハーゲンに出て財を成しています。父は農村時代、いつも自分の貧しさを神に訴え、呪っていました。また、父は先妻の死後、先妻の下女だった女性を強引に身ごもらせ、妻にしています。

父は、自分が一代で富豪になれたのは、自分が貧しさゆえに神を呪った代償なのだと考えていました。また、神の前で愛を誓うこともなく、先妻の下女を妊娠させたことを罪として畏《おそ》れていました。そして父は自分の子どもの運命も、神の罰によって短命に終わるだろうと悲観していたようです。そのような理由から、自分が56歳をすぎて生まれてきた末っ子のキルケゴールに、宗教的な禁欲を強いる教育を施しました。

やがてキルケゴールは17歳になった１８３０年、コペンハーゲン大学神学

セーレン・キルケゴール
(1813－1855)

部に進みます。そこで哲学を学びます。その頃には彼の兄2人と姉3人そして母が、世を去っていました。同じ頃に、キルケゴールは父から自分の過去と神への畏れを告白されました。キルケゴールの受けた衝撃は大きく、自分もまた罪の意識を背負ったと思われます。その父が1838年に死亡、同時期にキルケゴールは14歳の少女レギーネに恋します。やがてキルケゴールが27歳、レギーネが17歳になった1840年、2人は婚約しました。

ところがキルケゴールは一年後、一方的に婚約を破棄します。その理由を彼は語っていません。さまざまな憶測があります。神への罪の意識、彼女への純粋な愛と結婚という形式との相克、果ては性的なことも含めて彼の身体的な理由も言及されています。彼の背骨は曲がっていたという説もあります。

婚約解消後、彼はベルリンに行き、モーツァルトのオペラを鑑賞しています。さらにベルリン大学で、ヘーゲルと親交のあった哲学者フリードリヒ・シェリング（1775－1854）の講義を聴きました。シェリングの学説がヘーゲルの哲学を批判し始めた時期でした。1842年、コペンハーゲンに戻ったキルケゴールは、ものに憑かれたように執筆活動に専心します。そして1855年の晩秋、コペンハーゲンの路上で倒れ、数日後に死去しました。42歳でした。彼は遺書を残し、自分の遺産と遺稿を婚約者だったレギーネに贈りました。彼女は彼の遺稿だけを受け取ったと伝えられています。

6 宗教は阿片？ 哲学は？

キリスト教は、貧しい人がお金持ちに抱いているルサンチマンの感情を巧みに利用して、信者を獲得した。そればかりではなく、彼らから強く生きようとする意志をも奪ってしまった。

「貧しき人々よ、おまえたちには天国の門が開かれているのだから、安心して信仰の道に入りなさい」と説教して。

ニーチェはそのような論理で、キリスト教を激しく批判しました。同様の主旨のことをマルクスは、次のように述べています。

「宗教は、抑圧された生きものの嘆息であり、非情な世界の心情であるとともに、精神を失った状態の精神である。それは民衆の阿片である」（『ユダヤ人問題によせて ヘーゲル法哲学批判序説』より）

この論文は、マルクスが25歳のとき、1843年に執筆しています。それは阿片戦争（1840－1842）の直後のことでした。マルクスは宗教の持つ特徴を、麻薬である阿片の効果になぞらえて表現したように思われます。

ケシの実から採取した果汁を乾燥させ、その粉末に点火して喫煙することで得られる陶酔感や催眠作用、その心地よさを、「心なき世界の心情」「精神

カール・ハインリヒ・マルクス（1818－1883）

なき状態の精神」と表現したのです。宗教はこのような心のやすらぎを与えることによって、専制支配の下で苦しむ民衆に忍従を説いているのであると、マルクスは批判したのでした。その論旨はニーチェととてもよく似ています。

世の中から理不尽なことはなくならない。だから、心を癒してくれる麻薬にも似た働きが人の心には必要なのだ。そしてそのような役割を持つのが宗教であり、哲学との相違点であると考える人もいます。けれども一つの理論を信じることで、確固として生きる自信や喜びを得られるとすれば、たとえば、いずれは労働者階級が世界を支配するのだと考えたマルクス主義の哲学もまた、宗教と似ている側面を多く有していたように思います。哲学と宗教の境界線を探すこと。それはどのような時代においても決着がつけがたい難題です。

ちなみに、阿片を採取するケシの栽培は、すでにBC3400年頃からメソポタミア地方で行われていたという記録があります。阿片の使用目的は、鎮痛剤や睡眠剤が中心でした。麻薬としての使用が一般化したのは、さほど昔ではありません。日本では1954年に「あへん法」が成立し、それ以後、阿片の採取や所持、輸出入、売買が禁止されました。その頃までは日本のあちこちで、紅や白、紅紫や紫の美しいケシの花を見かけることができたのです。

7 マルクスのかけがえのない同志だった男

カール・マルクス（1818－1883）の同志に、フリードリッヒ・エンゲルス（1820－1895）という男がいました。2人は次のような偶然から知り合いました。マルクスはドイツのトリーアで、弁護士である父の第3子として誕生。ボン大学法学部からベルリン大学法学部へ転学後、結核となる。大学教授の道を目指すも成らず、1843年、雑誌『独仏年誌』の編集者の一人としてパリに転居。

エンゲルスはドイツのラインラントで実業家の長男として誕生。ギムナジウム（ドイツの9年制の高等学校）を中退後、3年の徒弟奉公に出る。1841年から兵役でベルリンに滞在中、ベルリン大学でシェリングの講義を聴く。その後2年間、父が共同経営するマンチェスターの紡績工場で働く。この時期、労働者の生活状態を観察し、1844年、雑誌『独仏年誌』に論文「国民経済学批判」を投稿。マルクスがこれを絶賛。

そして1844年、エンゲルスとマルクスはパリで出会います。このときから2人は手を携えるように、社会の経済学的な分析と労働運動に参加していきます。

1848年、ヨーロッパはフランスの二月革命やドイツとオーストリアの三月革命など、多くの国々で革命の嵐が吹き荒れました。その先陣を切るよ

フリードリッヒ・エンゲルス（1820－1895）

うに、マルクスとエンゲルスは、共産主義同盟のために『共産党宣言』（大内兵衛・向坂逸郎訳、岩波文庫）を発表しました。しかし1849年、権力側の抑圧が強化され革命運動は各地で挫折、マルクスとエンゲルスはロンドンに亡命します。

ロンドンでのマルクスの生活の中心は、『資本論』（向坂逸郎訳、岩波文庫、全9冊）の執筆でした。妻と3人の娘との生活は貧しく、アメリカの急進的な新聞の通信員の仕事もありましたが、エンゲルスからの資金援助に支えられていました。当時のエンゲルスはマンチェスターに住み、2つの顔を持って生きていたのです。

エンゲルスの平日は父の紡績会社の重役でした。証券取引所の会員でもあり、独身で高級住宅に住む男です。週末は労働者の娘だった愛人の家に住む、革命家の男でした。エンゲルスは1850年から1870年まで、このような二重生活を営みながら、マルクスへの経済的援助を継続しました。1870年に紡績会社の株を売却してロンドンに出ます。それからはいつもマルクスと行動をともにして、自身の代表作である『自然の弁証法』（田辺振太郎訳、岩波文庫、全2冊）や『空想より科学へ』（大内兵衛訳、岩波文庫）などの執筆を行っています。エンゲルスは1883年のマルクスの死を看取りました。そして1895年、死の床にあって愛人と正式に結婚し、世を去りました。マルクスにはとても寛大で素晴らしい、けれど不思議な人生の相棒がいたのでした。

8 ニーチェの哲学と健康と病気

フリードリヒ・ニーチェ（1844－1900）は、ドイツ（当時はプロイセン王国）のライプツィヒに近い郊外で、裕福な牧師の長男として誕生しました。彼について書かれた書物は、わが国にも多数あります。その中で清水真木の『ニーチェ入門』（ちくま学芸文庫、2018年刊）は、最も新しい文献の一つかもしれません。

彼は卒業論文、修士論文、博士論文とニーチェ一筋に奮闘を続けてきた哲学者です。その過程で、ニーチェの哲学を思想と学説の両面から研究することに加え、彼の実録や伝説などの周辺的な情報も精査して、ニーチェの像を彫り続けてきました。そして、ニーチェの思想の中枢部分に健康と病気があると確信します。

人間の肉体的あるいは精神的な健康と病気とはどういうことか。そのような視点に立って、「超人」や「永劫回帰」の思想を考えてみると、ニーチェの哲学にもう一歩、踏み込めるような気がする……誤解を恐れずに言えば、清水はそのように直観したのです。肉体の健康と病気とは？　精神の健康と病気とは？　ここではその解説は省略します。ただニーチェは、人生で一番収穫があるべき時期を、病気と闘い続けて人生を終えた哲学者だったのです。

フリードリヒ・ヴィルヘルム・ニーチェ(1844－1900)

1870年4月、25歳のニーチェは、スイスのバーゼル大学の正教授になります。そこで同年8月に勃発した、プロイセンフランス戦争（普仏戦争）に看護兵として従軍しますが、赤痢とジフテリアに感染して倒れます。一時は快復しますが、このとき以降、彼の健康状態は悪化、ついに大学勤務に耐えられず、1879年に退職しました。

1880年の春、彼は生命の危機を乗り越えました。それからの彼は、大学から支給される年金だけを頼りに、自分の哲学を完成させることに、人生のすべてを集中させていきます。そのために、知的な活動に障害が起きることのないように、規則正しい生活を築いていきました。彼は7月から9月はスイスで、10月から4月は北イタリアや南フランスの地中海沿岸で、定期的に質素な保養生活を繰り返しました。そのような生活サイクルの中で、『ツァラトゥストラはこう言った』（氷上英廣訳、岩波文庫、全2冊）も、自叙伝でもある『この人を見よ』（手塚富雄訳、岩波文庫）も完成できたのです。彼の規則正しい「漂泊者」の生活は、1888年まで続きました。1889年1月トリノで発狂、入院。1900年8月ヴァイマールで死去、55歳。清水はニーチェの発狂について、次のように著述しています。

「ニーチェは、語るべきことをすべて語り尽くした上で発狂しました。発狂したとき、ニーチェには、新たに語るべきことはもはや残ってはいませんでした」

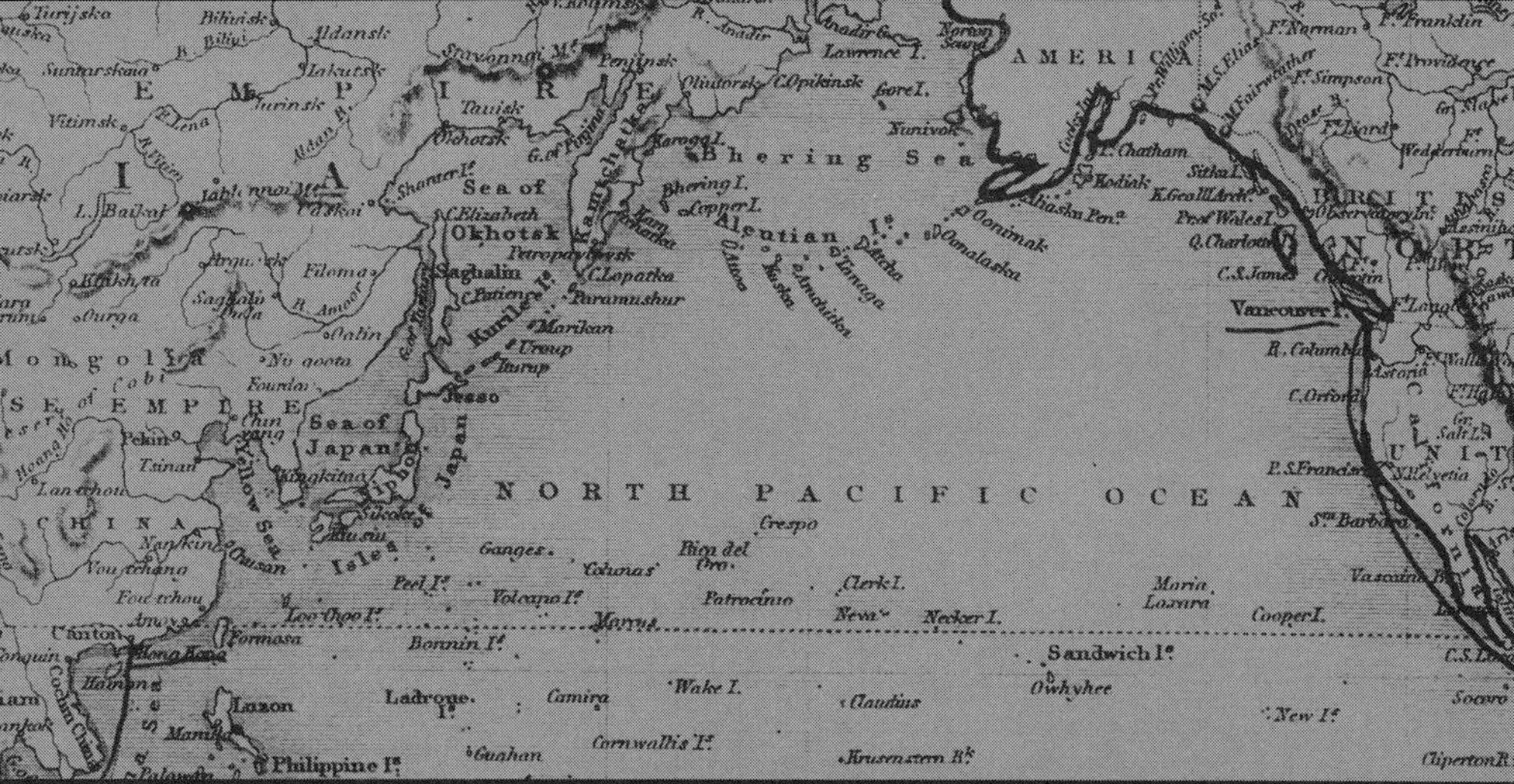

第12章

20世紀の思想界に波紋の石を投げ込んだ5人

20世紀の哲学の世界では、これは私見ですが、カントやヘーゲルのような大山塊《さんかい》は築かれませんでした。哲学や宗教にとっては、20世紀は分断の時代であって統合の時代ではなかったように思われます。

2度にわたる世界大戦が起こった20世紀。ヨーロッパの退潮と東西の冷戦、そして社会主義体制が崩壊して終わった世紀です。自然科学が非常に進んで、いろいろなことが解明された時代でもあると思います。なにしろ、宇宙を構成する要素（物質、ダークマター、ダークエネルギー）とその割合まで解明されているのですから。

20世紀の哲学者は小粒になったという意見もあります。それは科学の発達によって世界から未知の部分が消滅して、奇想天外なことを考える余地がなくなったからでもあります。

ここでは、20世紀の思想界をフェルディナン・ド・ソシュール、エトムント・フッサール、ルートヴィヒ・ウィトゲンシュタイン、ジャン＝ポール・サルトル、クロード・レヴィ＝ストロースの5人の哲学者で代表させたいと思います。「なんと乱暴な」と思われることは百も承知ですが、20世紀の哲学の世界を語るには、5人か30人ぐらいかという選択肢しかないと僕は考えていますので、前者を選んだというわけです。ちなみに30人のケースでは、おそらく次表（下）のような哲学者がこの5人に加わるものと考えています。

20世紀の5人の知の巨人

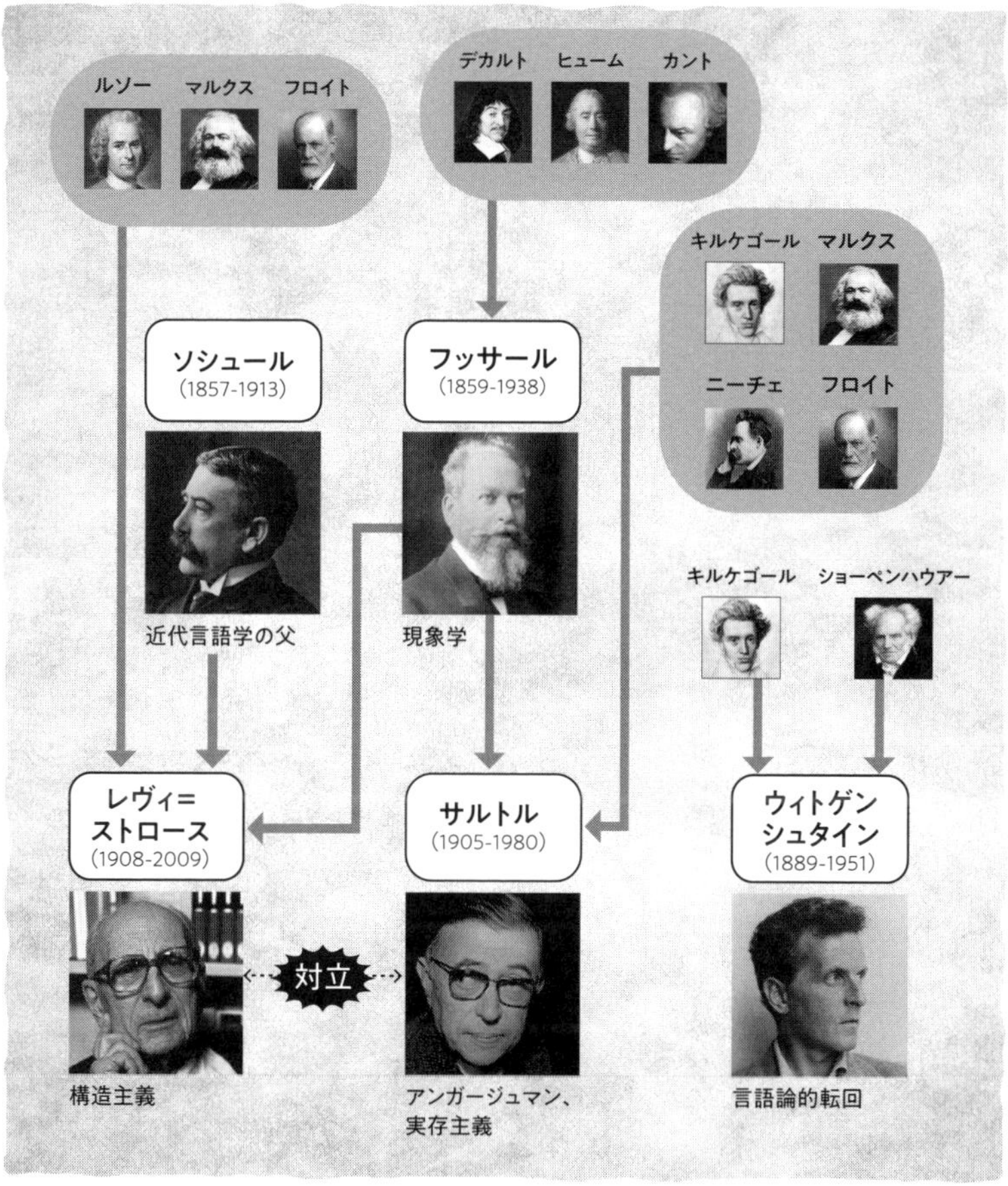

20世紀のおもな哲学者

チャールズ・サンダース・パース(1839-1914)	ハンナ・アーレント(1906-1975)
アンリ=ルイ・ベルクソン(1859-1941)	エマニュエル・レヴィナス(1906-1995)
ジョン・デューイ(1859-1952)	モーリス・メルロ=ポンティ(1908-1961)
アルフレッド・ノース・ホワイトヘッド(1861-1947)	ウィラード・ヴァン・オーマン・クワイン(1908-2000)
ジョン・マクタガート(1866-1925)	アイザイア・バーリン(1909-1997)
バートランド・ラッセル(1872-1970)	ジョン・ロールズ(1921-2002)
ルカーチ・ジェルジュ(1885-1971)	ジル・ドゥルーズ(1925-1995)
マルティン・ハイデガー(1889-1976)	ミシェル・フーコー(1926-1984)
ヘルベルト・マルクーゼ(1898-1979)	ユルゲン・ハーバーマス(1929-)
カール・ポパー(1902-1994)	ジャック・デリダ(1930-2004)
テオドール・アドルノ(1903-1969)	エドワード・ワディ・サイード(1935-2003)

1 言語は記号であると考えたソシュール

フェルディナン・ド・ソシュール（1857－1913）は「言語学の祖」とか「近代言語学の父」などと呼ばれています。

ソシュール以前の言語学は「歴史言語学」と呼ばれ、言語の系統や伝播関係や特異性など個別の言語研究が中心でした。それに対してソシュールは、個別の言語研究に携《たずさ》わりながらも、言語の本質を追求し続けて大きな業績を収めました。

ソシュールは、10代の頃から多くの言語を研究し続けていました。その学習成果を積み重ねる中で、人が話す言葉について、民族や文化を超えて共通する特徴があることに気づいたのだと思います。すべての言語は記号の体系ではないか、ということに。

記号はフランス語でシーニュ（signé）です。英語のサイン（sign）と同義です。シーニュの動詞形が signifier。その現在分詞形がシニフィアン（signifiant）で、「意味していること」、すなわち一つの記号を表現した文字とその音声を指します。過去分詞形がシニフィエ（signifie）で、「意味づけされていること」、すなわち一つの記号が持っている概念やイメージを指します。

たとえば「海」という言葉、すなわち「海」という記号は、海という文字であ

フェルディナン・ド・ソシュール（1857－1913）

り、同時にそれは「うみ」という音声で読まれます。ところが僕たちは、海という文字を見たり、「うみ」という音を聞くと、白い波や松林などの光景を思い浮かべます。「海」というシーニュ（記号）はシニフィアン（文字と音声）とシニフィエ（概念、イメージ）によって、構成されているとソシュールは気づいたのです。

さらにソシュールは考え続けます。一つの言葉、すなわちシーニュ（記号）を構成するシニフィアンとシニフィエは、必然的な関係を持っていないと断定します。それはどういうことか。次の例で説明します。日本語ではマグロのことをマグロと呼び、カツオのことをカツオと呼びます。けれど英語ではどちらもツナ（tuna）と呼びます。魚屋の店頭にマグロとカツオが売られていた、というのは日本人。英国人は魚屋の店頭にツナが売られていたといいます。日本語では蝶と蛾が異なる言葉として存在します。英語でも蝶と蛾を区別する言葉があります。けれどもフランス語では、両方をパピヨンと呼びます。

ソシュールが指摘したのは、次のようなことです。世界に存在する実体要素（マグロやカツオ）に対して、人間が名前をつけているのではない。世界のそれぞれの言葉を話す人々は、自分の眼前に広がる世界を自分なりに整理して、すなわち世界に区切りをつけて（ツナか、マグロとカツオか）記号をつけ、さまざまな実体要素を認識しているのである。つまり、連続体である自然を分断することが文化の本質であるとソシュールは考えたのです。

どこまでも広がる水面に海というシーニュ（記号）を、日本人はつけました。そして海というシニフィアン（文字と音声）に、白い波と松林というような光景をシニフィエ（概念）として関連づけました。けれど海を sea と記号化した英国人が、このシニフィアンにいかなるシニフィエを関連づけたのか、それは日本人とは関係のない話です。英国人には彼らの sea の概念（シニフィエ）がきっとあるのです。おそらく松林はないでしょう。

存在が世界を規定しているのではない。言語が世界を規定しているのだ

ソシュールの考え方を三段論法で表現すれば、次のようになります。

- 言語という記号大系はシニフィアンとシニフィエで成立している。
- しかし、シニフィアンとシニフィエの間に必然的、本質的な関係はない。
- それゆえ世界にさまざまな実体があって、それに人が逐一名前をつけるのではなく、人が世界をどう区切るかで、事物についての認識が成立するのだ。

ソシュールはどのように世界を区切るかが、実は一番大切だと気づきました。区切り方によって世界は変わるのだと考えたのです。今まで誰も気づかない考え方でした。

たとえば、カツオとマグロは両方とも回遊魚と呼ばれる魚類です。ただカツオよりマグロはずっと大きい。日本語はその大小の差異を区別したのか、英語は回遊魚という共通性を選択したのか、そのことはわかりません。けれど、カツオとマグロと分けて呼ぶ言語とツナとまとめて呼ぶ言語とでは、明らかにそれぞれの認識が異なることは明白です。世界をどういう記号で区切るか。それが世界を規定しそれぞれの世界像をつくっていることを、ソシュールは見抜いたのですね。

以下は第1章の冒頭と重複するのですが、繰り返します。歴史的な言語学では、言語は人間同士のコミュニケーションの必要性から発達したと考えられてきました。それは人間の発声原理は、他者に自分の存在を気づかせるために単音を発声したことに始まる、と考えたことに関連していました。

しかしよく考えてみると、コミュニケーションが目的であったら、「あ」でも「う」でもなんとかなる。ニッコリ笑ったり、プレゼントすれば好意は通じるはずです。高度な段階の言語は不要です。最近の言語学者の大多数は、言語は思考のツールとして発達した、ものごとを考えるために言語が生まれたと考えています。したがってソシュールの考え方、「人間は言語という記号を使い、世界に区切りをつけることによって世界を認識する」という思想は、最近の言語学に大きな影響を与えているのです。ソシュールの思想は、後に登場するレヴィ＝ストロースなどに受け継がれていきます。

フェルディナン・ド・ソシュールの生まれたソシュール家は、一族のほとんどが学者という家系でした。フランスから16世紀にスイスのジュネーブに引っ越しています。ソシュールは19歳でパリの言語学会に入会するほどの、早熟な天才でした。しかし55歳で病没しています。彼は生前には一冊の本も出版していません。ジュネーブ大学での講義録が没後に『一般言語学講義』として出版されており、日本でも『新訳ソシュール一般言語学講義』（町田健訳、研究社）が発刊されています。

2 「現象学的還元」という難解な用語を使用したフッサールは最後の哲学者？

僕がペットボトルという実在を見ています。正確に述べれば、僕の大脳が眼から伝わった「ペットボトルだよ」という信号を受け取って、ペットボトルだと認識したのです。

しかし大脳は僕の頭の中にあり、その真っ暗な中で電子信号を打ち出しながら、眼からの信号を受け取り、ペットボトルを確認したので、大脳が直接にペットボトルを認識しているわけではありません。したがって厳密にいえば、僕はペットボトルが実在していることを証明できないのです。現在の脳科学の世界では、以上のように考えられています。

エトムント・フッサール（1859－1938）は、大脳に関する最先端の学問が明らかにしたことを、自分の論理展開によってすでに予見していました。「世界は現象であって実在はない。なぜなら世界は人間の頭の中にしか実在しないからである。そのような世界の実在を、人間はどのように確信できるのか」

そしてフッサールは、いかにして実在を確信するかについて議論を進めていきます。ここでは具体的にペットボトルを例にとって話を進めたいと思います。

フッサールは「なぜペットボトルがあると確信できるのか。その確信の根拠は

エトムント・フッサール
（1859－1938）

何か」を追求していく論理を「現象学的還元」という、難解な言葉で表現しました。

「現象学的還元」を達成するためには「エポケー」が必要であるとフッサールは考えた

「現象学的還元」を達成するために、フッサールは「エポケー」という概念を用います。

エポケーは古代のギリシャ哲学にもあった用語です。懐疑主義者のピュロンは、ものごとを見誤る理由を、「……である」と断定してしまうことにあると考えました。

それを防ぐために、何ごとによらず軽率に判断することを留保すべきだとしました。

そして、この判断の留保をエポケーと呼んだのです。

フッサールは、このエポケーを彼の哲学的考察の基本に置きます。彼は人間の日常生活において、その存在が自明なことと思われている事実について、その実在性に対する信頼をひとまず留保するという意味にエポケーを置き換えました。

わかりやすく述べれば、何も考えずによく見てみようと主張したのです。

そのような行為を、フッサールはエポケーと呼びました。エポケーすることが現象学的還元の中身と考えても、いいと思います。

すべてを疑ってあなたはペットボトルを見る。そして触れてみる。すると確かにペットボトルがあるなとわかる。これを知的直観とフッサールは呼びます。さらにあなたはペットボトルがプラスチックでつくられていて、水が入っているという知識を持っています。これを本質直観と呼んでいます。エポケーすることで、知的直観と本質直観によって、あなたはペットボトルがあるなと、わかってきます。この経過をフッサールは次のように理論化して、実在の確信を論証します。

まず、ペットボトルを見ているあなた自身の存在、自我の存在が確認できます。「我思う、ゆえに我あり」に近い発想です。その次に、その自我を持っているあなた自身の体が実在していることが、確信できます。自我という機能を有する大脳は、あなた自身の体に内在しているのですから。次に自分の体によって他人の体に触ってみたら、手もあり足もあり他人も人間であることが確信できます。

他人も人間であると確信できたら、他人の身体にも大脳があり、自我があることも確信できる。それを「他我《たが》」と呼ぶ。フッサールは、この他我の存在を確信することを、「間主観性《かんしゅかんせい》」という難解な用語で表現しています。

自分の中には自我がある。他人の中には他我がある。自分の脳は外の世界に出られない。だからペットボトルの実在を立証することは不可能である。しかし脳の反映である自我と同様に人間である他人の他我が、ペットボトルを確信した。自我と他我が確信している対象物が同一であるということは、人間が客観的世界の実在を確信できることを証明している。フッサールは、このように理論づけました。

フッサールはたいへんに複雑な思考過程を構築し、彼の「現象学的還元」という哲学を完成させました。しかも内容は脳の本質について迫っています。いかにも難解なのですが、フッサールの姿勢は最後の哲学者、と呼ぶのにふさわしいのではないかと、僕は考えています。

フッサールの哲学は「現象学」と呼ばれています。フッサールは20世紀の自然科学の知見を採り入れながら、彼自身の理論を構築していきました。カントの、人間は物自体を把握することができないという考えを踏襲し、人間が認識しうる現象を対象に考えたのがフッサールです。

フッサールはオーストリア人です。ユダヤ系の織物商の子どもとして生まれ、最初は数学の道に入り、後に哲学へと関心を移しました。ハイデガーやサルトルは、彼の影響を受けているといわれています。著書は多数あり、日本語にも訳されています。彼の哲学的な成果を代表する本として、『イデーン――純粋現象学と現象学的哲学のための諸構想Ⅰ・Ⅱ・Ⅲ』（渡辺二郎ほか訳、みすず書房、全5冊）を挙げておきます。

3 「語りえぬものについて、ひとは沈黙しなければならない」と語ったウィトゲンシュタイン

ルートヴィヒ・ウィトゲンシュタイン（1889－1951）はウィーンで生まれ、ケンブリッジで死去した哲学者です。

彼には2つの代表的な著作があります。一つは1921年に発刊された『論理哲学論考』、および死後の1953年に発表された『哲学探究』です。

彼の哲学は、前期と後期では大きく変化しています。しかしソシュール同様、言語学と哲学の関係について重要な提言を行っています。最初に『論理哲学論考』の学説から説明します。

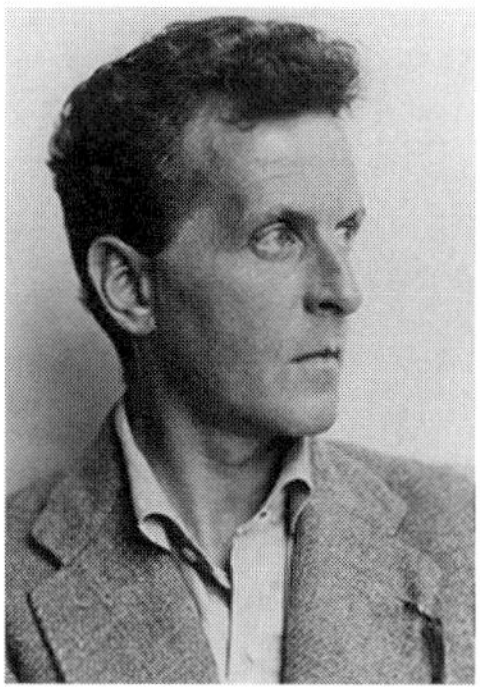

ルートヴィヒ・ウィトゲンシュタイン（1889－1951）

ウィトゲンシュタインは、「言葉は世界の写真だ」という考え方を示しました。たとえば、海でカツオが泳いでいるという事実を、言語を用いれば客観的に言葉で写し取ることが可能です。したがってウィトゲンシュタインは、世界は言語によって写し取られたものであり、僕たちが認識している世界は、言葉がなかったら認識できないと考えたのです。

また、このように考えるとき、ウィトゲンシュタインは言語には2つの性格があると指摘しました。一つは日常言語です。自然言語とも呼ばれます。ふだんの会話に出てくる言葉です。もう一つは科学的な言語です。自然科学的な世界の真実を写し取るような、具体的で科学的、合理的な言葉です。「雨が降りそうだ」というのは日常言語です。「海でカツオが泳いでいる」というのは、世界の真実を写し取っている合理的な言葉です。2つの言語のうち、どちらがより重要であるかといえば当然、科学的な言語であるとウィトゲンシュタインは、『論理哲学論考』の頃には考えていました。そして客観的な世界は、科学的な言語によって全部写し取れる、表現できると考えたのです。すると、たとえばニーチェが断言した、「神は死んだ」という言語は、何を写し取っているのでしょうか。ウィトゲンシュタインは、『論理哲学論考』の末尾に次のように書いています。

「語りえぬものについて、ひとは沈黙しなければならない」

ウィトゲンシュタインは、神の存在やその死などといった事実として認識しえないことについて、分析することには興味がなかったのです。科学的、唯物論的な発想です。

加えて、倫理の重要性を認識していたウィトゲンシュタインは、語らないという倫理的な態度をこの表現によって示そうとしたのではないでしょうか。

やがてウィトゲンシュタインは「言語ゲーム」という概念を考えるようになった

科学的な言語を重視していたウィトゲンシュタインでしたが、現実問題として日常言語の中で人は生活していることを改めて考えました。

世界とは何か、などということは、人間はふだんあまり考えない。だからそういう言葉は使用していない。そうではなくて、「元気そうでよかったね」などという日常的に交わされる言語が大切なのであって、科学的な言語を分析しても世界のことは何もわからないのではないか、そのように考え始めます。

たとえば、誰かが「雨が降りそうだよ」と言ったとき、それは次のようなことを伝えたかったのかもしれません。

「だから傘を持って行ったほうがいいよ」

また、そうではなくて、「ずっと雨が降っていなかったから、これで畑の野菜も助かるねえ」と言いたかったのかもしれません。言語は使用することによって初めて意味が確定するのです。文脈が大切だということです。

そしてウィトゲンシュタインは、「言語ゲーム」という概念を考案します。

それは彼の人生の中で、後半期に熟していった概念であり、死後に発刊された『哲学探究』に全体的な形で著述されています。

ゲームとは何か。一つひとつのゲームには、それぞれのルールがあり、それぞれの用語があります。一つのゲームに強くなろうと思ったら、そのルールと用語に熟達する必要があります。人間はゲームと同じように、一つの生活圏や職業において、その職業や生活に特有なルールを理解して、それを表現する言語を使用しています。そのように言語が持っている具体的で多様な姿を、ウィトゲンシュタインは、「言語ゲーム」と呼びました。

それゆえに一つの文節や単語の持っている意味は、それがどのような文化のいかなる世界について書かれた文脈の中に登場しているかによって、相違してくる。だから、世界について神について正義についてなど、それぞれの民族や文化で語られた言葉を数多く学んでいくことで、初めて正義や神について何かがわかってくる。だからそのためには、さまざまな言語ゲームを繰り返しながら、それらの言語の背景を知ることが大切なのだと、彼は結論づけました。

たとえば、トマス・アクィナス（1225頃－1274）は神学とは何かということを、哲学と比較する形で論じましたが、そのことについて議論しても実は無意味なのです。そうではなくて、トマス・アクィナスが用いた神学という言葉の意味について理解しようと思ったら、彼が生きた時代背景を考えながら分析することしか、やるべきことはないとウィトゲンシュタインは述べたのです。哲学に与えられている課題は、神とは何か・歴史とは何かなどについて抽象的に考えることではない。そうではなくて、それぞれの民族や文化の中で生きてきた人間が、神とか歴史とかいう言葉をどういう意味で使っていたのか、それを分析することが哲学に与えられている課題であると、彼は断言しました。

ウィトゲンシュタインの発想は哲学界に「言語論的転回」をもたらした

言語を分析することこそが哲学の本質的な役割であるというウィトゲンシュタインの発想は、世界の哲学界に多大な影響を与えました。それまでの哲学界の中心的な命題は、「神とは・歴史とは・善とは」などの認識論でした。しかしウィトゲンシュタインは、人間の意識の中身など探りようがないと考え、哲学の中心的な命題を言語の分析に置き換えてしまったのです。要するに世界の客観的存在などありえない。あるのは言語だけであるという、近代的な発想であり唯物論的な考え方でした。

このようにウィトゲンシュタインによって哲学の主要なテーマが置き換えられたことを、コペルニクスの地動説によって天文学に生じた「コペルニクス的転回」にちなんで、「言語論的転回」と呼んでいます。

ウィトゲンシュタインの理論は、言葉という記号が思想をつくると考えたソシュールと同様に、言語学の本質に迫る議論でもありました。ウィトゲンシュタインは分析哲学を代表する哲学者といわれています。彼の著書はたいへん多くの翻訳本が出版されています。ここでは21世紀に出版された2冊を紹介しておきます。『論理哲学論考』(丘沢静也訳、光文社古典新訳文庫)と『哲学探究』(丘沢静也訳、岩波書店)です。

4 サルトルの実存主義はどのような状況下で構想されたか

言語ゲームを提唱したウィトゲンシュタインは1951年に死去しています。したがってその晩年は、第二次世界大戦（1939－1945）の渦中でした。第二次世界大戦は未曾有の損害をヨーロッパにもたらしました。それはナチスに代表される全体主義、ファシズムとの戦いでした。第二次世界大戦後の思想界で脚光を浴びた哲学者として、ジャン＝ポール・サルトル（1905－1980）を挙げたいと思います。

この章で取り上げた5人の中で最後まで迷った末の一人がサルトルです。他の4人については迷いはありませんでしたが、なぜマルティン・ハイデガー（1889－1976）やモーリス・メルロ＝ポンティ（1908－1961）やエマニュエル・レヴィナス（1906－1995）ではなくサルトルを選んだのかと問われたら、直観で選んだという以外の答えはありません。

サルトルの思想は実存主義と呼ばれます。キルケゴールは神の存在を認めたうえで、宗教的実存を考えました。ニーチェは神を否定し、それでも生きる超人としての強い実存を考えました。サルトルは実存について次のように考えました。

「実存は本質に先立つ」

ジャン＝ポール・サルトル
(1905－1980)

サルトルの実存主義は無神論的実存主義と呼ばれています。もしも神が存在するとすれば、世界を創造し、世界の本質や人間の本質を決定するのは神です。しかし神が存在しないとすれば、人間の赤ちゃんは、まず物体としてこの世に現れます。そして成長するに従って、人間はさまざまなことを学び人間の本質について、あれこれと考え始めます。このように人間は、「自由な実存として存在している」とサルトルは考えました。

しかし自由であるということは、人間は自らの意志によって、人間の本質をつくり出さねばならない、ということでもあります。どんな人生をおくるのか、どんな未来像を描くかを、自分で考えて実行していかねばならない「自由」を、持たされることでもあるのです。さらに人間が社会との関連の中で生きていく以上、自らの意志で自由に行動した責任は、自分だけでなく社会に対しても背負わなければなりません。

人間が自分の意志で自己の本質をつくることは自由です。しかし神なき世界である以上、その自由は逃れることが不可能な自由でもあるのです。サルトルは、実存と自由の関係について次のような言葉を残しました。

「人間は自由の刑に処せられている」

サルトルは1938年に小説『嘔吐《おうと》』（新訳、鈴木道彦訳、人文書院）を発表しました。実存主義の聖典の一つと呼ばれる話題になった小説です。また1943年には『存在と無』を発表しました（邦訳『存在と無――現象学的存在論の試み』松浪信三郎訳、ちくま学芸文庫、全3冊）。

サルトルは『嘔吐』発刊当時、大学教授の職に就いていました。また『存在と無』を執筆していた頃は、ナチスドイツ占領下のパリでレジスタンス運動が盛んな時代でした。

第二次世界大戦は1939年から1945年まで続いています。サルトルの実存主義を代表する2冊の書籍は、大戦の直前から渦中にかけて書かれたものだったのです。『嘔吐』の主人公ロカンタンはサルトルの感じていた実存的不安を表現しているといわれています。いずれにせよ、文学者および哲学者としての彼の存在は、この2冊の著書によって世界中から注目されるようになりました。

第二次世界大戦後にサルトルは「アンガージュマン」という思想を主張した

サルトルは「人間は自由の刑に処せられて」、疎外感を味わいながら閉塞状況と戦って生きていると考えました。しかし彼は第二次世界大戦後、アンガージュマンという考え方を、折に触れて主張するようになります。

アンガージュマン engagement というフランス語には、契約とか拘束などの意味があります。この言葉を彼は、次のような意味で使用しました。

人間は自分の置かれている状況に拘束されて生きている。それが個人の自由の現実である。しかしその個人を拘束している現実に対して、個人が主体的に行動することは可能である。そのことは人間の実存の本質を変革することにもつながる、とサルトルは考えたのです。このように自由な個人が主体的に行動を起こして、社会と自分自身の変革を実現させることを、サルトルは「アンガージュマン」と表現しました。

アンガージュマンという思想は、前述した自由の刑に処せられている人間がそこを抜け出して新たな自己確立に向かうこと、そのようにも考えられます。その意味からアンガージュマンを、彼の実存主義の発展した形と考える視点もあります。しかしアンガージュマンの原点は次のことにあると、考える見方のほうが有力です。

サルトルは第二次世界大戦で連合軍が全体主義のファシズム陣営に勝利したとき、歴史というものは長い目で見たら進化するのだという、ヘーゲルからマルクスへと引き継がれた歴史観に共鳴し、それを評価したのではないか。そしてそのことから、彼はアンガージュマンの発想に思い至ったのではないか、と考える視点です。

自由な個人が主体的に行動するという、アンガージュマンの思想は、第二次世界大戦でのナチスに対するレジスタンス運動が歴史的な原点となります。そしてサルトル自身がパリのレジスタンス運動にシンパシーを感じ、参加していたのです。その意味でアンガージュマンという思想は、彼の実体験という強力な経験の裏づけを有しているともいえます。

サルトルは第二次世界大戦の惨禍を教訓として、唯物論によってではなく「自由な人間が主体的に行動する」というアンガージュマンの思想を軸として、ヘーゲルからマルクスへと続いてきた進歩史観を再生できないか、と考えていたように思われます。

そして彼の思想は自由主義社会で注目され、一時期のパリの学生運動のバックボーンとなり、日本の全共闘運動にも多大の影響を与えました。そのような意味も含めて彼の存在は、20世紀の思想界に特異な位置を占めていると思います。

現在のフランスで行われている「イエローベスト運動」（僕は現代版「黄巾の乱」と呼んでいるのですがもアンガージュマンの一環なのかもしれません。

サルトルは海軍将校であった父のもとに、パリ16区で生まれました。生後15か月で父が病没したため、母方の祖父であるシュヴァイツァー一家に引き取られて成長しました。シュヴァイツァー家はノーベル平和賞を受賞したアルベルト・シュヴァイツァーの伯父に当たる家柄です。サルトルはその生涯をパリで、ブルジョワ知識人階級の人間として生きました。彼の著作のほとんどは人文書院の『サルトル全集』に収録されています。

なお、サルトルのパートナーは、女性解放運動の先駆者で名著『第二の性』を書いたシモーヌ・ド・ボーヴォワールでした。

5 レヴィ＝ストロースの構造主義はサルトルの思想を正面から否定した

クロード・レヴィ＝ストロース（1908－2009）はベルギー生まれの人類学者です。

彼は1962年に『野生の思考』（大橋保夫訳、みすず書房）を発刊しました。そしてその最終章「歴史と弁証法」で、サルトルのアンガージュマンの思想を強く批判しました。

レヴィ＝ストロースは人類学者として東南アジアをはじめとして、世界各地の原住民の社会や文化の構造を研究していました。さらにブラジルのサンパウロ大学の教授であった時期があり、南米の未開部族の実地調査も体験しています。そのような研究活動の中で、文明社会と未開社会の思考について研究し、著述した本が『野生の思考』です。

　彼はこの本の中で、ヘーゲルの絶対精神やマルクスの唯物史観、さらにはサルトルのアンガージュマンの思想を批判しました。それらの進歩史観的な設計図に沿って世界は動いていないことを、彼は未開部族の人々を調査する過程で実際に確認したからです。そしてサルトルがすでに破綻しているヘーゲルやマルクスの進歩史観に、追随するような形でアンガージュマンの思想を編み出したことに、強く反発したのでした。

クロード・レヴィ＝ストロース
(1908－2009)

　レヴィ＝ストロースの真意はサルトルを批判する形で、西洋文明に対する批判を行うことにありました。サルトルは「自由な人間が主体的に行動することで世界は変革できる」という。しかし、そういう変革の設計図で動いている社会だけが人間の社会ではないと、レヴィ＝ストロースは主張したかったのでしょう。

　パリに住んで夏には2か月のバカンスを取って自由な思索に耽《ふけ》るサルトルのような人だけが人間ではない。どこかの山でイノシシを追いかけている人もいる。自然の中で自給自足している社会も数多くある。世界はいろいろな社会から成り立っている。秩序だった近代国家だけが人間の社会ではない。その現実をもっと認識すべきである、と。人間は科学的思考と野生の思考の2つの思考様式を持っているのではないかとレヴィ＝ストロースは考えたのです。

それではレヴィ＝ストロースは、何が人間の主体的行動を規定すると考えたのでしょうか。

世界は人間なしに始まり、人間なしに終わる

ソシュールの言語論を、思い出してください。

人間が住んでいる地上の空間（すなわち世界）にはさまざまな要素があって、それに人間が名前をつけることで世界がつくられてきたのではない。もともと世界は存在していて、あちこちに住む人間は自分たちの眼前に広がる世界を、記号で区切ることで自分たちの世界を認識してきたのである。ソシュールはそのように考え、その記号が言語であると指摘しました。

レヴィ＝ストロースは、社会と人間の主体的行動との関係についてソシュールの言語論を深く研究し、自分の学問に役立てました。

自由な人間が主体的に行動して社会を変革するという、サルトルのアンガージュマンの思想に対してレヴィ＝ストロースは、人間は社会に行動を規制されていると論証しました。ソシュールは言葉が世界を分けると述べましたが、レヴィ＝ストロースはさらに一歩進んで社会の構造が人間の意識を形づくると考えたのです。

戦後の日本という社会が現在の日本人をつくり、江戸時代という社会が江戸時代の日本人をつくったのです。同じ日本人でもまったく異質ですよ、というのが、平たくいえばレヴィ＝ストロースの考え方です。

今でも「日本人の本質は、独創にあるのではなく改良にあるのですよ」とか、「日本人の本質は、完全を

求めてまじめに仕事に取り組むことです」などと語る人がたくさんいます。

レヴィ＝ストロースは、それとは真逆に日本人の本質を否定したのです。それぞれの時代の構造が、それぞれの時代の日本人を創っただけであって、どの時代にも通底する日本人の本質のようなものは一切ないのですよ、と。

自由な人間も人間の主体的な行動も実は存在しない。人間は社会の構造の中で、そこに染まって生きるのであると、彼は考えました。常に進歩があるわけではない。先進国ばかりではなく、未開の社会もあるし、人間は社会に合わせて生きていくことしかできないという考え方です。このような思想は、「構造主義」と呼ばれています。ちなみに、構造主義の本質は方法論にあって、研究対象の構造、すなわち構成要素を取り出し、その要素間の関係を整理統合することで研究対象を総合的に理解しようというものです。


「社会の構造が人間の意識をつくる。完全に自由な人間なんていない」

このような構造主義の考え方は、今日では自然科学的にも正解に近いとされています。レヴィ＝ストロースは多くの未開社会を研究し、その観点から文明社会を批判する過程で、社会の構造が人間の意識をつくることに気づいたのだと思います。

レヴィ＝ストロースはベルギー出身のフランス人です。アルザス出身のユダヤ人の家系に生まれました。父の職業は画家で、彼の交友関係にも多くの芸術家が存在しています。第二次世界大戦中はアメリカで亡命生活を送っている時期がありました。日本の文化に興味を持ち、何度も来日しています。彼は名作『悲しき熱帯』を1955年に出版しています。ブラジルでの少数民族を訪ねた記録を中心とする紀行文です。その文明批判が注目されたこともあり、名文でもあったので大きな話題になりました。終章（第9部）に次のような言葉が出てきます。

「世界は人間なしに始まったし、人間なしに終わるだろう」

世界の存在は人間の意志や認識によって認められたものではない。世界は勝手に始まり勝手に終わるものだ。レヴィ＝ストロースはそのように考えました。自然の摂理の前で人間はもっと謙虚にならなければならないと。地球の生命は星のかけらから誕生し、やがて地球の水が涸《か》れたときに絶滅することがすでに解明されています。レヴィ＝ストロースの考え方は、自然科学的にも正しかったのです。伝統的な哲学者の最後の一人として、人間の実存や認識について一所懸命に考えていたフッサールが、レヴィ＝ストロースの言葉を聞いたら、俺の哲学って何だったのだろうと深く嘆いたかもしれません。

『悲しき熱帯』は、中公クラシックスから川田順造訳で出版されています。

レヴィ＝ストロースの構造主義が登場して哲学の役割は終わったのだろうか？

世界はどうして生まれたのか？

人間はどこからきてどこへ行くのか？

人間は何のために生きているのか？

そのような根本的な命題を念頭に置いて、人間の哲学と宗教の歩みを20世紀まで追いかけてきました。

第二次世界大戦が終わったとき、世界の多くの人々が次のように考えました。

「もう一度、人間は進歩できるのではないか。ヘーゲルの絶対精神やマルクスの唯物史観によってではなく、自由な人間が主体的に行動することによって」

この考え方は自由社会で大きな支持を得ました。サルトルのことは知らなくても、このイデオロギーは、未《いま》だに根強く残っています。

けれどレヴィ＝ストロースは、「人間は自由な存在ではないし、主体的にも大した行動はできない」との認識を示しました。この徹底的な唯物論の割り切った思考が登場したことで、人間の思考パターンはほとんど出尽くしたように思われます。これからの時代、大学の哲学科に進もうと考える学生がたくさんいるのかな、そんなことも心配になります。

自然科学が発達し脳の学問も進歩した結果、人間の世界から未知の分野は激減しました。哲学や神学そして宗教が果たしてきた役割は、どんどん小さくなっていることは現在の世界の趨勢《すうせい》であるようにも思われます。人々の哲学や宗教への関心が薄くなるのは当然かもしれません。第一、就活には役に立たない、そんな声も聞こえてきそうです。

しかし、人間が何千年という長い時間の中で、よりよく生きるために、また死の恐怖から逃れるために、必死に考えてきたことの結晶が哲学と宗教の歴史でもあります。もしかすると、どこかに明日への扉を開く重大なヒントが隠されているのかもしれません。

少なくとも僕はそう信じて、この本を書きました。

9 ウィトゲンシュタインの哲学者らしい生涯

「言語ゲーム」の定義づけを行ったルートヴィヒ・ウィトゲンシュタイン（1889—1951）の一生は、いかにも「考える人」のそれでした。

●生い立ち

彼の父は製鉄業で成功したウィーンの大富豪、母は名のあるピアニストでした。ブラームスやマーラーとも親交がありました。2人の間には5人の息子と3人の娘がいました。末っ子がウィトゲンシュタインです。彼は幼少時、重い吃音症《きつおんしょう》にかかっていました。そのために14歳まで自宅で学習をしています。

ウィトゲンシュタイン家は、母がピアニストであったことも影響して、彫刻家のロダンや詩人のハイネなど、多くの芸術家が集まってくる家でもありました。ただ不幸なことにウィトゲンシュタイン家の息子たちは、うつ病に悩まされる傾向があり、4人の兄のうち2人が自殺して世を去っています。

●哲学者の道へ

ウィトゲンシュタインは長ずるに及んで機械工学に興味を示し、マンチェスター大学工学部にも留学しました。そして数学の基礎理論を学ぶ過程で、ケンブリッジ大学トリニティ・カレッジのバートランド・ラッセル（1872—

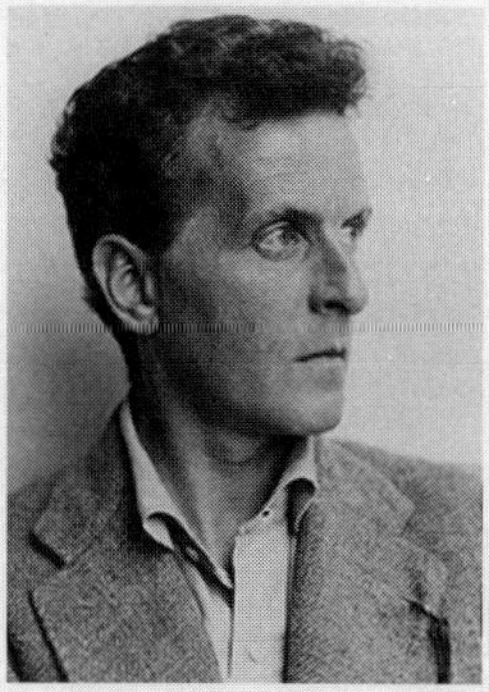

ルートヴィヒ・ウィトゲンシュタイン(1889－1951)

1970）に出会います。高名な数学者で、論理学者でもあり哲学者でもあった彼は、ウィトゲンシュタインの哲学者としての資質を見抜きました。そして彼をトリニティ・カレッジに招き、哲学を学ばせます。1912年のことでした。

●『論理哲学論考』の出版とその後

第一次世界大戦が勃発すると（1914）、ウィトゲンシュタインは祖国オーストリアの志願兵となって参戦します。彼は勇敢に戦いますが、兵士としての日々は孤独でした。彼は何度も自殺の衝動に襲われます。しかし彼は踏み留まって生きぬき、寸暇を惜しんで『論理哲学論考』の論理を考え続け、草稿を手がけ始めていました。

オーストリアが終戦を迎えた日、彼はイタリア軍の捕虜収容所にいました。そして『論理哲学論考』の原稿が、捕虜収容所からバートランド・ラッセルの手元へ届きます。1921年にこの本が出版されると、哲学界に大きな反響を呼び起こします。

しかし、ウィトゲンシュタインは一時、学界を離れます。そして小さな恋の経験を経て、8年ほど精神的放浪の歳月を重ねた後、ケンブリッジ大学に戻り哲学教授となって、独身のまま62年の人生を閉じました（1951）。連合王国の経済学者、ケインズとの厚い友情は語り草になっています。

没したウィトゲンシュタインの手元に死後に出版される『哲学探究』の原稿が残されていました。

バートランド・ラッセル
（1872－1970）

おわりに

2005年にアメリカの未来学者レイ・カーツワイルは、『ポスト・ヒューマン誕生——コンピュータが人類の知性を超えるとき』（井上健監訳、小野木明恵・野中香方子・福田実共訳、NHK出版、原題 The Singularity Is Near）を刊行しました。

シンギュラリティには「単数であること、異常性」などといった意味がありますが、カーツワイルは人工知能（AI）が人類の知能を超える転換点（技術的特異点）の意味でこの言葉を使用しています。そして彼は2045年には、シンギュラリティの時代がくると予言しました。

シンギュラリティの到来については、それを楽観視する見方と悲観視する見方があります。

AIとは何か？　僕は自動車と同じであると思います。人間が走る能力には限界があります。そこで自動車という地上を高速で走る機械を発明しました。

けれど、ウサイン・ボルトは決して自動車と競走しようとは思わないでしょう。競争は人間同士の能力を競うからこそ意味があるのです。自動車は仕事やデートに使うものです。もちろん酔っ払い運転をすれば人を殺します。しかし上手に使えば便利なツールです。ですから自動運転まで登場しようとしているのです。同様な理屈は飛行機にも当てはまります。

それでは、ＡＩとは何でしょうか。

ＡＩは計算能力という面で、人間の能力を補うために開発されました。計算とは計り数えることです。ＡＩは、その計り数える対応量とスピードが、人間の脳よりもはるかに優れている機械です。人間は、ＡＩを自動車を暴走させるように破壊的な目的でも使用できます。コンピュータの高度な計算能力が開発されたのは、ミサイルが敵国の首都を確実に破壊できるルートとその確率の計算を、可能にすることが大きな目的でもあったからです。

しかし、ＡＩそのものが人類の知能を超えるというシンギュラリティの発想には、僕は同意することができません。なぜなら、人間にとって脳はまだまだ未知の領域が多く、脳の活動についてはほとんど何もわかっていないからです。わかっていない脳の仕組みをＡＩに置き換えることはかなり難しいと僕は思うのです。一方で、人間の行動パターンを無限にＡＩにインプットしていけば、脳の活動も解明できるという意見もありますが。このあたりはとても難しい問題です。

現時点で僕は、ＡＩは自動車と同じように、機械として利用すればそれでいいのではないかと思っています。

宇宙飛行士は宇宙で何を思ったのか

哲学者と呼ばれた人たちは、さまざまな歴史の局面に登場して、世界とは何か、人間の認識とは何か、人間とは何か、生きるとは何かなどを懸命に考えては、その果実を論理化してきました。

それに対して、次世代の哲学者は反論したり修正したりしながら、巨人の肩に乗って遠方を見るように、一歩一歩と哲学の道を深め、人智を高めてきました。

また、その一方で自然科学の発達が宇宙や地球や人間について、多くのことを解明しました。さらに脳の科学的な分析や心理学の発達が、人間の脳の働きや認識する能力についても、多くの科学的な解答を導き出してきました。

けれども人間はいろいろなことがわかってきても、相変わらず失恋したり殴り合いをしたり、数千年以前と同様の人生をおくっています。そういう普通の人々にとって、地球の寿命がわかり人類の誕生と滅亡に至る過程までわかってしまったことは、果たして幸福なのでしょうか。不幸なのでしょうか。

人類が宇宙に飛行し、月面にも着陸する時代です。「地球は青かった」というユーリイ・ガガーリンの言葉は、人類が初めて自分の星を宇宙から見て発した感慨です。それから多くの人々が宇宙に行きました。注目したいことが一つあります。

アメリカの宇宙飛行士の中で、地球に帰還した後に、宗教の道に入る人が少なからず存在することです。宇宙飛行士は、自分の生まれた地球を宇宙から眺めました。宇宙とは中世までは神の領域の世界でした。その宇宙から自分が生まれ育ってきた青い星を遠望することは、人間に何を考えさせるのか。それは人それぞれだとは思います。けれども多かれ少なかれ、生きるということについて思いを巡らすことになると思うのです。そして万が一にも、宇宙ステーションが故障すれば、自分自身が星のかけらに還ってしまう環境にいることも、肌身に感じるのではないでしょうか。宇宙飛行士の中からもう一度、神について考えようとする人が出てくるのは、必然的なようにも思われます。

ＡＩの発達も含め、文明の最先端に位置する国はアメリカです。そのアメリカでヨーガ（瑜伽《ゆが》）の見直しも含めて、たいへん多くの新興宗教が生まれています。それはなぜなのでしょうか。

次のようなことを考えてみました。

世界とは？　人間とは？　そのようなことを一所懸命に考えていた時代に、天国と地獄が生まれました。でも今は天国と地獄の代わりに、星のかけらから生まれ、地球の水が涸《か》れはてたときに人類は必ず絶滅する、という知見があります。どちらのほうが楽しいか、と問うのはほとんど無意味なことです。それは人間の脳みそと人工知能と、どちらを採るかと問うような技術論になっているからです。どちらの説を採っても、等身大の人間が生きて病気になって老いて死んでいく、そのような事実については何も解決してくれないのです。

宇宙飛行士が宗教の扉を叩き、最先端の文明国で新興宗教が急増しているのは、はるかな巨人の高さにまで大きく成長した科学や哲学とは無縁に生きてきた普通の人たちの、生きる支えを探すための正直で切実な行動ではないのでしょうか。

それでも人間は生きる知恵を探す

「本質主義」という考え方があります。すべての事物には変化しない核心部分である本質が存在する、という考え方です。超自然的な原理の存在を認める立場です。プラトンのイデア論も本質主義的な考え方です。そしてこの考え方は、構造主義が強く否定している思想です。

ところが、構造主義と本質主義の間に、本当の学問的な意味での決着はまだついていません。決着がつけにくいのです。

本質主義的な立場から、オーストリアの教育家であり神秘思想家でもあったルドルフ・シュタイナー（１８６１－１９２５）は、人間の霊的な能力の存在を認めたうえで、独自の教育理論を確立しました。そしてその理論により、初等・中等および職業教育を行う総合学校を設立しました。その学校は今日でも、世界に９００校以上存在しています。

また、人間が本来持っている才能を子どもたちから引き出そうとして、シュタイナーほど特殊な方法ではなくても、数多くの教育者がさまざまに工夫し努力している現実が存在します。

人間の秘められた才能であるとか、世界が本来持っている本質的な価値であるとか、それらの存在を密かに認め、それを具体化しようとする努力は、今も世界のさまざまな分野で行われているのです。

すでに自然科学も脳科学も、そして構造主義の論理も、人間の意識は自分たちの存在する社会のコピーであって、自由な人間の意志など存在しないと断言している時代です。それでも多くの人々は密かにつぶやいているのだと思います。

「そんなことは信じたくないよ」

刑法は、今でも過失と故意の２つに犯罪を分けて、刑罰の基準を定めています。

しかし、人間の主体的な自由意志の存在は、ありえないと考えられている時代です。それでも刑法では

ルドルフ・シュタイナー
(1861－1925)

「過《あやま》って」とか「意図的に」とか、犯罪行為を自由意志の存在を前提に峻別するという虚構のうえに、その体系を構築しています。それは自由意志の存在を認めない場合に、犯罪をいかに裁けばいいのか、その知恵がまだつくれないからだと思います。人間が自由意志を持っていると考えたほうがわかりやすいからでもあります。

結局、現在の人間社会は構造主義や自然科学、そして脳科学が到達した人間存在についての真実よりも、昔から主流であった本質主義的な概念、平たく言えば日常的な概念を上手に利用して虚構に立脚したうえで社会の秩序を保っています。それは人間の生きる知恵なのだと思います。

哲学も宗教も、人間が生きていくための知恵を探し出すことから出発したといえなくもありません。生きていくための知恵とは、不幸といかに向き合っていくかの知恵ともいえます。

不幸と呼ぶべきか、宿命と呼ぶべきか、人間は常に病気や老化や死と向き合って生きています。これらの避けられぬものと、いかに向き合って生きていくか。このことが数千年の歴史を通じて、いつも人間の眼前にありました。

ここ数年、ニーチェの哲学に関する本が世界的に人気を集めているといわれています。ニーチェは「神は死んだ」と断言したうえで、それでも強い意志で生きる力が人間には備わっているのだと考え、「超人」の思想を構築しました。

ニーチェの思想と似たような考え方は昔にもありました。ストア派の哲学です。僕は個人的にはずっとストア派の考え方に憧れてきました。

ニーチェの哲学とストア派の哲学に共通していることは、自らの運命を受け入れ、そのうえで積極的に力強く生きるという姿勢です。今、ニーチェに関心を持つ人々は、たとえ人間は地球の水が絶えるのと一緒に死滅するとしても、それでも生を享《う》けた自分は、運命を積極的に受け入れて生き続けるよ、と考える人だと思います。

振り返ってみると、神の存在を考え出した人間が、やがて神に支配されるようになり、次に神の手からもう一度人間の自由を取り戻したところ、その次には自らが進歩させた科学に左右される時代を迎えています。それでもこの時代に、人間が招き入れた科学的で冷厳な運命を受け止め、それを受け入れてなおかつ「積極的にがんばるぞ」と考える人たちが少なからず存在しているのです。

そのような意志や意欲ある人間の存在が、巨人の肩の上に21世紀の新しい時代を見通せる哲学や思想を生み出してくれるのかもしれません。

僕たちは今、次代の哲学や宗教の地平線の前に立っているのかな、と考えています。

僕は子どもの頃から本の虫でしたが、哲学書を本格的に読み始めたのは大学に入ってからでした。高校時代にすでにマルクスやレーニンを読んでいた都会出身のクラスメートに刺激されたのです。

最初に手に取ったのがマルクスの『経済学・哲学草稿』（城塚登・田中吉六訳、岩波文庫）でした。その後、マルクスを読み漁《あさ》るうちに、ヘーゲルに手が伸び、カントに至り、最終的にはプラトンにまで行き着きました。折しも中央公論社の『世界の名著』が刊行されていた時期でした。『世界の名著』と僕が大学に入学した年に刊行が開始された『岩波講座「哲学」』（第2次、全18巻）や岩波文庫には本当にお世話になりました。

本書は、その頃に僕が腹落ちした哲学や宗教の歴史を、記憶を辿《たど》りながらまとめたものです。忙しい毎日をおくっているビジネスパーソンの皆さんに、少しでも哲学や宗教について興味を持ってほしいと考えて、枝葉を切り捨てて（勘違いして幹を切り捨てているかもしれませんが）できるだけシンプルにわかりやすく書いたつもりです。

社会人になってからは、学生時代のようにそれほど哲学書を紐解くことはなかったので、哲学や宗教の知見がどこまでアップデートされているか自信はありません。ぜひ読者の皆さんの忌憚《きたん》のないご意見をお寄せください。

（宛先）hal.deguchi.d@gmail.com

この本をつくるにあたって、素晴らしい文章にまとめてくださった小野田隆雄さん、校正をしてくださった矢彦孝彦さんと加藤義廣さん、そして本書の企画を提案してくださったダイヤモンド社の寺田庸二さんに厚く御礼を申し上げたいと思います。

また、立命館アジア太平洋大学（ＡＰＵ）の清家久美先生には草稿を読んでいただき、貴重なアドバイスをいただきました。小野田さん、矢彦さん、加藤さん、寺田さん、清家先生、本当にありがとうございました。

２０１９年７月

立命館アジア太平洋大学（ＡＰＵ）学長　出口　治明

参考文献

『岩波講座　哲学』（第2次全18巻、岩波書店）
『世界の名著』（全81巻、中央公論新社）
『宇宙137億年解読――コンピューターで探る歴史と進化』（吉田直紀著、東京大学出版会）
『脳はなにげに不公平――パテカトルの万脳薬』（池谷裕二著、朝日新聞出版）
『パパは脳研究者――子どもを育てる脳科学』（池谷裕二著、クレヨンハウス）
『社会心理学講義――〈閉ざされた社会〉と〈開かれた社会〉』（小坂井敏晶著、筑摩選書）
『宇宙論と神』（池内了著、集英社新書）
『沈黙』（遠藤周作著、新潮文庫）
『原典訳　アヴェスター』（伊藤義教訳、ちくま学芸文庫）
『リグ・ヴェーダ讃歌』（辻直四郎訳、岩波文庫）
『イリアス（上）（下）』（ホメロス著、松平千秋訳、岩波文庫）
『オデュッセイア（上）（下）』（ホメロス著、松平千秋訳、岩波文庫）
『神統記』（ヘシオドス著、廣川洋一訳、岩波文庫）
『ギリシア哲学者列伝（上）（中）（下）』（ディオゲネス・ラエルティオス著、加来彰俊訳、岩波文庫）
『ピュタゴラスの音楽』（キティ・ファーガソン著、柴田裕之訳、白水社）
『ソクラテス以前以後』（F・M・コーンフォード著、山田道夫訳、岩波文庫）

『ソクラテスの弁明・クリトン』（プラトン著、久保勉訳、岩波文庫）
『雲』（アリストパネース著、高津春繁訳、岩波文庫）
『哲学者の誕生――ソクラテスをめぐる人々』（納富信留著、ちくま新書）
『プラトン『国家』――逆説のユートピア』（書物誕生あたらしい古典入門シリーズ、内山勝利著、岩波書店）
『法律（上）（下）』（プラトン著、森進一・池田美恵・加来彰俊訳、岩波文庫）
『プラトンとの哲学――対話篇をよむ』（納富信留著、岩波新書）
『プラトン全集』（全15巻、別巻1、岩波書店）
『アリストテレス全集』（全20巻、岩波書店）
『哲学キーワード事典』（木田元編、新書館）
『ニコマコス倫理学（上）（下）』（高田三郎訳、岩波文庫）
『形而上学（上）（下）』（アリストテレス著、出隆訳、岩波文庫）
『世界の名著8　アリストテレス』（田中美知太郎責任編集、中公バックス）
『ソクラテスの妻』（佐藤愛子著、小学館）
『論語』（金谷治訳注、岩波文庫）
『大学・中庸』（金谷治訳注、岩波文庫）
『論語――心の鏡』（書物誕生あたらしい古典入門シリーズ、橋本秀美著、岩波書店）
『墨子』（金谷治訳、中公クラシックス）
『墨子』（森三樹三郎訳、ちくま学芸文庫）

『スッタニパータ――仏教最古の世界』(書物誕生あたらしい古典入門シリーズ、並川孝儀著、岩波書店)
『ブッダの真理のことば・感興のことば』(中村元訳、岩波文庫)
『インド思想史第2版』(中村元著、岩波書店)
『インド哲学10講』(赤松明彦著、岩波新書)
『物の本質について』(ルクレーティウス著、樋口勝彦訳、岩波文庫)
『エピクロス――教説と手紙』(エピクロス著、出隆・岩崎允胤訳、岩波文庫)
『ソークラテースの思い出』(クセノフォーン著、佐々木理訳、岩波文庫)
『初期ストア派断片集(1)』(ゼノン他著、中川純男訳、西洋古典叢書、京都大学学術出版会)
『語録 要録』(エピクテトス著、鹿野治助訳、中公クラシックス)
『生の短さについて 他2篇』(セネカ著、大西英文訳、岩波文庫)
『自省録』(マルクス・アウレーリウス著、神谷美恵子訳、岩波文庫)
『マルクス・アウレリウス『自省録』――精神の城塞』(書物誕生あたらしい古典入門シリーズ、荻野弘之著、岩波書店)
『新訂 孫子』(金谷治訳注、岩波文庫)
『孟子』(金谷治著、岩波新書)
『孟子(上)(下)』(小林勝人訳注、岩波文庫)
『荀子(上)(下)』(金谷治訳注、岩波文庫)
『韓非子(第一冊)~(第四冊)』(金谷治訳注、岩波文庫)

『老子――〈道〉への回帰』（書物誕生あたらしい古典入門シリーズ、神塚淑子著、岩波書店）
『荘子――鶏となって時を告げよ』（書物誕生あたらしい古典入門シリーズ、中島隆博著、岩波書店）
『荘子（第一冊）〜（第四冊）』（金谷治訳注、岩波文庫）
『日本的霊性』（鈴木大拙著、岩波文庫）
『日本書紀　全五冊セット』（坂本太郎・家永三郎・井上光貞・大野晋校注、岩波文庫）
『ミリンダ王の問い――インドとギリシアの対決（1）〜（3）』（中村元・早島鏡正訳、東洋文庫、平凡社）
『聖書　聖書協会共同訳』（日本聖書協会）
『ナグ・ハマディ文書（1）〜（4）』（荒井献・小林稔ほか訳、岩波書店）
『ナグ・ハマディ文書・チャコス文書　グノーシスの変容』（荒井献・大貫隆編訳、岩波書店）
『大乗の教え〈仏典をよむ〉3（上）（下）』（中村元著、前田專學監修、岩波現代文庫）
『神の国（一）〜（五）』（アウグスティヌス著、服部英次郎ほか訳、岩波文庫）
『告白I〜III』（アウグスティヌス著、山田晶訳、中公文庫）
『アウグスティヌス『告白』――〈わたし〉を語ること……』（書物誕生あたらしい古典入門シリーズ、松﨑一平著、岩波書店）
『ムハンマド――世界を変えた預言者の生涯』（カレン・アームストロング著、徳永里砂訳、国書刊行会）
『イスラームの歴史――1400年の軌跡』（カレン・アームストロング著、小林朋則訳、中公新書）
『コーラン（上）（中）（下）』（井筒俊彦訳、岩波文庫）
『『クルアーン』――語りかけるイスラーム』（書物誕生あたらしい古典入門シリーズ、小杉泰著、岩波書店）

『自爆する若者たち——人口学が警告する驚愕の未来』(グナル・ハインゾーン著、猪股和夫訳、新潮選書)
『エネアデス(抄)Ⅰ・Ⅱ』(プロティノス著、田中美知太郎・水地宗明・田之頭安彦訳、中公クラシックス)
『中央アジア歴史群像』(加藤九祚著、岩波新書)
『地中海——人と町の肖像』(樺山紘一著、岩波新書)
『イスラム哲学への扉——理性と啓示をめぐって』(オリヴァー・リーマン著、中村廣治郎訳、ちくま学芸文庫)
『イスラーム哲学の原像』(井筒俊彦著、岩波新書)
『神学大全Ⅰ・Ⅱ』(トマス・アクィナス著、山田晶訳、中公クラシックス)
『トマス・アクィナス——理性と神秘』(山本芳久著、岩波新書)
『西洋哲学史——古代から中世へ』(熊野純彦著、岩波新書)
『中世騎士物語』(ブルフィンチ著、野上弥生子訳、岩波文庫)
『ロランの歌』(有永弘人訳、岩波文庫)
『天皇と儒教思想——伝統はいかに創られたのか?』(小島毅著、光文社新書)
『朱子——〈はたらき〉と〈つとめ〉の哲学』(書物誕生あたらしい古典入門シリーズ、木下鉄矢著、岩波書店)
『伝習録』(王陽明著、溝口雄三訳、中公クラシックス)
『デカメロン(上)(下)』(ボッカチオ著、河島英昭訳、講談社文芸文庫)
『君主論』(マキアヴェッリ著、河島英昭訳、岩波文庫)
『快楽について』(ロレンツォ・ヴァッラ著、近藤恒一訳、岩波文庫)
『パンセ(上)(中)(下)』(パスカル著、塩川徹也訳、岩波文庫)

『エセー』（ミシェル・ド・モンテーニュ著、宮下志朗訳、白水社、全7巻）
『キリスト教綱要 改訳版 第1篇～第4篇』（ジャン・カルヴァン著、渡辺信夫訳、新教出版社）
『プロテスタンティズムの倫理と資本主義の精神』（マックス・ヴェーバー著、大塚久雄訳、岩波文庫）
『ノヴム・オルガヌム――新機関』（ベーコン著、桂寿一訳、岩波文庫）
『学問の進歩』（ベーコン著、服部英次郎・多田英次訳、岩波文庫）
『ニュー・アトランティス』（ベーコン著、川西進訳、岩波文庫）
『人間悟性論』（ジョン・ロック著、加藤卯一郎訳、岩波文庫）
『完訳 統治二論』（ジョン・ロック著、加藤節訳、岩波文庫）
『寛容についての手紙』（ジョン・ロック著、加藤節・李静和訳、岩波文庫）
『アナーキー・国家・ユートピア――国家の正当性とその限界』（ロバート・ノージック著、嶋津格訳、木鐸社）
『動的平衡――生命はなぜそこに宿るのか』（福岡伸一著、木楽舎）
『国富論1～4』（アダム・スミス著、水田洋監訳、杉山忠平訳、岩波文庫）
『道徳感情論』（アダム・スミス著、村井章子・北川知子訳、日経BPクラシックス）
『人性論Ⅰ～Ⅳ』（ヒューム著、大槻春彦訳、岩波文庫）
『市民の国について(上)(下)』（ヒューム著、小松茂夫訳、岩波文庫）
『方法序説』（デカルト著、谷川多佳子訳、岩波文庫、1997）
『方法序説』（デカルト著、山田弘明訳、ちくま学芸文庫、2010）
『省察』（デカルト著、山田弘明訳、ちくま学芸文庫）

『哲学原理』(デカルト著、桂寿一訳、岩波文庫)
『エチカ――倫理学(上)(下)』(スピノザ著、畠中尚志訳、岩波文庫)
『モナドロジー・形而上学叙説』(ライプニッツ著、清水富雄・竹田篤司・飯塚勝久訳、中公クラシックス)
『リヴァイアサン 1〜4』(ホッブズ著、水田洋訳、岩波文庫)
『人間不平等起原論』(ルソー著、本田喜代治・平岡昇訳、岩波文庫)
『正義論 改訂版』(ジョン・ロールズ著、川本隆史・福間聡・神島裕子訳、紀伊國屋書店)
『社会契約論』(ルソー著、桑原武夫・前川貞次郎訳、岩波文庫)
『エミール(上)(中)(下)』(ルソー著、今野一雄訳、岩波文庫)
『告白(上)(中)(下)』(ルソー著、桑原武夫訳、岩波文庫)
『法の精神(上)(中)(下)』(モンテスキュー著、野田良之ほか訳、岩波文庫)
『定本 想像の共同体――ナショナリズムの起源と流行』(ベネディクト・アンダーソン著、白石隆・白石さや訳、書籍工房早山)
『コモン・センス 他三篇』(トマス・ペイン著、小松春雄訳、岩波文庫)
『フランス革命の省察』(エドマンド・バーク著、半沢孝麿訳、みすず書房)
『人間の権利』(トマス・ペイン著、西川正身訳、岩波文庫)
『アメリカのデモクラシー 第一巻(上)(下)、第二巻(上)(下)』(トクヴィル著、松本礼二訳、岩波文庫)
『純粋理性批判(上)(中)(下)』(カント著、篠田英雄訳、岩波文庫)
『天体の回転について』(コペルニクス著、矢島祐利訳、岩波文庫)

『実践理性批判』（カント著、波多野精一・宮本和吉・篠田英雄訳、岩波文庫）
『永遠平和のために』（カント著、宇都宮芳明訳、岩波文庫）
『カント全集』（全22巻、別巻1、岩波書店）
『純粋理性批判1〜7』（カント著、中山元訳、光文社古典新訳文庫）
『ヴィルヘルム・マイスターの修業時代（上）（下）』（ゲーテ著、山崎章甫訳、岩波文庫）
『法の哲学Ⅰ・Ⅱ』（ヘーゲル著、藤野渉・赤沢正敏訳、中公クラシックス）
『精神現象学（上）（下）』（ヘーゲル著、熊野純彦訳、ちくま学芸文庫）
『歴史哲学講義（上）（下）』（ヘーゲル著、長谷川宏訳、岩波文庫）
『法哲学講義』（ヘーゲル著、長谷川宏訳、作品社）
『ヘーゲル全集』（全20巻32冊、岩波書店）
『功利主義論集』（J・S・ミル著、川名雄一郎・山本圭一郎訳、京都大学学術出版会）
『自由論』（J・S・ミル著、塩尻公明・木村健康訳、岩波文庫）
『ミル自伝』（J・S・ミル著、朱牟田夏雄訳、岩波文庫）
『幸福について——人生論』（ショーペンハウアー著、橋本文夫訳、新潮文庫）
『知性について 他四篇』（ショーペンハウエル著、細谷貞雄訳、岩波文庫）
『自殺について 他四篇』（ショーペンハウエル著、斎藤信治訳、岩波文庫）
『意志と表象としての世界Ⅰ〜Ⅲ』（ショーペンハウアー著、西尾幹二訳、中公クラシックス）
『あれか、これか』（キルケゴール著作集第1〜4巻、白水社、全21巻、別巻1）

『死に至る病』(キェルケゴール著、斎藤信治訳、岩波文庫)
『死にいたる病、現代の批判』(キルケゴール著、桝田啓三郎訳、中公クラシックス)
『不安の概念』(キェルケゴール著、斎藤信治訳、岩波文庫)
『現代の批判 他一篇』(キルケゴール著、桝田啓三郎訳、岩波文庫)
『共産党宣言』(マルクス/エンゲルス著、大内兵衛・向坂逸郎訳、岩波文庫)
『フォイエルバッハ論』(エンゲルス著、松村一人訳、岩波文庫)
『資本論』(マルクス著、エンゲルス編、向坂逸郎訳、岩波文庫、全9冊)
『賃労働と資本』(マルクス著、長谷部文雄訳、岩波文庫)
『ドイツ・イデオロギー 新編輯版』(マルクス/エンゲルス著、廣松渉編訳、小林昌人補訳、岩波文庫)
『経済学・哲学草稿』(マルクス著、城塚登・田中吉六訳、岩波文庫)
『ルイ・ボナパルトのブリュメール十八日』(マルクス著、伊藤新一・北条元一訳、岩波文庫)
『哲学の貧困』(マルクス著、山村喬訳、岩波文庫)
『種の起原(上)(下)』(ダーウィン著、八杉龍一訳、岩波文庫)
『種の起源(上)(下)』(ダーウィン著、渡辺政隆訳、光文社古典新訳文庫)
『悲劇の誕生』(ニーチェ著、秋山英夫訳、岩波文庫)
『ツァラトゥストラはこう言った(上)(下)』(ニーチェ著、氷上英廣訳、岩波文庫)
『善悪の彼岸』(ニーチェ著、木場深定訳、岩波文庫)
『ツァラトゥストラかく語りき』(ニーチェ著、佐々木中訳、河出文庫)

『神は妄想である――宗教との決別』（リチャード・ドーキンス著、垂水雄二訳、早川書房）
『精神分析入門（上）（下）』（フロイト著、高橋義孝・下坂幸三訳、新潮文庫）
『新訳 夢判断』（フロイト著、大平健編訳、新潮モダン・クラシックス）
『フロイト全集』（全22巻、別巻1、岩波書店）
『タイプ論』（ユング著、林道義訳、みすず書房）
『嫌われる勇気――自己啓発の源流「アドラー」の教え』（岸見一郎・古賀史健著、ダイヤモンド社）
『ユダヤ人問題によせて ヘーゲル法哲学批判序説』（マルクス著、城塚登訳、岩波文庫）
『自然の弁証法（上）（下）』（エンゲルス著、田辺振太郎訳、岩波文庫）
『空想より科学へ』（エンゲルス著、大内兵衛訳、岩波文庫）
『ニーチェ入門』（清水真木著、ちくま学芸文庫）
『この人を見よ』（ニーチェ著、手塚富雄訳、岩波文庫）
『新訳 ソシュール 一般言語学講義』（フェルディナン・ド・ソシュール著、町田健訳、研究社）
『イデーン――純粋現象学と現象学的哲学のための諸構想 I・II・III』（全5冊、エトムント・フッサール著、渡辺二郎ほか訳、みすず書房）
『論理哲学論考』（ヴィトゲンシュタイン著、丘沢静也訳、光文社古典新訳文庫）
『哲学探究』（ヴィトゲンシュタイン著、丘沢静也訳、岩波書店）
『［新訳］ 嘔吐』（ジャン-ポール・サルトル著、鈴木道彦訳、人文書院）
『存在と無――現象学的存在論の試み I・II・III』（ジャン＝ポール・サルトル著、松浪信三郎訳、ちくま学芸

文庫）
『サルトル全集』（全38巻、人文書院）
『〔決定版〕第二の性〈1〉〜〈2〉』（ボーヴォワール著、『第二の性』を原文で読み直す会訳、新潮文庫、全3冊）
『野生の思考』（クロード・レヴィ＝ストロース著、大橋保夫訳、みすず書房）
『悲しき熱帯Ⅰ・Ⅱ』（クロード・レヴィ＝ストロース著、川田順造訳、中公クラシックス）
『ポスト・ヒューマン誕生――コンピュータが人類の知性を超えるとき』（レイ・カーツワイル著、井上健監訳、小野木明恵・野中香方子・福田実共訳、ＮＨＫ出版）

［著者］
出口 治明（でぐち・はるあき）
立命館アジア太平洋大学（APU）学長
1948年、三重県美杉村生まれ。京都大学法学部を卒業後、1972年、日本生命保険相互会社入社。企画部や財務企画部にて経営企画を担当する。ロンドン現地法人社長、国際業務部長などを経て2006年に退職。同年、ネットライフ企画株式会社を設立し、代表取締役社長に就任。2008年４月、生命保険業免許取得に伴いライフネット生命保険株式会社に社名を変更。2012年、上場。社長、会長を10年務めた後、2018年より現職。訪れた世界の都市は1200以上、読んだ本は１万冊超。歴史への造詣が深いことから、京都大学の「国際人のグローバル・リテラシー」特別講義では世界史の講義を受け持った。
おもな著書に『生命保険入門 新版』（岩波書店）、『仕事に効く 教養としての「世界史」Ⅰ・Ⅱ』（祥伝社）、『全世界史（上）（下）』『「働き方」の教科書』（以上、新潮社）、『人生を面白くする本物の教養』（幻冬舎新書）、『人類5000年史Ⅰ・Ⅱ』（ちくま新書）、『０から学ぶ「日本史」講義 古代篇、中世篇』（文藝春秋）など多数。

哲学と宗教全史

2019年８月７日　第１刷発行
2022年10月24日　第16刷発行

著　者――出口 治明
発行所――ダイヤモンド社
〒150-8409　東京都渋谷区神宮前6-12-17
https://www.diamond.co.jp/
電話／03･5778･7233（編集）　03･5778･7240（販売）

装丁――――山影麻奈
本文デザイン―布施育哉
本文DTP･図版―ダイヤモンド・グラフィック社
一部写真提供―アマナイメージズ
執筆協力――小野田隆雄
校正――――矢彦孝彦、加藤義廣
製作進行――ダイヤモンド・グラフィック社
印刷――――勇進印刷（本文）・新藤慶昌堂（カバー）
製本――――ブックアート
編集担当――寺田庸二

ISBN 978-4-478-10187-2

ルネサンスと宗教改革以降の哲学者・文人・宗教家相関

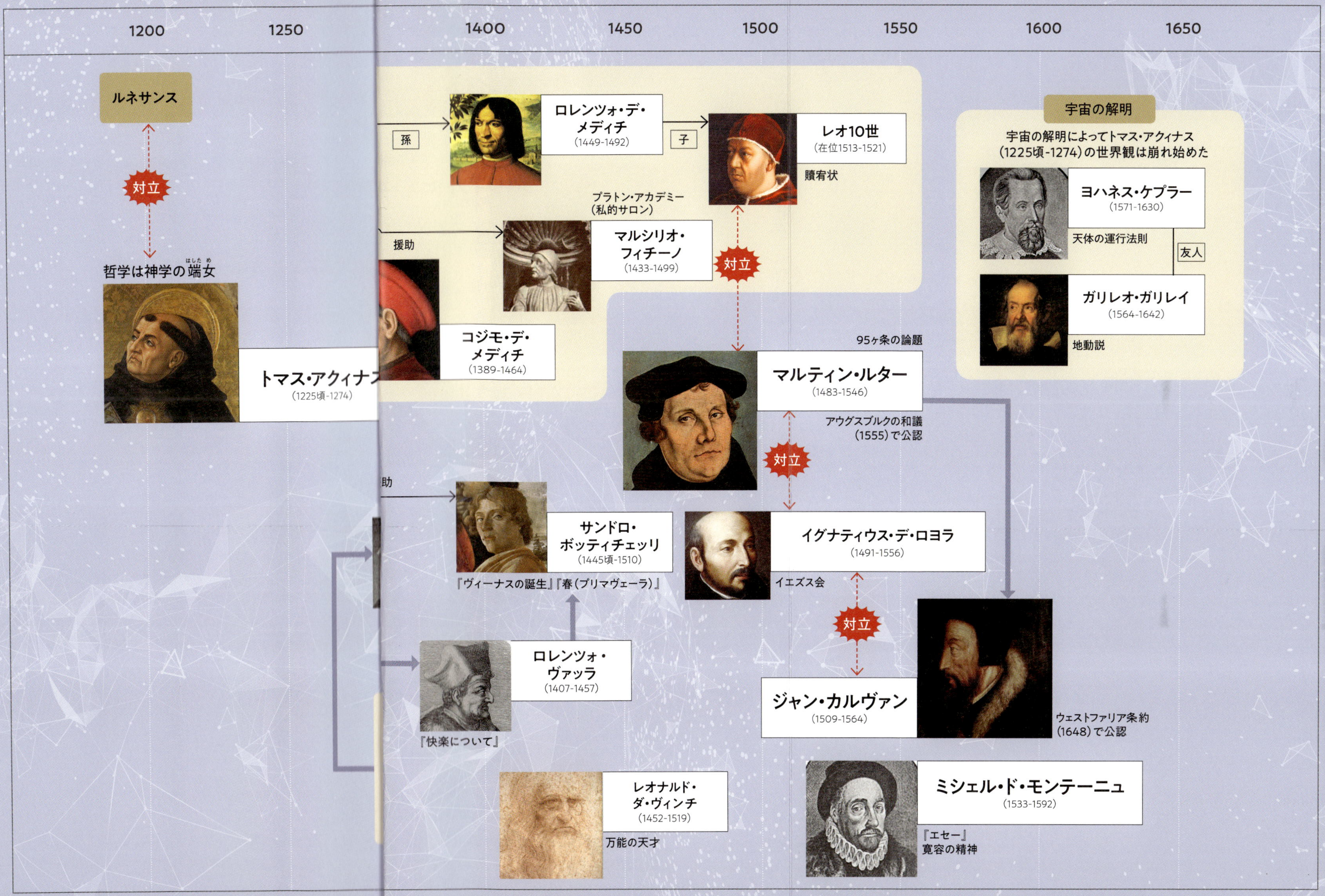

1200
1250
1400
1450
1500
1550
1600
1650
ルネサンス
対立
哲学は神学の端女《はしため》
トマス・アクィナス
(1225頃-1274)
孫
ロレンツォ・デ・メディチ
(1449-1492)
子
レオ10世
(在位1513-1521)
贖宥状
プラトン・アカデミー
(私的サロン)
援助
マルシリオ・フィチーノ
(1433-1499)
対立
コジモ・デ・メディチ
(1389-1464)
95ヶ条の論題
マルティン・ルター
(1483-1546)
アウグスブルクの和議
(1555)で公認
対立
助
サンドロ・ボッティチェッリ
(1445頃-1510)
『ヴィーナスの誕生』『春(プリマヴェーラ)』
イグナティウス・デ・ロヨラ
(1491-1556)
イエズス会
対立
ロレンツォ・ヴァッラ
(1407-1457)
『快楽について』
ジャン・カルヴァン
(1509-1564)
ウェストファリア条約
(1648)で公認
レオナルド・ダ・ヴィンチ
(1452-1519)
万能の天才
ミシェル・ド・モンテーニュ
(1533-1592)
『エセー』
寛容の精神
宇宙の解明
宇宙の解明によってトマス・アクィナス
(1225頃-1274)の世界観は崩れ始めた
ヨハネス・ケプラー
(1571-1630)
天体の運行法則
友人
ガリレオ・ガリレイ
(1564-1642)
地動説

近代から現代までの哲学者・文人相関図

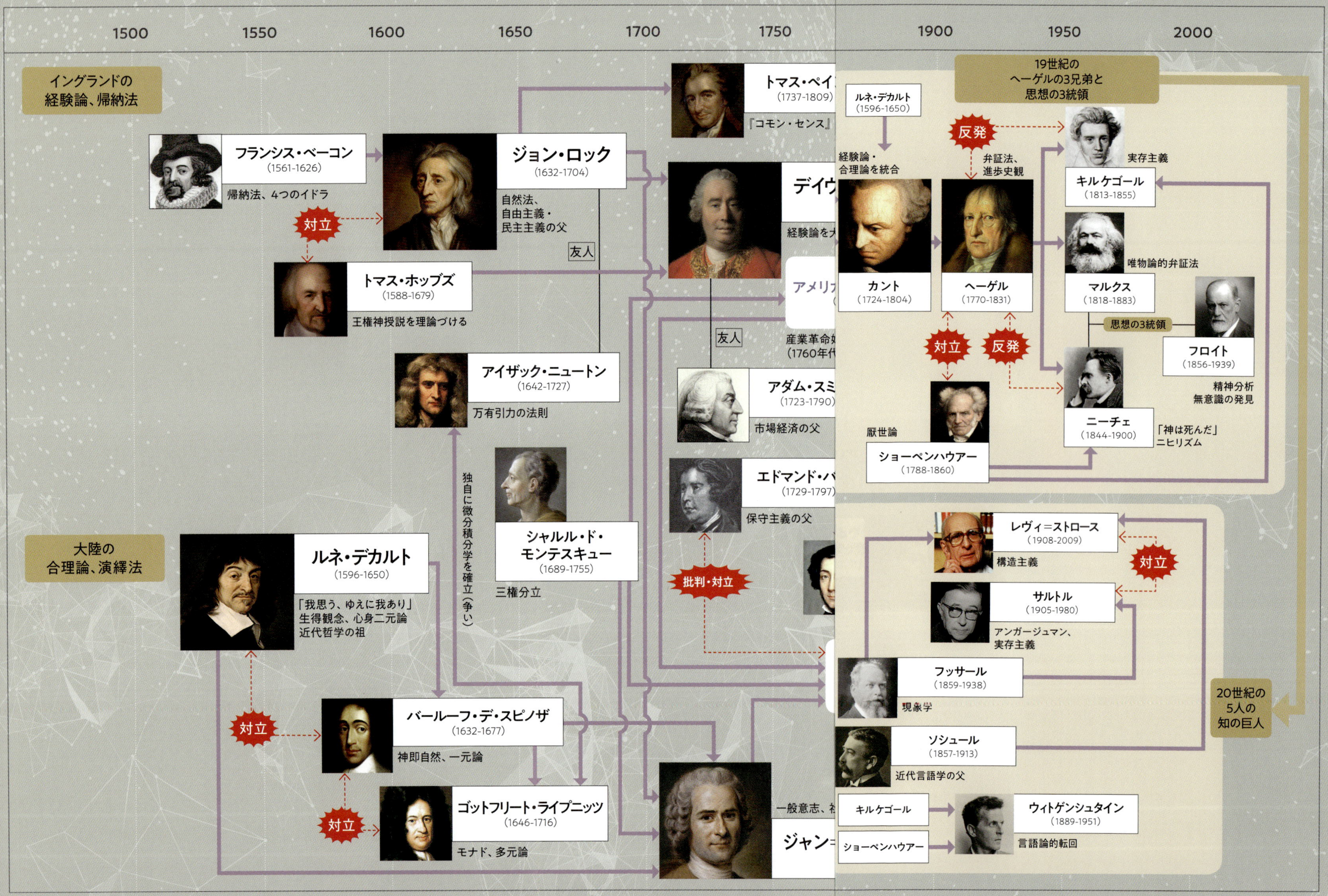

1500
1550
1600
1650
1700
1750
1900
1950
2000
イングランドの
経験論、帰納法
フランシス・ベーコン
(1561-1626)
帰納法、4つのイドラ
対立
ジョン・ロック
(1632-1704)
自然法、
自由主義・
民主主義の父
友人
トマス・ホッブズ
(1588-1679)
王権神授説を理論づける
アイザック・ニュートン
(1642-1727)
万有引力の法則
独自に微分積分学を確立(争い)
シャルル・ド・
モンテスキュー
(1689-1755)
三権分立
トマス・ペイ
(1737-1809)
『コモン・センス』
デイヴ
経験論を大
アメリカ
産業革命如
(1760年代
友人
アダム・スミ
(1723-1790)
市場経済の父
エドマンド・バ
(1729-1797)
保守主義の父
批判・対立
大陸の
合理論、演繹法
ルネ・デカルト
(1596-1650)
「我思う、ゆえに我あり」
生得観念、心身二元論
近代哲学の祖
対立
バールーフ・デ・スピノザ
(1632-1677)
神即自然、一元論
対立
ゴットフリート・ライプニッツ
(1646-1716)
モナド、多元論
一般意志、社
ジャン=
ルネ・デカルト
(1596-1650)
経験論・
合理論を統合
19世紀の
ヘーゲルの3兄弟と
思想の3統領
反発
弁証法、
進歩史観
実存主義
キルケゴール
(1813-1855)
カント
(1724-1804)
ヘーゲル
(1770-1831)
唯物論的弁証法
マルクス
(1818-1883)
思想の3統領
フロイト
(1856-1939)
精神分析
無意識の発見
対立
反発
ニーチェ
(1844-1900)
「神は死んだ」
ニヒリズム
厭世論
ショーペンハウアー
(1788-1860)
レヴィ=ストロース
(1908-2009)
構造主義
対立
サルトル
(1905-1980)
アンガージュマン、
実存主義
フッサール
(1859-1938)
現象学
20世紀の
5人の
知の巨人
ソシュール
(1857-1913)
近代言語学の父
キルケゴール
ショーペンハウアー
ウィトゲンシュタイン
(1889-1951)
言語論的転回